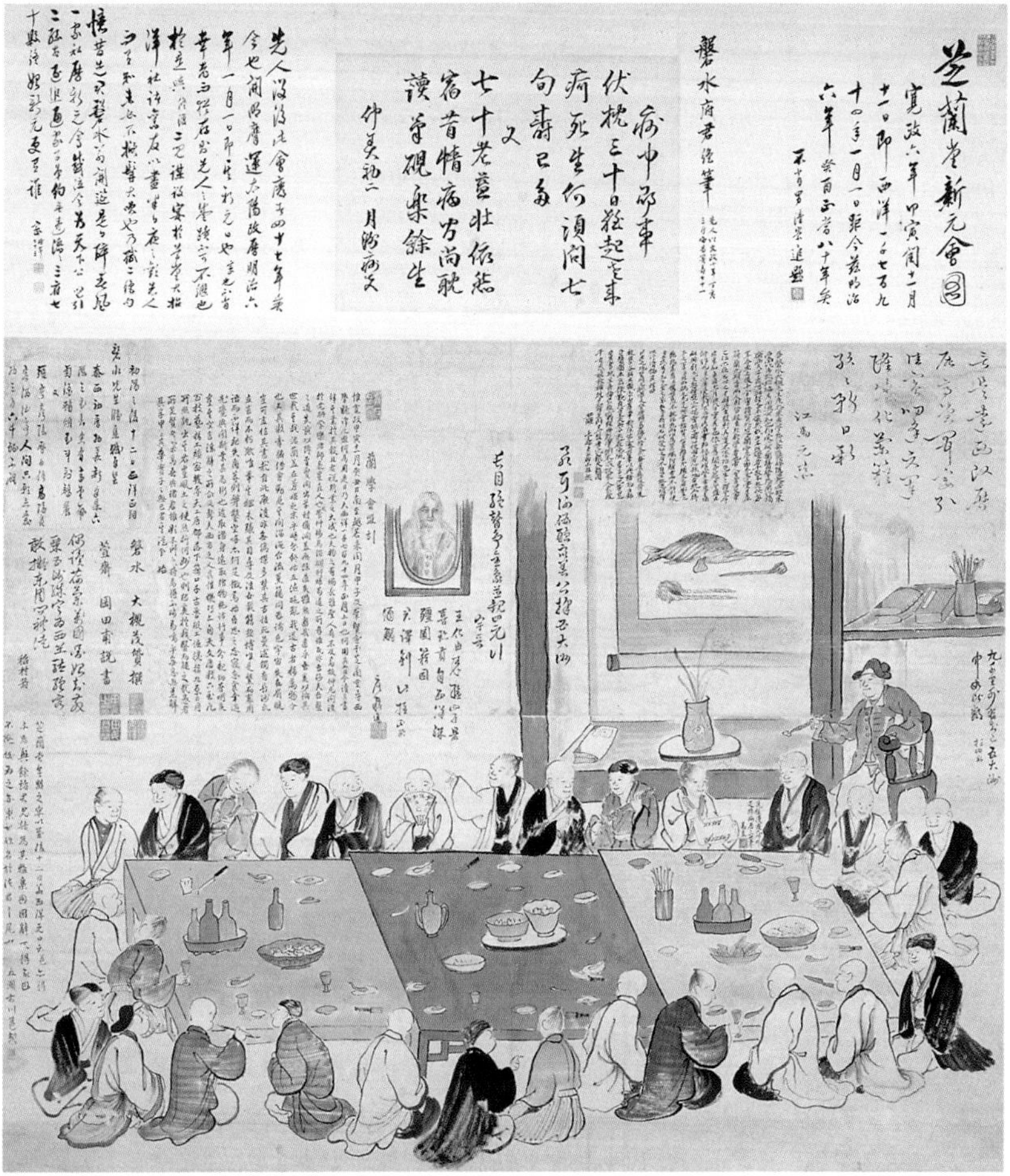

1　オランダ正月（芝蘭堂新元会図）

寛政 6 年閏 11 月 11 日，西暦で 1795 年 1 月 1 日にあたるこの日，蘭学者大槻玄沢《おおつきげんたく》の主宰する芝蘭堂《しらんどう》に江戸の主な蘭学者たちが集まり，「オランダ正月」を祝った．そこには大黒屋光太夫が招かれ，ロシア語で「正月」と揮毫《きごう》している．

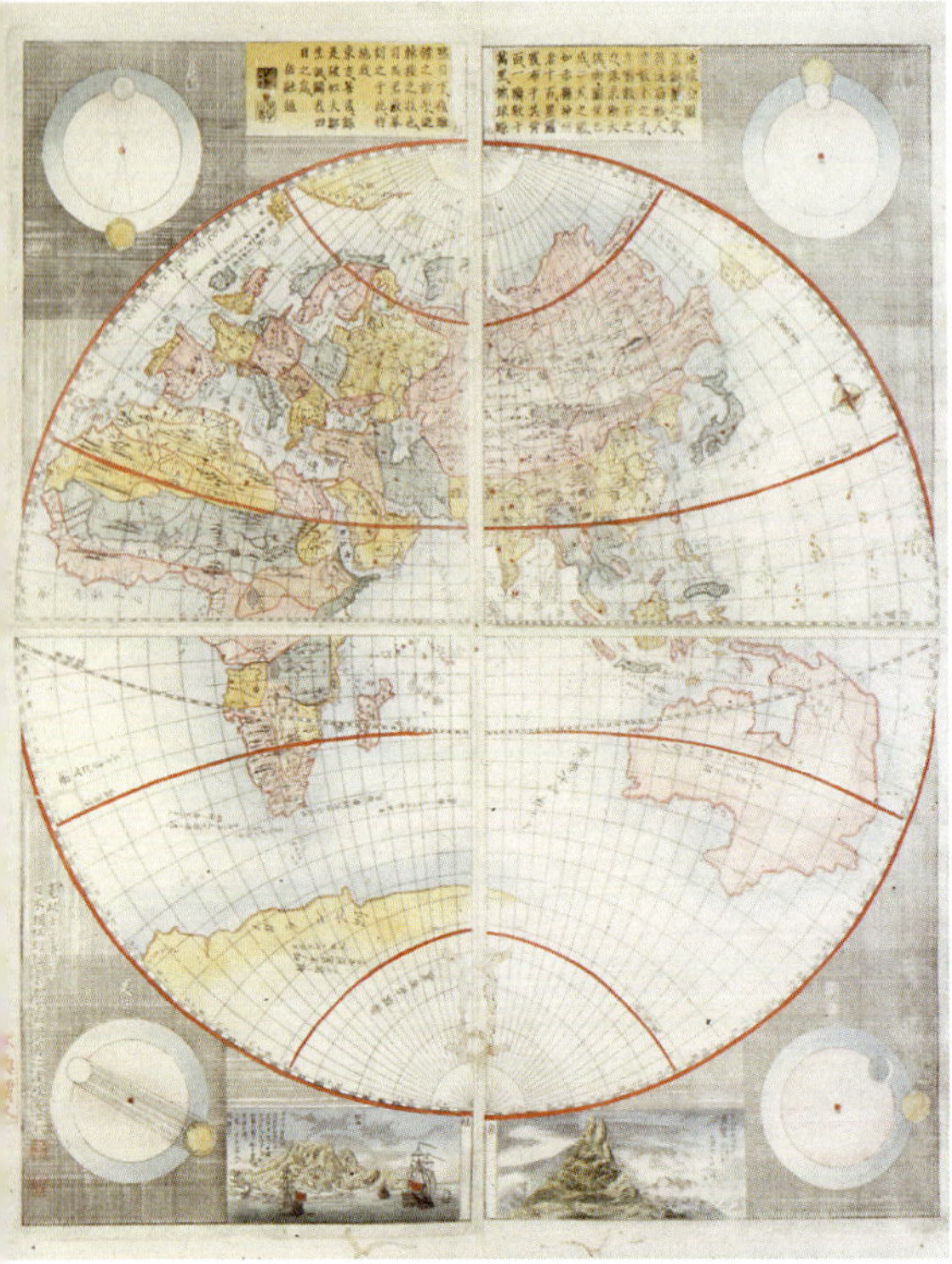

2　地球全図

司馬江漢《しばこうかん》作．平射図法による東西両半球を描く銅板地図で，蘭学者大槻玄沢所蔵のオランダ版ジャイヨ世界図（18 世紀前期）を原図として作られたもの．

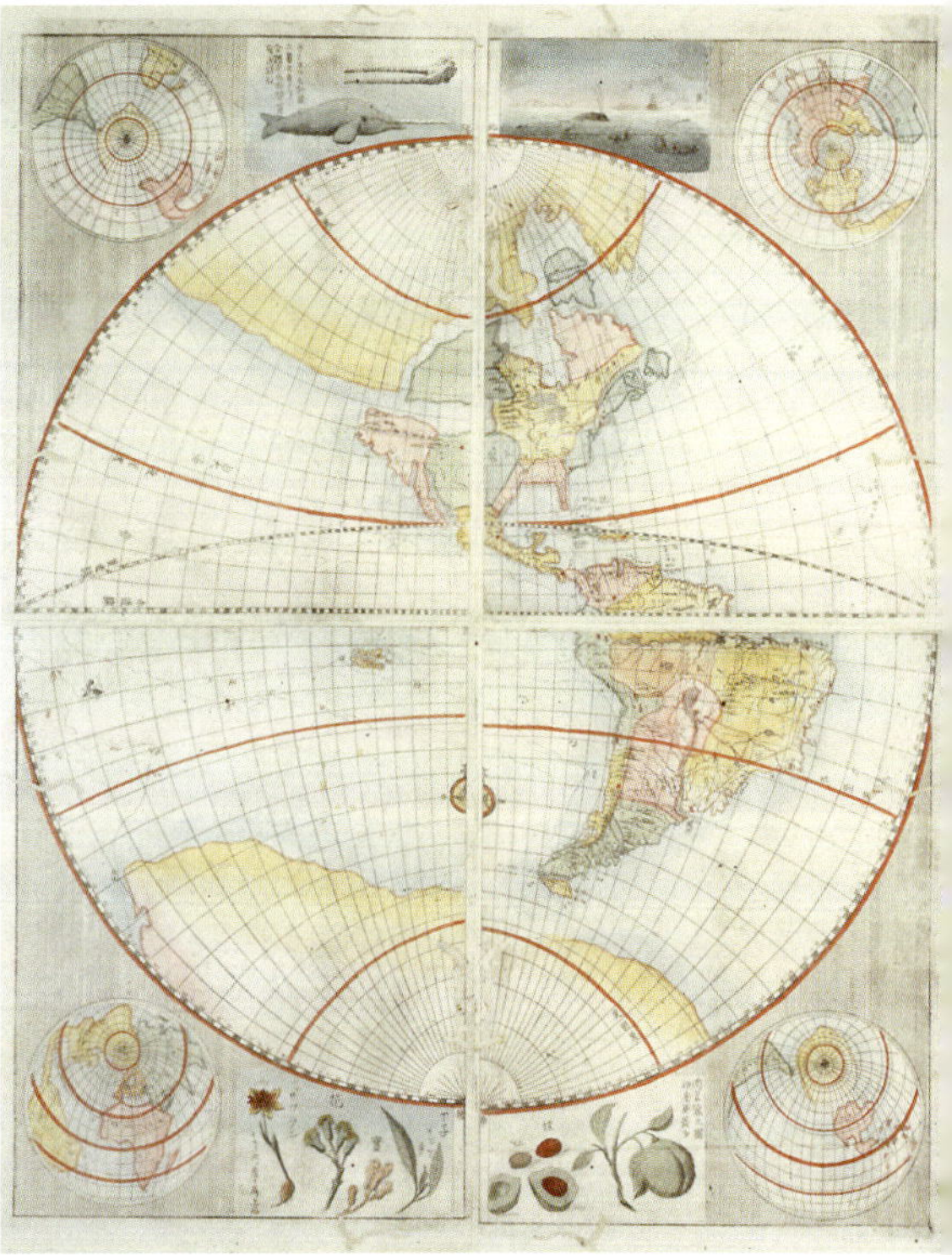

3　連行されるゴロヴニン（俄羅斯人生捕之図）

文化８年（1811），クナシリ島に上陸したロシア艦長ゴロヴニンら８人が日本側に連行される場面．先頭を歩くのがゴロヴニン．箱館商人船の目撃談を添える．

4　一橋治済《ひとつばしはるさだ》画像

御三卿のひとつ一橋徳川家の第2代当主．徳川11代将軍家斉《いえなり》の実父として，家斉の治世下に大きな政治的影響力をもった．

5　渡辺崋山筆・鷹巣英峰模写「紙本墨彩高野長英画像」

渡辺崋山が雪舟筆「達摩図」を写しながら高野長英図としたという肖像画を，後に帝室博物館監査官の鷹巣英峰（豊治）が模写したもの．原画は天保7年(1836)，崋山44歳，長英33歳の時のものという．

横山伊徳

吉川弘文館

日本近世の歴史 5

開国前夜の世界

企画編集委員
藤田覚
藤井譲治

目　次

図版目次

〔口絵〕

〔挿図〕

〔表〕

世界とつながる日本——プロローグ

英国船アルゴノート号の来航

一七九一年七月二六日（寛政《かんせい》三年六月二六日）、一艘の英国船がマカオを出航した。船の名はアルゴノート（ギリシャ神話で金の羊毛を求める船員）号、船長はジェームズ・コルネット。目的地は日本と朝鮮。貿易を行うためである。

マカオを出て、舟山《しゅうざん》諸島から東シナ海を北上し、済州島から五島《ごとう》列島を見ながら朝鮮海峡に入ったコルネットは、壱岐《いき》の南側を通過して博多湾に入った。八月一二日（七月一三日）夜のことである。コルネットは小艇を降ろし、行き交う和船に種々身振り手振りをもって会話を試みるが日本側のいうことが理解できない。長崎へと指示しているようであるが、乗せてきた中国人通訳はまったく役に立たない。しびれを切らしたコルネットは湾の奥へと船を進め、再び小艇を降ろし上陸を試みた。今度は警備艇がやってきて首をはねる格好をしたり、「カレェカレェ《Curre-Curre》」（帰れ）と大声で怒鳴ったりしている。コルネットは航海記に、「こんな言葉は聞いたことがない、急げとか行けというポルトガル人やスペイン人がいた時に学んだ言葉（correr、スペイン語で走る）だろう」と、いかにも事情通ふうの説明をしている。

彼らの手真似を見て、彼らがなんとしても出て行って欲しいと望んでいると、はっきりとわかったコルネットは、同湾を出発することに決め、緯度経度観測と町の遠景観察を行うこととした。結果は北緯三四度〇五分、東経一三〇度三三分と航海記には記されている。民家が密集する町には、和船が多数停泊する那珂《なか》川口があること、そこから外れたところに超然とした城郭があり、さらに森へと連なり農地は良く耕されていると観察されている。

博多湾を出たコルネットは北上した。和船へ近づくため小艇を卸す。中国人通訳によれば、和船は対馬を出てきたばかりであり、同島はもっと北方にあるという。対馬は、彼が中国を出発する時の目的地の一つだった。しかし、北進しても日没までに対馬島を見ることはできず、結局九州北岸の港に船を向けた。漁船がやってきてアルゴノート号を取り囲み、港へ行けと指し示した。

期待に胸膨らむコルネットに見えてきたのは小倉《こくら》である。アルゴノート号が港へ入ろうとすると、港から多数の小船とそれらを指揮する二艘の武装船が立ち現れて、ただちに湾外へ退去せよ、投錨《とうびょう》する場合は碇綱を切断するぞ、という示威行動をとった。アルゴノート号は投錨の意志を示す。そしてコルネットは手真似で水を要求し、日本側の武装船は搭載分の水を供給した。しかし日本側はそれ以上の要求には応じなかった。岩礁まであとわずかというところで、コルネットは遂に投錨を命じた。不思議なことに武装船は満足したかのように見え、もっと水を持ってくるとして岸へ向っていった。コルネットが積荷のラッコの毛皮を役人に握らせたのだ。

やがて日没になると様子が変わった。小舟の一群が派遣された。日本人が敵対心を持っていると予測できた。威嚇では岸からやってくる小舟たちを止めることはできない。ここで、コルネットは三ポ

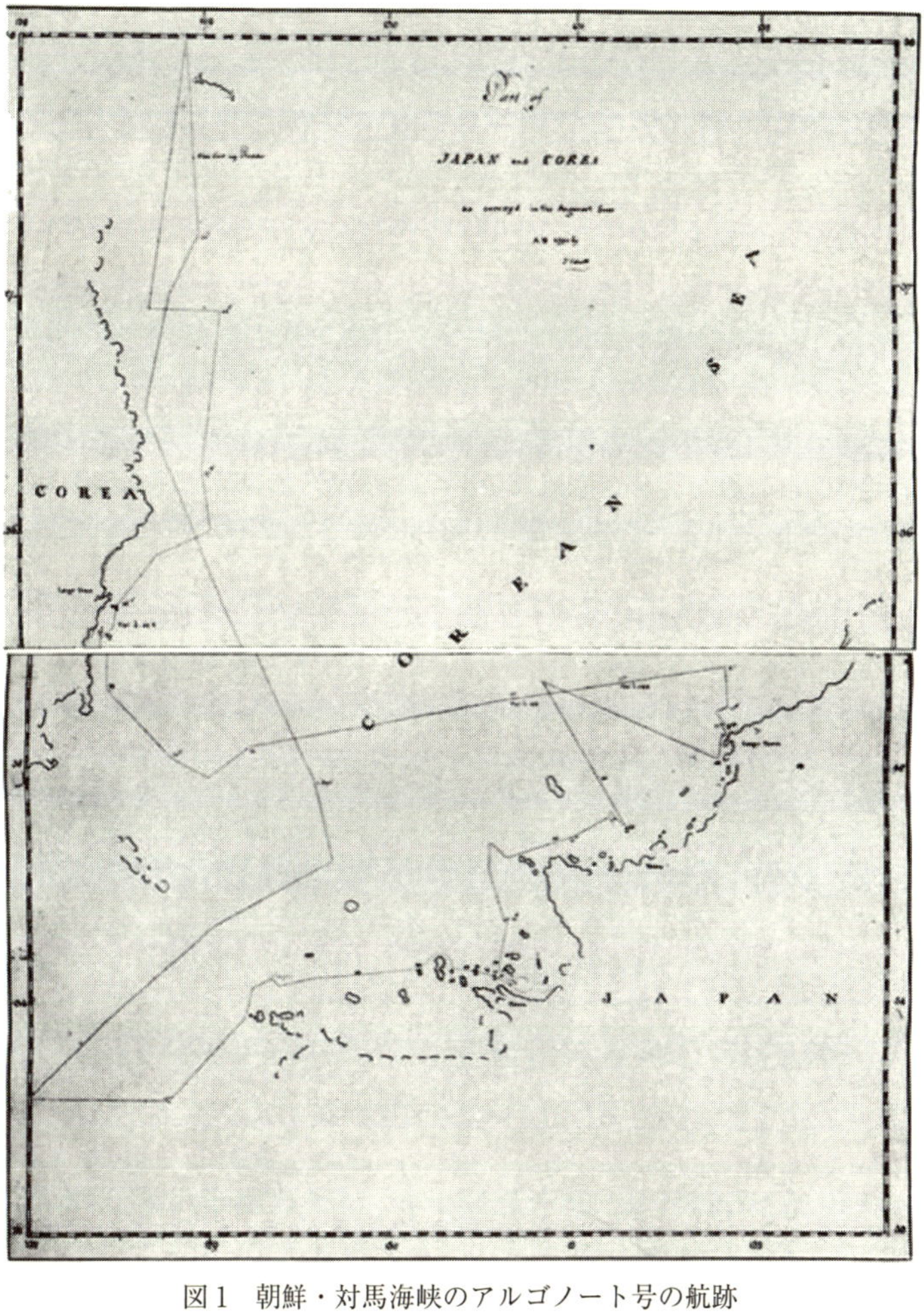

図1　朝鮮・対馬海峡のアルゴノート号の航跡
コルネットはクック艦長のもと太平洋測量航海にも従事した。玄界灘の日本沿岸測量図を作成する。

ンド砲を使う用意をした。日本側は三組に船を分け、各組の船が一斉にアルゴノート号に投光する。この包囲網を暴力的に打ち破ることはできるかもしれないが、コルネットは何も攻撃を受けていない時点では、自らしかけることには慎重だった。結論ははっきりしていた。出航である。小倉を脱し、あいにく強い南西モンスーンにあい、朝鮮半島へ向かうこととなった。

結局、アルゴノート号は日本の沿岸何ヵ所かで投錨したが、日本人とのあいだでコミュニケーションや交易を成り立たせることには失敗した。コルネットは、現状では武装は不可欠だが、軍事衝突は正しくないと判断した、と後に報告している。彼は同じように朝鮮沿岸に接近しながら接触に失敗し、マカオに帰還する〔Howay, 1940、平川新―二〇〇八、横山伊徳―二〇〇九〕。

アルゴノート号船長コルネットは何者か？　なぜ一七九一年に日本貿易を目指したのか？　幕府はこの来航をどう受けとめたのか？　まずこのアルゴノート号を追いかけて、一八世紀末から開国までの日本を考える手がかりにしよう。

ベンガル商館統監テイツィングの知らせ

一七八〇年代、数次にわたり長崎オランダ商館長として来日したティツィングは、一七九一年当時、ベンガル（チンスラ）商館統監であった。彼はベンガル（コルカタ）のイギリス人たちの間で流れていた情報から、「彼らは、何隻かの船をカムチャッカへ送っています。おそらく、イギリス人はふたたび日本に来ようと試みるでしょう」と、数年前から何度か日本人通詞や日本商館員たちに連絡してきていた。一七八七年、北太平洋カムチャッカでイギリスの動きが活発となっていること、そしてそれが同国の対日接触につながるという自らの認識を、インドにいるティツィングは、日本の当時もっとも実力のあった通詞たちに伝えた（一七八七年三月三〇日）〔松方冬子—二〇〇五、Lequin, 1990〕。

そもそも北半球北部に棲息《せいそく》するラッコやビーバーなどの毛皮取引は、日本北部の先住民アイヌをはじめ、オホーツク海沿岸、サハリン、アムール地方、さらにアリューシャン列島、アメリカ北西海岸を含む広大な北太平洋地域の先住民社会の狩猟・交易活動を基盤としている。その毛皮は、中国でも日本でも古くからの交易品であり、清朝では毛皮を貢納させ、代わりに絹を与える朝貢品であった。

このような陸づたい、島づたいで展開していた先住民らの毛皮交易に急激な変化が起こる。イギリス海軍クック艦隊の第三回航海（一七七六年～七九）が北太平洋沿岸を測量し、その際、同地で入手した毛皮を広州で売却して中国市場での価値を知らしめてから、毛皮獲得の動きがインドやマカオにいる私貿易商人（カントリー・トレーダー）のあいだで一挙に盛り上がることとなった。インド・中国と北米西海岸をつなぐインド・太平洋貿易ルートの形成によって、毛皮交易は新しい展開を見せた。

アメリカ独立戦争終結（一七八三年）をうけ、アジア貿易船長として転身を図ったイギリス海軍軍人にミアズがいる。彼は八七年三月（つまりティツィングの手紙と同時に）にベンガルを発ち、八月にアリューシャン・アラスカに到着する。ティツィングが日本に寄せたベンガルの情報は、インド・中国・北米西海岸を巻き込んだ新しい貿易（物流）の波の最先端を示すものであった。一七八八年暮れにマカオに戻ったミアズが次に計画したのは、イギリス東インド会社などの力も得て新会社を結成し、旧海軍士官コルネットをアルゴノート号船長として、アメリカ西海岸ヌートカ（現在のバンクーバ付近）

へ派遣することだった。そこで越冬させ、より恒久的な毛皮交易拠点を築こうとしていた。ところが一七八九年、イギリスの進出を嫌うスペインが彼を拿捕《だほ》し、両国間にヌートカ危機を生み出した。コルネットはスペインからの拘束を逃れて、九〇年に毛皮とともにマカオに帰還する。

コルネットがマカオに戻ってみると、このころから清朝による毛皮販売規制が強まり、毛皮は売れなくなった。中国では、ラッコなどの毛皮は主としてロシアとの貿易によって輸入されるが、ロシアとの対立から一七八五年にキャフタ貿易は中断され、広州での毛皮販売規制も行われた〔吉田金一 一九七四〕。一七九一年、ミアズらはアルゴノート号に毛皮の需要が見込まれる朝鮮、日本行きを命じることになった。ティツィングは、

どうか日本人たちに伝えてください。イギリス人は現在、アメリカの西海岸、北緯五〇度にあるヌートカ、すなわちキング・ジョージ湾に根拠地を建設し、日本との貿易を試み、毛皮製品などを輸入するつもりでいます。……我々の貿易はわずかなものですが、彼らはあまりに危険な競争者です。〔一七九一年二月一七日、シャッセー〈出島在〉宛ティツィング書翰〕〔松方冬子 二〇〇五、Lequin, 1990〕

と、イギリスの対日貿易の動きがより具体化し、拠点化の進むヌートカ湾の毛皮を日本に持ち込もうとしていることを伝え警告した。これは、驚くほど的確にイギリス毛皮貿易船の動静を伝えるものであった。広州とベンガル〈コルカタ〉のイギリス人商人のあいだでは、情報は共有されていた。しかも英蘭の東インド会社員と私貿易商人は互いに表面上、烈しい競争的関係があるにもかかわらず、べ

ンガルのヨーロッパ人として私貿易の対象となる商品に対する共通した関心をもっていた。こうしたアジアをまたがる商業のあり方が、ベンガルと広州のヨーロッパ人のあいだで情報が流通する構造を作り出していた。そうして得られた情報を、ティツィングは出島の商館員にすぐに知らせて、警戒を促したのである。

このように考えれば、博多・小倉沖にあらわれたアルゴノート号（コルネット船長）は、ティツィングの警告した、ヌートカからの毛皮を積んで広州から日本に向け出航した危険な競争者だった。小倉の人びとはアルゴノート号を、見かけない形の唐船だからシャム船と見なし、届けたのであろう。アルゴノート号の博多・小倉来航の報は、シャムの船が漂着した話として、江戸で話題になった。

寛政三年異国船取扱令の発布

正徳新例《しょうとくしんれい》以降、長崎貿易から閉め出された唐船が朝鮮海峡付近（筑前《ちくぜん》、豊前《ぶぜん》、長門《ながと》など）の海域に登場し、密貿易を図って紛争となる事態が相次ぎ、幕府はこれらの諸大名に、唐船を追い返すように繰り返し命令していた。小倉藩の記録では、アルゴノート号が来航したときは一七〇艘以上の船を動員して追い払った（『北九州市史』）。松平定信《まつだいらさだのぶ》の側近である水野為長《みずのためなが》は『よしの冊子』で、「幕府内では当初シャムの漂着船ということで受け止め、小倉藩がはなはだ衰微して漂着船の手当もできず、領内商船や他領の船などを借りて動員を図った。幸い着岸しないで船は帰って行き、事件はおしまいになった。せめて水だけでもくれてやればよい。日本人がシャムへ漂着したときのことを考えたことがあるのか、日本の恥だ、とまで言い合った」という評判を記している。

しかし、まもなく水野の周りでは、雰囲気が一変する事態となった。「むすこべや（モスクワ公国、ロシア）が朝鮮を攻めるので、朝鮮より救いの兵を日本に乞う」ほど朝鮮が大騒動に陥っているという話で、シャムの漂着船は、実は「むすこびやより攻めてきた」軍艦だったというのである。

水野為長はこの朝鮮情報を聞き、林子平《はやししへい》の『海国兵談《かいこくへいだん》』から「異国はあやうい。しかも異国との戦は長崎で起こるとだけ信じているものだから、石火矢は長崎だけに配備され、他には配備されていない。奥州や常陸などに配備されたい。むすこびやが来るかもしれない」とまとめ、「此節異国船漂着後、やたらに異国から戦が起るという噂が専ら」と文章を結んだ。

アルゴノート号来航から一ヵ月ほど経った寛政三年（一七九一）九月朔日、幕府は次のような触（寛政三年異国船取扱令）を達した。

> 先頃、筑前（福岡県）、長門（山口県）、石見（島根県）の沖に異国船一艘が漂流の様子であった。同船は多少遠くの沖合へ乗離れたり、又海岸近くにまで寄来たりし、彼是八日余り続いた。……先ずは（勝手に乗り回らないよう）船具を取上げて、長崎へ送還するようにし、それぞれのやり方について指示をうかがうようにせよ。以後、異国船を見掛けたならば、早速対処の人員などを配備し、最初に見え始めたところではあまり大げさ（つまり軍事的に）に対応せず、筆談役あるいは見分の者等を派遣して様子を試すようにせよ。もしこちら側の動きを拒んだならば、船をも人をも打砕くことも貪着せず、相手の船に乗移り迅速に戦い、切り捨てなどにしてよい。逮捕でも構わない。もちろん、大筒火矢などを用いても勝手次第である。しかし、筆談などもうまくいき、またはこちら側の見分などを

も拒否しない様子であれば、成丈《なるたけ》穏に取計らうこととし、とにかく計策を以てでも異国船を繋ぎとめ、船具などをも取上げて乗組員を上陸させて、彼らに番人を付け、船でその場から立帰らないようにして、一刻も早く幕府からの指示を伺うようにせよ。若《も》しそこで反抗するようならば、逮捕監禁せよ。異国の者は宗教も何だか相分らないので、番人の他は見物をも禁じなければならない。右のような漂流船が一、二艘にすぎないのであれば、前文の通りに心得るようにし、もし数艘にも及ぶ船団だったり、又は数少くても最初から厳重に取り扱わねばならないような様子だったりすれば、そのときは時宜次第である。もっともこうした事態が起った場合は、すべて近隣の領地へも早く通達し、動員する人や船を揃えて置き出動すべきである。(『天保御触書集成』六五二五)

来航する密売唐船を念頭に立案されたそれまでの異国船取締法令(『福岡県史』)が、異国船・唐船を発見すれば日本船がまず沖買(沖合に出船して船上で売買)しないよう徹底すること、日本人に紛れないため上陸は認めず、餓《う》えない程度の食料・水・薪は与えること、を主旨とすることを見れば、大きな変更であった。この取扱令は、アルゴノート号来航への個別の対応策ではなく、異国船来航に対する全体的な方針を確立し、警戒体制の改訂を求めたものというべきであろう。なによりも、異国船艦隊との緊張事態・軍事衝突を想定した対応を求めていることは、この寛政三年異国船取扱令が、それまでの異国船取締法の体系とは異なる新たな立法措置であることを示している。

実際、同朔日に幕府は、参勤交代で海路を使う大名に対して、「船路の様子に熟練するため、かつ、船路の備えに等閑がないよう」陸路ではなく乗船するように命じた。その後、幕府は自らの船手水主に対しても海船帆手の修行を命じ、さらにしばしば修行見分と称して浦賀などで演習を行なった(『通航一覧』船方調練之部)。

また、西国大名には独自に防備体制をとる藩も見られた〔山本英貴―二〇〇七、上田純子―二〇〇八〕。たとえば、萩藩ではアルゴノート号への対応に手遅れとの指摘を受け、急遽、異国船来航時の警衛人数増加などの措置をとるなど体制整備が図られた。長崎でも、地役人による大々的な鉄砲稽古(四季の区別なく毎月四と九の定日)が決められたりしたが、そこで使われた銃砲類は「前々より(洋船や唐船から)取り上げられた鉄砲」だったり、「先年異国船がもってきてそのまま残していった石火矢」だったりしたことは、後のロシア警備やフェートン号事件を考える上で記憶に留めておいてよい(『長崎志続編』)。

アルゴノート号から始まる時代

アルゴノート号船長コルネットの航海記を編纂した米国太平洋史家ハウェイは、「ジェームズ・コルネットの指揮するアルゴノート号は、(イギリス)東インド会社船リターン号が一六七三年に失敗して以降初めての、日本人との貿易を再開しようという船となった」〔Howay, 1940〕と指摘する。彼によれば、日本との貿易を再開しようという「開国」への時代は、アルゴノート号船長コルネットに始まるという。しかし、アルゴノート号は英国船であったがイギリス東インド会社船ではなく、インド=中国間に活躍する私貿易商人によるものだったし、扱っている商品はヌートカ湾のラッコ皮であった。これは、アルゴノート号から始まる時代が、太平洋の西端と東端を密接に関連づけた時代であることを意味している。

そして、このアルゴノート号来航に反応して発令された寛政三年（一七九一）異国船取扱令は、文政八年（一八二五）の異国船を見かけたらとにかく打払えという無二念打払令《むにねんうちはらい》を経て、天保《てんぽう》一三年（一八四二）中国でのアヘン戦争勃発を契機として薪水《しんすい》給与令が発令されるまで、半世紀にわたって幕府の対外政策の基本を形づくった。さらにその後、「開国」までの一〇年は、国際的にみるとその薪水給与令が各国に知られる時代であった。ついに嘉永《かえい》六年（一八五三）、ペリー提督が琉球に、さらには浦賀にやってくる。彼の携えた大統領国書は、「オレゴン州とカリフォルニアはまさに、日本と相対している。わが蒸気船がカリフォルニアを出発すれば一八日で日本に達することができる」と、実現されるべき近未来の太平洋像を唱えている。

そのように考えると、この六〇年ほどの江戸幕府政治の歴史は、世界の動き、特に日本列島を取り巻く海域における異国船の出没という現象に、さまざまな反応を示してきた過程と考えることができる。では、これらの対外反応を生み出す国内外のメカニズムとはどのようなものなのだろうか。

本巻は、このメカニズムを内外双方の観点から、すなわち、第一に日本を取り巻く地域・海域や世界各地よりの異国船の動向から、第二には異国船来航によって形成されてくる国内政治の変容から、幕府政治史を捉えてみようというものである。世界の動きが異国船来航という現象となって現れることを縦糸に、そしてその来航によって、さまざまな人びとが動き出すことを横糸にして、六〇年におよぶ日本の政治の動きをたどること、それが本巻のねらいである。

一　太平洋に漂流する大黒屋光太夫

1――欧米各国の毛皮貿易

アメリカ船レディ・ワシントン号

一七九一年の日本近海の動きを引き続き追いかけてみよう。一七八三年、イギリスとの独立戦争に勝利したアメリカ合衆国では、東インドや中国貿易への参入が本格化した。アメリカ東海岸の商人たちは、米大陸産薬用人参を主要な輸出品として中国貿易への参入を企図し、アメリカ版東インド会社というべき商業組織の創設を計画した。しかし、対イギリス戦に使用した（小型）私掠船《しりやくせん》をアジア交易に転用するしかなかった。

アメリカ東海岸から中国に至るルートには、喜望峰《きぼうほう》を経てインド洋各地や蘭領インドで交易しながら中国向け産品を集荷して広州《こうしゆう》に向かう東廻りと、南米ホーン岬から太平洋に出て北上し、北米西海岸で毛皮を仕入れて広州へ向かう西廻りがあった。

西廻り航路を切開いた一七八七～九〇年のコロンビア号とレディ・ワシントン号は、アルゴノート号と同じく日本史にとって注目すべき毛皮貿易船である。マサチューセッツ商人たちは西廻り中国貿易の可能性に賭けるとともに、船長ケンドリックに、「中国での通商より利益があると判断されるのなら、……日本で通商を行ってください」という訓令を与えた〔佐山和夫―一九九一〕。ボストンを出港した両船が、ホーン岬を経由してヌートカに到着するのは、一七八八年九月のことである。ここで彼らが目撃したのは、ミアズらのイギリス私貿易船と、北米西海岸支配者を自認するスペインとの対立である。このときケンドリックはスペイン側に立ったらしいが、紛争に深く関与するのを避け、八九年夏、両船はラッコ毛皮を満載して太平洋を横断し、同年末から翌九〇年一月にかけてマカオに到着し、毛皮の取引に着手した。

先に到着したコロンビア号は、広州で毛皮規制が強まる以前に毛皮を売り切った。そしてアメリカで需要のある茶をはじめとする中国産品を買い付け、西廻りにボストンへ帰航する。「コロンビア号は、ボストン→ホーン岬→太平洋→中国と、二年がかりで世界を廻った最初のアメリカ船となり、ボストンを起点とする地球一周の航海＝交易パターンを確立させた。……北太平洋岸、広州、最後にボストンと、三度の取引で高利潤を生み出せる世界一周航路は『ゴールデン・ラウンド』と呼ばれた」という〔木村和夫―二〇〇四〕。太平洋をまたぐ毛皮貿易は、一七九〇年代になるとアメリカ船が台頭し、一九世紀になるとイギリスを凌駕するようになってくる。

ところが、コロンビア号より少し遅れてマカオに到着したケンドリック率いるレディ・ワシントン号は、広州当局の毛皮規制により

図2　中国毛皮商人

売れ残りを抱えることになり、一年以上もマカオに滞在することを余儀なくされた。ケンドリックは一七九一年三月、日本に向け、売れ残りのラッコ毛皮二〇〇枚を積んで同伴船グレイス号とともにマカオを出航する。同年四月末(寛政三年三月)、両船は紀州串本《くしもと》大島に到着する。

アルゴノート号コルネット船長は長大な航海記を残したが、レディ・ワシントン号ケンドリック船長の航海記は現在まで発見されていないという(グレイス号のログはDrew Archival Libraryで公開中)。その代わり、串本で応対した紀州藩や関係者の史料は紀州藩の歴史書『南紀徳川史《なんきとくがわし》』などに収められ、ペリーに先立つ六二年前に日本に来航したアメリカ船として多くの日米関係者に知られている。

二艘は大島沖合に船を止め、降ろした小艇で測深をしながら、他方で小舟で乗り付ける周辺の村々の人たちを乗船させ、食事などの接待でもてなしたという。そして日本側の問い合せに対しては、「本船亜墨利加船也」と漢文で応えた。こうしたことから、異国船来航のあり方が変わった年として一七九一年の来航を意識するとき、アルゴノート号の方は記憶されず、むしろレディ・ワシントン号の来航が主に論じられ、記憶として定着するようになる。

日米修交の嚆矢《こうし》と位置づけられてきたこのアメリカ船の来航は、数年後、オランダ船に代わって長崎とオランダ領東インドの貿易を支えることになるアメリカ船の先駆けであり、日本を取り巻く太平洋における新しい動きを示す動きだった。

こうした一七八〇年代を起点とする米英の新しい毛皮貿易の動きを、一八世紀を通して長年シベリアに広がる毛皮産地と中国の毛皮市場とをつないできたイルクーツクで活躍するロシア商人たちは、どのように受けとめたのだろうか？

ロシアのコロンブス、シェリホフ

一八世紀の中ロ交易は、一七二七年のキャフタ条約に基づくもので、キャフタ（ロシア連邦ブリヤート共和国にあるモンゴル共和国との国境都市、バイカル湖を挟んでイルクーツクの反対側）での（民間）貿易が中心となって行われた。一八世紀後半になると、カムチャッカ産の毛皮が徐々に枯渇し、南下して千島で毛皮猟にあたるか、東進してベーリング以東の遠隔地を植民するかがロシア毛皮商人のあいだで問われるようになった。渡海するためには従来よりも大きな船団が必要となり、資本集中が不可避とされた。

毛皮商人シェリホフ（レザノフの義理の父）は、シベリア毛皮が年々減少していることを認識し、一七八三年、アリューシャン列島から北アメリカへ遠征する。この遠征隊は、激しい先住民族の抵抗を抑えてアラスカ・コディアク島に定住施設を設け、八七年四月イルクーツクに帰還する。それゆえ、彼の墓碑には「ロシアのコロンブス」とある。彼は帰還後イルクーツク総督や皇帝エカテリーナ二世に、毛皮貿易の再構築を提案する。アリューシャン列島およびアメリカ北西部の植民地化・産業化を図り、そのため帝国政府からの補助金とこれら事業の独占権の付与を求めた。彼の構想は、特許独占会社によって、カムチャッカ以東の地域をロシア領アメリカとして植民地の基礎を築くものとして考えられてきた〔大橋与一―一九六二〕。近年ではこうしたロシア毛皮産業の内在的な動向に加え、それを

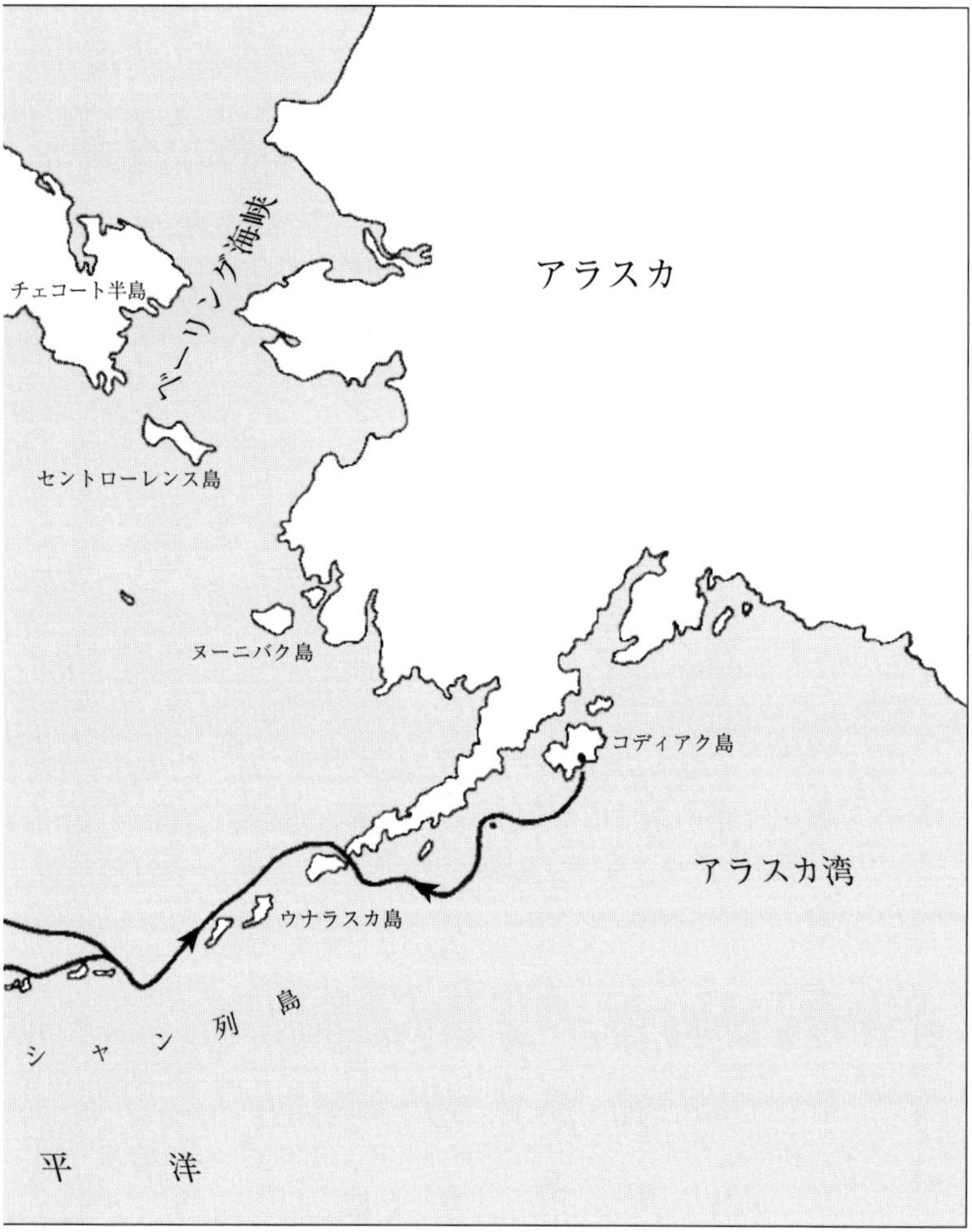
アラスカ
ベーリング海峡
チェコート半島
セントローレンス島
ヌーニバク島
コディアク島
アラスカ湾
ウナラスカ島
シャン列島
平洋
遠征図

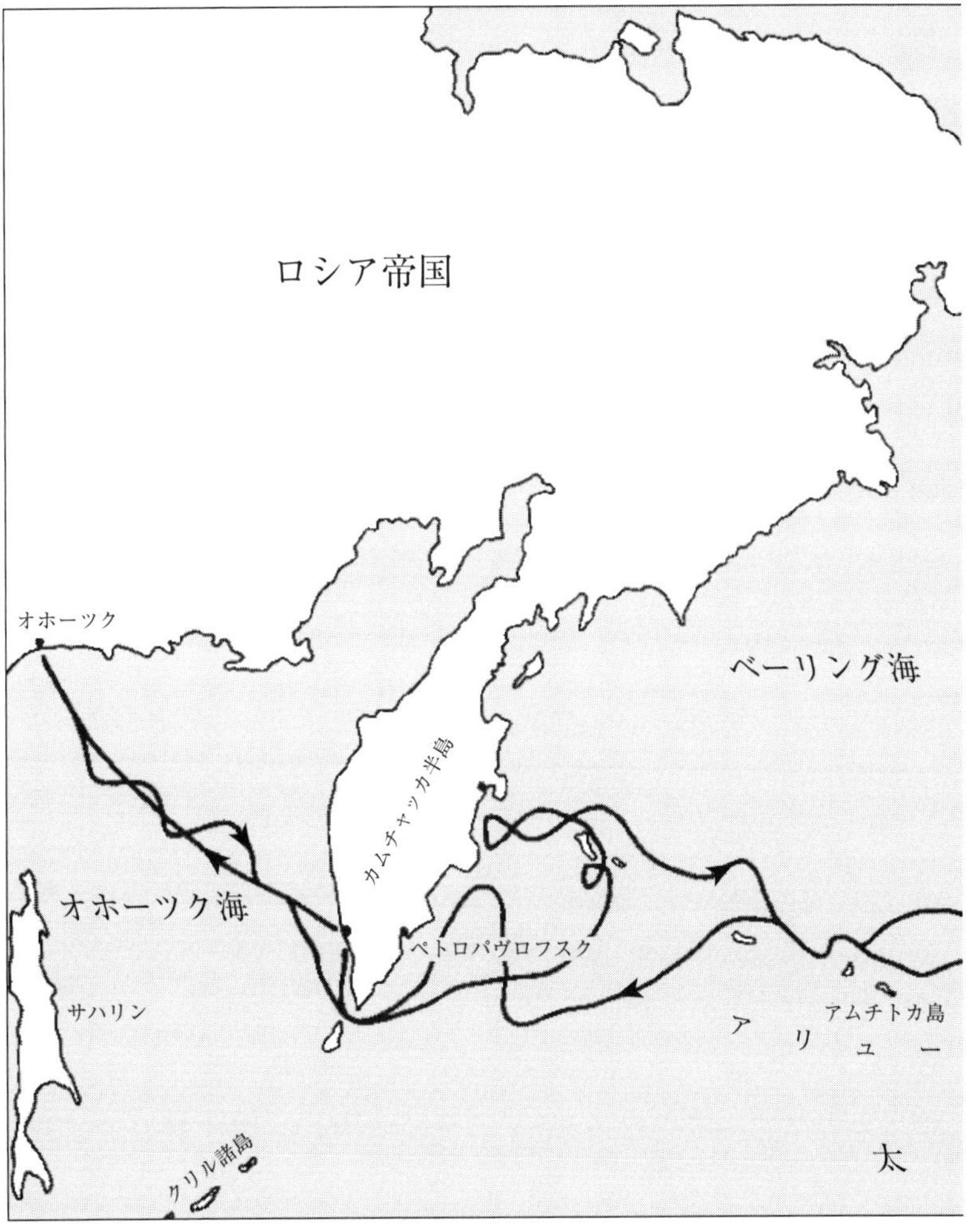
ロシア帝国
オホーツク
ベーリング海
カムチャッカ半島
オホーツク海
ペトロパヴロフスク
サハリン
アムチトカ島
アリュー
太
クリル諸島

図3　シェリホフ

取り巻く国際的な条件が注目されるようになってきた〔森永貴子―二〇〇八〕。

一つは、一七八五年、清朝政府がロシア盗賊団の処分を要求してキャフタ貿易を停止したことである。清朝側はロシア向け物品の密輸を厳禁し、八九年になるとキャフタ以外の陸路や広東の海路での取引も取り締りを強化した〔吉田金一―一九七四〕。広州での毛皮の売れ残りを処分するために、アルゴノート号やレディ・ワシントン号が日本での交易を求めたのも、このためである。一七八七年、イルクーツクに帰還したシェリホフもまた、毛皮取引の減少に直面し、同地には売れない毛皮が三年分も滞貨していたという。

そしてもう一つは、イギリスの動きである。一七八六年露暦八月、シェリホフはイルクーツク帰還途中カムチャッカのペトロパヴロフスクで、イギリス船との交渉に入った。

ここで、一七八七年三月にティツィングが通詞に伝えた、カムチャッカへのイギリス船が数艘派遣されているという情報を思い出そう。ティツィングはこれらイギリス船の動きの中に、日本への接近を見いだした。シェリホフは、カムチャッカで儲かるという話になれば各地の商人がやってくるので、日本・中国・朝鮮・インド・フィリピン、およびその他の島々、アメリカのスペイン人と現地アメリカ人との貿易を行なう権利が会社に与えられなければならない、と求めたという〔Tikhmenev, 1978〕（以下『露米会社史』と表記）。つまり、ロシア商人とイギリス系の貿易船が出会ったことは、ロシアにとってもイギリスにとっても、やがて日本との通商に連なるような、北太平洋における物資調達の新しい可能性を開くものと受けとめられた。

イルクーツク総督はシェリホフの毛皮貿易の独占を認め、支援するよう帝国政府に要請した。しかし、エカテリーナ二世は彼の提案を採用せず、一七八八年露暦九月、彼らに対して剣と金メダルを授けるとの勅令を出した。皇帝は、太平洋で活動範囲を拡大することに懐疑的であった〔大橋与一―一九六二〕。その勅令は、「すべての狩猟業者（これには当然シェリホフも含まれる）は、千島列島やその他の領有を巡る中国との論争をさけ、他の国の権限下にある島に触れないでおくことを強く命じる」（『露米会社史』）とあり、皇帝の考えには清朝政府と対立するおそれのある政策は極力排除し、八五年から停止状態にあるキャフタ貿易正常化を優先する配慮があった。

漂流民大黒屋光太夫

大黒屋光太夫《だいこくやこうだゆう》の漂流と帰国をめぐる物語は、以上のような中ロ関係緊張を意味するキャフタ貿易停止下におけるロシア毛皮貿易の困難な状況のもとに開幕する。

天明《てんめい》二年一二月（一七八三年一月）、船頭大黒屋光太夫ほか一七名が乗り組んだ千石積和船神昌丸《しんしょうまる》は、伊勢白子浦から江戸に向かう途中で難破し、太平洋上に漂流することとなった。八ヵ月におよぶ洋上生活にも耐え、アリューシャン列島のアムチトカ島に漂着した。以後四年間、孤島で先住民と彼らを支配するロシア人と暮らすこととなった。一七八七年、生き残った九人は同島出航を試み、カムチャツカに到着した。越冬でさらに三人を失い、残った六人は一七八八年、同地を発ち、オホーツクを経て翌八九年露暦二月、一行はイルクーツクに到着する。

しかし、イルクーツクでは、彼らの帰国願は一貫して認められなかった。キャフタ貿易の停止を北

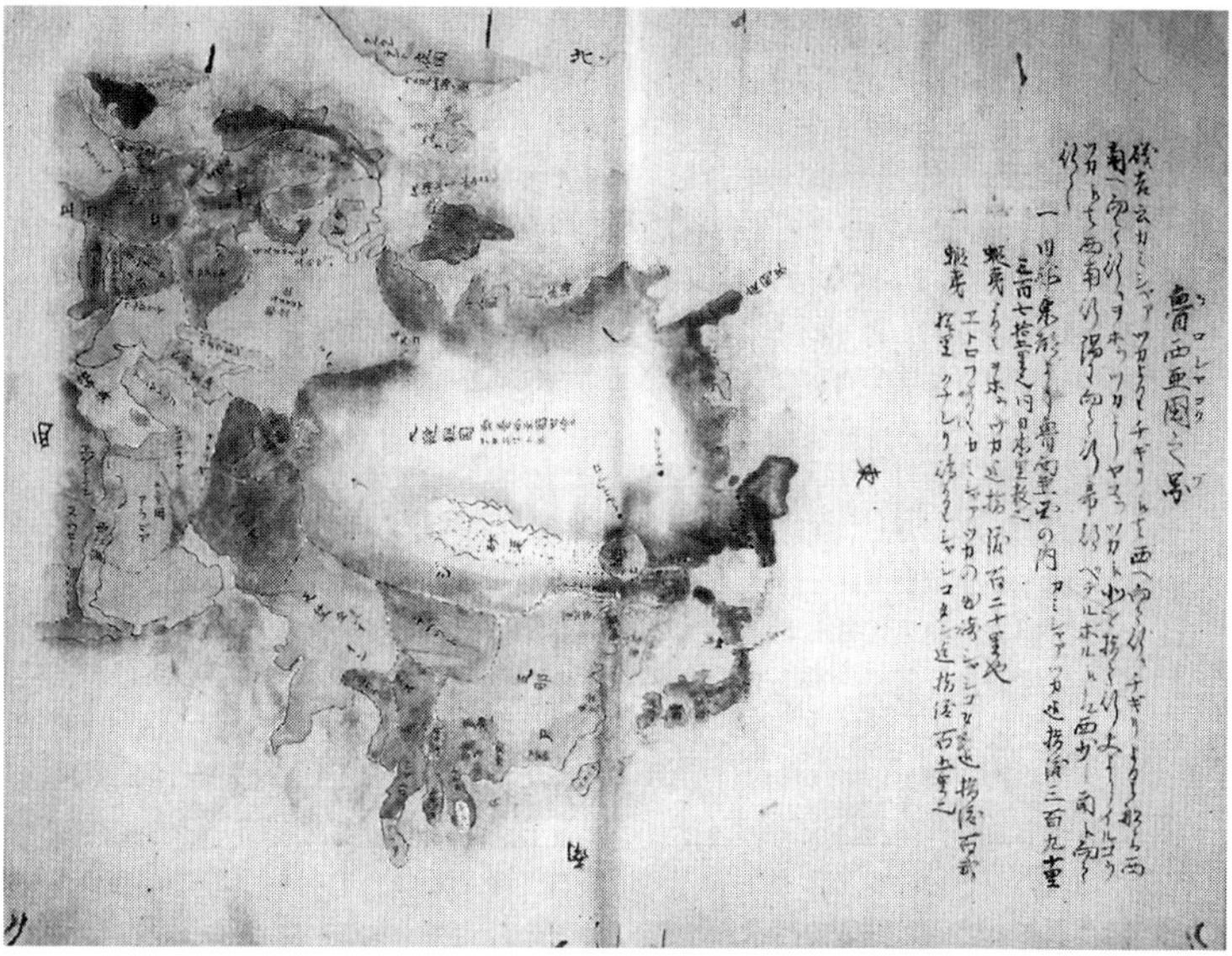

図４　魯西亜国之図
光太夫と共に帰国した磯吉の話に基づいて書かれた魯西亜図。

太平洋への独占的な進出によって打開しようという動きは、帝国政府の消極的な反応により、光太夫らの取り扱いを困難にした。その状況に挑戦したのがアダム・ラクスマンの父エリク（キリル）・ラクスマンである。

　フィンランド生まれの技師エリク・ラクスマンは、植物学者リンネの指導を受けたことがあり、その弟子で出島医師となったツュンベリーの日本の植物誌に早くから興味を持ち、大黒屋光太夫に近づいた（加藤九祚―一九七四）。彼は一七九一年露暦一月、光太夫と共にイルクーツクを発ち、サンクト・ペテルスブルクへ向かう。彼らは露暦二月にサンクト・ペテルスブルクに到着し、二回願書を商務長官宛に提出した（『大黒屋光太夫史料集』三）。

　そこで彼は、①日本とロシアの通商関係を樹立するために光太夫を口実に使う。②対日貿易は茶（ロシアが中国から輸入している最大の輸入品の一つ）、皮革《ひかく》、織物、金などで見込があり、アイヌとの貿易上も有利である。③ヌートカ湾のイギリスの動きを見ていれば各国の日本貿易の企図は競争的であり、光太夫を確保するロ・英・蘭の競争は現実になっている、と主張する。そして、こうした対日通商関係の樹立は、アムール川交通の開発が密接に結びついて構想されるべきというのである。シェリホフが正面から取り扱うことを避けたアムール流域について、ラクスマンはむしろシベリア地域の産業的発展を念頭に積極的関与を唱えていた。

光太夫をめぐってイギリスの動きの中心にあったのは、駐露イギリス公使ウィットワースである。彼は、すでに一年前から日本人について情報をロンドンに伝えており、友人に光太夫を自宅への夕食に招待しようと工作を依頼しているが、ラクスマンから拒まれたらしい。しかし、ウィットワースは、このやりとりからロシアが対日国交樹立に動き出したという感触を得て、この情報をただちにロンドンへ書き送った。イギリス政府はこの光太夫情報をひきつづき追跡すべき指示を与え、ロシア政府の東アジア政策（対日、対中国）に注目した。オランダも光太夫に接近したという。

夏の宮殿に避暑のため居を移したエカテリーナ二世は、露暦六月末に光太夫を謁見《えっけん》する。再び首都に戻った皇帝は、露暦九月一三日に光太夫を日本に帰還させる使節を派遣する勅令を発する。この使節には、エリク・ラクスマンの二男アダム・ラクスマンが選ばれた。従来この使節の目的は「日本との通交・通商関係の樹立にある」とされてきた。最も新しい中村喜和氏訳の勅令第五条（『大黒屋光太夫史料集』三）は、イルクーツク総督が作成を命じられた公文書には「われわれとしてはかねがね日本との国交を開き通商関係をもつことを願っていたので、すすんで彼らの面倒をみたこと」を記すよう命じている。つまり、ロシア側の漂流民保護と帰還の経緯の背景に、ロシア側の通交通商関係の樹立を求める意志が存在することを伝えたものであるといえよう。もちろんエリク・ラクスマンが通商交渉開始のために光太夫を利用しようとしたことは確かだし、ロシア政府は日本通商を念頭に置いたであろう。しかし、エカテリーナ二世が遣日使節に命じたことは漂流民の帰還そのものであり、副次的に通商関係樹立に備えて望ましい手段を講じることを関係者に指示したと理解するのが自然であろう。

さらにエカテリーナ二世は、アムール川流域についてては、エリクとはまったく別の考えであった。勅令第八条は、アムール川水路調査について「現在のところ時期を得ていない」と断言している。一七八五年からキャフタ貿易が中断するなか、中国を刺激することを慎重に避けていたのである。

英蘭の動きに先んじてこれを封じ、清朝政府も刺激せず、無事に光太夫らを帰国させること、そして地理・博物の調査を徹底することにより通商の可能性に備えること、これらが皇帝の遣日使節への狙いと考えられる。漂流民帰還のための使節派遣を命じる勅令は、イルクーツク総督によって翌一七九二年露暦五月付けアダム・ラクスマン宛の訓令となり（手交は同露暦八月）、露暦九月、ラクスマンはエカテリーナ号に光太夫他を乗せ、オホーツクを出航した。

2—つながり、構造化する太平洋と世界

蘭・英東インド会社

　一七八〇年代を通じて、太平洋をめぐって新しい貿易体制が各地域で模索されはじめてきたと考えられる。では、こうした動きに対して、従来から東アジアの貿易システムに参入を果たしていた蘭英の東インド会社は、どのように反応したのであろうか。

　オランダ東インド会社は、一七八〇年代に困難に直面する。原因は第四次英蘭戦争（一七八〇～八四）である。この戦争は、オランダがアメリカ独立革命を支持したことにより勃発した。オランダ側は戦争による茶輸送船の被害に加え、その中国茶貿易が持つ構造的な弱さ、すなわち喫茶の国内需要は小さく、特にイギリスへの密輸に支えられているという弱点が露呈することとなった。

　一七八四年、イギリスは帰正法（減税法）を施行し、戦費調達のために引き上げられていたイギリス東インド会社経由の中国茶の関税を大幅に減税し、結果として大陸からの密輸入茶を締め出した。かくして一七八〇年代末にはイギリス東インド会社は、中国の対外貿易港だった広州でヨーロッパ市場向け茶市場の支配に成功した。

　イギリス東インド会社は、一八世紀を通じて、アジア貿易により自ら大きな変化を遂げた。その一つは、インド亜大陸における領土的支配力を強めたことである。プラッシーの戦い以後、会社はインドで徴税権などを手中にして、インドの植民地化を進めた。そして、もう一つは、インドでのイギリス優位が確立してくるなかで、インド＝中国間の貿易を発展させたことである。この具体的商品がヨーロッパ市場向け中国茶である。インドからロンドンへの送金輸送手段を独占することにより、会社は、私貿易から会社の利益を生み出した。中国茶をはじめ、さまざまな本国向け輸出を責務とする会社は、その調達のため、中国向け貿易品を必要としていた〔今田秀作―二〇〇〇〕。イギリス私貿易商人は、たとえばオランダ領東インド各地の流通ネットワークに食い込み、それを果たした。それゆえバタヴィアは「周辺化」〔Blussé, 2008〕していったのである。

イギリス私貿易商人は一七八〇年代後半には北米産毛皮を入手し、中国への貿易品の一つとして持ち込んできた。イギリス私貿易商人の毛皮貿易への傾倒は、本国でも政治的動きを生み出した。一七九〇年にマカオからロンドンに戻ったミアズは、スペイン領有をめぐるヌートカ紛争の当事者として注目をあびた。イギリスピット内閣は、彼の書〔Meares, 1790〕に、ヌートカ紛争でのイギリス側の正当性を求めた。同書は、北米毛皮貿易を踏まえ、中国北部、日本、そして朝鮮への毛皮などの貿易拡大の可能性を論じ、そのために必要な使節の派遣を主張した。その主張は、マッカートニー卿中国使節に結実する。

マッカートニーと光太夫

一七九二年のマッカートニー使節については、イギリスが中国に対して貿易規制緩和を求めた使節としてよく知られている。彼のミッションは、対中国通商交渉にとどまるものではなく、日本に対しても通商交渉開始に必要な交渉権限を付与されていた。その訓令には、「日本国市場をもって中国市場と競争の位置に置くことができれば、同一商品をさらに低廉な価格で供給することは不可能ではないだろう」と述べられている〔田保橋潔―一九四三〕。しかし、それは産業革命に基づく市場確保のための通商要求というような一般的な命題で語られるようなものではなく、すでに見てきたように、むしろ毛皮貿易を前提とし、毛皮獲得というヌートカでの権益を確保するための毛皮市場拡大という貿易要求の存在を通して理解可能となる。

マッカートニーは、一七九一年末には中国使節への打診を受け、その後、内務大臣ダンダスらと使節の具体化をはかるが、九二年四月、その過程でロシアに光太夫がいると知ると、光太夫を通訳として同行することを画策した。もちろん、こうしたイギリスの動きを早くから察したロシアは一足早くエリク・ラクスマンに光太夫をシベリアへ送り返させていた。しかし、ウィットワースは、ロシア側のシベリア・東アジア政策についての情報を入手することに成功した。それによれば、光太夫はエリクの息子アダムによって日本へ戻され、可能ならば江戸の宮廷と接触すべしとの訓令を伴っている。観測によれば、ロシアは隣接する東アジア地域の情報収集にあたっており、ラクスマンはカムチャッカの毛皮貿易を強化するために、必要とあらば、アムール地域を開発し、日本を征服する考えである。ロシアは中国との紛争を解決するため国境地域に武力を集結しつつある。計画のためロシアは、すでにスペインとは調整済みで、アジア（フィリピン）とアメリカ（北西海岸）から必要物資を調達することとなっている、という（『大黒屋光太夫史料集』三）。ヌートカ紛争でスペインと対立を深めたイギリス政府にとって、毛皮貿易を手中に収めることは、スペイン・ロシアに対抗する意味があり、そのために毛皮の販売先として中国貿易を打開し、日本と通商関係樹立を模索する必要があった。

一七九一年の太平洋と世界

一七九一年は、八〇年代から動き始めた世界的スケールで関係しあう事象が、日本を一つの主題としてストーリーを作り始めた。九一年四月に串本にレディ・ワシントン号が来航し、同八月には博多・小倉にアルゴノート号が来航した。双方ともスペインとイギリスの軍事衝突をくぐり抜けてヌートカ湾で入手したラッコの毛皮を積載していた。しかも、アルゴノート号はその後実際に朝鮮へも行き、朝鮮へのロシア船襲撃という噂を生み出した。

キャフタ貿易では、一七九〇年代に入ってロシア産品流通取引規制が強まっていたが、エカテリーナ二世も清朝当局も、戦闘に入るつもりはなく、エカテリーナ二世の方は清朝側を刺激しない慎重な対応に終始した。しかし、現地の緊張は、それとは別であった。

一七九一年はじめにラマ僧から得た情報として、ロシアが前年から兵を集めていて、九一年秋には清朝側に帰順した少数民族を取り返しに攻めてくるという連絡が清朝政府に入った。不思議に思った清朝側がロシア元老院へ連絡したところ、根拠なしという返事であった。このやりとりを通じて清朝側は、キャフタ貿易停止の結果、かえって国境付近でこうした流言が飛び交い、非常に緊張した不安定状況を生んでいることを認識したという。そして、同年秋再び、ロシア元老院が「また開市を許していただきたい」との願いを申し出たのをうけ、貿易再開へと動き出す（九二年再開）〔吉田金一―一九七四〕。

アルゴノート号がシャム船から朝鮮を攻めるロシアの軍艦にあっという間に変わってしまうのも、あるいは、長期におよぶ中ロの緊張感が中国や朝鮮から伝播し共有されていたのかもしれない。版図を広げ安定を誇ってきた乾隆《けんりゅう》朝も、最後の一〇年は不安定な様相を見せ始めていた。幕府が発布した寛政三年（一七九一）異国船取扱令は、歴史的にも空間的にも、さまざまな要因が絡み合って合成されつつある不安定な国際情勢をも写しだしたのである。

二 寛政改革と対外政策

1―松平定信と一橋治済

寛政改革

寛政《かんせい》三年（一七九一）異国船取扱令を発布した老中は松平定信《まつだいらさだのぶ》である。彼が政治改革をとなえ老中首座に就任するのは、天明《てんめい》七年（一七八七）六月、三〇歳のときである。将軍徳川家斉《いえなり》（安永五年〈一七七六〉、島津重豪《しまづしげひで》三女茂姫と婚約、天明元年〈一七八一〉、将軍継嗣となる）は一五歳で、将軍に襲職したばかりであった。第一〇代家治《いえはる》が天明六年（一七八六）八月に死亡し、まもなく田沼意次《たぬまおきつぐ》が罷免されたものの、ただちに定信へ政権交代が行なわれたわけではない。田沼を中核に政権を維持してきた政治勢力と、これに対立し定信と彼を担ぐ勢力とが政争を繰り広げていた。その政争による政治的空白は、翌七年に江戸をはじめとする全国都市部（大坂・岩槻・甲府・駿府《すんぷ》・福井・和歌山・大和郡山・奈良・堺・淀・伏見・大津・尼崎・西宮・広島・尾道・下関・博多・長崎・熊本・久留米・伊勢山田・小田原・神奈川・石巻・弘前など）で打ちこわしを頻発させ、東西を問わない全国騒動となった。

この支配体制の混乱を受け、民心の離反した田沼政治を改革し、幕府を立直すことを期待されて定信が登場する。その幕政改革は寛政改革としてよばれる。竹内誠氏は、民衆の反乱の中で開始された寛政改革を「幕藩制社会の全構造的な危機の克服をめざすもの」と位置づけるとともに、これを「あえて狭義の政治史的観点より捉えるならば、側用人《そばようにん》政治に対する徳川氏一門の粛正運動の勝利とみることができる」と総括している〔竹内誠―二〇〇九〕。

側用人政治とは、具体的には田沼意次に代表される側近政治を指している。幕府制度の歴史全体からみれば、田沼期には大きな力を持つに至る将軍側近の制度的根拠である側用取次《そばようとりつぎ》制度は、紀州徳川家から将軍となった吉宗がその政権強化を課題として導入・確立してきた制度であった。つまり、制度としては比較的歴史の浅いものの、側用取次は幕政中枢として実権を形成し、中央政権として独自の経済政策〔商品生産の掌握組織の編成、都市における株仲間の増設再編など〕や対外交易策を通して、幕府自体を独自に強化する政策を指向した。しかし、家斉の将軍襲職を契機に、そうした政策動向に対抗して実権奪取を目論んだ徳川一門が支える政権による改革が寛政改革である。

将軍家斉の実父一橋治済

定信政権を誕生させた政治過程の研究は厚い。ここでは、主として深井雅海氏の研究により〔深井雅海―一九八二〕、眼前に展開する民衆反乱に対し、若い将軍家斉の実父として、強い危機意識を持って老中松平定信の実現のために尽力した一橋《ひとつばし》治済《はるさだ》を中軸にその過程を紹介してみよう。

前年の米不作による全国的な米価騰貴を原因として起きた打ちこわしは、江戸でも天明七年（一七八七）五月二〇日、赤坂米屋数十軒、さらには質屋・酒屋などが数百軒以上襲撃され、数日江戸は無秩序状態に陥った。老中や関係諸奉行が結集して評議が行われ、対策が具体化していった。

一橋治済は早くから御三家とともに、定信を老中とし、実子家斉の治世を安定させたいと願っていたが、長期にわたり擁立工作は頓挫していた。しかし五月下旬となり、騒然とした世情に「田沼政治の風儀止みかね気の毒《(不快)》」と感じた治済は、田沼派の中心である側用取次横田《よこた》準松《のりとし》を排除する決意をかためた。横田は家斉に対して「世上唯御静謐《せいひつ》」と上申するばかりであったが、大奥老女が町方《まちかた》大騒動を伝え、驚愕した家斉は横田に「不届なりとて退役」を命じた（二九日）（太田蜀山人『一話一言補遺』）。また治済も、江戸打ちこわしの風聞が将軍に伝わるよう工作した。六月朔日、江戸治安確保に失敗した町奉行曲渕景漸《まがりぶちかげつぐ》が罷免される（のち一一月勘定奉行に復活）。

治済は、江戸打ちこわしへの無策を問うことにより、松平定信入閣の障害であった横田の排斥に成功した。しかし、必要なのは、江戸の無秩序を治めることである。六月二日、幕府は隠匿米摘発を打ち出すが、摘発に際して江戸町奉行組のものが賄賂をとり、正確な報告をしないという風聞を伝え聞いた治済は、米価安定策もうまくいっていないと判断した。そこで、陣頭指揮をとる町奉行に登用すべき人材として、七日、治済は元京都町奉行石河《いしこ》政武《まさたけ》を推す。一〇日、石河は曲渕の後任を命じられた。治済は翌日、自分に近い側用取次小笠原信喜《おがさわらのぶよし》に、この抜擢は「誠に公の御賞罰天下古今に相通し、忝《かたじけ》なき御事」と手放しの喜びを伝えた。この人事は、定信の入閣人事の前哨戦でもあった。

その日の小笠原信喜の書状には、松平定信についての幕閣の評議も報じられていた。すなわち、定信について（治済が）いろいろ働きかけ、小笠原から老中水野忠友《ただとも》へも相談し、幕閣の評議となり、御三家へも大奥老女より内々伝わったので、一五日頃には任命という内評になった、というのである。

老女が尾張藩主に宛てた口上書によれば、定信実妹種姫（家治養女）は、定信の老中在職による不調法があれば心苦しいとしてこれまで老中就任に消極的だったが、今回の事態を解決するためには、定信登場しかないという判断になったという。こうして定信老中就任という合意が、幕府・大奥・徳川一門の間で形成された。

六月一一日、治済は小笠原の尽力に謝辞を述べるとともに、さらに定信の老中首座実現のため出精するように、と指示する。小笠原は再度この線で動き、治済は次のように彼に感謝した。

度々人事構想を率直に申し入れたが、入念な書面を得て痛み入る。松平定信の件、いよいよ老中首座に任命との決定、来る十九日頃任命の沙汰ということなので、一両日中に大老井伊直幸《なおひで》まで任命の達がある筈との段、委細承知した。誠に丹誠を込めて私の願いが実現に届き満足している。石河土佐守のことも、江戸町奉行に任命されて以後、世評はよいと聞いている（小笠原信喜宛一橋治済書状、天明七年六月一五日）。〔深井雅海—一九八二〕

かくして松平定信は老中首座に就任する。江戸打ちこわしから二〇日あまりのあいだに、全国的な民衆反乱、特に江戸のそれを鎮静させるという政治課題が、各政治勢力に問われ、その政争は定信政権を生み出すこととなった。この政変を主導するのは一橋治済であり、彼は将軍家斉実父として三〇年間（文政一〇年〈一八二七〉没）、将軍家斉の治世下に政治的影響力を持ち続けた。のちに述べるように、松平定信政権自体、治済の離反によって六年ほどで破綻《はたん》してしまった。その影響力は、定信政権成立にあたって異例ずくめの幕政（人事）関与を実行した経歴から生まれている。

このような関与の背景に、側用取次小笠原信喜の存在がある。小笠原は第一〇代将軍家重の小姓となり、その後、家斉付の西丸側用取次となり、天明六年（一七八六）、家斉の将軍襲職とともに側用取次となった。

深井氏に依れば徳川将軍家に残る治済書状は相当数存在し、治済が小笠原に宛てた書状は、包紙に納められたまま伝来するので（深井雅海―一九八二）、彼個人に宛てた書状でありながら小笠原家には伝わらず、将軍家の文書としての取扱（管理・伝存）がなされている書状である。つまり、この小笠原宛治済書状は、間接的に実子家斉に自己の意志が伝達されることを前提に認められたと考えられる。小笠原は寛政三年（一七九一）に没するが、治済はその後の側用取次へ同様に書状を認めている。定信は重要政策決定に先立ち、老中や幕閣での評議ののち御三家（主に水戸と尾張）など徳川一門に相談して支持を得てから決定に移している。つまり寛政改革では、松平定信・幕閣・御三家の合意が政策実行の前提であった（藤田覚―一九九三）。その中でも治済の意向は、特に重要な意味を持った。

およそ政権の対外政策は、その政権の全般的性格と密接に関係する。寛政改革の対外政策を考える上でも、定信政権を成り立たせたこうした人的要素は重要である。寛政元年（一七八九）七月に尾張藩主徳川宗睦と定信が営中で二度にわたって相談した（『文公御筆類』、以下多くは『東京市史稿』・浅倉有子―一九九九による）。そこでは、対外問題としては、①蝦夷《えぞ》地蜂起、②オランダ銅輸出、③朝鮮通信使処遇が議論された。定信がこれらの対策をとる様子を以下たどってみよう。

2—ロシア来航と蝦夷地の戦い

寛政元年（一七八九）に松平定信が解決すべきとした対外問題の一つが、蝦夷地（クナシリ・メナシ）の戦いである。この戦いに、定信らは、蝦夷地や南千島列島におけるロシアの影を見いだしていた。

安永のロシア来航と残留ロシア人

カムチャッカのロシア人たちは、北千島で毛皮徴税を試み、北千島先住民はそれを逃れるため南方の島々へ移島していった。一七六〇年代後半、カムチャッカ政庁は、移島者の捜索隊を断続的に組織し、エトロフ島まで到った。この部隊は懲罰的にアイヌに接し、部隊のあとを追ってきたロシア人狩猟業者もウルップ島などで毛皮猟独占や毛皮徴税を図り、アイヌ長老らを殺害した。南千島のアイヌたちは激しい抵抗を示し、双方に多数の死傷者をだした（一七七一年、ウルップ島事件）〈菊池勇夫—一九九九〉。

一七七二年、イルクーツク知事らはやり方を代え、松前島まで渡航し、日本人と接遇の上、交易するための調査を決定した。七四年、ヤクーツク商人がこの事業を引き受けて、カムチャッカから千島への遠征隊を派遣した。漂流民から日本語を習ったロシア士族アンティピンは、七五年、遠征隊を指揮してペトロパブロフスクから島づたいに南下した〈Polonskiĭ〈榎本武揚訳〉—一九七九〉。

一七七八年露暦六月、蝦夷地根室に到り、贈り物と書翰を送って松前藩士に交渉を試みた。松前藩は翌七九年、厚岸に再び来航したロシア側に、「異国交易の場所は長崎港一ヵ所限りであり、其外は国法にて制禁となっており、どれほどのことがあっても（当地での）交易は不可能なことであり、以後は渡来しないように」（『通航一覧』魯西亜国部一）と申し渡し、贈り物と書翰を返却した（安永のロシア来航）。この交渉は、当時幕府には報告されなかったという〔河野常吉―一九一七〕。しかし、松前藩がロシア側へ「異国交易は長崎で、その他は国法にて制禁」と伝えたことは、ラクスマン来航との関係で注目しておく必要があろう。

しかし、ロシアは、再度南千島へ植民隊（五、六〇人ほど）を皮船で向かわせた。一七八四年にウルップ島に到着し、八五年まで越冬し、ラッコ猟に従事した。そして一七八六年、アイヌから襲撃を受ける直前にウルップ島から退却した。この植民隊は、シェリホフのアラスカ遠征に合流するかどうかをめぐり内紛となり、多くは独自に皮船で帰還した。居残りを決めたイジュヨゾフら三人は、アイヌを頼ってエトロフ島まで南下して最上《もがみ》徳内《とくない》と邂逅《かいこう》し（八六年）、長崎からオランダ経由での帰国を幕府普請《ふしん》役に打診したという（『蝦夷地一件』五）。

俵物直轄制と八五・八六年の蝦夷地

エトロフ島での日本とロシアの邂逅には前提がある。天明五年（一七八五）、長崎貿易に絡んで蝦夷地に大きな影響を与えた決定が出された。長崎貿易は、もともと中国をはじめとするアジア各地からの物産を輸入し、国産金銀を輸出する貿易であった。しかし、金銀を代替した銅から、海産物（俵物《たわらもの》）の輸出となる傾向が強まってくる。しかも、銅の輸出抑制は銅の産出減だけを理由とするものではなく、国内での商品流通量の増加に基づく銅貨需要の増大に対応するという貨幣政策でもあった。銅銭だけでは足らず、鉄銭や真鍮《しんちゅう》銭なども鋳造されるようになる。通貨需要のため逆に銀が輸入されるようになり、これらの対価としても海産物の重要度は増していた〔中井信彦―一九七一〕。

この俵物とよばれる海産物は、煎海鼠《いりこ》・干しアワビ・フカヒレという三品を指し、中華料理の素材や薬材として中国では需要が高かった。その他にも昆布・スルメなどの輸出も盛んに行なわれた。これらは日本各地で採取されたが、その第一の産地は蝦夷地であり、松前藩から漁場経営を任された場所請負人を経て、集荷を委託された俵物請方商人が長崎会所《かいしょ》へ入荷した。

幕府は大坂銅座詰の長崎会所役人に大坂俵物会所（俵物商人による俵物の廻着集荷所）の接収を命じ、天明五年、長崎会所は自ら独占的な俵物集荷を開始した。全国各地に集荷人（世話人・買集人）を任じ、漁師から廉価で仕入れた俵物を集荷人から長崎会所役人が即金払いで買い上げたのである〔山脇悌二郎―一九九五〕。ときの勘定奉行は久世広民《くぜひろたみ》で、前職の長崎奉行時代は貿易安定のために尽力していたことで知られる。

さらに、長崎会所による海産物直接集荷体制の発足とあわせたかのように、長崎からのラッコ毛皮の中国輸出が、本格的に開始したのもこの年である。最初は一一〇枚の輸出枚数だったのに、寛政三年（一七九一）には、六八五枚にもなった。ラッコ皮は、古くから千島列島から東蝦夷地を経て日本社会にもたらされていた。これを会所経由で中国に向け、輸出品としようという動きが生まれた〔高橋周―二〇〇三〕。これは、一七八〇年代に北太平洋で本格化する毛皮貿易と同時的な現象であるとともに、俵物直轄集荷と同じく、毛皮交易を長崎貿易に連結することにより、全国的な貨幣需要に対応する、という中央政府としての幕府の役割を拡大する指向をもった政策の一つと考えられる。

同じ天明五年（一七八五）、工藤平助《くどうへいすけ》『赤蝦夷風説考《あかえぞふうせつこう》』の影響を受けた勘定奉行松本秀持《まつもとひでもち》は、普請役ら（山口鉄五郎・佐藤玄六郎他、見習青島俊蔵、竿取最上徳内他）を東西蝦夷地に派遣し、ロシア交易事情の調査を開始させた。天明六年（一七八六）二月、佐藤玄六郎の報告によれば、蝦夷地でのアイヌ対外交易は、一つは宗谷《そうや》アイヌを通じたサハリンを経由するアムール流域との交易と、厚岸などからの商品（場所請負商人からの米・煙草など）を千島列島に運び、ウルップ島までラッコ狩りに来るロシア人と織物や砂糖の交換を行なう千島アイヌによる交易とから成っていた。しかし、日本人商人が東蝦夷地やウルップなどでロシア人との直接交易する実態は見られないとした。

この報告を受けて幕府は同月、ロシア交易の現状を「交易という程のことではない」と判断し、異国交易品自体は長崎交易で十分で、蝦夷地での新規交易は逆に長崎の障害となり不正の温床にもなる、と結論づけた。幕府はこの結論を踏まえ、ロシア交易は抑止に転換し、蝦夷地の農業開発（アイヌへの農業技術伝習と弾左衛門手下の長吏非人の植民など）の施策を打ち出す。ロシア交易は抑止しつつ、蝦夷地自体は一〇年近くかけて大規模開発し、千島やサハリン方面の「異国の渡り口」を取り締まり、山丹・満州・カムチャッカまでも日本に服属させるという考えに傾きつつあった（『蝦夷地一件』二）。

しかし同年、田沼意次を失脚させた幕府は、ただちにこの蝦夷地・千島調査の中止を決断した。蝦夷地派遣の青島や最上らが調査で得たものは、安永のロシア来航の事実であり、ロシア人エトロフ島残留という現実であった。しかし、これらは田沼失脚とともに政治の光があたらなくなった。

クナシリ・メナシの戦い

松平定信は政策課題として蝦夷地政策をあげ、その主担を任されたのが老中格本多忠籌であった。政権は蝦夷地政策の基本を何処におくか模索中で、先述の普請役報告は日の目を見ないまま時は過ぎた。幕府には、田沼時代に見られる、蝦夷地に撫《ぶ》育《いく》と開発を行ないロシアに対抗するという考え方と、蝦夷地統治の中核を松前藩に措き、政策的にはロシアの関心を惹かないよう蝦夷地を不毛にとどめるという定信らの考え方が併存していた〔藤田覚—一九九三〕。

天明六年（一七八六）、佐藤や青島、最上が入手した蝦夷地・千島情報が再度政治的に注目されるのは、寛政元年（一七八九）閏六月、クナシリ・メナシ地方のアイヌの戦いによる。この戦いは、同地の場所請負商人飛驒屋久兵衛によるアイヌとの不当な取引や彼らの酷使をきっかけとして、クナシリ島とその対岸のメナシ地方のアイヌが蜂起し、松前藩士や久兵衛配下の番人・船頭ら七一名が殺されたものである〔菊池勇夫—二〇一〇〕。この第一報は、蝦夷地に出稼ぎにきた南部領民からその地元に伝わり、当時野辺地（青森県）にいた最上徳内から江戸へ発せられた。それには、「もしロシア人が戦いに加わっているようであれば、実に兵乱である」とあり、青島俊蔵を経て、勘定奉行久世広民に届けられる。幕府は天明六年の調査の意味を理解し、エトロフ残留ロシア人の関与の可能性を憂慮して、松前藩に事態の報告を求めた。

まず、クナシリ・メナシの戦い直後からの幕府の動きを、主として浅倉有子氏に依り追ってみよう

〔浅倉有子—一九九九〕。松平定信は、普請役青島らの俵物御用として派遣を決めるとともに、寛政元年閏六月二〇日過ぎに南部二藩・津軽藩に松前藩の要請次第に蝦夷地鎮圧出動することを命じた。このとき定信は、勘定奉行久世広民に宛てた書面のなかで、松前藩主の素行、家政、風俗や他藩の動向情報を、この戦いに便乗する動きとあわせて知らせること、事態に介入せず「其ままを取繕わず」報告すること、ロシア人などが加担する様子があるかどうか調べることを青島らに指示するよう命じた。

蝦夷地に赴いた青島は同年七月二四日、俵物調査を表の目的とし、実際は松前藩の内情とアイヌの戦いの調査を使命とすることの困難を吐露して、久世に長文の意見書を認めた。すなわち、

近年出版された「三国通覧《さんごくつうらん》」のいうように、今までとは違いロシアの様子が油断ならない。しかし松前藩主はじめ事態を弁えず、町人にアイヌ支配を任せたままで、異国境へ町人を渡海させ、その請負場所を自由に進退させている。商人の利欲によってアイヌは押掠《おうりやく》され、窮して喰らうのごとく一途に敵対する、というのが蜂起の本質である。さらに、天明五・六年（一七八五・八六）の残留ロシア人は本国へ帰れず、日本へも来られず前後に途を失い、アイヌの戦いに徒党したかもしれない。蜂起の実態を糾明《きゆうめい》しようとすると、請負町人が江戸の縁辺を使って幕府の役家に取り入り愁訴して、青島自身が松前藩役人となれ合っているなどと工作するであろう。松前藩士はアイヌに対峙することもなく、本蝦夷の味方蝦夷を使って鎮圧を催促している（事実、彼らの説得工作によって蜂起アイヌを武装解除させた）。ロシア人が戦いの後方支援をしているかどうか、はっきりするまで数か月かかろう。（『力石雑書　久奈志利擾乱始末記』）

という意見である。

事態に介入するなという定信の命に対して、自らの判断に基づいて蜂起の内実糺明にあたりたいと青島は主張し、調査中の逸脱行為に対しての処分は復命報告を提出して（一一月上旬）あえて甘受すると断言した。復命後、彼に行われた処分は覚悟の上だったのだ。

八月半ばになると、松前藩からも鎮圧の報が発せられ、九月には勘定奉行が飛騨屋久兵衛の取調を始め（『蝦夷地一件』五）、これらを踏まえて定信は政策立案の重点を、鎮圧から「蝦夷地境御固（防備）」の具体的検討へと移していく。しかしこの時点では、定信は、青島の帰府を待つという先送りの結論を与えたという。

定信が打つべき手は、政権を支える御三家の意向を押さえておくことであった。一〇月一〇日、本《ほん》多忠籌《だただかず》が水戸藩主徳川治保《はるもり》に、最新情報を踏まえた私見を展開した（『文公御筆類』）。すなわち、戦いの性格については、ロシア煽動の可能性を否定し、クナシリを持ち場とする請負人の年来の不正な交易に、アイヌが怨恨をもったことによる蜂起であるとする。しかし「無主無人の地を蚕食する」という対ロシア警戒の重要さを指摘した上で、勘定方を毎年蝦夷地へ派遣して、アイヌの実情、交易の公正さ、松前藩の統治実態を監視させ、酒・タバコなどの嗜好品を中心に費用のかからぬ程度の交易を行なわせる、という私案を展開した。

本多は本来、「異国の境は特定のものに任せると不自由なこともあるかもしれない。長崎のようにすれば、あしき時はその役人を交代させるということができる」（『文公御筆類』）として、幕府が蝦夷地関係の処理に自ら力を注ぐべしという考え方であった。今回の蜂起についてもよい潮時なので、目付を派遣し、アイヌの実情を掌握したいとして、以上のような私案を治保に披露した。

しかし、治保は「松前が政治改革を行ない、武備充実を図ることが望ましい。困窮してなかなか自力で改革し外夷に備えるということが難しいのであれば、〔朝鮮外交を管理するために〕宗対馬守に手当を下付しているやり方をとり、軍備強化を図る」〔『水戸藩史料 別記』〕という松前藩強化策を定信に提示した。本多の唱える異国境直轄化や目付派遣を退け、蝦夷地とアイヌを統治する実力を備えた藩政を行なえるよう、松前藩にいわば財政援助によって統治力・軍事力をつけていく、という考え方が示されている。定信もこれに対して「御尤の御義」と賛意を表した。クナシリ・メナシの戦いの鎮圧を踏まえ、松前藩がいわば自発的にアイヌ統治を正すよう促すべく、「寛政元年秋において幕閣の意向は松前藩に蝦夷地統治の委任を継続するという点では一致した」〔浅倉有子―一九九九〕のである。

一一月五日、期待された青島俊蔵らの復命が、松平定信に提出された。それによれば、ロシアの動静については、天明五年〔一七八五〕までロシア人は毎年やってきたが、六年以降、新たな渡来はなし、だいたいエトロフ島にロシア人がいること自体、アイヌとしては快く思っていない。したがって、アイヌの戦いに残留ロシア人が加わった形跡はない。蜂起については、日本人商人が不当な交易を拡大したが、松前藩から派遣される役人も萎縮させるばかりで教化はなく、結局威伏させることは出来ず、交易上のことで日本側に非分があれば自然と背離することとなり、アイヌの蜂起の原因となった。〔『蝦夷地一件』五〕

という内容であった。

ロシア側としては、キャフタ貿易再開を期すため、千島ではトラブルを起さないというエカテリーナ二世の意志ははっきりしていた。アイヌの戦いはアイヌ自体の内在的意志に基づくもので、日本との交易体制への反発であり、それを松前藩は制御できないとする青島の報告は事実を反映したものと考える。

その点で菊池勇夫氏が、一八世紀末の南千島のアイヌ社会にある種の政治的結集が生じてきていると見ていることに注目したい〔菊池勇夫―一九九九、二〇一〇〕。ウルップ島事件以後、ロシアが北千島のアイヌを仲介として和睦を乞い、ウルップ島ラッコ猟をアイヌとロシア人が入会《いりあい》で行う状況が生まれた。つまり、ラッコ毛皮交易では、すでに隣接地域間の物々交換的な要素は薄れ、ロシア人もアイヌも入り交じり個々の集団が各々の利害に基づいて同じ地域でラッコ猟を行ない、毛皮交易を変質させつつあった。日本側も天明五年（一七八五）から中国向け毛皮という需要を作り出し、ラッコ毛皮確保の経済的意味をより速い速度で変えていった。これはアイヌの交易主体としての自覚を高めると同時に、日本側との交易に依存する度合いを深めていくこととなった。こうした自覚の上に日本側の強まる収奪的交易を指弾する事件が、クナシリ・メナシのアイヌの戦いであった。そして、その戦いは、シェリホフのアメリカ遠征以後繰り拡げられた北米先住民たちの闘いの同時史としてとらえる必要がある。

松平定信は寛政元年（一七八九）、青島俊蔵の復命報告に基づき、松前藩に対して、ロシアの動きとアイヌ交易のあり方について問い合わせた。アイヌの戦いの原因を松前場所請負制の不正に求めつつ、松前藩のロシアへの警戒不備や報告怠慢を問題視するものであった（『蝦夷地一件』五）。

青島俊蔵の運命

しかし一二月六日、突如として定信は、青島俊蔵が俵物調査を逸脱し、松前藩と直接接触をもって復命したと問題にした。確かに定信は、松前藩政には干渉せず、状況をそのまま報告することを命じていた。しかし、先の青島の久世広民への意見書からすれば、復命書はそれに反し処分を覚悟した上で提出されたのであった。青島の復命にみる松前藩評価が、アイヌ統治委任という御三家・幕閣間の合意を危うくしたことに対して、定信自ら示した反作用というのは言い過ぎであろうか。

青島は、久世広民の責任のもとで吟味を受け、寛政二年（一七九〇）正月、揚屋《あがりや》入りが決まる。そして、アイヌの戦いとロシア動静について尋問するために出頭を命じられた松前藩関係者への尋問は、実質的に青島の行為に関する取調となっていった。

定信が松前藩に対して行なった尋問に対する同藩の回答は、最終的に寛政二年四月と七月になされた。ここでは、安永のロシア来航についての松前藩の説明を見ておきたい。すなわち、ロシア側が通商を希望し羅紗二巻を贈ってきた経緯を述べ、松前藩としては「異国通商は容易ならざること」と断わると決した。そこで「通商は不可」「已来領内へ立ち入りは禁止」とロシア側に伝えたという説明であった（『蝦夷地一件』五）。この回答により定信は、ロシア側がこれまでの日本の主張をどのように理解してきたかを知ったわけで、このののちラクスマン来航時のロシア側の対応を予測する上で重要な情報であった。

定信は同じ七月、水戸・尾張に対して、松前藩はさしたる不始末もなく蝦夷地支配を継続することが幕閣内で合意されたことを報告した。青島を獄死させ、松前藩の自己弁護を容認することによってアイヌの戦いへの責任追及の幕引きとなった。ただ、幕府と松前藩とのあいだでどのような決着がつくにせよ、アイヌ処刑がアイヌ社会に与えた衝撃は収まらない。本多忠籌が久世広民に伝える次の風聞は見逃すわけにはいかない。

惣じてアイヌは、仲間たちをだまして押込めた建物の外から家ごと鎗で突き刺して処刑した松前の政道はけしからぬ、といっており、アイヌ社会は全体に遺恨を含んでいるという話である。それゆえ蝦夷地に杣稼《そまかせ》ぎに出ている南部領内領民も、藩主から蝦夷地行きを差止められているほど。内実は現在でもアイヌの不穏状況は変わっていない、問題の地にはロシア人との通路もあるので、今後どんな変事が起こるのだろうか。(『蝦夷地一件』五)

寛政元年のクナシリ・メナシの戦いは、松前藩のアイヌ統治の弱点が対外的な弱点に繋がっていることを明るみにさらすとともに、御三家・松平定信・幕閣間の合意というものが、意外と危うい均衡の上に成り立っていることを示すこととなった。

増幅するロシア襲来の不安と国内政情

青島俊蔵とともに処分された最上徳内は赦され、青島亡き後、もっとも千島にくわしい一人として、寛政二年（一七九〇）一二月、再び蝦夷地御用を命じられて、エトロフ島へ向かう。そして、同三年（一七九一）四月にはエトロフ島、翌五月にはウルップ島に上陸するが、遂にイジュヨゾフらに再会することはできなかった。しかしロシア人が翌年日本人漂流民を帰還するため来航する、というアイヌ人からの情報を入手した。これは、ラクスマン来航を予告した情報ではないかと言われている。

本多忠籌は八月、最上徳内の伝えるロシア人来航予告に備えるためであろう、エトロフ島に残留するロシア人を捕捉し江戸に連行して、「切支丹《きりしたん》屋敷に幽閉した上で、ロシア文字・ロシア語を習得する者を命じ」る裁可を将軍に伺った（『蝦夷地一件』五）。彼は、日本人漂流民から日本語を学ばせたというロシアに倣い、残留ロシア人からロシア語を学ばせようとしたのである。

寛政三年七月に、アルゴノート号が小倉沖に来航し、この船をシャム船として追い払った話は、朝鮮を攻撃するロシア船という噂に一変した。その噂の直前に、残留ロシア人が江戸にやって来るという話も書留められている。水野為長はさらに興味深い記事を残している。ロシア船が朝鮮にやってきたという情報は、捜索してみたらガセネタであったという。しかしロシア船朝鮮襲撃情報は、クナシリ・メナシの戦い以来ロシアに備えている幕府が、異国船取扱令を発令している以上、まことしやかに伝播することとなった。一〇月には、大坂懐徳堂《かいとくどう》経由で龍野藩に伝わり、翌寛政四年（一七九二）六月、こうした情報を広めたとして福知山藩留守居が処分された〔岡宏三―一九九九〕。

仙台藩の林子平『海国兵談』に、アルゴノート号来航に絡んで水野為長が強い関心をよせたことも先に指摘した。幕府は寛政三年末に林子平を逮捕し、「異国より日本を襲うことがあるかもしれないと、奇説異説を取り混ぜにして推量で著述した」という廉《かど》で在所蟄居の処分を行った（寛政四年五月）。幕府が備えれば備えるほど、ロシア襲来への不安は「奇説」をリアルにした。

同じ寛政四年春、蝦夷地では最上徳内は、西蝦夷地＝カラフト探検を実行していた。最上は西蝦夷地（宗谷）でも、升《ます》や秤《はかり》を是正して交易の質を改善することで、アイヌの撫育《ぶいく》を図ろうとした（島谷良吉―一九七七）。幕府から役人を派遣して、ロシア人の動向探索やアイヌ交易の正常化、松前の蝦夷地統治の検分などを図ることは、先の戦いが起こった直後に本多忠籌が実施を唱えていたが、当時反対論が強く、実施されなかった。そこでこの二月に、本多は再度、水戸・尾張両侯に蝦夷地取締についての具体案（幕府による奉行派遣）を提示したらしい。しかし、この本多の提案に対して、水戸も尾張も消極的であった。つまり、松前藩の蝦夷地統治への取り組みが第一であり、奉行派遣は松前藩の取り組みを「踏み込み薄く」するものである、というのである（浅倉有子―一九九九）。

結局、本多忠籌の奉行派遣案は御三家からは容れられず、彼は蝦夷地建議の主担を松平定信に譲った。定信は、蝦夷地対策にあたる全権を掌中に収めることになった。そして七月、勘定奉行・寺社奉行・町奉行の三奉行に対して新しい蝦夷地防備について諮問を行った。すなわち、最近のオランダ渡来の地図から千島等が委《くわ》しく知られるようになった、ロシア人が近年「異形の仏像」（キリスト像）や「十字」などを設置している、蝦夷地自体もそれなりの収穫があり、不毛の地ともいえないとして、旧説である「蝦夷地はそのままにしておくのがよい」という蝦夷地非開発論も「心得がたい」とする一方、本多忠籌に代表される蝦夷地開発論も「辺隙（国境での争い）をひらき後に患いを残す」として、第三の道を諮問したのである（『楽翁公伝《らくおうこうでん》』）。

しかし、その結論が出る前に、アイヌが予告したというロシア船が来航する。

ラクスマン来航

一七九二年露暦九月一三日（寛政四年八月九日）、大黒屋光太夫他二名の日本人漂流民を乗せたエカテリーナ号は、オホーツクを発った。アダム・ラクスマンが受けた総督訓令は、①「日本国へ派遣団を送る理由を説明している総督からの手紙を日本の最高政府に手交すること」、②「通商関係のために何が有益でありうるかについて、細大もらさず慎重に注意を払うこと」を命じている（中村喜和訳、『大黒屋光太夫史料集』三）。安永の来航の不成功を踏まえ、イルクーツク総督は松前藩との交渉を避け、幕府にその意図を直接に伝達することを狙ったのである。そして、日本の貿易需要を知るために、同号には安永の来航にやってきた商人も同行していた。

寛政四年九月三日（露暦一〇月七日）アダム・ラクスマン一行は、根室海峡（西別）に到着した。日本側の指示に従い根室湾に移動したラクスマンは、ただちに越冬体制を組んだ。彼は松前藩主に書翰をしたため、イルクーツク総督が日本人を送還するため、自らを日本の中央政府（幕府）に派遣したことを伝えた。その書翰は、ロシア皇帝がイルクーツク総督に対して「親と同胞に再会せしむるべく、彼らを祖国へ帰還させる」（中村喜和訳、『同』）ことを命じたというのみで、「通商交渉を目的とする」というような来航意図は述べられていない（木崎良平—一九九二）。そして書翰はロシア人通詞によって、

図５　幸太夫と露人蝦夷ネモロ滞居之図

「すぐに日本江戸表へ、すぐに入津いたし候て、三人の者どもすぐに江戸御役人へ直渡」（『大黒屋光太夫史料集』一）と日本語に直裁に翻訳され、江戸で幕府と直接に接触して、漂流民を引き渡す意志が強調された。一〇月一九日、事態を知らせる一報が、これら関係書類とともに幕府に届く。

一方、ラクスマンはクナシリ・メナシの戦いについて、日本人とアイヌとの不和の現状について探索することが命じられていた。そのことは、本多忠籌と久世広民が確認しあった、ロシアとアイヌとの連携が杞憂《きゆう》ではないことを示している。この間、ラクスマンは、さっそく通訳を通じてアイヌからクナシリ・メナシの戦いについてその経緯を聞き、日本人とアイヌとが互いに不信感を懐いている現状を知った。

蝦夷地問題を専任する松平定信は、事態を老中・三奉行に伝えたが、議論はロシア船打ち払い論から蝦夷地交易論まで百出した。しかし各自がその考えを書面にして建議すると、はからずも結論として「大同小異」であった。定信はこれを次のようにまとめた。すなわち、①ロシア側からの国書や贈物は受け取らない。②江戸廻航は認めない。③漂流者は受け取る用意があり送還にはねぎらいの品物を給与する、④通商の願がある場合は長崎で請願させる、というものであった。

この線にそって、現地（松前）でロシア使節と接触し、上記を述べた「申渡書」を以てロシア側への回答を行ない、その回答に従ってロシア側が長崎に行きたいという場合は入港の信牌《しんぱい》（保証する書類）も与えるという交渉を想定し、目付石川将監忠房《ただふさ》、西丸目付村上大学義礼《よしあや》の二名が派遣されることとなった（一一月）。定信はこの二名に対して、さまざまな交渉を想定して細かな指示を与えた。その後、この申渡書や想定された交渉過程は大枠変更されることなく、寛政五年六月二一日（露暦七月一七日）、「申渡書」は「諭旨」（国法書）として宣諭使（目付）からラクスマンに伝えられることとなる。

結局、幕閣内部の建議に大差がなかったのは、「江戸に至ることかたくゆるすまじ」という点で、打払いを主張するものも蝦夷地での交易を主張するものも共通であり、江戸の防備が不十分であるという認識を共通にしていたからである。この後、幕府政治の一つの主題となる江戸湾沿岸防備が極めて不十分で、武力によって江戸来航を阻止するのは困難なので、当座礼と法によって穏当な対応を図る（つまりは納得して帰ってもらう）という発想であった（藤田覚—一九九三）。

その法とは、（外国のことは）「長崎の外にてはすべて取上げなき旨」と定めたものであるという。実際、寛永一二年（一六三五）、唐船を長崎港に集中させたのをはじめとして、寛永一八年（一六四一）にはオランダ人が長崎へ移され、東南アジア船がやってきたのも長崎、という経緯があるので、それをある種の慣習法と見なしたということもできる。しかし、交渉を断るため「長崎を外国応対の場所とする国法がある」という口実を使う発想は、安永の来航のときに、松前藩がロシア側に使った論法であり、長崎に多数の外国人が通商にやってきている事実も松前藩がロシア側に明示したところであった。このやりとりを、天明五・六年（一七八五・八六）に蝦夷地を調査した普請役らは、松前のクナシリ島通詞から聞知していた。松前藩に対して安永の来航の真偽を問い詰め、安永期の松前藩・ロシア交渉を承知していた定信が、長崎と言えばロシア側は反応すると確信して編み出した「法」といえよう。いまだ通商を求めることを表明していないロシアに対して、日本側から通商要求があることを前提にその可能性を明示する信牌を手交する、という交渉過程が案出されたのである。安永の来航を歴史的前提にすると、ラクスマン来航に際してこうした交渉過程が企図されたことは理解しやすい。先の定信の考えに水戸・尾張両侯は全面同意を与え（一一月二四日）、「長崎口の活路を開く」方策に特に感心したという（『文公御筆類』）。

定信は続いて、一二月一四日「蝦夷御取締建議」という蝦夷地取締強化の基本方針を掲げた。これは「蝦夷地を松前へ任せ、備えを厳重にさせる」という松前藩蝦夷地委任論を根幹に、幕府がそれを補完する機構として青森側に新たに「北国郡代」を置くとした。この郡代は、すでに最上徳内などが試みていた御救《おすくい》交易や、長崎俵物《たわらもの》集荷、蝦夷地・南千島巡航船（唐船や洋船）配備、南部・津軽藩による蝦夷警備指揮（福岡・佐賀藩による長崎警備と同じ）などを行なう。こうした蝦夷地取締の強化策は、「松前「委任」体制をぎりぎり保持する」ものと評価されている（菊池勇夫—一九八四）。

定信は、さらに展開して江戸湾防備策（「海辺一体御備」）を盛り込んだ（一二月二七日）。相模・伊豆・駿河・上下総は「小給の領分のみで城地は稀」という脆弱な体制であるので、遠国奉行を配置するという。諸藩領はその武力による防備を、その他幕府領などは北国郡代を含め、直轄奉行などによる広域的防備を整備するという次第である。幕府は一一月、異国船取扱の規定を各藩に用意させ（『御触書天保集成』六五二五）、一二月には下田・三崎・走水などの奉行廃止を見直して「海辺御備」を強化すると布告した（同六五二六）。かくして寛政四年末にはラクスマンとの交渉過程決定、蝦夷地取締（北国郡代）、海辺防備強化の三方針が御三家・老中の間で合意され、実施に移されていくこととなった。

これは、定信が自論に基づき、ラクスマン交渉を契機に蝦夷地と海岸防備体制を一挙に構築したかのように見える。しかし定信はこの頃になると、かならずしも蝦夷地を不毛の地と位置づけず、開発可能な条件が揃い、松前藩が蝦夷地の防備に疲労しているなら、「北国郡代」が全体を総宰し、奥羽大名が分担し開発を行なう将来構想を洩らすようになった。つまり、定信の蝦夷地統治に対する考え方も微妙に変化してきており、また、その変化に老中たちが意志一致していたわけではないことは、留意されるべきであろう。

定信は、水戸・尾張、そして一橋へ合意をとりつけ、翌寛政五年（一七九三）正月、蝦夷地防備についての将軍の裁可を得る運びに至った。宣諭使となった石川将監と村上大学は、単にロシア使節応接のみを使命とするばかりでなく、松前藩の蝦夷地統治のあり方を問い、「北国郡代」設置場所の下見をも行うことが命じられた。彼らが江戸を出立し松前に向かうのは正月二三日のことである。

松前での日ロ交渉

石川将監と村上大学は、寛政五年（一七九三）三月二日、松前に到着した。根室に至った幕府の先遣越冬部隊が伝えるところでは、ラクスマン側としては、江戸へ是非廻航したいと願うことはないし、「国書は持参しておらず、イルクーツク総督から老中への書翰を持参した」と言っている、という。このような重大変更にもかかわらず、用意した「申渡書」（論旨・国法書）は「異国に対する日本古来の国法はかくのごとしと申渡した」原則であり、相手の事情に応じて「一言一句直すには及ばず」と定信は断言する。事態は既定の方針に従って進み、六月二〇日にラクスマンが、大黒屋光太夫とともに松前に到着した。

ラクスマンと宣諭使石川将監と村上大学との交渉は三回（六月二一日、二四日、二七日）にわたったが、幕府は第一回目の交渉をもっとも重視していた。「初めて応待の節、彼の使の口演を待たずに、……直に御国法書を読み聞かす」という演出が定められ、初回にのみ二人は衣冠《いかん》をまとい正装になっていた（他の二回は布衣《ほい》）。およそ外国との交渉ごとは松前でも江戸でも行なえない、それを求めれば打払うという国法があるが、事情も知らず漂流民を送還してきたので、今回限り来航したことを許すという前提を構築するため、ロシアが交渉の口火を切る前に、国法の申渡を実行することが不可欠であった。実際、日本側は直前の打合せでロシア側に、「第一回目であるから、使節団の用向きに関する交渉はない」と予告したうえで、ロシア側に将軍の法を告知することが目的であると説明し、将軍の下賜品となる米百俵をみせた。そこに二人の宣諭使が登場し、国法が読み上げられる。日本側は、ロシア側に本交渉ではないといい、食糧を見せてある種の安堵感を与えつつ、自らは衣冠束帯に身をつつんで儀礼上欠けることないよう備え、国法そのものを交渉の対象外に置き、「諭旨」（国法書）として提示したのである。

それは、①国書の往復は認められない、②江戸直行も認められない、③長崎以外の場所では取り合

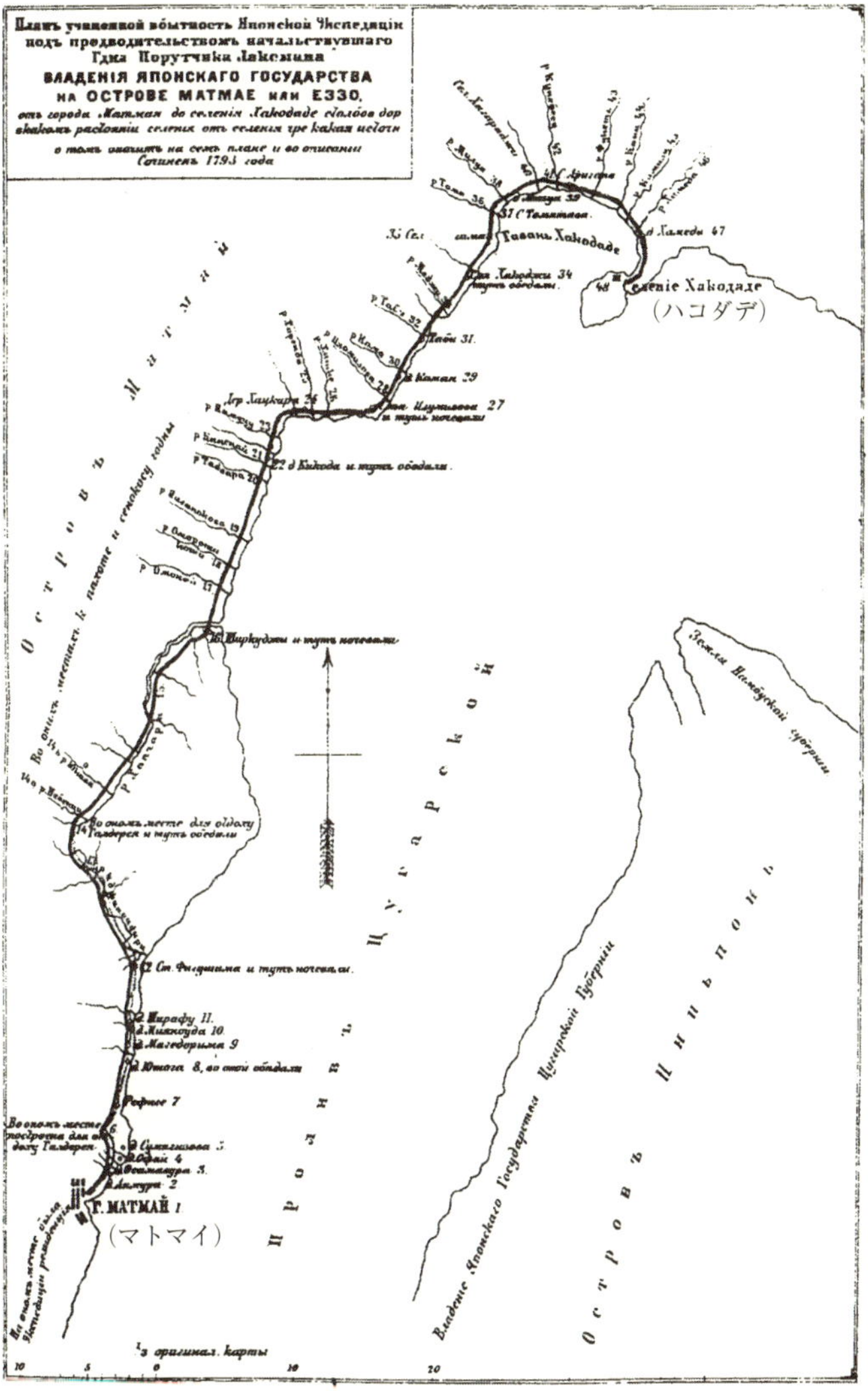

図６　ラクスマン箱館・松前行程

ラクスマンは蝦夷地の地理を調べるように訓令されていた。箱館から松前までは陸路をとった。

わない、という内容であった。ラクスマンは日本側から求められるままに「帰国後ただちに政府に提出すべく委任されて、受け取った」という「諭旨」の受領書を提出している。ラクスマンの日記を見る限りでは、彼は「諭旨」自体やその授受について、大きな注意を払ったふうは見えない。石川と村上は翌二二日、定信へ、指示どおりの展開に「誠に御先見の明と恐れながら感心いたしました」と書通している。この時点で日本側の設定した山場は超えた。

二四日、第二回会談において、ロシア側は交渉開始にあたって宣諭使に、総督書翰の受領と返翰の手交の要請を行なった。ところが、石川らは前回「使節団との交渉において問題の吟味とあらゆる必要な措置を講ずることが委ねられている」と明言したにもかかわらず、長崎以外では外国との文書の授受が不可能であることは「諭旨」によってロシア側も了解しているはず、と答え、同書翰はロシア側へ返却された。ロシア側は口頭でその内容を読み上げたが、二人は「聞き捨てにした」（二五日付堀田宛書状）。これだけではラクスマンに対する一種の詐略であろうが、同時に、「長崎口の活路を開く」別の筋書が用意されていた。日本側は「君主の印璽《いんじ》のついた許可証があるので、長崎への自由な入港を認めることができる。条約なり取極なり、今後ふたたびロシア人に何か希望するところがあるのであれば、そこへ来るがよい」（ラクスマン日記、中村喜和訳、『大黒屋光太夫史料集』三）として信牌を持ち出した。定信が予想したように、ロシア側は長崎の意味を十分理解していたから、長崎での交渉という案をすぐに受け入れ、漂流民の引き渡しもただちに行なわれた。第三回会談はこの信牌を手交することとなった。

七月一六日、この知らせを受け取った定信は二人をねぎらうとともに、早速「北国郡代」の見分について細かい指示を与えた。定信は半年あまりのあいだに重要な政策修整の布石を打った。ひとつは、松前藩の統治委任を前提としないこともありうる蝦夷地統治構想であり、ひとつは外国応対の唯一の場所として長崎での交渉を指示するロシアへの信牌交付である。いわば、松前藩の伝統的支配に介入し、旧来からの交易相手国を増やすことになるかもしれない今回の修整は、政権の一貫した政策と受けとめられたのであろうか。言い換えれば、政権基盤を強化する方向で働いたのであろうか。この一週間後、松平定信は老中を解任されることになる。

その解任事情に話を進める前に、その他の対外関係の状況を見ておこう。

3―オランダ銅輸出と半減令

銅山不振と長崎貿易のゆくえ

定信政権が手を打たなければならない緊急事態が、長崎の町では続出していた。天明七年（一七八七）五月には、長崎でも米価高騰による打こわしが展開し、大勢が米屋一四軒を襲った。市中窮民には貸渡金が支給され、極貧者には施米が行なわれた。全国的にはこの年の秋は豊作だったので米価は安定の方向へ向かったとされるが、長崎はそれでは済まなかった。主として輸出用銅を産出する別子銅山は天明の大湧水《だいゆうすい》と言われた湧水事故により、天明六年（一七八六）以降、数年に及ぶ大幅な減産（天明六年二月時点で、前年同月比六三％）となり、国内の調整用備蓄銅（囲銅《かこいどう》）が底をついた（『別子鉱山史』）。

一八世紀後半は銅政策が見直され、大坂銅座を中心に幕府の集中的な生産・流通管理が進んだ。これはすでに触れたように、銅産出量の逓減《ていげん》を一つの前提としているが、それと共に国内商品生産にあわせて銅貨需要が高まってきたためでもある。蝦夷地の開発を進めようとする考え方の背景に、こうした輸出銅の供給不足に対応して代物替《しろものがえ》（代替品）として俵物輸出を増大させるという狙いがあった。

老中就任当初から松平定信はこうした考え方に批判的だった。彼は新井白石の対外政策、特に正徳新例をよく研究していた。白石は金銀銅の幕初以来の輸出額総計を推計し、その巨額な数字を示すことで、これらの輸出に対する警鐘を鳴らしていた。つまり、交易の現状は、金銀銅という体にたとえれば骨格にあたるような重要品を輸出して、毛髪のごときものを輸入しているというのである。貴金属流出を阻止する貿易削減と通交関係の整理を行なうというこうした発想も、松平定信が新井白石に学んだものである。実際、長崎の住民に布告された半減令に先立つ銅貿易制限令には、「長崎一ヵ所のために日本の宝を費やしてしまうのは、正徳の令にそむく」とうたわれており、法令としても半減令は参考として正徳令を付収していた〔木村直樹─二〇〇九〕。

しかし、こうした貿易削減策は、一八世紀を通じて順調に定着したわけではない。なかなか定着せず何度も削減令が出されるには、貿易削減に抵抗するいわば貿易容認論が存在したと考えられる。この容認論には、長崎貿易が生み出している富や日本では自給できない文物への需要という現実的背景があった。定信はこうした容認論による貿易削減への抵抗を一挙に押さえつけようとしたのである。

定信は言う。

長崎の地はことに乱れて、……長崎会所の金は巨万もあったが、これまた使い果たして、会所には借財ができるほどになった。大坂に残しておいた囲銅も減少し、諸山の銅は年々産出量が減って、現在では中国やオランダに渡す銅も手当できなくなっている。中年（天明八年）も銅がなく、京都の焼銅をかき集め棹《さお》銅（輸出用の銅）に鋳直して蛮船に渡した。実に汲々とした事態である。（『宇下人言《うげのひとごと》』）

つまり定信は、銅の供給不足に苦しむ長崎会所の資金繰り悪化を、長崎の乱脈な交易に由来すると認識していたのである。こうした認識に立つ幕府がまずとった手段が、銅流通における横流しや隠匿の禁止である（天明八年〈一七八八〉四月、『御触書天保集成』五九三〇）。

こうしたなか、長崎奉行の末吉利隆《すえよしとしたか》は、信牌《しんぱい》を持たない唐船の来航を黙認し、他の唐船の名義をつかって貿易させたことが江戸から問題視され、差控・閉門が命じられた（同年八月）。長崎乱脈への対処という判断だった。結果として、新奉行が到着するまですべてが滞ることとなった。新奉行水野《みずの》忠《ただ》通《みち》に、オランダ側は黙ってはいなかった。離日を目前に控えたオランダ商館長ファン・レーデは、表現こそ慇懃《いんぎん》ではあるが、長崎会所の怠慢をなじり、奉行が逮捕され交代になったくらいで銅搬入の遅延などありえない、云々と息巻いた。水野忠通は、会所側が枯渇する銅資源をふりしぼってオランダ側に応対する現実をまのあたりにして、そうした現実を必然化する貿易のあり方そのものに手をつけることとした。翌寛政元年（一七八九）まずオランダ貿易に深く関わっていた年番大通詞の堀門十郎、続いて会所調役の久松半右衛門が讒訴により処分された。

松平定信は水野忠通とともに、オランダ人とその関係者の乱脈ぶりを徹底的に問おうとしていた。例年どおり参府した江戸で、商館長は応対の変わりように驚嘆する。毎年やってくる諸大名や学者など、誰一人として現れない。幕府高官には会えず、通詞が代理で贈り物を届ける。町にはオランダ人を避ける空気が漂い、商館長らへの投石が行なわれる。同年、再び長崎に商館長として上陸したファン・レーデは、奉行が実行している関係者に対する逮捕などの恐怖政治に恐れをなし、転倒による腰痛を理由に、来日した船での帰国を決め込んでしまった。

寛政元年七月、松平定信と尾張藩主徳川宗睦《むねちか》の会談では、銅払底の状況から二、三年内には銅輸出は困難をきたすという見通しのもとに、「袖時計や羅紗は、薬物とは違い、なくてもよい品であるから、オランダとの通商は中止を命令する。どうしてもというなら、少しだけ許」(『文公御筆類』)して、輸出銅削減を実現すると話し合われた。そして銅輸出統制を越えて、堀らの処分に始まって、通詞の出島出入を制限するなどオランダとの交流それ自体を縮小化する政策がとられた。こうした政策の恐ろしさは、遠くベンガルに暮らす元商館長ティツィングまで伝わった。彼は定信を明智光秀に喩え、その政治が三日天下で終わる期待を長崎へ書き送ってきた〔鳥井裕美子—一九九八、横山伊徳編—二〇〇五〕。

江戸では、長崎奉行として経験を持つ勘定奉行久世広民が長崎を担当していた。しかし実際は、夏のクナシリ・メナシの戦いと、それに続く青島俊蔵の処分に忙殺されていた。青島は長崎奉行所役人だったときに『光被録』を著し、明和年間以降の金銀銅流出の統計を長崎奉行所の数字に基づいて明

らかにし、その将来の危機を訴えていた。すなわち、

この数量の銅を毎年外国に渡したなら、星霜久しからずして、全国の産出銅が衰滅しよう。そこで直ちに商法を変更しようとしても、外国人は容易に承諾しないだろう。……産出しないというのは国が疲労していることを外国へしらせるようなものである。全力を尽して海産品や木材・草根・翫器《がんき》・絹布などで交易するようにし、銅輸出は日々減少するようにしたい。(『光被録』)

銅の代物替として俵物の輸出を本格化させるのは、銅流出に対する青島や久世らの危機対応が生んだ政策であった。水野忠通や松平定信と危機対応の発想が異なっていたのである。その違いは、蝦夷地でも長崎でも政策的な違いとして現れた。長崎から戻った忠通は寛政二年(一七九〇)三月、定信の前で久世と衝突する〔木村直樹―二〇〇九〕。定信は、水野忠通の意見に与《くみ》して彼を勘定奉行格に引き上げた。定信＝忠通路線が、資源枯渇に対応した長崎貿易縮減政策である「半減商売令」を構築していくこととなる。松平定信は「もし紅毛が(銅が少ないので日本へは)来ないというのなら、猶更永続のためになる」として上意を得て、貿易縮減策を実行に移した(『宇下人言』)。

半減商売令

万全の準備のもとにふたたび長崎の地に戻ってきた奉行水野忠通は、寛政二年九月六日(一七九〇年一〇月一三日)、この夏に新商館長に任命されたシャッセと長崎を離れる旧商館長ロンベルフとを呼び出し、半減商売令二令を申し渡した。

(第一令)すべての鉱山の衰退により、産銅は年々減少しているので、古くからのようには輸出出来ない。……会社の取引定高は半分に減額されるということに、不満なく従わねばならない。これ

は、松平越中守様が発せられた将軍の命令である。

（第二令）今回はその銅の不足にのみよって、会社の取引定高が半分に減らされ……毎年一艘のみ貿易にやって来ることとした。……銅は、毎年六〇〇〇ピコル以上は輸出されないと謳われている（翻訳：吉雄幸作・重兵衛・仁太夫・弥四郎・作三郎・左七郎・吉兵衛・金兵衛、『日本商館文書』一七九〇年〜九七年長崎奉行命令書類留）。

この命令により、オランダ側へ渡す輸出銅を、それまでの一二〇万斤から半分の六〇万斤、輸入品を持ち渡るための船は一艘ということになった。唐船貿易も同様に来航船の減船（年間一三艘から一〇艘へ）を命じられた。その後、幕末に至るまで、この対オランダ輸出銅六〇万斤という数量枠は、基準数値として位置づけられる。その意味で「半減商売令」は、寛政改革の長崎貿易改革の中核的政策であり、以後の長崎貿易の基本的制度となった。

一方、「半減商売」という長崎貿易縮減策は、貿易都市長崎に生活する人びとの暮らしに解体的な影響をもたらすものであることは容易に想像できる。奉行は、長崎町民は手工業や農業を身につけ、外国貿易に依存してはならないといい、その後も奉行所は商館長に、もし、改革を受け容れないなら、すべての長崎住民を江戸に移住させる、と圧力をかけた。住民の貿易依存の意識を変え、「中国やオランダとの商の利潤を余計の事とさえ思うように」しなければならない（『宇下人言』）というわけである。こうして、住民たちが貿易に係わる微罪で重刑に処せられていった（『犯科帳』）。特に定信は、抜荷に関する法令を強化し、それまでの密買に直接従事したものを処罰するだけではなく、密買品を購入し流通させたものまで重罰を科すようにした（服藤弘司―一九五五年）。天明七年（一七八七）、米屋打こわしの力を長崎奉行水野忠通に見せつけた長崎町人たちに対し、今度は水野忠通が貿易品統制を名として、恐怖政治を味わわせるのであった。

恐怖政治を象徴する事件が起こった。寛政三年（一七九一）六月、幕府目付が長崎に到着した。ところが目付が摘発したのは、奉行の家臣たちの収賄事件であった。忠通自身も、翌寛政四年（一七九二）閏二月、「通商改正の時節なのに別して不行届である」として定信から閉門を言い渡された（『通航一覧』長崎港異国通商総括部二二）。

この摘発の発端は、「半減商売令」翻訳にあった。前出第二令を正確に翻訳しなかったとして寛政二年一二月、通詞目付の吉雄幸作をはじめ有力通詞が逮捕され、五年蟄居となった（『犯科帳』）。他の通詞や長崎の関係者らは、奉行所に賄賂《わいろ》を使って宥免《ゆうめん》を働きかけた。この贈収賄が目付によって摘発され、賄賂を授受した一〇〇人以上の関係者が取調べを受け、関係者が処罰された。通詞集団の逮捕と処分は、通詞仲間に大きな変化をもたらすこととなる。寛政三年に改めてオランダ側に第二令の改訳（改訳：三島五郎助・本木仁太夫『日本商館文書』一七九二年発信文書）が達されたが、むしろ意図的な通詞摘発と見た方がよい。銅貿易を半減し、貿易に依存しない都市改革を迫り、不正を図る通詞や地役人を処罰しつつ、密売を企む者たちを処刑した強圧政治により、日蘭貿易は窒息寸前となった。

これは日中貿易も同じであった。中国人たちが、半減令までに一斉に帰国したため、寛政三～五年までは一時的に出港船数（輸出高）も増加するが、寛政六年以降、中国貿易は銅も海産物（特に俵物）

も低調となり、年間六〜八艘程度の出港数に減少した〔荒居英次―一九七五〕。もっとも、こうした貿易抑制策を、中国人側が黙って受け入れたわけではない。

定信の老中就任以降、さまざまな形で交易統制が強まり、唐人屋敷内で抜荷摘発が行なわれたことに対して、寛政二年六月に中国人たちが反発して騒動が勃発した〔Viallé & Blussé, 1997. 一七九〇年八月七日条〕（以下一七九〇年代の商館の動きは同書に依る）。翌寛政三年（一七九一）には唐人屋敷の中国人たちが、半減商売令とそれに基づく倹約・禁奢《きんしゃ》を水野忠通が命じたことにたいして、唐人屋敷内では空壺や古材・石などをもってバリケードを築き、日本側の出入りを阻止して立てこもりを開始した。野菜の差し入れなどで騒ぎは短期間に終息した（『唐人番日記』）が、その後唐船には番外船（規定の一〇艘以外の船）が認められるなど、激変緩和措置がとられた。

寛政改革は、長崎においては、輸出用銅をはじめとする金属資源枯渇への国家的危機意識を契機とする、対外貿易抑圧政策として位置づけられる。こうした金属流出への危機感は、定信独自のものではない。新井白石『本朝宝貨事略』をはじめ、長崎奉行所役人青島俊蔵の『光被録』まで含め、中国とオランダによる金銀銅の流出に警告を発していた。「半減商売令」は、さまざまな形で試行されてきた銅輸出抑制策を、定信が一挙に本格的に実施に移したものである。

この半減令にはもうひとつ別の仕掛が含まれていた。それは、商館長の毎年江戸参府の廃止（四年に一度となる）と、江戸への献上物の半減ということである。商館長は従来、夏から晩秋にかけて五ヵ月余りのオランダ船来航期間を除き、その過半を参府の準備と往復、そして江戸滞在にあてていた。

つまり、商館長は、貿易以外では幕府への外交儀礼を果たすという職務に従事していた。これを四年に一回にするという半減商売令体制は、単に貿易額を減額するのみならず、幕府が維持してきたオランダとの通交関係を目に見えるかたちで縮小するという、象徴的な法令だったのである（これも幕末まで続く）。

もっとも、参府や献上という儀礼に伴う負担の軽減は、オランダ側にとっても願ったりであった。半減令を総督に報告した前商館長ロンベルフは、バタヴィアの実力者シーベルフ（後の東インド総督）と相談した。彼は、参府制度それ自体の廃止を逆提案することを指示した。一七八〇年代前半、オランダ東インド会社は、第四次英蘭戦争で多くの会社船を失うとともに、中国茶貿易での主導権もイギリスに奪われた。滞貨する東インド産品をヨーロッパへ輸出しなければならなかった同社が、多額の建造費をかけるのは現実的でなく、傭船によりヨーロッパ＝東インド間の輸送力を回復する方向を選択した。したがって、この参府廃止という逆提案は、アジア域内貿易を行なうための行政・軍事経費の増大という深刻化する課題を踏まえれば、一つの選択だった。

ところで寛政三年、半減商売令に対する総督府指令を携えた新商館長を乗せたフーデ・トラウ号をまちわびる出島に届いたのは、小倉沖に異国船が接近したという情報であった。オランダ船が小倉に流れ着いた可能性を確かめるため、大通詞らが小倉に派遣された。伝えられる航跡を総合すれば、それはアルゴノート号を示すものに他ならない。結局、この年はオランダ側逆提案も輸入品も船とともに日本に届くことはなかった。二艘が一艘となれば危険分散もできない。半減商売令体制が内包する商売途絶に結びつくという危険が現実になったのである。

半減商売令の影響

一七九二年一月（寛政三年一二月）、商館長シャッセは、船も来ない、参府も取止め、という閉塞に対して、長崎奉行に貿易改善の要望を提出し、「この貿易はヨーロッパや世界についての知識獲得の手段となっているものであるし、……一八〇年にわたって維持してきたものだが、改善がみられなければ、会社は対日貿易を廃止せざるをえない」と結論した。一方、正月を前に（一七九二年一月二四日改年）、長崎奉行が貿易削減で仕事を失なった日用《ひよう》と呼ばれる労働者や日用頭《ひようがしら》たちに三〇〇〇両の施行を実行した。この話を聞いた商館長は、長崎では貿易抜きでは生きられない現実がこれで実証された、と通詞に語った。

しかし、商館長参府の回数減に最初にしびれを切らしたのは、他ならない将軍家斉《いえなり》自身である。寛政四年二月三〇日、年番通詞が、将軍の意向として「黒ん坊」だけを参府させることはできないか、と打診してきた。これを理解するには、出島商館員について説明が必要であろう。

出島商館には、商館長を頂点に数名の上級商館員、そして一〇人たらずの普通の商館員というヨーロッパ系の人びとと、商館の下働きのために東インド出身の人びとがいた。一八世紀後半になり、商館に出入りする日本人荷役労働者への防犯が意識されると、警備要員として東インド出身者の充実が図られた。彼らは史料上「黒ん坊」と呼ばれ、商館員のための歌舞音曲も彼らの仕事だった。彼らは参府にも商館長と同行し、将軍の前でのパフォーマンスには不可欠の存在だった。若い家斉は将軍襲職後、毎年江戸にやってくる彼らを楽しみにしていたのだ。去年は見られなかったけれど、今年こそは見たいと所望するのは自然である。商館長はまず「吉宗将軍のときに六人の音楽家を派遣したことがあるので、ご要望にはお応えしよう。ただし、費用は一切負担しない」と答えた。すると、通詞たちはさらに「我々はマレー語（ジャワの現地語）を解さないので「黒ん坊」の管理のためにオランダ人を一人つけてくれないだろうか」と付け加えた。商館長は日本側の狙いがあやしいと気づき、経費の日本側負担を求めた。その後、交渉は続くが、通詞が費用負担について空手形ばかり切るので、商館長は最終的に拒否し、その参府は実現しなかった。

ロシア対策と日蘭関係の見直し

将軍の好奇心ばかりではなかった。寛政四年（一七九二）は松平定信が蝦夷地問題を総括することとなり、オランダ商館に対して日本側からロシアに関する問い合せが増える。同年二月一〇日にドイツ語の軍事演習書（ロシア南進を警告したベニヨフスキのドイツ語書簡に倣ったのであろう）を商館に求め、さらに三月六日には将軍のためにヒュプネル著『コウランテントルコ』の所持を問い合せた。この書は一八世紀前半のドイツ地理書のオランダ訳書で、のち山村才助によって『万国伝信記事』として訳出される（未刊）。幕府蘭医桂川甫周《かつらがわほしゅう》は大黒屋光太夫の漂流記『北槎聞略』をまとめ上げる際に、この『コウランテントルコ』を最も用いたことで知られている。一八世紀末の日本における世界地理認識の水準を示す書で、フェートン号事件まで日本では最高の地理書として位置づけられていた（後述、一七八頁）。

そして四月二三日になると、最上徳内が入手したとされるイジュヨゾフの関係書類が長崎に届き、その解読が商館長に求められた。それはロシア語印刷物数頁とロシア語書翰七通で、これには一七八八年の年紀のあるものもあった。商館長は書類の紙質まで細かくメモするが、残念ながら中身は読めない。徳内は「イジュヨゾフから彼国の御朱印というべきものを二枚貰い受けた。これを所持すればロシア国内なら心のおもむく所へいくことが簡単にできる」（会田《あいだ》安明《やすあき》『自在漫録』）（森銑三一九四三）と語っているので、おそらく旅券とその関係書類であろう。エトロフ島残留のロシア人の素性を確定し、徳内のもつ情報の信憑性を確認するために、オランダ商館長のロシア語力に期待し、長崎に送られたのだ。オランダ語の軍事演習書と外来語辞典が引き続き求められた。ラクスマン来航直前のことである。

オランダ通詞の重鎮吉雄幸作は、早くからオランダ文献を使ってロシア情報収集していたが、今は不正翻訳で逮捕蟄居の身である。『コウランテントルコ』から『東砂葛記《カムサツカ》』『東察加志《カムサツカ》』を抄訳した前野良沢をはじめとする江戸の蘭学者たちは、数年前から参府する商館長と接触することを厳しく制限されていたうえに、半減商売令によって商館長の参府自体がなくなってしまった。オランダを通じてロシア情報を入手する政治的意味は、半減商売令を構想したときには想定されていない事態であった。現実はより速く動き、ラクスマンは根室に到着してしまう。

寛政四年一二月二二日（一七九三年二月二日）、奉行は通詞を介してラクスマン来航を商館長ヘンミィに伝え、ロシアの地図と説明文を求めた。このころまでに定信は対ロシアの交渉方針と北国郡代の構想をほぼ固め、そこには洋式船の配備もうたわれていた。そして寛政五年（一七九三）正月中旬に奉行は、洋式船の模型を入手したいので大工を派遣すると言い、さらに東インド総督府が艤装《ぎそう》済一一〇フィート前後の船を日本に提供する用意があるかどうか打診してきた。二月中旬には、奉行は若い日本人に帆船航海術を教授してくれるよう依頼してきた。また奉行所は、銅山の排水ポンプを作製するための資材や文献入手に協力も求めてきた（同二月）。これは別子銅山の湧水対策である。これらは単にロシア対策にとどまらず、広く技術移転を求めるものと考えることができよう。

これらの日本側の要請に対して商館長ヘンミィは、半減商売令の撤回を対置した。日本側は逆に広州経由の日蘭貿易を提案した。すなわち、東インド総督が二艘を同地へ送り、そこで医薬品やその他中国から日本へ輸出する品物を仕入れて長崎に来航し、長崎からは中国で市場価値のある日本の産品を同地に持ち帰るという、一種の仲介貿易の提案である。商館長はこれを一蹴し、「日本から輸出する主要品は銅である。銅抜きではどこの国も日本には来ない」と回答した。通詞は「持ち帰って検討する」と答えたきりであった。

寛政五年七月五日、オランダ船が来航すると、奉行所役人が出島を訪れ、商館長との会談を求めた。ヘンミィはこれを好機と捉え、同人に「会社は日本の信頼すべき同盟者である」と言い、ロシア人の動向について言及した。役人は、「時代が悪い方向へ転回してしまったことを残念に思う」と応じた。これを受け、商館長は「雨のち晴れ、よい時代となろう」と期待を表明した。その一ヵ月後、年番通詞が商館長を訪れ、松平定信が解任されたことを伝えた。商館長は日記に、「私はこの喜ばしい知らせを伝えてくれた通詞に感謝した」と記した。

寛政五年八月日本側は、この寛政五年限りの処置として二二〇ピコル（二万二〇〇〇斤）の輸出銅の増額を認め、同六年（一七九四）以降、五年間にわたる七〇〇ピコル（七万斤）増額を約束した。朝鮮向輸出銅年間一〇万斤と比すれば、この数字は小さな数字ではないが、一二〇万斤から半減されたオランダの不満を満たすものではなかった。ヘンミィは、「半減商売令を繰り返したにすぎない」と激しい口調の抗議書を届けた。しかし事態は動かず、九月八日（一〇月一二日）、その二二〇ピコルがオランダ船に積み込まれ、同船は出港を待つばかりとなった。しかし翌寛政六年以降は、後述するようにフランス革命の世界戦争化に伴い、以後二〇年にわたって、オランダは六〇万斤すら積載できない小型船を派遣するしかない状況に追い込まれる。

その話はあとに譲り、長崎と蝦夷地との関係から、ラクスマン来航前後の定信の対外政策を整理しておこう。同来航は、オランダとの交易関係が内包する政治的役割を認識させることになった。輸出銅を半減するだけでは交易は非常に困難となり、幕府の対ロシア政策と蝦夷地政策は早晩行き詰まる。そこで調整が図られる。そのひとつが、広州経由船である。奉行側は、オランダ船を海産品の物流に組み込むことにより、銅の輸出制限を維持しつつ、オランダの対日交易の利益を保証して、日蘭関係を維持するという狙いであった。

とはいえ、オランダからすれば、日本から銅を原資としてアジア域内貿易を行なうという貿易構造の根幹にかかわる。一方、幕府からすれば、俵物やラッコ毛皮などへの依存度を強めることは、それらの主要産地である蝦夷地に対する非開発方針と抵触しかねない。寛政四年松平定信は蝦夷地問題を主管し、ラクスマン来航を踏まえ「北国郡代」が構想される。銅輸出削減は崩さないが、オランダ来航を前提として長崎貿易を維持する方向への政策調整と、松前委任の原則を前提としつつ、蝦夷地警衛を強化し俵物集荷を通じて同地経営に踏み込む「北国郡代」の構想とは、対ロ緊張を打開する政策的検討の過程で、新しい展開をみせはじめた。「北国郡代」は松前委任を掲げつつも、同藩の蝦夷地経営・警衛に介入する性格を帯び、長崎では交易など余計なことと住民に強制しながら、ラクスマンへの対策としては「代物替等の義を長崎でかけ合い、その上以後長崎にて交易を命じることができるか」(『楽翁公伝』)としてロシアとの交易を検討しているのである。

蝦夷地と長崎の両者を幕府＝長崎会所中心に統合的にとらえる青島・久世らの再編政策に対して、定信が近づいたことを示している。こうした定信の政策調整がはっきりしてきたのは、北方政策でも長崎貿易政策でも寛政五年(一七九三)であり、そのとき定信解任の動きが表面化したのであった。

4―朝鮮通信使の処遇問題と定信解任

対馬と朝鮮

対馬宗氏《つしまそうし》を通じた朝鮮との通交についても、長崎の場合と同じように、貴金属流出を阻止する貿易削減と、将軍の代替わりに伴って朝鮮からの通信使を迎える制度の見直しを図ろうという動向を寛政改革の中に指摘することができる。この通信使聘礼《へいれい》は、将軍襲職の祝賀を意味する国家間儀礼であったから、幕府あげての大行事であった。したがって、この見直しは大問題となった。家斉《いえなり》の将軍襲職を祝うものでありながら、文化九年(一八一二)実行までに二〇年以上の年数が必要であった〔田保橋潔—一九四〇〕。

この聘礼実現までに、二つの政治的局面を設定することができる。最初の局面は、寛政一〇年（一七九八）に、使節減員、人参減額、時期延期の三条件により対馬での聘礼とする（戊午易地行聘約条）合意が結ばれるまでの時期である。また、それに続く局面は、対馬藩に具体的に易地聘礼を実行させる局面である。

天明八年（一七八八）対馬藩は、通信使行聘が政治日程に上ると、通信使参府と藩主の参勤との同時実行を幕府に打診した。これをうけ定信は、対馬から首席家老を呼び出して、「凶年が続き、下々は困窮し宿駅は衰微している、……通信使来聘も軽からざることではあるが、下々の難儀や困窮はもっとも重きことである」（『浄元院公実録』）として、しばらく通信使来聘を延引するように朝鮮側との調整を指示した（同年五月）。定信はここでも、特に「五畿七道の人民を煩わすのは国家の長策とは申べからす」（『朝鮮聘使後議』）という新井白石の信使改革論に学び、凶荒の続く現実を考えれば、現行のやり方は「国家の長策」ではないとし、対馬藩が通信使を口実として獲得してきた藩主参勤交代緩和の特例を廃止し、三年一回参勤という特例を二年一回へ戻したことも、通信使行聘を優先する考え方をとらない定信の考え方を表したものである〔鶴田啓—一九八七〕。

家老は通信使延期の幕命を帯び、同年一〇月、釜山倭館に至り朝鮮側との交渉に入る。朝鮮国王の判断により、朝鮮側は翌寛政元年（一七八九）三月これを受け入れた。この受諾の報が江戸に着くと、定信は早速尾張藩主徳川宗睦《むねちか》らに報告するとともに「通信使は対馬……で礼式を済ませるようにしたらよいのではないか。……諸国の費用は節約でき、下々の難儀もなくなる」（『文公御筆類』）と易地聘礼の考えを披露した。長崎輸出銅削減策にあわせ、朝鮮貿易においても、それまでの優遇策をやめ銅代価即金払い（即銀買）にし、また、規定量（定高）一〇万斤を渡さなくなった（寛政二年）。幕府はこうした圧力を前提に、寛政三年（一七九一）五月、易地聘礼を朝鮮側と交渉開始するよう対馬藩に命令する。そして長崎での半減商売令を踏まえ、銅以外の交易品への転換交渉をも命じた（同年八月、勘定奉行達）。対馬藩は釜山へ使節を遣わすが（同年一二月着）、朝鮮側から拒否されてしまう〔田代和生―一九七三〕。

寛政改革期における対朝鮮外交を考えると、外交儀礼の整備とそれにともなう費用負担の縮減という政策指向は、銅輸出抑制政策と不可分である。基本的には長崎貿易でも同じであり、一八世紀を通じて展開されてきた貿易抑制論が、定信政権期になって強化されてきている、といえよう。むしろ、貿易政策にとどまらず、貿易にせよ、外交儀礼にせよ、国家長久の（財）政策という観点から縮減・限定する、という議論として深化していると考えることができよう。

朝鮮貿易において、こうした貿易削減策に対馬藩は一八世紀を通じて対抗する。貿易額だけでみれば、朝鮮向け銅は長崎に比すれば文字通り桁違いの少額であるが、銅輸出削減策の影響は、ただちに対朝鮮貿易にも及ばざるをえない。逆に同藩は銅輸出の維持・拡大のために幕府に強力に働きかけ続けなければならない。つまり「朝鮮押さえの役」を果たすための「知行」としての朝鮮貿易、という論理により、さまざまな援助を幕府から引き出していたのであり〔荒野泰典―一九八八〕、この対馬藩の論理は、一八世紀的な貿易抑制論に対する対抗（抵抗）と見なすことができる。

貿易容認論の転換

正徳新例《しょうとくしんれい》から「半減商売令」に至るまで、一八世紀を通じて貿易（金銀銅の貴金属輸出）を抑制しようとする政策は、一貫した流れである。しかし、他方で貿易が生み出す富に依存する人びとがいた。長崎町人、オランダ商館、そして対馬藩も貿易依存の動機を持っていた。こうした富への吸着と既得権益への執着が貿易容認論の根源であり、それを断ち切ることが、定信の当初の狙いであったともいえよう。

蝦夷地問題は、こうした貿易抑制論と容認論の力関係を換えつつあった。貿易容認論は、長崎貿易維持と蝦夷地開発・警備とを同時に解決する手段として、蝦夷地直轄化をその論理の中に取り込むことになった。その結果、容認論はむしろ政治社会に対して積極的に働きかける論理となった。先に紹介したように、本多忠籌《ただかず》は蝦夷地開発を唱える一方で、外国境・交易地の直轄化の主張を繰り広げた。さらに本多は、交易による富をアイヌに分配することにより、幕府への服属も可能となる、と考えていた。

これに対して貿易抑制論は、蝦夷地非開発の立場をとった。この論は、蝦夷地を不毛のままにとどめることが、ロシアとの緩衝地帯となるという蝦夷地論を構成した。こうして貿易抑制論は、松前による蝦夷地統治許容へ傾いた。その北方防備論は、松前藩委任統治を強化するもので、異国境直轄化や幕府目付派遣を退け、朝鮮外交のために宗対馬守に下付しているように手当による軍備強化を図り、蝦夷地を統治するにたる実力を備えた藩政を行なわせるというものである。宗氏の「（異国）押さえの役」に対する反対給付という枠組を前提とし、松前藩への指導を強めるという方針が、クナシリ・メナシの戦いをうけ、定信と御三家で確認されたのである。対馬藩の対朝鮮政策論を松前に援用拡張し、蝦夷地非開発と松前北方防備委任により、対外関係処理を家役とする論理として貿易抑制論は貿易容認論に対抗しようとした。

しかしかつて容認論に対して、抑制論に立って一挙にこれを解消してしまおうとした定信は、ラクスマン来航への対応を通じて微調整を図る。つまり抑制論と容認論の対抗軸は、蝦夷地問題を通して、貿易増減という対抗軸から、貿易や外交、そして国境（防備）などの対外関係の処理全般への対応のあり方と、その対応を誰がどう担うか、という対抗軸へと転換しつつあった。

定信解任

定信の政治的登場が「側用人政治に対する徳川氏一門の粛正運動の勝利」とすれば、彼の解任は、徳川氏一門の一致した支持を定信が失ったことを意味している。寛政五年（一七九三）七月二三日に発表された公式の解任理由は、本人の内願によるとされている。この発表は世の中を驚かせたが、解任に最も驚いたのは定信本人だった。定信が老中に就任する経緯を想起すれば、彼の解任に動いた人物も一橋治済《はるさだ》以外にあり得ない。そして、やはり定信就任時に治済から指示をうけ行動した小笠原と同じように、側用取次の加納久周《かのうひさのり》、さらに蝦夷地担当を外れ、奥勤《おくづとめ》（将軍との連絡担当）の老中格本多忠籌がこの解任にかかわったとされる。

一橋治済から解任の内報を受けた水戸と尾張の両藩主は、解任公表の直前七月一九日に解任理由を問う密書を本多に送った。本多は、「定信の政治的な増長が将軍の主法に悪影響を与える」という家

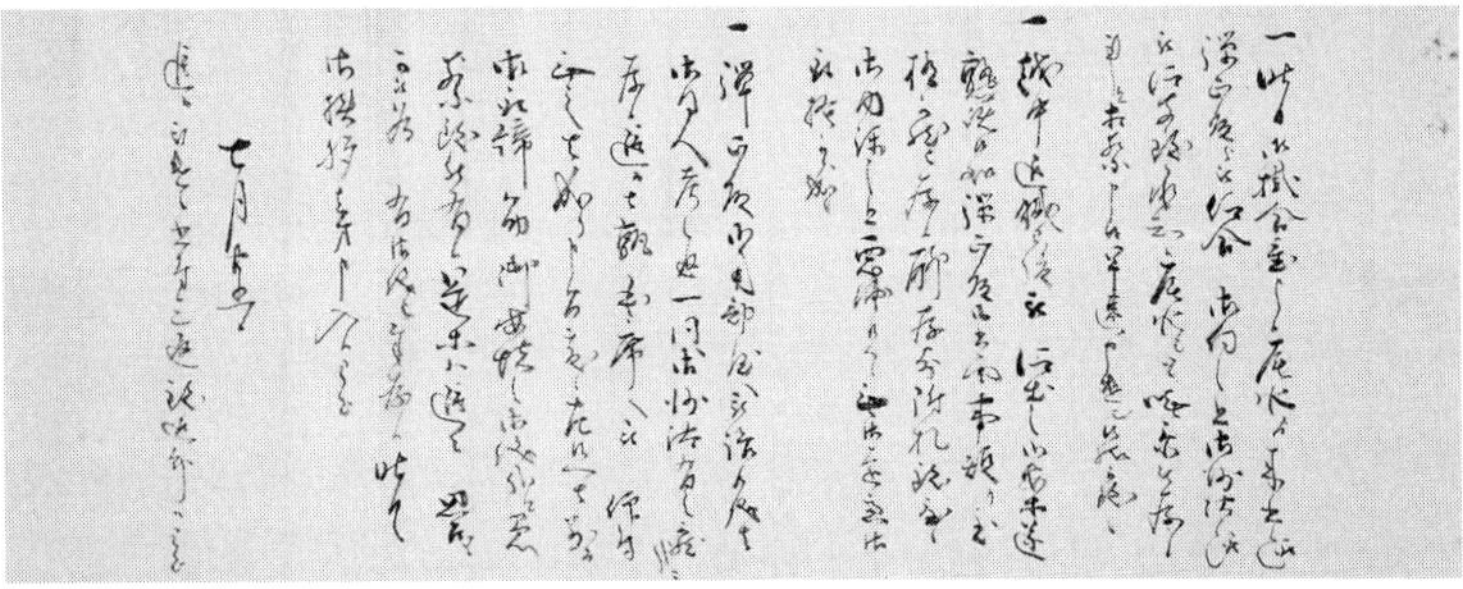

図７　一橋治済書状

定信が辞職した直後に「越中退職已後仰せ出され候案など熟談を遂げ候処弾正殿（本多忠籌）御書面事短く然るべし」と書き送っている。

斉の危惧を伝えたという〔竹内誠―二〇〇九〕。将軍の意志と定信の考えが齟齬《そご》する事態を恐れての解任ということになろう。

その齟齬が危惧される事態とは何か、それを特定することは難しい。一説に、家斉が孝心から治済を江戸城西丸に住まわせ、前将軍（大御所）として処遇しようとしたのに対して、定信がこれに反対したからという。しかし、定信は辞職願を、治済は隠居願を繰り返し、二人がそれぞれの立場の確認を周囲に求める状況が、かなり長い間続いていたというから〔辻達也―一九九六〕、特定の問題を定信解任の原因に帰する見方は生産的でないように思う。むしろ、治済の工作がこの時期に表面化することに意味があろう。つまり、ラクスマン問題が決着した直後（一件落着の第一報は七月一六日に江戸に届く）というタイミングである。渉外事案に対処可能な人材である定信を必要とする政治日程が続いていた。治済にとって定信を解任できるのは、定信が辞職の内願を出した直後で、ラクスマンが帰国の途についたこのときしかなかった。

二〇一〇年に徳川記念財団が江戸東京博物館で開催した『徳川御三卿』展で紹介された、定信解任の翌々二五日付治済書状によれば、彼は次期政権の人事について本多を中心に早速具体的な指示を与えており、解任後の人事まで睨んで政略を練っていたのである。

もっとも定信は、解任後も御用部屋（老中の執務室）に入室することを許されていたので、同じく水戸や尾張と結んで、松平信明政権に対して折に触れ幕政関与を試み揺さぶりをかけた。しかし、これも一橋治済の尾張への働きかけにより頓挫することとなり、かえって彼らは幕政から遠ざけられることとなった。結果として幕府の人事案件を見てみると、一橋治済とその近親への優遇が顕著であり、一方で水戸と尾張による幕政関与の縮減が見られるという〔高澤憲治―二〇〇九〕。つまり、定信解任は、寛政改革期の徳川氏一門関与による改革政治から将軍家斉（と実父治済）の主導力が大きな意味を持つ政治へという変化の起点となった。

三　松平信明政権と「中立国傭船の時代」

1——変動する太平洋とオランダ商館

四年ぶりの商館長参府

寛政五年（一七九三）、解任された松平定信《まつだいらさだのぶ》に代わって、老中首座についたのは松平信《のぶ》明《あきら》（大河内《おおこうち》吉田藩主）であった。この信明政権は、発足直後の数年については、定信の突然の解任の影響を受けて、寛政改革の基調を維持しつつ、たとえば蝦夷地政策上はめぼしい展開は見られないと考えられてきた（寛政の遺老）。しかし対外関係全般において停滞していたのではない。寛政六年（一七九四）は、半減商売令に基づく四年に一度の商館長参府の年に当たっていた。商館長ヘンミィの参府は、幕府側からすればロシアに関する情報をオランダ商館長から直接聞き出せる機会であり、また、商館側からすれば、オランダとの交易の存在意義を日本側に再認識させるまたとない機会であった。

まず、ラクスマン将来地図の分析である。定信は石川将監と村上大学に対して、ロシアの地図を入手するように命令し、ラクスマンから、彼らは日本絵図一帖・世界の継絵図四枚・地球図一枚・各国地誌一冊を入手した。寛政六年五月五日、江戸長崎屋を訪問した地理学者の一人は、石川らの一行として松前に赴き、ロシア士官から入手した地図を商館長に見せた。商館長は、この地図はすべてペテルスブルクで八七年に印刷されたマンネヴィレット（フランス地図学者）風の地図で、その中に日本地図もあり、北部日本の川や港の記述がケンペル以上にくわしい、と判断した（岩井憲幸―二〇〇〇）。商館長ヘンミィは、東インド海図集として名声を得ていたマンネヴィレット系海図集を所持し、長崎奉行から照会を受けていた。

また逆に、商館長は、幕府の対ロシア政策について質問し、幕府がロシアに脅威を懐いていて、当面の紛争回避のための方便として信牌授与が行なわれたという説明を聞いた。これは、定信による対ロ交渉の経過を考えれば、かなり正確な説明といえよう。

さらに、蘭学者たちの面会も、厳しい制限下ではあるが復活した。幕府医官桂川甫周《かつらがわほしゅう》は、老中に伺書を出し、仙台藩医大槻玄沢《おおつきげんたく》・前野良沢《まえのりょうたく》などとともに商館長や出島医師に面会した。商館長は彼らに、人頭のなかばまで「皮ヲ剝テ筋脈」を見えるようにした「形状色沢宛然として真に逼る」パリ製人頭模型（蠟人首）を示した。玄沢はこれを「すでに屢々刑死体を解剖して人体の真を観た人間は、殊に益々感じて已まざるなり」と評した（『西賓対晤《せいひんたいご》』）。

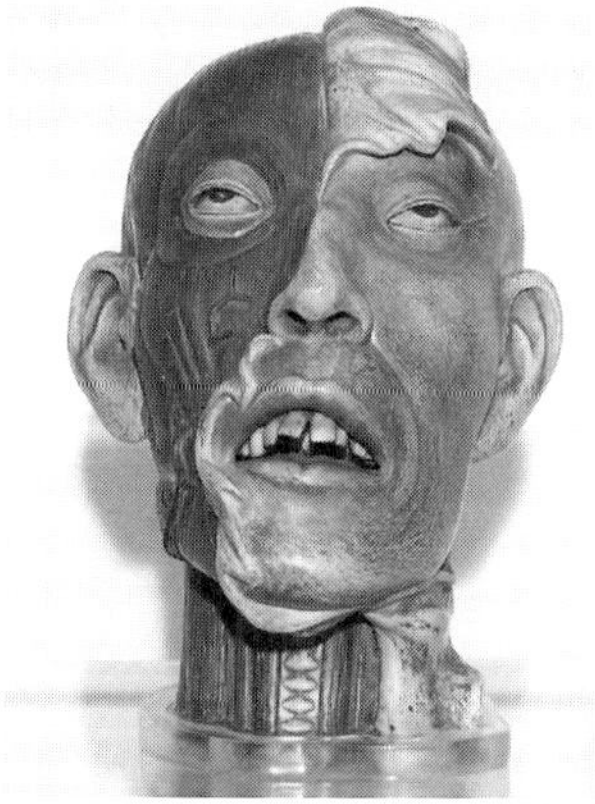

図8　人頭模型
1794年商館長ヘンミィがもたらしたパリ製の人頭（蠟）模型を、日本の能面師が模作したもの。

つまり、寛政六年の参府により、幕府は、オランダから提供される知識によってロシアを分析する意味を再認識し、またその知識を媒介する蘭学者は人頭模型のリアリズムを見せつけられ、オランダが重要であることを、幕府と蘭学者に改めて認識させた。在府の長崎奉行は、ヘンミィを屋敷に招待し、ロシア製調度品と毛皮を飾った部屋へ通した。長崎奉行のなかにすら、ロシアに対する好奇と不安とが同居していたのである。

オランダ正月

定信は、寛政四〜五年（一七九二〜九三）頃から蘭書の収集と分析を開始した。彼が蝦夷地とロシアの問題に正面から取り組んだ時期にあたる。そのために定信が抱えたのは、元長崎通詞の石井庄助《いしいしょうすけ》であった。蘭書の収集分析に、当時江戸でもっとも語学力が期待される人物を重用した。その結果「蛮国は理に詳しい、天文地理又は兵器あるいは内外科の治療などは、ことに益も少なくない」という結論を得た（『宇下人言《うげのひとごと》』）。後に定信は、旧来の国際意識にとらわれることなく国状を認識して、ロシアとの接触を行なうよう説くに至った（『秘録大要』）。これは、ラクスマンとの交渉による、蝦夷地政策の修整と無関係ではない。

異端の蘭画家として有名な司馬《しば》江漢《こうかん》は、この頃「輿地《よち》全図《ぜんず》」、「地球《ちきゅう》全図」（いずれも銅版）を世に問うた。江漢は、定信との相談によりこれらの銅版画は「小子の懇意としている諸侯方へは差上げる事にして、それ以下の人には遣らない」という原則にしていると知人の蘭方医に述べた（寛政五年二月）。定信にとって憂慮すべきは、そうした最新の情報と技術が、定信や諸侯の威を借りて、実際には「それ以下」の人びとに吹聴されることであった。定信はこうした状況は「禁ずべしとすれど、禁ずれば猶やむべからず」、「書籍などは心なきものの手には多く渡らぬようにすべき」（『宇下人言』）と、禁書ではなく蘭書の流通統制を志向した。

寛政六年閏一一月一一日（一七九五年一月一日）、江戸の主な蘭学者たちは、大槻玄沢の主宰する芝蘭《しらん》堂《どう》につどい、オランダ正月を祝った。その新年会の様子を描いた「新元会図《しんげんかいず》」では、完成間近の江戸ハルマ辞書の稿本、解体新書が並べられている。そして「新元会図」にこそ描かれていないが、彼らの前には人頭模型が存在したに違いない。この会に軟禁中の大黒屋《だいこくや》光太夫《こうだゆう》が出席し、ロシア語で「一月」と揮毫《きごう》しているのは、この会が幕府の了解抜きにはありえないことを物語る。つまり、玄沢は、光太夫を主賓にして、出席する蘭学者たちに自分の背後に幕府がいることを示した。オランダ正月は、蘭学者集団（「蛮書同学の者」）に対する玄沢のヘゲモニー確立宣言と考えることができる〔Hesselink, 〈矢橋篤訳〉—二〇〇〇〕。幕府は、蘭学という学問分野を見渡し、有能な人材をその中核にすえることにより、蘭学者集団全体を統御し、その学問の生み出す成果が「心なきもの」に渡らない構造を生み出そうとした。玄沢はむしろ、そうした構造を受容れることにより、西洋知識の迅速な輸入という学問上の要請に応えたのである。

医学を中心に展開してきた蘭学は、一八世紀末から自然科学、科学一般へと対象を拡大するという〔沼田次郎—一九八九〕。蘭学の変容の背景には、幕府（政治）と蘭学（科学）との関係変化が横たわっていた。寛政期の文化政策は、儒学における統制（異学の禁）であるとともに、広く学問・文化政策として蘭学までその対象としていた。西洋文物への単なる禁止ではなく、蘭学者の内在的な必然に根ざしながら、蘭学者を体制のなかへと組み込んでいく過程である。

こうした当時最優秀と自他共に認める学者を学者集団の中核と公認する学術政策は、他の学問でも同様に見られる。儒学では、昌平坂《しょうへいざか》学問所の整備を主導した林述斎《はやしじゅつさい》や、柴野栗山《しばのりつざん》・尾藤二洲《びとうじしゅう》・古賀精里《こがせいり》らの同教授登用、漢方医学における多紀《たき》家の医学館、塙保己一《はなわほきいち》による和学講談所創立、麻田流天文学を修めた高橋至時《たかはしよしとき》の天文方への採用もこの一環である。こうすることにより幕府はこれらの研究を御用として組織し、学者は研究環境を整えていくことができたのである。

中立国傭船の時代

参府から帰る商館長ヘンミィは、オランダ交易の政治的・文化的意義について幕府の理解が得られたという感触をもったに違いない。しかし、国際情勢は楽観を許さなかった。寛政六年七月五日（一七九四年七月三一日）、到着した来航船エルフプリンス号が伝えたのは、オランダがフランスと戦争を開始したというヨーロッパの戦況であった。一七八九年（寛政元年）フランス革命が起ると、オランダでは総督オランニェなど保守派と、フランス革命の影響を受けたダーンデルスらパトリオット派とが対立した。九三年に革命フランスはオランダ総督とイギリスに宣戦布告し、パトリオット派と組んでオランダへ進軍してきた。フランス革命は内戦からヨーロッパ戦争へと展開した。九五年一月、総督ウィレム五世がイギリスに亡命すると、パトリオット派はオランダ各都市で蜂起して各州の権力を掌握し、身分制議会廃止、連邦制解体などの改革を断行していった（バタヴィア共和国となる）。そしてオランダはフランスと組んで、イギリスと交戦状態に入った。ヨーロッパ戦争はアジアまで展開した。オランダ＝アジア交易の拠点であった、ケープ、インド各地・スリランカの商館などが、イギリスの支配下に陥落していった。

こうした状況は次第にオランダの対日貿易に大きな影響を与えることとなった。激しい戦況にもかかわらずバタヴィア総督府がエルフプリンス号を派遣したことは精一杯友好の証しであるとし、商館長は輸出銅一〇万斤増を要求し、出島の地代など諸経費の減額を要望した。奉行側はほとんどゼロ回答であった。日蘭双方が膠着状態のまま、長崎貿易はフランス革命という世界的規模の政治変動のなかに投げ込まれたのである。

寛政七年六月六日（一七九五年七月二一日）、ウェストカッペレ号が長崎港に入港した。積み荷を見て、オランダ人も日本人もあっと驚いた。バタヴィアからの送り状によれば、将軍誂えの羅紗《らしゃ》（毛織物）がたったの八反、奥嶋（綿織物）などはゼロだった。毛織物をとどけるはずのヨーロッパからの船が間に合わなかった、というのが船長の言い分だった。イギリスとの戦闘により、アジアとの往復航路で寛政六・七年（一七九四・九五）にわたって三二隻中二一隻（オランダ行）、八隻中七隻（アジア行）が失われてしまう状態だったのである〔Heslinga, 1988〕。

動揺した長崎奉行平賀貞愛は、その理由を書面に認めることを求めた。商館長は英仏海峡でオランダ船がフランス海軍から攻撃を受けている（実際はイギリスとの交戦）ため、ヨーロッパ製品は届かず、アジア各地の商館で日本向け商品を仕入れるためには数年前から銅が足らず、また昨年は樟脳《しょうのう》も不足していたという理由をあげ、銅と樟脳を要求した。

江戸に帰府する平賀は、同年九月一八日商館長ヘンミィと直接面談を行なった。開口一番、奉行はここ数年の銅山の産出高の減少を詫び、銅の増産があれば輸出量は増加すると保証してよい、という。

その上で、輸入品が激減した理由は戦争にあるにせよ、バタヴィアからの輸入品は一定以上必要なので、それを下回れば銅を減額すると命じた。商館長は長文をしたため、ヨーロッパでの戦争の長期化に備え、金巾《かなきん》、砂糖、蘇木《そぼく(すおう)》、丁子《ちょうじ》、錫《すず》、象牙、綿織物などのアジア製品中心の代替輸入の可能性検討を示唆した。長崎側の銅輸出への柔軟な対応に、商館側も品目変更で応えようという考えである。ヘンミィは期待を込めてウェストカッペレ号を見送り、来年の来航船を待った。

しかし寛政八年（一七九六）、対英戦は想定以上に悪化し、とうとうバタヴィアは船を日本向けに送り出すことができなかった。寛政九年（一七九七）以降、文化一三年（一八一六）まで、つまりオランダ船の正常来航が復活するまでの二〇年間、欠航年は六回（イギリス船派遣の年を欠航扱いとすれば八回）、輸出する銅は六〇万斤を大幅に下回るという状態となった。寛政三年から一一年（一七九一～九九）までの輸出銅は、年平均三七万斤程度であり、日蘭双方にとって到底貿易を維持できる量ではなかった。のち寛政九年（一七九七）に八五万斤まで増枠の許可がでる（後述）が、小型船では全量輸出できず、以後文化一三年（一八一六）まで来航のあった年は八〇万斤以上が輸出されるが、欠航年も多く、年平均四六万斤であった。金井圓氏は、オランダ船に代わって日本貿易に従事した船がイギリスとの交戦国でない中立国の船であることから、こうしたオランダ貿易の不振の時代を「中立国傭船《ようせん》の時代」と名付けている〔金井圓―一九八六〕。フランス革命が世界戦争に展開して、東インド海域も戦域となるに及んで生まれたこの時代は、日蘭関係だけ見ていたのでは十分理解できない。むしろ、レザノフ来航やゴロウニン事件、フェートン号事件などロシア・イギリスそして中立国船を供給したアメリカをも巻き込んだ時代としてとらえる必要がある。

アメリカ船イライザ号

寛政九年六月二七日（一七九七年七月二一日）、二年ぶりに来航船が長崎に近づいた。到着した船は小型で、乗組員は見かけない黒人ばかりであり、上級船員はオランダ語を喋らない。またも異状発生である。この船はアメリカ船籍の小型船イライザ号で、船長はウィリアム・ロバート・スチュアートで船主でもある。対イギリス戦争によりバタヴィアの船舶不足は深刻だった。

イライザ号の伝えるオランダ風説書は、イギリスとの戦闘開始を報じた。すなわちイギリスがオランダに押寄せ、各地の商館へも乱入してベンガルやコロマンデルの商館を失ったこと、また、ロシアでは対トルコ戦争が行なわれており、デンマーク・スウェーデン・アメリカの三カ国を除き、ヨーロッパ全域を巻き込んだ世界戦争となっていることを伝えている。世界戦争に言及しながらもオランダ本国の動向（フランス革命軍と組むバタヴィア共和国とイギリスとの交戦）は曖昧にしか伝えず、かえってオランダ商館が懐いている危機感を物語る風説書となっている。

他年の風説書が焼失して写本のかたちでしか伝わらないのに、この風説書は、近藤重蔵《こんどうじゅうぞう》が借り出していたという運命によって正本が伝わる。このことを紹介したのは、都市経済史の他対外交渉史にも多くの業績を残した歴史家幸田成友である（幸田成友—一九三七）。幸田は近藤重蔵の遺した史料を曾孫宅に尋ね、そこでこの風説書原本を一見した。この風説書が提出される直前まで長崎奉行所に勤め、蝦夷地で活躍後、書物奉行（文化五〜文政二〈一八〇八〜一九〉）となった近藤の履歴は「中立国傭船の時代」に重なる。確証はないけれども、書物奉行在任中に幕府外交文書の編纂に携っていた近藤が、それより二〇年前のイギリスとの開戦を伝えるこの風説書の正本を幕府の文庫から得て、「中立国傭船の時代」を生んだ世界戦争の初めと終わりを確認したのではないか、と想像をふくらませることができる〔金井圓―一九八六〕。

話を戻すと、こうした戦況下で、航海の安全を保つためには交戦国以外の中立国籍の船を雇い入れることが賢明である、と総督府は判断した。ヨーロッパでは、中立という考え方は、交戦の局外にある国家を識別するものであったが、それは局外中立国の交戦国むけ通商を認める議論として一八世紀を通じてヨーロッパ諸国で定着してきていた〔和仁健太郎―二〇一〇〕。かくして総督シーベルフとアメリカ船籍イライザ号の船主スチュアートの間で傭船契約が結ばれ、イライザ号は長崎までやってきた。

小型アメリカ船は東インド・中国海域に一七八〇年代以降、多数出没していた。バタヴィア入港記録によれば、一七九五年までしきりに入港していたイギリス船は九六年ゼロになり、逆にアメリカ船入港数は七艘から二四艘と急増した〔Heslinga, 1988〕。これらのアメリカ船は、ニューヨーク、ボストン、フィラデルフィア、セーラムなどの船主のものである。とはいえ、多くはアメリカ独立戦争期の小型船で、彼らの船籍といっても、インド洋や中国貿易で一儲けするという動機に支えられていたので、必要に応じてどんな旗でも揚げたと見た方がよい。イライザ号もそうした船だった。しかし問題は、来航船がアメリカ船であることばかりではなかった。二年前、品数の少なさに日蘭双方を慌てさせたウェストカッペレ号と比べても、（主にヨーロッパ産の）大小羅紗が二一反（前回比三〇%）に落ちこみ、（主にインド亜大陸産の）更紗《さらさ》が一〇〇〇反（同六〇％）、（主に東インド諸島産の）砂糖は五〇万ポンド（同五〇％）という積載量であった。バタヴィアからの特別訓令は、アメリカ船イライザ号での交易について、事態はより一層悪化しており、長崎＝バタヴィア間の交通は会社船を偽装するアメリカ船に依存する現実に対応せよ、という。傭船イライザ号は通常のオランダ船からすれば積載量は少ないし、オランダのアジア域内交易もイギリスからの攻撃にさらされていたので、商品の調達自体も困難だった。「来年こそは十分持ち渡る」と約束するのがバタヴィアでは精一杯で、商館長ヘンミィは長崎奉行に訓令に沿った歎願書をしたためた。

おそらく奉行は状況を江戸に説明し、半減令方針の変更の必要性を訴えたのであろう。イライザ号離日前一七九七年一一月六日（寛政九年九月一八日）、出航の挨拶に出かけた商館長には、老中首座松平信明の命令として、五年という期限付きで輸出棹銅の増額（八五万斤まで）と、来航船の増派とが認められたのである。これら一連の措置により、この命令が政策変更であること、半減商売令が初めて本格的な修正を見たことを、幕府は長崎の地で明らかにしたのである。

しかもこのとき出された、「脇荷貿易に関する注意書」（schriftelijke waarschuwing. Koeguats, 1797、『日本商館文書』一七九七年受信文書）には「純正で最上のアメリカ産薬用人参が持ち渡られれば、きっと受け取られるであろう」と指示されている。この注意書を理解するには、脇荷について説明する必要があろう。脇荷とは個人貿易品のことである。会社の商品（本方荷物）を積載した会社船の船倉の空いた空間に詰めて輸送した荷物という意味といわれ、商館員や船長などが私的に取り引きすることが許

図9　花　旗　参
大きさは、いわゆる朝鮮人参より一回り小さい。

された商品である。こうした交易品の形態は、広く欧米東インド交易船や唐船にも見られた。また、先に紹介したように、一七八〇年代後半から本格化するアメリカの対アジア貿易のなかで北米大陸に自生する薬用人参は、すでにフランス経由でアジア、中国へもたらされており、中国市場での需要は試され済みであった。東廻りで初めて中国貿易に参入したアメリカ船は、この人参を満載して一七八四年二月、ニューヨークを出港した。このアメリカ人参とラッコ毛皮は、広州での主要な米国貿易品を構成した。現在でも広州の問屋街に迷い込むと、「花旗参」（花旗はアメリカのこと）と称される人参が朝鮮人参と並んで大量に陳列されている風景に出会う。天明四年（一七八四）ころから、唐船による人参輸入は開始されており、長崎奉行が、こうした広州貿易の動向をどこまで認識していたかは検討課題ではあるが、会社貿易（本方貿易）が対象としたヨーロッパ産あるいはインド産の貿易品の入手が、フランス革命戦争により困難となる中で、日本側がアメリカ船による脇荷品の可能性について着目したことは注意すべきであろう。

また船長へ脇荷という意味では、日本側はスチュワートに対して、オランダ船とは別に、個人貿易品を持っての来航することに特別の許可を与えた、と戦前の日蘭関係史研究者カイパーは指摘した

〔横山伊徳―二〇〇五〕。その史料は、上記の条件で貿易品の確保を請け負うという会所調役宛ヘンミィ請書（一七九七年一一月二一日付、この日付はイライザ号出航の翌日にあたる）で、戦争が長期化しても長崎交易を維持させるという意志が長崎会所の側に存在し、商館長の側もそれに応えてスチュアートでもだれでも利用するという決断を行なったものと解釈できる。いずれも、日蘭双方の交易当局者が、フランス革命に続く戦争拡大による長崎交易中断という緊急事態に対して深刻な危機意識を抱き、脇荷という一種の補完交易の拡大によって対処しようとしたことを示している。

再びスチュアート船長現れる

寛政一〇年（一七九八）は、日蘭二〇〇年の中で最も多難な年の一つである。商館では、「半減商売令」後二回目の参府年を迎え、忙しい新年を送っていた。ヘンミィが長崎を出発して一ヵ月余りたった三月六日、出島商館は火をだし、カピタン（商館長）部屋や会社荷物を保管する重要倉庫など出島の過半を焼失した。一八二〇年代、東インド植民地との交通が復活してやっと商館を建替えることができた。それまで出島にはいわゆるカピタン部屋はなく、仮屋で商館長は日々を過ごすこととなった。中立国傭船の時代は、出島の仮屋の時代でもあった。

その上、寛政四年（一七九二）末から商館長を勤めてきたヘンミィが、江戸から長崎に帰る途中四月二四日、掛川宿で謎の死を遂げてしまった。ハンブルク大学で法学を修め、のちライデン大学で博士号を取得するという歴代商館長の中では異例な高学歴をもち〔Vialle; Blussé, 1997〕、六年にわたる商館長在任という、これまた異例の経験を積んだ彼の死をめぐっては、薩摩との密貿易の発覚を恐れた

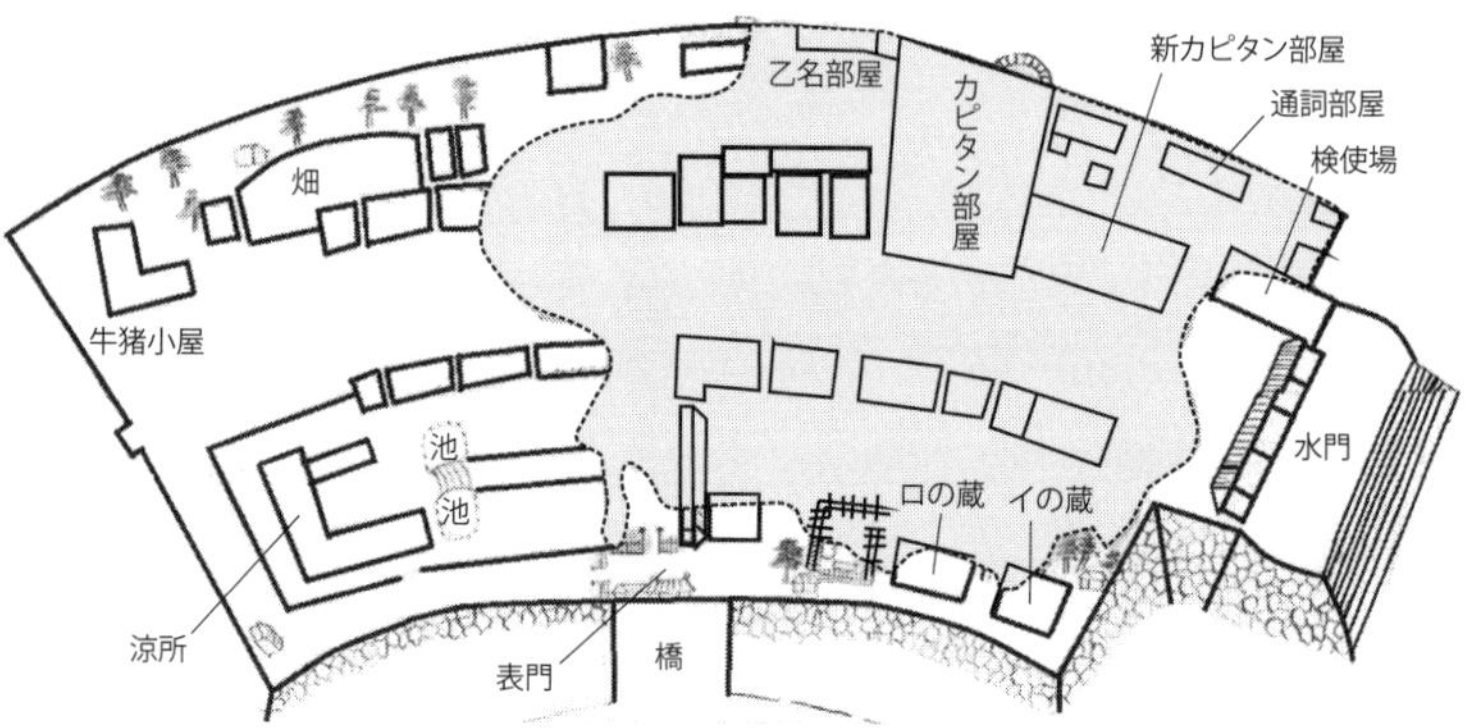

図 10　蛮館回禄之図

1798 年の出島焼け跡を示す。この後、1820 年代までまともな商館長宅は再建されず、ドゥーフなどは仮住まいが続いた。灰色の部分が焼失箇所。「イの蔵」「ロの蔵」は会社荷物の倉庫。

自殺とも毒殺ともさまざまな憶測が飛び交った。ストレスの連続の日々であったことは確かである。

商館長は江戸から戻ったラスが代行することになったが、彼は来航船を六月一〇日（七月二三日）に迎えて、またも驚かねばならなかった。船は再びイライザ号であり、しかも、新商館長は今度も来日しなかった。陸揚げした持渡品の状態もひどく、砂糖は多くがぬれていて日本側商人が引取を拒否するほどであり、他はおして知るべしである。

しかも悪いことは重なるもので、高鉾《たかほこ》島沖にて出航の風待ちするイライザ号が暗礁に乗り上げてしまった。出島も長崎の市中も近郷も総動員で樟脳と銅を陸揚げしたが、沈没してしまった。その引き上げは周防《すおう》国村井喜右衛門が請け負った。彼は長崎の香焼《こうやぎ》沖に鰯漁場を確保し、半年余りの漁獲期に香焼島に滞在するため別邸を構えていた。船体引上げ作業は寛政一一年一月五日（一七九九年二月一〇日）に開始し、船体移動や積荷の引上げを含め約一ヵ月の時間を要した。作業に動員した船や水夫の多くは、喜右衛門配下の網船であり網子であるという（片桐一男—一九八六）。長崎の町でもなく、オランダ商館でもなく、幕府や藩でもない、長崎沖に遠隔地からやってきた干鰯業者が、オランダ船引上げに名乗りをあげるという物語は、一八世紀末の長崎貿易の富の枯渇を象徴したものである。中立国傭船の時代の長崎貿易は、冬の時代であった。

　この困難を増幅したのがスチュアートである。イライザ号の引上げ修理が済むと、スチュアートは周囲の制止を振り切って、南からの季節風が吹く寛政一一年五月二五日（一七九九年六月二八日）に東シナ海に帰路をたどった。しかし、一ヵ月ほどしてマストを失い、再び長崎へ帰還してきた。漂着を口実に九州各地、特にヘンミィが密貿易を行なおうとしたという薩摩を訪れたのではないか、とも言われている。そうした推測が生まれるくらい、スチュアートはただ者ではなかった。イライザ号のバタヴィア不着をうけて東インド総督府は、新たに米国セーラム船籍のフランクリン号を長崎に派遣してきた。修理のすんだイライザ号はフランクリン号を振り切るようにして長崎を出港し、バタヴィアに帰還しなかった。フランクリン号帰還によって、総督府は初めてヘンミィの死去を知った。

図11　日本沿海で嵐に見舞われたイライザ号
長崎沖沈没寸前のものとも、浮上復旧後九州沿岸で難破するところともいわれる。

船長スチュアートは、コルネット船長やミアズなどと共通するアジア域内貿易に従事する商人で、イギリスやオランダの東インド会社本来の貿易の周辺に生まれてくる貿易から利を得るかたちで、成長してきた人びとのうちの一人である。フランス革命戦争の世界戦争化によって不安定化したアジア海域は、彼らの活躍の領域を一挙に拡大していった。中立国傭船の時代の長崎は、こうした中小貿易商人の活躍の場でもあった。

ブロートン来航する

定信が老中から解任されると、北国郡代構想は立ち消えとなった。その後、幕府による蝦夷地政策の再構築が目指されるが、それは寛政八年（一七九六）八月イギリス測量士官のブロートンが指揮する測量艦プロヴィデンス号が内浦湾（室蘭）に来航したことを一つのきっかけとしている。

クック艦長の太平洋測量航海や、大英帝国海軍のイメージからは奇妙な感じをうけるが、イギリス海軍が測量艦を指揮し、世界の海で水路測量を行ない、その成果を海図として流通させる組織＝水路局を作ったのは、一七九五年（寛政七）のことにすぎない。初代海軍水路局長《ザ・ハイドログラファー》ダルンプルはイギリス東インド会社水路部長で、一八世紀イギリスにおける海図作成・蓄積は、イギリス東インド会社の役割が大きい。イギリスの世界貿易プランにも深い造詣をもつダルリンプルの水路局長就任は、海軍のもつ現状の海図情報を選択・編纂して、イギリス艦船に提供する体制を整えることを意味した。これは対フランス海軍との戦いが生んだもので、実際、イギリス海軍はナポレオン戦争中に海図の不備を痛感し、積極的に海図整備をはかった。その海図作成はナポレオン戦後、ボーフォート局長（在任一八二九―五五）の許で急速に発展し、日本近海の測量船登場をもたらすことになる〔Beasley〈後藤春美訳〉―二〇〇〇〕。

ブロートンによる北太平洋測量は、ヌートカ紛争を直接のきっかけとしている。スペインは、トルデシリャス条約を根拠にホーン岬からアラスカまでの領有を主張していた。ヌートカに根拠を設けたいイギリスは、革命によってフランスの支持を失ったスペインに軍事的外交的に圧力をかけ、数次にわたるヌートカ協定を経て、同地における地歩を固め、ジョージ・バンクーバ（一七五七―九八）による北米太平洋岸の巡航を実行した。ブロートンの測量も、スペイン北進への軍事的対抗として計画された（一七九五年）。彼は測量艦プロヴィデンス号を指揮して、当初太平洋メキシコ沿岸でバンクーバと合流して、南北アメリカ大陸の太平洋岸測量を完成させるはずであった〔木村和男―二〇〇七〕。しかし、バンクーバは北米太平洋岸の精密な測量結果を携えて、一足早く帰国してしまう。そこでブロートンは「地理学と航海術の進歩にとってもっともしかるべきやり方で行動すべし」という訓令に従って、北緯三〇度の揚子江から五二度のサハリンまでの北太平洋で唯一遺された空白地域の測量を決意した。彼は一七九六年夏に太平洋を渡り、室蘭に到ると測深やクロノメータによる観測を実行し、その後、南千島を含む日本の太平洋沿岸を測量しながら南下してマカオに到った。

異国船来たるとの情報を得て、松前から内浦湾に直行したのは、先のラクスマン来航時に応接を担当した松前藩士加藤肩吾らであった。彼らは同湾の虻田に着くと、寛政八年八月二四日にプロヴィデンス号に搭乗し、ブロートンと面会した。彼らはラクスマンから得たロシア製地図を基にさまざまな質問を繰り返したが、なかでも各国の紋章を集めた本を示して、イギリスのそれを指さし、プロヴィデンス号がイギリス船であることを確認した。彼らはその後藩命により、ただちに江戸へ向かい、勘定奉行の久世にこれを届ける。久世は彼らに桂川甫周を紹介したので、プロヴィデンス号はイギリス測量艦であることが、幕府にも松前藩にも明確になったと考えてよい。

幕府は、蝦夷地見分のため勘定所役人を「松前見分御用」として派遣することを決定した。彼らは寛政八年一〇月江戸を出立し、松前から来航地である東蝦夷地へ向かい、さらに翻って江差を取り調べ、翌九年四月帰府した。この派遣はプロヴィデンス号との密貿易を探ることと同時に、俵物が長崎会所へ売却されずに蝦夷地から諸国売の商船に積み込まれているのかを調べることであった。見分報告書は、①プロヴィデンス号に限れば、松前藩との間に交易が行なわれた形跡はないとし、②俵物についいて見れば、長崎会所による海産物直接集荷体制を維持して、俵物の密売買を防ぐという意志が強く述べられている〔本間修平―一九八四〕。異国船の動きを踏まえ、松前藩の蝦夷地統治のあり方を監視するという動きは、同藩への蝦夷地委任を変更する政策指向が継続していたことを意味している。

翌寛政九年七月（一七九七年八月）、再びブロートンが小型スクーナ船プリンス＝ウィリアム＝ヘンリー号で絵鞆《えとも》（室蘭）に来航した。それより以前、マカオから日本に向かったプロヴィデンス号は、琉球宮古島沖八重干瀬という浅瀬に座礁して沈没した。ブロートンは宮古島の人びとに助けられ、伴走スクーナ船により再度マカオで体制を立直した。そして那覇をへて、測量を繰り返しながら日本太平洋岸を北上し、絵鞆に到着する（『捕影問答』）。

図12　那覇沖漂着異国船之図

プロビデンス号が宮古沖で座礁沈没し、マカオで調達した小型船で態勢を取り直して那覇を訪れた。正確な測量には本船と同伴船が求められた。

その間、幕府には、太平洋岸の各地から、同スクーナ船が接近したという届が提出されている。この二度目の絵鞆来航に際しても、加藤肩吾らが再び派遣されてきた。加藤は、プロヴィデンス号に比してあまりに小型なスクーナ船に驚きながらも再会をうれしく思ったらしく、「誰から入手したかは言わないという約束で、日本列島の非常に詳しい地図」をブロートンへ与え、蝦夷地の地理について、「この島全体の本来の名称はインズないしはインゾという、マツマイというのは、日本人が住んでいる町とその周辺地域にのみ当てられたことばで、ロシア人が貿易しにきたアゴダディは、マツマイの北東にあるとてもよい港で、ここ絵鞆よりずっといい」などと唆した〔Broughton, 1804〕。数日後、ブロートンは津軽海峡に入り、松前沖で測量を行なって、福山を混乱に陥れた（『通航一覧』諳厄利亜国部三）。

スクーナ船は日本海に出て、韃靼海峡を北進しアムール河口に至った。そこで、水路が浅瀬のため航行できないことを確認して、反転沿海州を南下し、朝鮮半島東部から朝鮮海峡を経て東シナ海、そしてマカオに帰還した。釜山沖でのブロートンの測量の様子は、倭館での対応を含め対馬藩を経て江戸に報告された。このときブロートンが作成した海図が、イギリス海軍水路局ＵＫＨＯに残されている。この海図は、北はサハリンから南は宮古島まで含んだ、非常に広い範囲を表記している大きな海図で、その後の日本近海の測量の先駆けをなすものであった。特に韃靼海峡での測量は、世界的にサハリン半島説を裏づけるものとして知られるようになった。シーボルトは自ら入手した日本人の地図や水路測量と、「小さな船と乏しい航海器具で、このような短期間に調査した広大な海域」におけるブロートンによる測量を比較参照して、「彼の正しさ、あるいは時にその完璧さを立証することができる。そしてわれわれはこの男の勇気と忍耐をたたえるとともに、彼のもつ水路測量の知識と航海技術に驚嘆しなければならない」（シーボルト『日本』第一編第四章）と述べている。

一九世紀前半の日本と琉球近海に渡来する多くの異国船にとって、一七九七年の彼の航海は一つの標準を作り出した。他方、日本にとっても、その来航は記憶に留められる出来事だった。東京大学史料編纂所の島津家文書には、琉球から島津家へ提出された宮古八重干瀬座礁の絵図や那覇泊へのスクーナ船来航の絵図が残されている。また、平戸藩にも同船の絵図が伝わっているという〔上白石実―二〇一二〕。

一七九七年、オランダがイギリス船の攻撃をさけるために、わざわざアメリカ船を使って秘密裏に東シナ海を往復して長崎との交易を継続しようとしているなかで、イギリスの海図作成の動きは、世界規模での戦争の一環として、日本全周とくに琉球や蝦夷地を舞台に展開していた。

松平信明政権が幕府を中核に長崎と蝦夷地の複合的関係を再構築しようとする一方で、現実の交易が一七九〇年代にどう動いていたかを対中国交易を例として見ておきたい。

薩摩・俵物・唐船

貿易縮減の影響を最も受けた貿易関係者の一つが、薩摩藩である。なぜなら、一八世紀に長崎で輸出する品物のうち、銅に次ぐものが樟脳であり、オランダを例にとれば、そのほとんどが最良質の薩摩産樟脳であったからである。薩摩藩は一七九〇年代になると半減令＝樟脳輸出減に伴う歳入減を補う必要があった。俵物が幕府直轄集荷になる一七八五年（天明五）頃には、蝦夷地では昆布のなかに煎海鼠をひそかに積み込んで売買するものがいる」という噂が絶えなかった。この昆布海産物（俵物を含む）を薩摩藩は、琉球を通じて中国へ流通させていた（昆布ルート）。しかし、荒居英次氏によれば、一八世紀いっぱいは、この流通経路はあまり大きな流れにならなかった（荒居英次―一九八〇）。薩摩藩は、この時期までは中国からの唐物を藩外に売却することを厳しく制限されていたのである。もちろん薩摩藩は上方での唐物販売を行なおうとするが、これに対して幕府は寛政六年（一七九四）一〇月、薩州の船頭や水主による不正唐物の売り捌きを指弾し、関係者の逮捕を大坂市中に布達した（『大阪市史』第四巻上、一〇五四）。不正唐物へ倉庫貸しへの処罰とあわせて考えれば、幕府は薩摩藩の唐物藩外売却を徹底して認めなかったのである。

では、中国商人の動きはどうだったであろうか。中国の長崎貿易はそもそも銅の入手に目的があり、中国では一家の官商（管理業者）と一二家の額商（貿易事業者）にその銅入手を責務として貿易独占が許されていた。長く官家を務めた氾家は一八世紀後半没落し、その後、さまざまな商人が一〇年に足らない年期で激しく浮沈を繰り返した。中国での銅価が下落し、長崎での購入価格に見合わなかったことが原因とされる。

また、長崎貿易を営む一二家も、その数は一二と一定していたわけでもなく、その商家が毎年特定されていたわけでもない。こうした不安定な唐船の来航により、半減令は一七九〇年代を通じていっそう中国貿易を減少させた。たとえば干鮑の出産高はほぼ一貫して減少傾向を示し、幕府が天明五年（一七八五）に俵物直轄買入を初めて以来（年間一二万斤という集荷目標の）半分程度の出産高であったが、半減令後はさらにその半分程度の三万斤前後で推移した。とくに、寛政一〇・一一年（一七九八・九九）はさらに激減し、一・一万から四〇〇〇斤になったという〔荒居英次―一九七五〕。

唐船の長崎への来航数は、半減令の規程では一三艘が一〇艘に削減されたが、実際は寛政五年（一七九三）には番外船として当年限り二艘増枠となり、以後寛政期後半、唐船は一〇艘弱の長崎来航数を維持している（『長崎志続編』）。しかし、出航数は三分の二程度にとどまっており、結局のところ、長崎に来航はしてみるものの、銅にせよ俵物にせよ、帰国して商売になる量の集荷が出来ず、長崎に滞留したものという。

しかし、中国人商人の側でも、さまざまな手段を通じて、日中交易から何らかの形で利益を維持していこうとする動きが見られる。その一つが漂着船である。

寛政九年（一七九七）は多くの唐船が各地に漂着することとなった。『唐人番日記』には、大隅国漂着唐船一三人、陸奥国漂着広東船一四人、五島領漂着江南船一六人、大隅国屋久島漂着江南船一三人、陸奥国漂着広東船一四人、薩摩国宝嶋漂着福建船九人、と多数の漂着唐船が登場する。例年に比して数が多いだけでなく、唐船の本拠地である浙江の乍甫《さほ》周辺以外の船がほとんどであることも興味深い。

当時（一七九〇年頃〜一八一〇年）浙江・福建・広東の沿岸で「艇盗の乱」と呼ばれる大規模海賊行為が展開していた。安南（ベトナム）王国（黎朝）の衰退に呼応して台頭した海賊が、福建・広東の海賊を活性化させたという〔松浦章―一九九五、真栄平房昭―二〇〇四〕。特に寛政八年（一七九六）は福建海賊の活動の一つのピークで、琉球朝貢船も襲撃された。上記の漂着船の急増は、これらの海賊を回避した結果であろう。この年はオランダ船も欠航となり、長崎貿易を司る長崎会所は著しい資金難に陥った。要するに、南シナ海・東シナ海沿岸地域から、日本列島沿海にかけては、非常に不安定な海域となったのである。海賊に追われるようにして、唐船の多くが、大隅・薩摩へ漂着している九七年という年は、ブロートン来航があり異国船取扱いを修正する法令（寛政九年一二月令）がでた年でもある。

寛政一〇年（一七九八）に長崎奉行は、異国船漂着取締のため、天草牛深に見張番所と遠見番所の設置を命令した。「薩州路・北国筋などの見通しがよく、ことに船撃の場所」である天草に、奉行所役人と長崎地役人を常駐させ、オランダ船や唐船の漂着やあるいは抜荷の風聞があれば、不正のないようこれを糺《ただ》し、煎海鼠《いりこ》・鮑《あわび》など俵物《たわらもの》の集荷取締にもあたることが命じられた。薩摩船や漂着異国船への取締りは長崎会所による独占的貿易（俵物直轄）を正常化する政策であり、見張番所は、その一環として整備されていった。さらに寛政一二年（一八〇〇）には豊前大里にも詰所を設け、抜荷物流を監視させた（『長崎志続編』）。こうした取締は文化初年まで効果があったといわれている（荒居英次―一九八〇年）。

松平信明政権は、一八世紀最末期に、海域における不安定な情勢のなかで、松前藩や薩摩藩の動きを念頭に、幕府＝長崎会所による独占的優位性を確保すべく、さまざまな動きを示すこととなった。

ウルップ島ロシア人入植

寛政九年（一七九七）の日本を取り巻く動きのなかで、もう一つ考えるべきは、ラクスマンの帰国後のロシアの動きである。

一七九四年露暦二月、イルクーツク総督は、ラクスマン帰国報告書のなかで幕府からの信牌が「長崎一港にかぎってロシア人がいかなる制約もなく交易におもむくことを許して」いるとし、これを踏まえ、日ロ通商関係樹立のために派遣団を組織することをエカテリーナ二世に提案した。その使節団に、ロシアならびにシベリアの商人たちに参加させ、「日本と貿易を行なおうと欲するすべてのものが一つの会社を組織し、陛下のご承認を得た原則にもとづいて貿易を行なう」（中村喜和訳、『大黒屋光太夫史料集』三）国家公認の独占会社設立の動きをみせた。

同じくシェリホフやイルクーツク商人たちも新しい動きを見せた。シェリホフらは同年露暦一一月、イルクーツク総督に、造船所の整備、領事の設置などを行って日本・中国・東インド・フィリピンなどと交易することも請願した。これらすべては皇帝に送られたが、ヨーロッパの戦乱を理由に却下された。これを知ったシェリホフは「計画を放棄するつもりはない」として、ウルップ島に植民させるためオホーツクに流罪四家族を用意した。ズヴェズドチェトフの指揮の下、植民入植者と二〇人ほどの猟師がウルップ島に、男女あわせて六〇名（内女三名）が送られた。

アラスカの責任者バラロフにシェリホフは、今度の植民の狙いについて、①ウルップ島で千島アイヌに農業を定着させること、②同島で日本との通商会社（クリル会社）を開くこと、と語っている。ウルップは日本に近く、日本へはラクスマンが使節として派遣されたので、この島に現れる日本人を親切に取扱うとともに、千島アイヌを味方につけ、彼らを通じて食料や供給品を日本人と通商する、というのである（『露米会社史』）。

幕府は、寛政十年（一七九八）三月「秋も蝦夷地へ異国船が碇泊することも考えられる」として、目付渡辺久蔵以下一八〇余名を、あらかじめ松前表へ派遣することを発表した。一行は、五月、松前に到着したあと、到着後三手（東西蝦夷地と南千島）に別れ、現地調査にあたった。この際、千島へ向かった近藤重蔵と最上徳内らの一行が、七月、エトロフ島に渡海して〈大日本恵登呂府〉と銘した標柱を建てたことは有名である。しかしその前に、寛政七年（一七九五）以降ロシア人が隣島のウルップ島に入植していたのである。

近藤が記すところでは、ロシア入植者の動きは、それまでとは異なり、「格別にアイヌに親しくし丁寧を尽している」というのである。具体的には、①ウルップ島には「ロシア人は舟でアイヌを出迎え、酒やタバコでもてなした。以後飲食・砂糖などを送ったり、酒食で饗応したりした」。②「昔は常にロシア人とアイヌは猟や漁で争論していたのに、今度は……アイヌがラッコ皮をロシア人に売ろうとしても、それは日本に売り出すべき産物だから買わない」として「今後日本の産物とロシアの品々を交易したい。何でもよいから（日本産品を）持ってくるべし。」というのである（『辺要分界図考』）。このようなロシア人のアイヌに対する対応の変化は、ズヴェズドチョトフたちが、シェリホフの指令を忠実に実行しようとしたからに他ならない。

しかし、そうした寛容な対応は、短期間しか続かなかった。ズヴェズドチョトフは千島アイヌに対しても、入植者に対しても専制的に振る舞うようになった。結果、一七九七年（寛政九）は半数が帰国し、翌九八年はさらにその半数が帰国し、近藤らがエトロフに渡ったときには、残りの一七人が残留していたにすぎなかった。シェリホフはイルクーツクで没したので（一七九五年露暦七月。彼の娘婿であるレザノフが活躍する舞台がここで誕生するのだが、それはあとに譲ろう）、このウルップ島入植計画は推進力を失ってしまった。何よりも、イルクーツク毛皮商人たちの関心は、アラスカから北米西海岸を対象とする合同アメリカ会社（一七九八年設立）から露米会社（一七九九年設立）へと動いていった。ウルップ入植に対する同社の支援は、ほとんど期待できなかった。のちに述べるように、レザノフが対日通商樹立に失敗した文化二年（一八〇五）に、ウルップ島入植の継続は断念されることになる。寛政一〇年（一七九八）以来のウルップ入植の実態は、大きな困難を抱えていた（田保橋潔―一九四三）。しかし近藤も最上もそれは判らない。ロシア人の南千島入植によって、彼らの危機意識はブロートン来航に引き続き急速に膨張していったのである。

2—異国船取扱令と蝦夷地政策の見直し

二つの寛政九年令

寛政九年（一七九七）は、異国船取扱令について見直されることとなった。現在知られている異国船取扱令は閏七月のものと、一二月のものと二令ある。そして、二令とも寛政三年（一七九一）令に沿うことを謳いながらも、両者の命令している方針が大きく異なっている。

まず閏七月令を見てみよう。この令は、寛政三年令を踏まえ、油断をするな、漁船にも警戒させよ、という。特に、沖合で異国船に出会った際にも警戒せよとすることが特徴であろう。閏七月はブロートンが松前に現れた直後であり、この閏七月令は、那覇から九州、四国、本州と日本列島を北上しながら測量したスクーナ船の動きを踏まえて出されたものである。一橋治済《ひとつばしはるさだ》は、閏七月から八月にかけて、一〇日に一度ずつ将軍家斉と面会しており、こうした異例な頻度での二人の面会はブロートン来航に対する対策協議であろうという。寛政三年令の徹底を命じる閏七月令は、治済の意向を踏まえたものと考えることができよう。閏七月令は、異国船の動きに対する全国的関心を高め、やがてスクーナ船が釜山沖に至り、そこから朝鮮海峡を通過する帆影も報告された〔高澤憲治—一九九四〕。

しかし、そうして情報を集めると、琉球から太平洋を北上し、房総沖から津軽海峡を通過して、日本海を巡航し、やがて対馬沖を南下するかたちで、日本列島を回遊する船舶が登場した、と判明する。

松平信明は一〇月九日、対馬藩留守居を呼び出し、異国船について、万一変があれば大村と平戸の応援を受けるように命じ、関係する三藩では、異国船対策が協議された（『浄元院公実記』）（上白石実―二〇一二）。定信のときに、江戸までロシア船が回航することを阻止するべく議論が交わされた記憶はまだ新しい。寛政九年一二月に幕府は次にように布告した。

異国船の漂着の節の取計については、寛政三年（一七九一）に委細に達し置いたように順守せよ。しかし心得違をして、こちら側から事を好んで手荒に軍事行動をしかけるのはよくない。先はなるべく計策を以ても異国船は繋ぎ留めおいて幕府に注進せよ。一般に異国船は漂着したとしても、海上に向けては石火矢を放つという慣習である（礼砲のことを指す）と聞いているので、右のような発砲に乗じて、軽率な取計をこちら側から仕出すことのないように、慎重に対応するべきである。（『御触書天保集成』六五三四）

この寛政九年一二月令は、寛政三年令を前提としつつも、それが軍事的衝突に直結しないように配慮を求めたものとなった。これは情勢が安定し、緊張が緩和された結果ではなく、むしろブロートンの来航によって、江戸や日本全体への異国船来航が現実的となったことへの対応である。無二念打払令という強硬策が、アヘン戦争勃発により、薪水給与令に切り替わることはよく知られている。そうした武力行使に慎重な政策への転換は、情勢安定の結果ではなく、安定化を目的とするものである。これと相似の政治力学が働いている。しかも、オランダもイギリスもロシアも戦争を展開し、世界的に情勢が緊張していることは、アメリカ船イライザ号が伝えたところである。このように考えると、同時期に表明された半減令緩和措置も、緊張が高まるなか、オランダとの通交関係を安定させるためのものと、とらえかえしてみることができる。

易地聘礼交渉の進展

松平定信も朝鮮側も双方ともに、通信使実施先送りという均衡点を探り、この膠着は、松平信明政権になっても動かなかった。信明は信使当分延期という方針を採るとし、寛政七年（一七九五）五月これを朝鮮側に伝達させた〔田保橋潔—一九四〇〕。

ところが、朝鮮の側は、朝鮮と日本の両国が通信使経費削減（人員削減や贈物減省など）に合意すれば、幕府の言う易地《えきち》聘礼《へいれい》を受け入れると示唆するに至った。対馬の側では、易地交渉を強力に推し進める家老一派が、寛政八年（一七九六）、江戸に使を送り、朝鮮側の軟化を伝えたが、信明はこのときにはまず朝鮮側が易地聘礼を受け入れてから経費削減交渉にあたるべし、ときり返した。そこで、翌九年（一七九七）に人参の削減などの改善案を条件に易地聘礼を実行するという協定を朝鮮側と結んだと、対馬藩は幕府に報告した。これを受けた松平信明は、この協定に沿ったかたちで寛政一〇年（一七九八）、正式に易地交渉を命じ、同年一一月、戊午易地行聘約条（使節減員、人参減省、時期延期の三条件で易地聘礼を行なう）が成立し、通信使接遇を十年後（文化四年）までに行なうという政治日程が決定した。

しかし、この約条は対馬案にそって朝鮮側訳官が偽造したものであった。後年大問題となるのであるが、この時点で日本側は、易地聘礼を朝鮮側に説得する局面から、その具体策を調整する局面に移っていくこととなった。寛政一〇年は、朝鮮通信使の易地聘礼についての条件整備による実行へと大きく舵がきられ、第二局面を迎える。

寛政一〇年から対馬での通信使受け入れ調整が順調に進んだわけではない。対馬藩内部には、定信以来の幕府の対朝鮮交渉への干渉に乗じて藩権力を掌握しようとする家老一派と、これに反対する勢力があり、後者は戊午約条の虚偽性を主張して、政治運動を繰り広げるに至った。享和元年（一八〇一）正月、松平信明は後者の反対派を排斥したが、その一方で、聘礼実行細目交渉を朝鮮との間で進捗するよう働きかけた。

もともと偽文書で成立していた約定に基づく交渉を進展させる展望の乏しい対馬側は、交渉開始を申請するにあたって、藩主参府の延期を信明に願い出た。信明は、参府延期を認めなかった（一一月）。そこで対馬藩は、林述斎に「対馬守の来年の参勤は止めて、どうか在国のまま実現準備のために働くようにと命令をいただきたい」（『江戸藩邸毎日記』）と働きかけた。その後、幕閣でどのような議論が交わされたかは不明であるが、同年十二月、在国して準備せよとの参勤交代の緩和を認める老中奉書を対馬藩は獲得した。いずれにせよ、ここへきて幕府の方針は、易地聘礼の実現のため対馬藩を特別扱いする方向へと変化を見せた。

後述するように、同じ時期に展開された蝦夷地上知の議論において勘定奉行・寺社奉行・町奉行ら三奉行は上知慎重論を主張した。朝鮮問題についても、幕府の政治的主導権のもとに対馬藩を指揮しようという立場に対して、対馬藩に朝鮮問題は任せるという立場が一定の力を得てきたと考えられる。松前藩の西蝦夷地支配が認められたことと、対馬藩の参府延期の認可とは、通底している動きである。

一八世紀末の太平洋

先に寛政三年（一七九一）異国船取扱令は、毛皮交易などのさまざまな要因が複合的に絡み合って形成される太平洋における国際環境の中で捉えるべきことを指摘した。寛政九年（一七九七）異国船取扱令（一二月令）もまた、そうした国際環境が、一七九五年からのフランス革命の世界戦争化を新しい震源としながら、流動化・不安定化していることを反映するものであった。

イギリスが武力で各地のオランダ商館を接収して、東インド諸島を取り巻く海域＝西太平洋岸では、一八世紀の二大東インド会社の勢力関係は変化していった。オランダ本国でも、バタヴィア共和国政府が東インド会社特許状を更新せず（一七九九年一二月三一日失効）、同社は廃止となった。これにより東インド貿易は一会社の事業ではなく、共和国植民地の国家事業として位置づくこととなった。東インド交易を管轄するアジア参事会は一八〇六年に通商植民省となる。植民地で交易を行なう特許会社は、国家機構へと変転していった。ゆっくりだが、現地首長層も植民行政の一端に組みこまれていく〔弘末雅士―二〇〇四〕。

オランダは、中立国船を借上げ、中国との交易にも従事させていった。イギリスのマッカートニー使節に倣い、一七九四年（寛政六）にバタヴィアから中国使節として派遣されてきたティツィングは、翌年北京からの帰路イギリスとの開戦を知る。オランダ商館には本国から来るはずの現金が届かず、たちまち資金不足となり、オランダ人たちは内紛をきたすこととなった。ティツィングは追われるように広州を離れ、イギリス船でロンドンへ向かう。残された商館は、イギリスから狙われるという警戒のなかで営業することとなる。資金不足は、アメリカやスウェーデンの商人たちが融資した。オランダ船は広州に来航せず、一七九七年（寛政九）以降、秘密裡にプロイセンやハンブルクの船を調達して、オランダ本国との茶貿易を維持していた。中立国傭船による貿易は、広州まで含め太平洋西岸海域の情勢の反映であった。

北米太平洋沿岸では、イルクーツク毛皮商人たちが離散集合の歴史を繰り返していた。しかし、一七九七年には遂にシェリホフの夫人ナタリアらは合弁の会社を発足させ、翌九八年、皇帝はこれを承認し「合同アメリカ会社」が誕生した。イルクーツクに本社を構え、すでに彼ら毛皮商人たちの拠点となっていたオホーツク、コディアク島（アラスカ沿岸）、ウナラスカ島（東アリューシャン）に支社が設置された。同社は、自社の資本に中小商会を繰り込むことで、統合をすすめた。

この合同アメリカ会社は、ナタリアやその女婿レザノフの努力により、二〇年にわたる特許を得て一七九九年に「皇帝の庇護下のロシア＝アメリカ会社」（以下、露米会社）として本格的に出発する（本社サンクト・ペテルスブルク）。そして露米会社は特権として、北米太平洋岸北緯五五度以北、およびアリューシャン列島、千島列島を含む北東太平洋上の諸島の、すべての狩猟場と施設を独占的に利用する権利が与えられ、そうした特権を守るためロシア陸海軍を、会社のために用いることができた。

こうして特許会社として発足した露米会社が、強力な軍隊に支えられ、広大な対象地域での順調な経営を開始したかといえば、そうではない。実際には、経営的には中小毛皮商人の連合体という性格は払拭できず、植民地経営としても北米地域住民との対立があり、この地域で毛皮交易を展開していたイギリス・アメリカとの競争が存在した。住民との対立と英米との競争は、別個の現象ではない。つまり、アラスカからロッキーに南下して、毛皮猟と集荷のための植民を続けようというロシア商人の思惑に反して、イギリスは、フランス革命の結果ブルボン朝の支持を失ったスペインに対してヌートカ協定を結び、その勢力を抑止して北米西海岸に根拠を得た。この地域は、狩猟と漁業の豊富な資源により、非農業地帯としては世界有数の人口周密度を保持し、住民たちは高度な文化水準を維持していたといわれる。そしてそこへ英米船が太平洋を横断し来航し、高い買値を提示して毛皮を買い付けたり、さらには狩猟用として武器を売却したりしたのである。つまり、英米船による高価な値付けによりロシアの毛皮集荷はしばしば困難をきたし、強制すれば、欧米船から武器を入手した住民は激しく抵抗したのであった。ロシアにとって英米は、毛皮交易の取引相手から、やっかいな競争相手となりつつあった〔木村和男―二〇〇七〕。

最後に、南米太平洋岸海域についても触れておきたい。西太平洋が茶、北太平洋がラッコ毛皮とすれば、南太平洋は鯨である。それまで、南米太平洋岸を植民地とするスペイン政府は北米海岸でのイギリス・ロシアの動きに反応して、北米へも部隊を送っていた。一八世紀後半、産業革命の結果、機械油や燈火油としての鯨油需要がイギリスでは急増していたが、これに応じるため、同国の捕鯨業者は南大西洋へと漁場を拡大していた。これは、南大西洋から喜望峰を経てインド洋の航海に独占をもつ東インド会社や、南大西洋からホーン岬を権益圏とする南海会社と抵触することとなった。

これら独占会社と捕鯨業者の妥協として生まれたのが「南洋捕鯨奨励法」で、これは捕鯨船に登録料を課すかわりに持ち帰った鯨油に奨励金（プレミアム）を交付するというもので、捕鯨可能範囲や期間を制限することにより、両会社の欲した捕鯨船統制を実現しつつイギリス産業の欲する鯨油を確保しようとしたものである。その結果、南米各地にイギリス捕鯨船が現れることとなった。

その後のヌートカ協定で、スペインは南米岸太平洋の領海（一〇リーグ）外の捕鯨を認めることになったが、イギリス捕鯨の勢いは止まらなかった。イギリス政府の関係者が集まり、南米太平洋岸沖合に捕鯨拠点を設けることとし、世界貿易に詳しいダルリンプルが中心となって測量する計画を企てた（九三から九四年）。測量船の名前はラトラー号（サミュエル・エンダービー社調達）、船長はジェームズ・コルネット海軍士官である。コルネットのこのホーン岬を回航する測量航海は、その後イギリス捕鯨船の同海域航海に多大な便宜を与え、安定したイギリス太平洋捕鯨を切り開いた〔森田勝昭―一九九四〕。バンクーバ（北米）とコルネット（南米）の測量した太平洋岸をつなげる役割が、ブロートンに与えられていた。そうしたイギリスの太平洋認識の深化がもたらす太平洋捕鯨の隆盛が、無二念打払令を生んだことは、のちに述べようと思う。

いずれにせよ、太平洋は、フランス革命の世界戦争化に伴って事態が流動化し、不安定な時代、軍事的緊張とビジネスチャンスとが混在する時代を迎えた。そうした時代の舞台一つが日本を取り巻く北西太平洋であり、松平信明政権が、寛政九年（一七九七）異国船取扱令を七月令から十二月令に切り替えたことは、以上の情勢変化を物語るものであった。

近藤重蔵の二つの建言

近藤重蔵（守重）は寛政九年（一七九七）まで長崎奉行所手付出役を勤め、その後、蝦夷地にブロートンが来航したことを受けて、最上徳内と行動を共にすることとなった。学問吟味合格の秀才であるがやがて処分されるなど、かつての青島俊蔵と似た人生を感じさせる。出発に先立つ一〇月、近藤は日本を取り巻く状況を整理し、林述斎を通じて海防強化を建言した。つまり来航する異国船は、ロシアとイギリスであると特定した上で、

たとえば蛮船が多く房総・相豆の沖に碇泊し、廻船を劫脅したら、江戸中の見物人が群れをなし妖説がふりまかれ大騒動になるであろう。その上諸国からの廻船は品川に入津するのを見合せよう。……そうなれば、蛮船のことはさておき、都下の騒擾はひとかたではない。（『近藤重蔵蝦夷地関係史料』一）

と、ブロートン来航から江戸湾封鎖の状況を想定し、それによる江戸の混乱をさけるための海防強化策を立案している。これはラクスマンの江戸廻航要求を退けた松平定信、そして天保改革の議論に繋がるものとして興味深い。

近藤重蔵は、それとあわせて蝦夷地の幕府直轄化を提案した。理由は、①異国船来航の度毎の領主の失費、幕府の費用は膨大になり、松前のような小国では堪えきれず幕府に対して拝借金を求めることになる。②松前の疲弊に乗じて異国船上陸が横行したらとても敵わないだろうし、ついには交易を行なうようになろうから、「はじめから公領としたほうが十分理がある。」（『同』二）というのである。定信が寛政四年（一七九二）末ラクスマンとの交渉を控えて、それまでとは異なり、松前藩が「疲

労」しているなら「北国郡代」が諸藩を総宰して蝦夷地開発を行なう将来構想を掲げ、本多忠籌は蝦夷地防備という立場からこれに賛意を表わしたことを思い起こしたい。英ロの異国船の渡来という事態を前にして、今度は近藤重蔵から蝦夷地上知が発案されたのである〔川上淳―二〇一二〕。

松平信明政権は、寛政九年（一七九七）末に異国船取扱令を修整し、翌年早々に幕府は目付渡辺久蔵以下一八〇余名を蝦夷地へ派遣した。これらは、異国船来航対策を超えて、蝦夷地直轄化の起点を意味したのである。

一八世紀の貿易抑制論と容認論の対抗軸は、蝦夷地問題を通して、貿易や外交、そして国境防備などの対外関係の対応のあり方と、その対応を誰がどう担うか、という対抗軸へと転換しつつあった。この転換過程で、国際情勢が緊張の度合いを高めるに応じて、幕府を中核に、対外的に危険を増幅するのを回避する一方で、対内的にはその緊張に即応した政治体制（蝦夷地上知）を構築しようとする立場も、徐々に力を得てきていることは、はっきりした。

東蝦夷地仮上知

寛政一〇年（一七九八）一二月に帰府した渡辺久蔵らの復命報告を受けて、幕府は一二月から翌一一年（一七九九）正月にかけて、老中戸田氏教《とだうじのり》・若年寄立花種周《たちばなたねちか》を責任者として、松平忠明（書院番頭）・石川忠房（勘定奉行）・羽太正養（目付）らを蝦夷地御用掛に任命し、正月一六日、東蝦夷地（日高山地西岸の浦河以東知床までと属島）について当面（七年間）の仮上知を宣言し、これを松前藩主松前章広《まつまえあきひろ》に布達した。箱館は、幕府東蝦夷地経営の根拠地と位置づけられた。

このとき老中戸田が蝦夷地御用掛に与えた命令には、「一体開国（開発の意）の趣意を含んで蝦夷人が服従することが第一に重要なこととである」（『休明光記』巻之一）と謳われている。外国に対する軍事的防禦のための収公という論理ではなく、アイヌ教育統治と蝦夷地開発を通じてアイヌの服従と同化を実現することが、蝦夷地御用掛に求められている。

もちろん、これは外国への防禦の必要性が減少した結果ではない。近藤重蔵の寛政九年（一七九七）建言では、蝦夷地上知の狙いはイギリス・ロシアへの備えであった。近藤は既述のようにロシアのウルップ島入植とアイヌへの接触のあり方がそれまでとは違って「アイヌに親しく丁寧を尽している」と観察した。そこで近藤は、蝦夷地直轄化の施策の基本線を、ロシアやイギリスなどの外国勢力に直接軍事的に備えることから、アイヌ服従と蝦夷地開発による防備実現というところに重点を据える、という姿勢を見せたのである。寛政一一年の蝦夷地御用掛への命令は、こうした近藤の考えを踏まえたもので、本多忠籌が主張していた開発＝防備という路線に連続するものである。

この命令を受けて、御用掛は何度か会合を持ち、蝦夷地統治の方針を議論した。そこでは、ロシア人側が「仁を仮りて恵に似せて人を手なずけるという奇法」を取っているので、御用掛としては「蝦夷地は四方が海で広大な島なので、どこかに堅固な城砦を設置するというのは不可能で、ただアイヌを厚く撫育して全員が国家の仁政にひれふすほかに施すすべはない……衆人をもって堅固な城砦となすやり方である」（『休明光記』巻之一）と、統治の基本をむしろ「日本の支配を受け入れるようにする仁政」に措くと結論づけた。こうしてまとまった蝦夷地統治策を、二月、六九条に具体化して「蝦夷地御取締ならびに開国」の二つを実現する案として、担当若年寄の立花種周に提出した。

翌三月、この六九条の施策が蝦夷地の現実に照らして適切かどうかを調査するため、松平忠明が蝦夷地に出発した。この一行としてエトロフ島に派遣された近藤重蔵は、蝦夷地に越冬して残り、東蝦夷地直轄化のためのエトロフ島開発立案に従事する。翌一二年（一八〇〇）、エトロフ島へ渡海すると、漁場開発を企て、鯨漁出漁基地として島の入り江を整備することに着手した。そのため、各種の納屋と水主などの居小屋などの建設、特に建材調達のためアイヌを徴発することとした。彼の次の上申は、開発と服従の関係を端的に示す。

東蝦夷地のアイヌはこれまで無為にのみ暮らしてきたので、一向に労働というものに馴れておらず……働き方に慣れているものと比べると人一倍骨折りしている。……結局アイヌ自身の産業のためなので、屈折した気持ちを持たず仕事に励むように追々教育した。冬季になれば少しは休息してもよい時期にもかかわらず、又々莫大な木材や薪を、定式の準備の他に伐採するようにと申し渡し、風雪烈しい季節に衣類も十分所持しないアイヌを働かせるのはなんとも不憫であるとは思う。しかしそのようなことを厭うて斟酌していたら、とても翌年の鯨漁に間に合わない（『近藤重蔵蝦夷地関係史料』二）。

この近藤重蔵の上申により、その構想する開発が、厳冬期でも従順に労働に服する人間としてアイヌを教育する「仁政」を通じて実現されることは明らかである。その植民地的本質ははっきりしている。近藤の苦悩とは別にその構想自体は、その後の蝦夷地御用掛の東蝦夷地政策の基本をなすものとなった。

蝦夷地上知論の行き詰まり

一方、一橋《ひとつばし》治済《はるさだ》の影響力は高まっていった。たとえば一橋屋敷（大手町、現丸紅本社付近）は一万一五〇〇坪余であったが、寛政六年（一七九四）に隣地の六五〇〇坪弱を、さらに同八年に五六〇〇坪を追加して屋敷を倍に広げた。また、血縁関係からすると、五男斉匡《なりまさ》は田安《たやす》家当主を嗣ぎ（天明七年〈一七八七〉）、次男治国《はるくに》の長男斉朝《なりとも》は尾張《おわり》藩世子となり（寛政一〇年〈一七九八〉）、家斉《いえなり》の七男斉順《なりゆき》は紀州《きしゅう》藩世子となる（文化一三年〈一八一六〉）。治済＝家斉の親子関係が、徳川家門の結びつきを再構築していると見ることができる。従来政治から縁遠いと考えられていた家斉が自らの政治運営に関心を示す親政指向は、こうした治済の政治関与と家門再編成と不可分の関係にあった。家斉の親政指向と松平信明《のぶあきら》政権の路線は、当初相当程度まで協働しながら政策を展開することができた。これは対外政策に限らず、寛政改革以後の寛政期国内農村政策についても、家斉の積極性と幕府の迅速な政策展開という協働性を指摘できるという（高澤憲治―二〇〇八）。

では蝦夷地開発路線を歩み始めたかにみえる松平信明政権は、将軍家斉の親政指向とどのように折り合っていくのであろうか？ 寛政一一年（一七九九）の蝦夷地仮上知から、享和二年（一八〇二）の東蝦夷地上知決定に至る政策決定過程を藤田覚氏の研究によりたどってみよう（藤田覚―二〇〇五）。

まず前述のように、寛政一一年はじめ、蝦夷地御用掛は基本方針として「蝦夷人の服従」による「蝦夷地開国（開発の意）」を掲げていた。ところが、その年の一一月二〇日に将軍下知として、側用取次から老中松平信明に、「蝦夷地開国という名目（言い方）はさけた方がよい」ので、「帳面や書付に開国という二字を認めないようにすべきである」と命令が下った(『休明光記付録』巻之三)。これはアイヌ服従により蝦夷地開発を実現するという御用掛の基本方針を、将軍が否定したものである。この直前に、戸田による蝦夷地御用取扱の専管が老中一同の扱いとなったこととあわせ、蝦夷地開発に消極的な勢力が幕府内に存在したと推定されよう。東蝦夷地上知を進めた松平信明と戸田氏教は、イギリス・ロシアに対抗する軍事的警戒を前提に直轄化を指向しているところからさらに展開して、開発によるアイヌ「撫育」を基本方針とし、それを具体化しようとした。しかしその時点で、家斉の「親政」路線との亀裂が表面化した。戸田とともに蝦夷地御用をとりまとめていた若年寄の立花種周は一橋家家老の久田長考と結ぶようになり、これらの動きをうけて戸田は蝦夷地御用掛とは一線を画すようになるという(高澤憲治―一九九四)。つまり、松平信明の孤立化が進む。こうした状況のもとで、蝦夷地御用掛の開発重視の方針に対して、アイヌ風俗の変更への疑問や、北方問題より凶作や一揆対策を重視すべしといった批判が寄せられるようになる。

「開国」(開発)という論理で直轄化をすすめることを禁じ手とされた蝦夷地御用掛は、一転「松前家不念の条々」を調べ上げ、松前藩の軍事的警備体制の不備を口実に、西蝦夷地までの一円上知を打ち出す。つまり、翌寛政一二年(一八〇〇)正月蝦夷地御用掛は、天明六年(一七八六)のエトロフ島残留ロシア人の問題、あるいは寛政一〇年(一七九八)にはっきりしたウルップ島ロシア人入植の問題などで事態を放置した松前藩を、「異国境を守備するという意志がない」ので「察当があっても当然である」とし、東蝦夷地の他シャリ、ソウヤ、サハリン島まで上知すべきとした(『休明光記付録』

巻之四）。開発可能性を謳う上知ではなく、警備の不十分さへの処分として上知を前面に押し出している。その意味で、御用掛の目指す東西蝦夷地の上知方針は、将軍家斉の考えとの調整がはかられ、開発から警備へと重点の再移動が行なわれようとした。

かくて同一〇月に「松前蝦夷地とも永久一円上知」の方針案が御用掛から老中に上申され、さらにこれを補強するかたちで、翌一一月には一円上知について「内規矩取極」（内部規定制定）の要請が内々に若年寄立花種周に提出された。藤田氏はこれを、御用掛任命以来二年間にわたるさまざまな試行を背景とした蝦夷地御用掛役人の全面上知論と位置づけている（藤田覚―二〇〇五）。それとともに、御用掛は永久一円上知にこだわる理由を、「七年間という年限を目当にして処理する心構えのものもいて、（永久上知と松前返却とでは）両端の対応が生じている」という。つまり蝦夷地上知をめぐる情況は、将軍、老中の意見の食い違いを反映して、仮上知を執行する支配向の役人たちでも不統一な対応が見られるなど、政策推進上も不都合な様相を帯びていた（『休明光記付録』巻之六）。

こうして性急に結論を求めた御用掛に対して、老中戸田氏教は、享和元年（一八〇一）二月に一円上知の提案について、三奉行に対し説明させ、奉行各人の考えを建議させた（『休明光記付録』巻之六）。御用掛の考え（一円上知）に同調するものは少なく、蝦夷地全体か部分かに異同はあるものの、蝦夷地に対する松前藩の統治を認めるものが多いという。その理由は、松前領上知が与える西国などの「本邦際限の地に所領有之」大名への影響を危惧したり（町奉行小田切直年《ただとし》）、「往昔より琉球の薩州、朝鮮の対州などのように、その警備を厳重にするその上にも猶も大家の国主を警備担当として配備して置くというような御所置」が必要である（寺社奉行脇坂安董《やすただ》）とする主張であった（北海道立文書館『三奉行伺』）。これは、先にアイヌ蜂起に際して水戸藩主が定信に対し表明した、松前藩への蝦夷地委任の論理（異国押さえ）と重なるものである。この事実は、御用掛の提案への反対勢力が貿易抑制論に立ち、しかも対馬、薩摩といった国境の大名に対して、その旧来からの異国・異域との関係を維持することを意識していたことを物語っている。

一円上知を掲げる御用掛と、これに消極的な三奉行の違いがはっきりするなかで、上知の議論は長いこと平行線をたどったらしい。老中の間では、最終的に翌享和二年（一八〇二）二月に、評議により蝦夷地上知については、東蝦夷地の永久上知のみが合意され、西蝦夷地は松前藩統治を続けるかどうかで、両論併記の結論となった。これを踏まえ、同月に将軍家斉は改めて開発策を次のように批判した。

（開発というのは）心得よろしからず……只衰微しないようにとの思召なので、アイヌ人についても従来のとおり是迄のままにして、ただ難儀しないように取り計らうべし。余り世話をしすぎては却ってよくない。（『休明光記付録』巻之七）

そして東蝦夷地のみの上知を命じた。以上の経緯から、藤田氏は、東蝦夷地上知は、蝦夷地御用掛にとっては全島直轄化が実現できなかったことを意味している、と指摘する。これは、蝦夷地御用掛の路線の頓挫を意味するものであり、頓挫させたのは将軍その人だった、という注目すべき見解である〔藤田覚―二〇〇五〕。そしてその上知後の政策に関しては、新規開発策ではなく、「その土地相応に是迄の行なわれてきた生業があり、それを失うことのないよう世話するだけでよい」という、いわば旧慣温存が重視された。

寛政九年（一七九七）以降、それぞれ独自色を出しつつあった将軍親政路線と、松平信明政権路線の亀裂に対する一つの妥協が、東蝦夷地上知によって図られた。後者が、ロシアのウルップ入植に大きな衝撃をうけ、蝦夷地上知によってアイヌを自発的に服従させ、開発を実現することでロシアの動向に対応しようとしてきたことを考えると、三奉行らの上知反対論は、異国・異域に関係する諸藩への影響を重視する国内向け議論であるともいえよう。

ともかく東蝦夷地上知は決定され、享和二年（一八〇二）二月二三日、松平忠明以下の蝦夷地御用掛は御免となり、新たに上知された東蝦夷地を管轄する蝦夷地奉行に戸川安論《やすとも》と羽太正養《まさやす》が任じられた。箱館は、幕府による東蝦夷地経営の拠点とはっきりと位置づけられることとなった。蝦夷地奉行は同年五月に箱館奉行と改称され、初めて箱館奉行戸川が同地に赴任したのは翌享和三年（一八〇三）二月になった。箱館は東蝦夷地統治の中心としてばかりでなく、商業交通上の整備も図られることになった。このとき出された将軍黒印状（二月）や老中下知状は、蝦夷地を「衰微しないよう」にすることを旨とし、「新しいことを企ててはいけない」ということを強調しており、将軍の蝦夷地統治に対する考え方を強く反映したものであった。

一方で、千島の島々は厳重に管理し、日本人だけではなくアイヌも異国へ渡海することを厳禁し、異国船の着岸に際しては、現地に滞留させてただちに注進するよう求めた。実際、「計策を以ても異国船は繋ぎ留めおいて幕府に注進せよ」と、寛政九年一二月令の継続性も明らかである。

しかも、これら黒印状や下知状には、異国船が襲撃する場合は南部・津軽藩兵らを動員して対策を講じるよう求めていた。御用掛らが積み重ねてきた蝦夷地警備策は活かされているということができる。箱館奉行に宛てられた黒印状・下知状は、幕府内部の二様の考え方が混在して成立している。

実際、戸川安論を箱館に送り、江戸に残った羽太正養が、箱館や蝦夷地への異国船着岸時に際して松前藩兵を含めて動員するかどうか問うと、老中土井利厚《としあつ》は、「松前藩は、自領の警固のために藩兵を動員する」として、松前藩は東蝦夷地への動員に応じないと心得ておくべきであるという見解を示した。羽太はこれに対して「東蝦夷地にロシアが来襲して直轄地が危機になったとき、これを見殺しにしたら松前の不忠は限りない」という反論を記している。蝦夷地上知積極派と消極派との緊張感をうかがわせるやりとりである。

松平信明政権の崩壊

幕府内部の分裂状況は深刻化しつつあった。松平信明は、享和三年（一八〇三）年末に病気と称して辞意を表わし、これを許された。彼の伝記である『嵩岳君言行録』（『豊橋市史』）には、信明が老中たちをひそかに呼んで、「大君のみこころに叶わなかった」として辞職すると伝えたという。高澤憲治氏によれば、一つに蝦夷地問題、一つに一橋治済の二の丸住居問題において家斉と信明とが対立したという世評だった〔高澤憲治―一九九四〕。

林述斎は、一二月辞職直後の信明に次のように書通した。

寵辱如驚（寵を得ることと辱をうけることとの落差が甚だしいこと）は古よりの人臣の常……言っても仕

方がないことだが、近来世の陵遅（衰える）の姿が垣間見られるなかで、貴職は国の柱石とも仰ぎ万人から信頼を寄せられ、望ある政治により一日々々と持ちこたえてきたのに、今回意外の変が起こってしまい、霜を履んで堅氷至る（小さな兆候を見逃して大災難に見舞われる）のも必然の勢いである。天災地妖より人事の変ほど恐ろしいものはない（『大河内文書』）。

家斉による重要局面における人事判断が、松平信明の辞職に決定的であったと世上に受けとめられていた。述斎は彼の辞職を思いがけない政変ととらえ、その政変はその後の幕政にとって不安材料を生み出すことになる、と憂慮している。しかし、現実の政治過程は、家斉の考え方が絶対的なものとして浸透して、政治勢力を形成していくこととなった。すなわち、幕府内で信明政権の直轄化路線に批判的だった勢力＝蝦夷地直轄消極派が戸田氏教を取り込み、老中首座に据えて主導権を握った。それはとりもなおさず、蝦夷地直轄化路線が唱えていた貿易容認論を再び後退させ、将軍の支持をとりつけた貿易抑制論こそが幕府の原則的立場である、という意識を定着させていくと考えられる。

四　幕府対外政策の転換と世界戦争

1――レザノフ来航と日ロ交渉

レザノフ来航の国際的前提

ヨーロッパでは、ナポレオンの軍事力が大きな意味をもつようになった。イギリスをはじめ、各国が同盟を組んで対抗した（対仏同盟）が、彼の圧倒的な戦いにより軍事同盟は行き詰まり、イギリスとフランスの間に停戦が成立する（アミアンの和約、一八〇二年三月～一八〇三年五月）。ロシア皇帝アレクサンドル一世は、この停戦情況を踏まえ、前帝（パーヴェル一世、エカテリーナ二世の子）のフランス寄りの外交政策を修正し、極東・北米政策にも積極的になった。一八〇二年、彼は一万ルーブルを露米会社に出資し、中国と日本への二人の使節を派遣しようと企てた。レザノフ来航は、アミアン和平下に構想されたロシア東アジア政策の一環である。

当初ロシアの念頭にあったのは、毛皮による広州貿易への参入であった。ロシアの北米での競争相手であるイギリス人やアメリカ人との対抗上、ロシア領アメリカ＝広州交易の必要性を認識したのは、のちにレザノフの乗るナジェンダ号艦長となるクルーゼンシュテルンだった。彼はかつて広州で、イギリス人がたかだか一〇〇トンばかりの小型船で太平洋を半年足らずで横断し入手した毛皮を高値で売払うという毛皮交易の実態を目の当たりにした。一七九九年帰国するとクロンシュタットから北米植民地＝広州へ向けた周航案を海軍大臣と商務大臣に働きかけた〈Kruzenshtern〈羽仁五郎訳〉一九三二〉（『露米会社史』）。

一方、露米会社はようやく設立されたばかりで、その利権を狙う外国商人も出現し、レザノフは、植民地建設のために政府からの支援が必要だとして、会社の取締役会をはじめ、商務大臣に強く働きかけた。商務大臣ルミャンツェフらは会社の基盤である北米植民地を安定させることが必要と考えた。

そこでルミャンツェフは、一八〇三年露暦二月に「日本との交易について」「広東における交易について」（後述、一四四頁）という二つの上申書を皇帝に提出した。「日本との交易について」（東北大学東北アジア研究センター編『ロシア史料にみる18—19世紀の日露関係』第一冊一〇号、以下『日露関係』一の一〇と略す）では、①幕府から得た信牌《しんぱい》を用いて遣日遠征を行ない、魚脂・毛皮・侈《し》奢《しゃ》品を輸出し、「高い品質で世界中に知られている銅の延べ棒」・絹織物・綿織物・銀・漆器を輸入する交易を実現すること、②日本との通商関係樹立を目指し、対英戦に苦慮するオランダとの協力関係を図ること、がうたわれている。これは皇帝により裁可され、日本使節としてレザノフが任命される（一八〇三年露暦四月内定、同六月一〇日全権委任状）。

すでに一八〇二年、皇帝はクルーゼンシュテルンを北米西海岸遠征指揮官に指名したが、彼の計画は当初と異なり、レザノフ主導の露米会社による日本・北米遠征として実現されるものとなった（『露米会社史』）。

駐口蘭公使ホーヘンドルプ

一方、アミアンの和平の下で、各国公使によってロシア宮廷工作が繰り広げられた。ロシア外務大臣は反ナポレオン政策をとり、ロシア゠フランス関係は再び悪化し、ロシア外交は「かなり不安定なもの」〔Hogendorp, 1887〕であった。一方、オランダ（バタヴィア共和国）では、旧体制の見直しが進むなかで、東インドの貿易と植民地支配の新制度を議論する委員会が発足した（一八〇二年）。ホーヘンドルプは、都市貴族の出身で、バタヴィアに赴きテイツィングを統監とするベンガル商館の商務員となり、アダム・スミス流の東インド改革論を唱えた。彼はその自由主義的な議論によって、東インド総督府より危険人物として投獄され、のちに脱獄して一七九九年に本国へ帰国する。帰国する船中で、彼は旧東インド会社支配を批判する「バタヴィア領土の現状報告」（一七九九年）を執筆した。彼は「商業が独占的に行なわれることを廃せばその経費は安くなり、自由貿易は貿易を拡大し輸出入税による財源強化に結びつく」という〔田淵保雄―一九六六〕。そのホーヘンドルプも参加する委員会では、会社の貿易独占に反対しする議論と、保守派の唱える会社方式に固執する議論との間に激しい対立が生まれた。保守派は共和国政府に働きかけ、ホーヘンドルプをロシア公使に転出させた（一八〇三年）。アミアンの和約によって、オランダ船への攻撃は停止し、ケープが返還されるなど、同和約はオランダの東インド支配を再生させるものでもあったので、和約を維持する立場に立つようロシアに働きかけることは、バタヴィア共和国にとって派を問わず重要なことであり、彼のロシア赴任は急がれた。

ロシア商務大臣やレザノフにとって、東インドや日本についての経験や知識を持つホーヘンドルプは、貴重な情報源と便宜を与える存在であった。レザノフは彼を訪れ、皇帝の名において、日本に関する情報を与えてくれるように乞い、また、オランダ商館長等への紹介状を求めた。元来、東インド会社の独占貿易に反対していた彼は、「日本に関しては、我が政府により、また、東インド会社の指揮により、維持されている隠し立てのシステムなど、私がかつてこの国について入手することのできたすべての情報を与えた。同時に、彼が乞うた許可証と、総督や我が施設の長への最も好意的な書翰を与えた」〔Hogendorp. 1887〕という。

彼のこうした積極性には、ある種の必然性があった。すなわち、「バタヴィア領土の現状報告」（一七九七年）では半減商売による日蘭貿易の停滞と、参府縮減などの経費削減の動きや、九八年のスチュワート船長の長崎来航を論拠に、日本に通航し、貿易を営む許可証を公売にふす、つまり、東インド会社以外の参入主体を許容すべし、と論じている。そうした意味で、ロシアの対日貿易参加の企図は、会社の独占打破による植民地改革を求める彼の持論に沿うものであった。

アミアン和約の破綻がもたらすオランダ貿易の不安定化に対して、レザノフの来日に協力し両国関係を安定させたい、という商館長宛の彼の紹介状を、ロシア商務大臣上申書「日本との交易について」と考えあわせれば、ホーヘンドルプ側からしても、ヨーロッパにおける平和維持戦略としてレザノフによる通商関係樹立が位置づいている、と理解できる。

派遣のための国際的な環境作りとあわせて、日本での交渉の準備も行なわれた。

レザノフ、長崎へ向け出発

一七九四年（寛政六年）、アリューシャン列島のアンドレヤノフスキー諸島に漂着した仙台藩領石巻の若宮丸の船員一五名が救出され、九六年、イルクーツクに送致されてきた。エカテリーナ二世は、イルクーツク商人たちが、ラクスマンの信牌を活かして、日本へ若宮丸漂流民を送還して通商を始める意志があるかどうか、を調べることを命じた。しかし、イルクーツク商人の意向は、（長崎への）「未知で危険な航海」に自らの命と財産を託するわけにはいかないという消極的なもので、露米会社が発足（一七九九年）してからは「露米会社次第」という様子見の状況だった（『日露関係』四の一四―三）。

一八〇三年露暦二月、「日本との交易について」が起草されると事態は前進する。漂流民は、同年三月にイルクーツクからサンクト・ペテルスブルクへ召喚され、ルミャンツェフ邸に滞在した。露暦六月二二日、アレクサンドル一世は彼ら一〇名を謁見した（木崎良平―一九九七）。そして、帰国の意志を表明した津太夫・左平らの四名が、レザノフに引き渡された。

皇帝は、一八〇三年露暦六月三〇日付で信牌に基づく通行樹立を求める将軍宛国書を次のようにしたためた。

わが領土の一隅に於てその生を全くするを得たる二三の貴国臣民を送還するを機とし、わが信任する侍従ニコライ・レザノフを簡《えら》みて全権使節となし、以て朕が素志を遂げせしめんとす。……貴邦より請わんとする所は、朕の商人が貴邦に出入りするを許容せらるるのみならず、貴国の隣邦たるクリル諸島・アウレト諸島・カディアク諸島の住民にも、長崎一港にとどまらず、また一艘の船舶のみならず、陛下の意志により数多の船舶をして他の諸港にも出入りするを得るにいたらしめんとするに在り。〔Voenskiĭ〈堀竹雄訳〉—一九〇八〕

皇帝は、幕府の信牌を活かして通商関係樹立すること、しかも長崎以外の港にも、千島諸島やアメリカ植民地の現地住民をも含めて交易に参入することを求めた。同七月一〇日付レザノフ宛商務大臣訓令は、全体で二三条からなる非常に詳細で具体的なものである。第五条までの長崎入津に際しての検使臨検などについての条項をはじめ、日本側との質疑応答方法（第六・七条）、ローマカトリック教会との関係の説明（第八条）、長崎での滞在方法（第九条）、国書奉呈ないし将軍謁見などの儀礼（第一〇～一六条）、日本との通商関係についての指示（第一七～二一条）、天皇についての指示（第二二条）から成っている。その第八条は、かつてフランス財務大臣コルベールが、元出島商館長フランソワ・カロンに与えた訓令（フランス王がスペイン王のようにローマ法王に従っているのかもしれない、と質問されるかもしれない。そのときは、王は法王にはまったく従っていないと答えよ、というもの）そのものであった。

実際に、訓令の指示通り、長崎入津に際しての臨検が実行された。これらから、レザノフ派遣にあたって、ロシアでは相当程度の日本研究がなされていたという。通商関係に関するロシア側の構想は大略、①長崎一港・一艘に限定せず複数港、複数艘に拡大すること。②前項が困難な場合、蝦夷地での商品交換か、ウルップ島でのアイヌ人仲介による商品交換を開始すること。③サハリン島・アムール川・朝鮮・中国・琉球の日本との交易関係について調査すること。とまとめられる。北西太平洋全

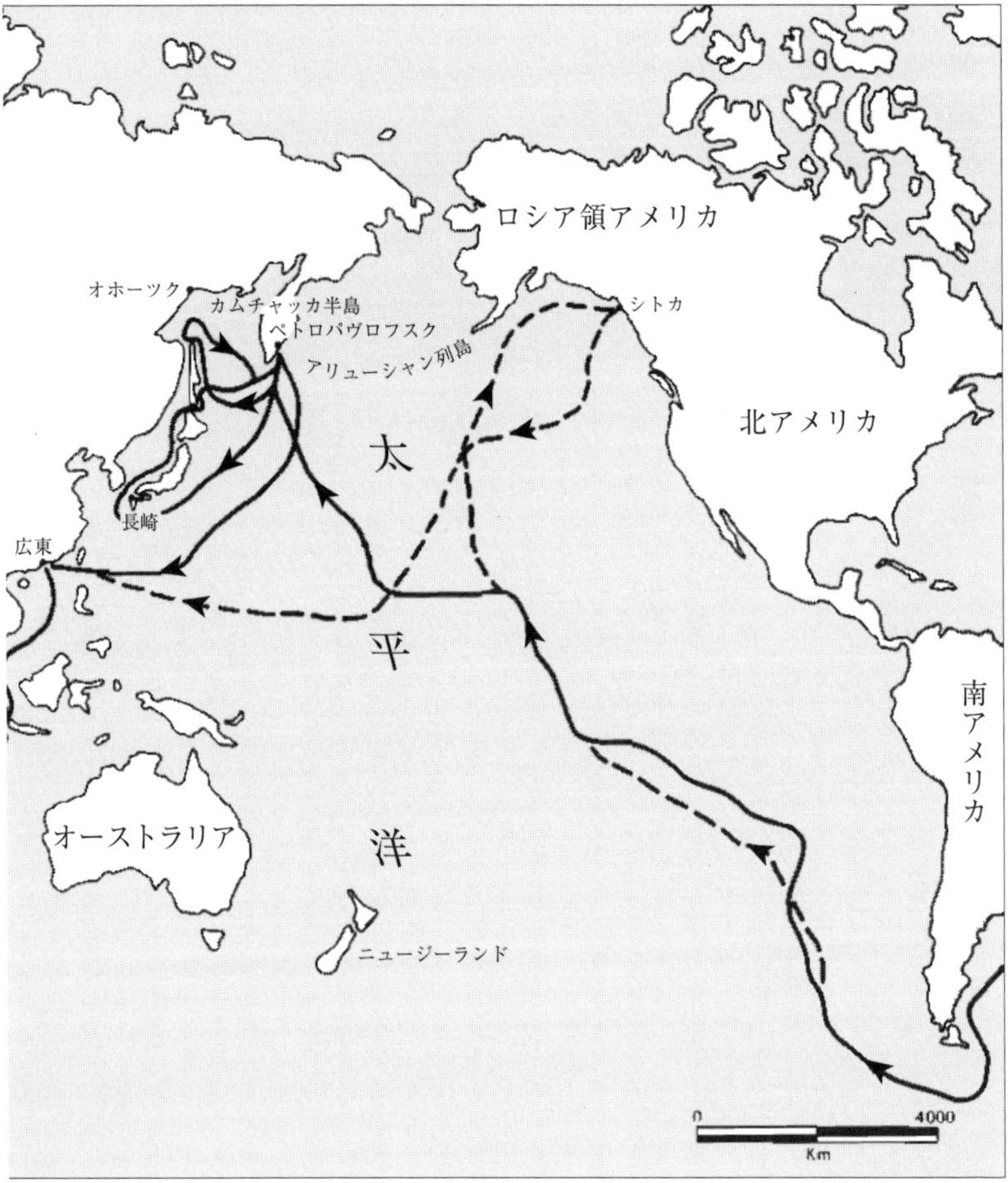

ロシア領アメリカ
オホーツク
カムチャッカ半島
ペトロパヴロフスク
アリューシャン列島
シトカ
北アメリカ
長崎
広東
太
平
洋
南アメリカ
オーストラリア
ニュージーランド
0
4000
Km

航海図

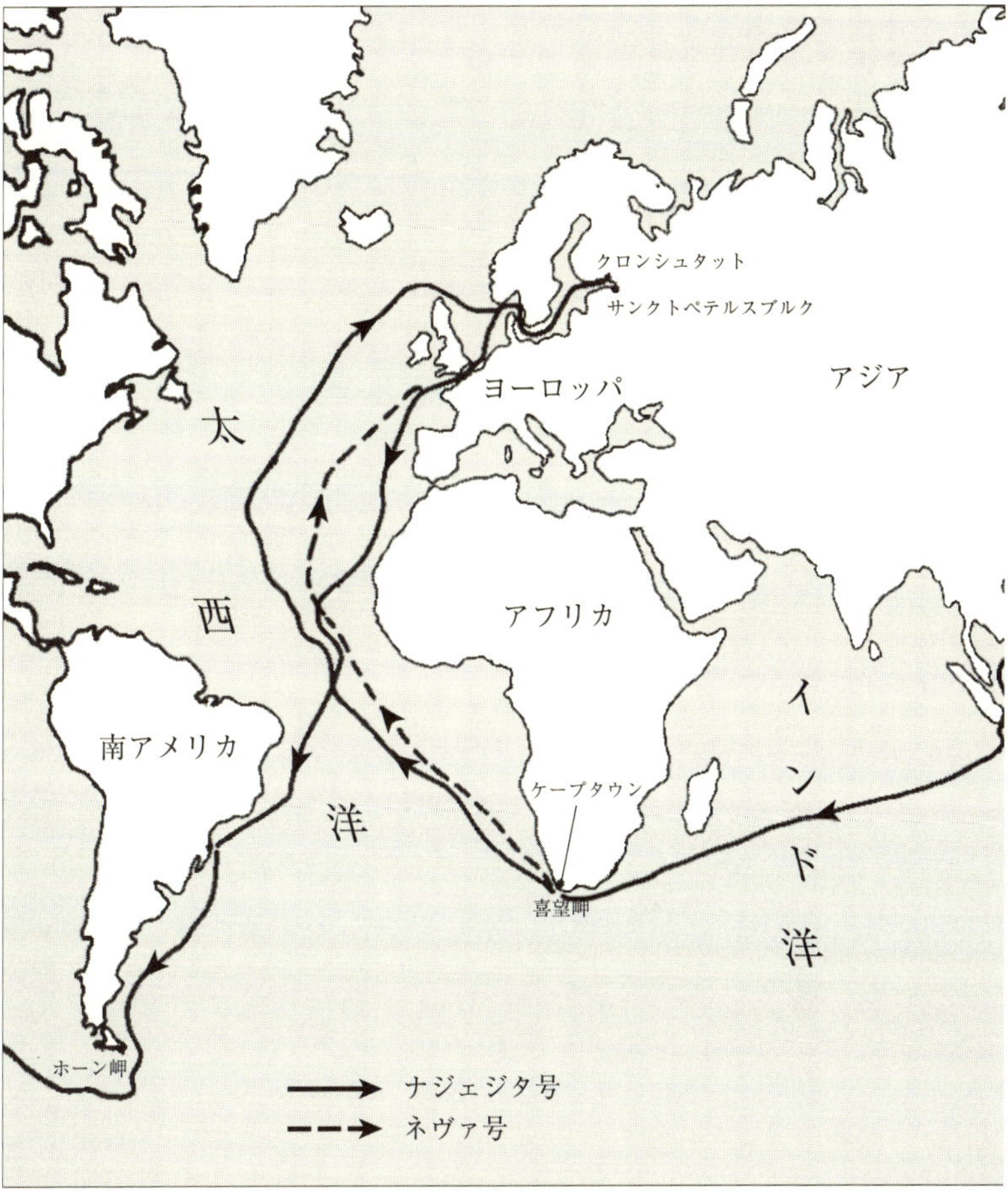
クロンシュタット
サンクトペテルスブルク
ヨーロッパ
アジア
太
西
洋
アフリカ
南アメリカ
イ
ン
ド
洋
ケープタウン
喜望岬
ホーン岬
ナジェジダ号
ネヴァ号

図14　レザノフ

体のなかで、日ロ交易が構想されていた。さらに、オランダ東インド会社の崩壊により「唯一のライバルが消滅し、貿易の自由化の可能性が生まれた」条件を活かして、日本人の習慣と折合いをつけながら道を切り開け、としている。中立国傭船《ようせん》という日蘭貿易に対する現状認識も、ロシアの対日本政策形成に大きく与っていた〔Rezanov〈大島幹雄訳〉二〇〇〇〕（以下『日本滞在日記』）。

ヨーロッパ各国でも注目を浴びるなか、皇帝は、クロンシュタットに使節らを乗せるナジェジダ・ネヴァ両艦を観閲し、両艦は一八〇三年露暦七月二七日、同地を抜錨し、アミアンの和約がその直前に破れて緊張がただようヨーロッパを離れて一路太平洋へ向かった。

昏迷する長崎

寛政一二年（一八〇〇）、バタヴィア総督府は、商館長の死亡、出島の大火、そして米国小型船による貿易混乱に対して、事態掌握・収拾のため、新商館長ワルデナールと若い筆者役ドゥーフとを米国傭船マサチューセッツ号で送り込んだ。ところが、彼らより一足はやくスチュアートが、エンペラー・オブ・ジャパン号にのって長崎に到着していた。ワルデナールは、スチュアートを厳しく責めてマサチューセッツ号でのバタヴィア帰還を命じた。しかし、商館側から責任追及が強まっても、スチュアートは今度もしたたかにマサチューセッツ号の舵手らを丸め込み、自分の乗ってきたエンペラー・オブ・ジャパン号をフィリピンのマニラに寄港させることに成功した。スペインの支配下にあったフィリピンは、一八世紀後半からガレオン（メキシコ＝中国）貿易の中継地を脱しつつあり、アジア商品を積載したヨーロッパ船の来航に積極的になった。結果マドラス＝マニラ間貿易の興隆をもたらした〔Constantino〈池端雪浦他訳〉一九七八〕。エンペラー・オブ・ジャパン号が姿を現したので、フィリピンのマニラ総督は、日本へスペイン船が来航できるよう協力せよ、と求めたという。スチュアートは同号で独自にマドラスに連絡をとろうとしたのであろう。彼はバタヴィアに戻った所を、東インド総督府により禁足にされるものの、間もなくインドへ逃走してしまった。西太平洋岸では、スチュアートのような私貿易商人はさまざまな海路を回遊していたのであった。

享和元年（一八〇一）の来航船は、引き続き米国傭船《ようせん》一艘だったが、翌二年（一八〇二）の来航船はやっと二艘となった。しかも、うち一艘はオランダ船のマチルダ・マリア号であった。寛政九年（一七九七）に「半減商売令」が修正され、オランダ船二艘来航が認められてから、五年目にしてやっとその条件を活かせることとなった。オランダはアミアンの和約成立を、風説書をもって日本側に連絡した。日蘭関係を取り巻く国際的条件は、安定する方向にむかっているように受けとめられた。

しかし、二艘はまたまた「粗悪な濡れた砂糖をしかも大量に持ち渡った」（『長崎オランダ商館日記』一八〇二年一〇月一四日条他）。寛政九年の銅輸出増額が五年の期限を迎えるので、長崎奉行肥田頼常《ひだよりつね》は、小型船ばかりの来航で銅を輸出しきれないのなら、再び享和三年（一八〇三）から半減令を復活する（銅輸出高を六〇万斤にする）と、松平信明から命じられていた。彼は商館長ワルデナールに嘆願書を提出させた。帰府する成瀬正定《なるせまささだ》は、江戸でこの嘆願書を「陳述すれば、老中首座（松平信明）は極めて好意ある変更を加えてくれることを疑っていない」との観測を商館長に伝えた。翌享和三年八月四日、長崎奉行は再び五年間八五万斤までの銅輸出増が認められたことを明らかにした。

この増額延長決定は、松平信明政権のオランダ貿易復活の期待の表れであったが、事態は逆方向に動いていた。例年より一ヵ月近く遅くの七月五日に長崎に到着した船は、アメリカ船レベッカ号だった。昨年のオランダ側の約束と違う小型アメリカ船だったし、損傷が激しく積荷の損失が予想された。しかも、その直後の七月七日には、かのスチュアートが大型のナガサキ号を率いて四度目の来航を果たす。レベッカ号の船長が報告するところでは、コルカタから日本へ向けスチュアートが新たに艤装《ぎそう》しているという情報がバタヴィアに届いていたという。さらに、ナガサキ号が長崎を出港した五日後の七月二三日、正真正銘のイギリス船フリーデリック号がベンガル商品を交易するべく来航した。インドから広州にいたる英米系貿易商人の活動範囲のなかに、長崎が収められつつあったことを、彼の来航は示していた。長崎奉行は強い衝撃を受け、矢継ぎ早に対策を講じた。

その一つは肥田が、「（スチュアートが）いくばくかの商品を積んだ船で当地に来航したとき（寛政一二年〈一八〇〇〉）、その船の貿易は許可すべきではなかった」とかつての誤りを認め、「日本では昔から許可を得ている国以外どの国々にも貿易を許されない」（『長崎オランダ商館日記』秘密日記、一八〇三年八月二九日）と、ラクスマンへの国法書を根拠に退去を命じたことである。イギリス船フリーデリック号に与えられた命令も「日本で貿易することは許されない」と強い口調で述べられている。

何よりも、松平信明政権は、蝦夷地問題をはじめ政治的に行き詰まりを見せ、アミアンの和平にもかかわらず、オランダが持っていた実力はもはや回復せず、日本海域を取り巻く不安定は増すばかりであった。

もう一つは、前任の肥田頼常を送った成瀬正定が、離日を目前に控えたワルデナールと若い新任商館長のドゥーフを前に「これまで長崎に貿易のため来航したことのない異国人が日本の航路を発見するようなことは面白くない」(『長崎オランダ商館日記』一八〇三年一一月五日条)と、傭船での来航を厳しく禁じたことである。

中立国傭船は、フランス革命とそれに続く世界戦争によって生じたので、アミアンの和約はこれを終わりにするはずであった。しかし、実際に起こったことは、オランダ以外の貿易船の相次ぐ来航である。それは日本近海の水路知識が広く共有されるという事態を生んでいるという危機感を生じさせた。こういう不安定な情勢と危機感の漂う長崎へ、レザノフは向かったのである。

長崎での日ロ交渉

レザノフ一行は、大西洋を南下してブラジルに寄港した。年が明けてホーン岬を経由して太平洋に出て、半年かけて太平洋を縦断し、一八〇四年露暦七月、ナジェンダ号はカムチャッカのペトロパブロフスクへ到着した(ネヴァ号はアラスカへ直行した)。そして同年露暦八月二六日に出発して長崎へ向かった。

長崎に到着したのは、一ヵ月後の文化元年(一八〇四)九月六日(露暦九月二七日。『日本滞在日記』では、いわゆる日付変更線が当時は意識されていないため、現地日付と一日異なっている。)であった。そしてロシアが求めた通商を幕府が拒否して、同船が空しく長崎を発つのが文化二年三月一九日であった。

この半年あまりのロシア使節の動きについては、長崎の人びとの目の前で繰り広げられたので多くの文書・記録・見聞記などが残っている。しかし、応対を指令した幕府内部の議論そのものは、ラクスマンの時と異なって、幕府内部の議論が系統的に判る記録は知られてはいない。日本側は、松平信

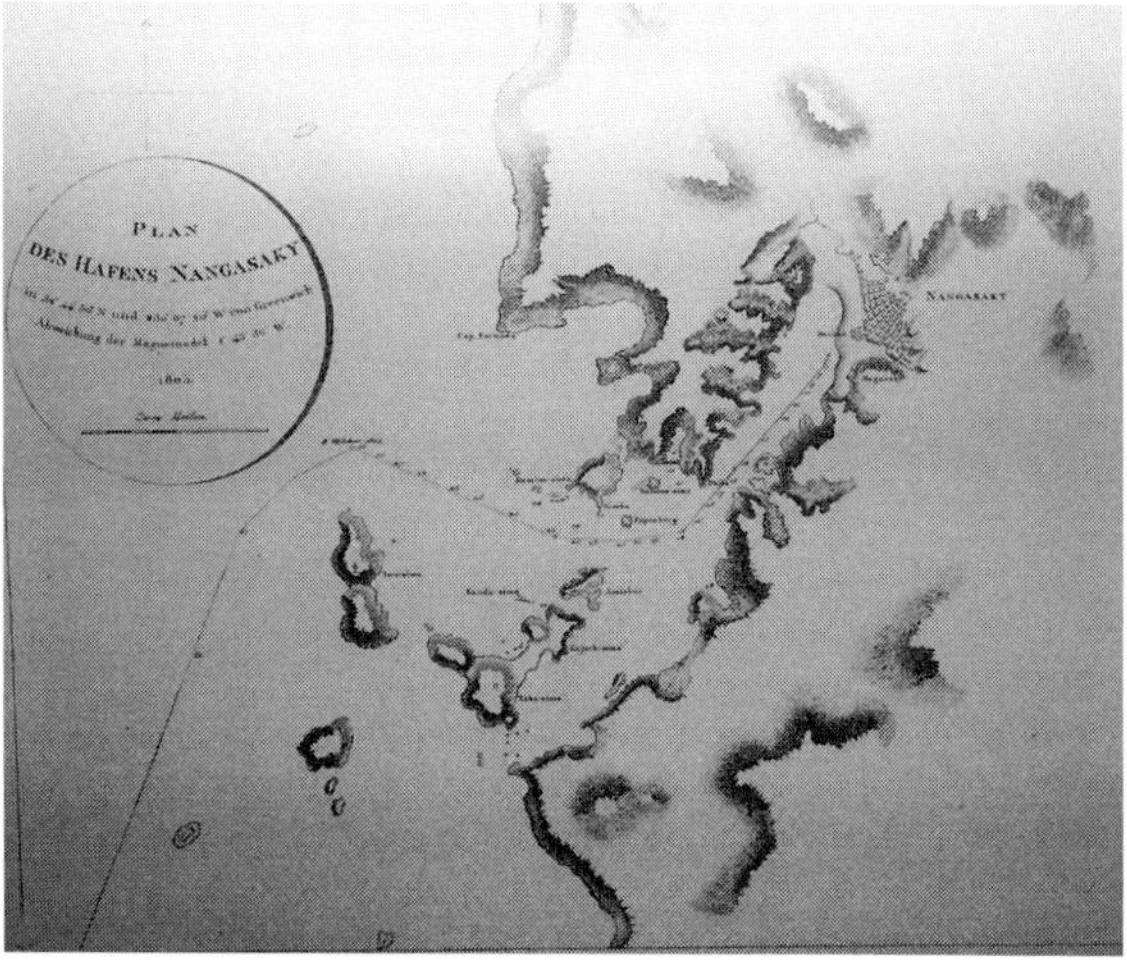

図13　レザノフ長崎港図
ナデシュダ号は南九州を経由して長崎入港した。

明政権が倒れ、新たな戸《と》田《だ》氏教《うじのり》政権の対外政策として、レザノフ問題を考える視点に留意し、半年を追うことにする。

　レザノフ来航の第一報が長崎から発つのは、同年九月八日である（同月下旬に江戸到着）。この間に、オランダ船の入港手続きに従って臨検が行なわれた。その結果、①ラクスマンに与えられた信牌を持ち、ロシア皇帝より将軍へ「交易の筋」を願う使節として派遣された一行であること。②仙台出航の難破船乗組員津太夫他三名が同行していること。以上が老中に第一報として発信された。オランダ商館長も、日本側に察知されないようフランス語を通して、本国アジア参事会や駐ロ公使ホーヘンドルプからの指令に従い、レザノフと友好関係をもつべきことを確認した。

　すでに同年七月三日（八月八日）到着したオランダ船マリア・スザンナ号によって、アミアンの和約が破れて戦争が再開した知らせとともに、ハーレム新聞の記事を添えて、ロシアが世界周航を計画し日本に寄港する予定である、と商館長へ伝えられていた。商館長ドゥーフは通詞と相談し、「（ロシア来航について）黙っているより知らせた方が会社の利益となるだろう」というアドバイスを受け、「戦争については沈黙し、ロシア船の到着については知らせること」（『長崎オランダ商館日記』一八〇四年八月八日条）にしたという。この結果、ロシアを出航した二艦のうち、「頭分のものが日本への使節」を拝命したとの連絡が本国よりバタヴィアに連絡があり、総督から商館長に別に通知があった」旨、日本側に報告された〔木崎良平―一九九七〕。この別段風説書は江戸に上申されず、奉行所では長崎警備を担当する佐賀藩・福岡藩関係者に極秘に指示を与えるなどの準備を開始したという〔松本英治―二〇〇二〕。

九月八日、検使とレザノフの交渉の結果、長崎奉行側がロシア側から国書（ロシア語原文、満州文、和文）の写しを入手した（正本はレザノフが江戸で手ずから提出すると主張していた）。フランス語・オランダ語を経て訳出された国書和文はかなり正確で、ロシア側の要望が通商関係樹立とその際の具体的な交易方法の交渉にあることが明らかになり、その旨が幕府に第二報として急報された（九月一四日発）。

九月一〇日に成瀬正定の後任となる肥田頼常が長崎に着任した。彼は昨年夏のスチュアート来航一件を取り仕切り、国法を盾に帰帆を命じた奉行で、一三日、ナジェジダ号へ家老を派遣した。このとき日本側史料では、家老らがロシア側に「前々より通商をしてきた国の他は決して通商はしてはならない」「異国船が渡来しても、直ちに帰帆するよう申し付ける国法である」とした上で、今回は渡した信牌を持参したという事情があるので、中立は江戸に具申するが、日数がかかるので、しばらくは安心して滞船せよと申し渡したことになっている（『通航一覧』魯西亜国部四）。

この前半部分は、肥田が前年の任期中にスチュアートらに述べた退去命令の論理である。レザノフの日記には、国法に関する日本側からの言及は一切なく、繋留方法や食糧供給などについてロシア側が主張を行ったことになっている。おそらく、レザノフとのやりとりでは、奉行側は国法云々は強くは表現せず、後半部分の滞船待遇問題が主題となったのであろう。しかし、通詞のひとりがドゥーフに示唆したところでは、奉行の判断は通商不許可に傾いていた（『長崎オランダ商館日記』秘密日記）。第二報にあわせて、両奉行連名の「ヲロシヤ船取計方の儀につき伺書」が江戸へ送られた。それは主として、①レザノフの参府は認めがたいが、国書と献上品についてはどのように扱うか。②ロシアの通商要求も認めがたいが、ロシア側が納得しない事態にどう対処するか。③皇帝国書などは写しも含めて返却するか、という伺で、その中核は参府と貿易にあり、スチュアートらに対して帰帆を申し付けた国法という論理を、レザノフに適用してもよいかを問うたものである。この伺は、文化元年一〇月二日に幕府に届く。

この伺に対する幕府の下知状は、最終的に文化二年正月六日（一八〇五年二月五日）に長崎へ発せられる。参府と貿易は許しがたいという長崎奉行側の伺に対しては、下知状に示された判断は大きくことなることはない。そして①国書と献上品はこれを受け取らないこと。②通商要求却下に対して納得しない場合、「教諭書」によって申し諭すという儀典を取り入れたこと。この二点が、老中側の判断ということになろう。これを持ち、目付遠山景晋《とおやまかげみち》が長崎に到着するのが二月晦日であり、三月六日・七日・九日（四月五・六・八日）に、両奉行と遠山が長崎奉行所でレザノフと交渉に臨んだ。

この第一日目は、下知状では、「（ロシア側の）願の趣旨を委細に直接尋問し、教諭書の趣旨（通商不許可）を通告する」とされ、しかもその尋問には、先年松前で申し渡した「諭旨」（国法書）において、持ってこないようにと指示した書翰（国書）を持参した理由を糺明《きゆうめい》すること、とされていた。レザノフは後者について次のように後日報告した。

手紙のやりとりは一切行なわないよう、そしてただ交渉のために一隻の船の入港のみを許すという帝（将軍）の御意志がラクスマンに宣言されたのに、陛下（ロシア皇帝）が彼（将軍）に手紙を書くのをよしとされたことに彼らの君主（将軍）は非常に驚いており、彼（将軍）は（「諭旨」を守れない）使節団を受け入れることはできない……と言い渡しました（一八〇五年露暦六月八日付報告、『日露関係』四の五八）

通詞に対してレザノフは、ラクスマンはそうした国書往復を禁じられたことを復命していない、彼が死んだ今となっては確かめようがない、と述べたという。実際、ゴロヴニン『日本俘虜実記』には、ラクスマン宛「諭旨」の、かなり研究され、その意図が相当程度通ずるロシア語文が収録されている。しかし、ここにも「国書往復はゆるしがたきなり」という条項はない。生田美智子氏の紹介する公的ロシア語版にもない（生田美智子―二〇〇八）。ラクスマン以来、ロシア側には国書往復拒否についての認識はなかったと考えられる。

レザノフは、「はなはだ赤面し、いったい想定外であるという様子で」（長崎大学武藤文庫『魯西亜一件』）、ロシア皇帝の名誉にかかわる書翰の授受について、「かかる侮辱は唯驚くより外なし」と大声をあげた。すると肥田頼常は「使節はお疲れでしょうから、ひとまず本日はここで打ち切り」（『日本滞在日記』）といい、この日の交渉は事実上中断された。国書と国交樹立問題は第一日で決着がついた。

翌第二日目は、ロシア側に「教諭書」を読み聞かせる儀式として仕組まれた。「教諭書」は、「（ロシアが）望み乞う所の通信商のことは重大なことであり、ここで議論すべからざるものである」と交渉を拒否することを宣言する。まず、中国・朝鮮・琉球・オランダを除いて「我が国は海外の諸国と通問（挨拶を交わす）しないことが既に久し」という歴史をあげ、歴史的所産である現状をあえて変更しないやり方が、「我が国が代々国境を守るの常法」である。こうした「常法」がロシアの場合でも変えられないのは、ロシア側の要求する互市（交易）が「無用の物を得て、有用の財貨を失なわせるもので、要するに国計の善なるものにあらず」だからであり、また、「民が……値を争い、唯利益を謀るようになり、風俗を毀し乱す」からである（『通航一覧』魯西亜国部十）。こうした通交観は、要するに「半減商売令」の前提となる白石以来の対外交易観の表明に他ならず、定信の考え方の中核をなすものであった。しかし、すでに見たように、こうした考えは、ラクスマン来航によって定信自身が微調整し、松平信明政権期には現実的施策が実行されていた。レザノフ来航に際して表明された「教諭書」に見られる「鎖国」観は、一八世紀後半銅流出によって醸成された交易観と密接に結びついたものとして成立し、「中立国傭船の時代」に対応した政策動向への反作用として立ち上がり、松平信明解職という政変を経た、戸田氏教新政権の対外方針声明となった。従って「教諭書」で表明された対外交易観はむしろ、オランダ通詞をはじめ、その場立ち会った長崎関係者に、「半減商売令」の再令として衝撃をもって受けとめられた。

長崎奉行側は、「教諭書」（と付随する長崎奉行申渡）に対して、まずオランダ通詞が下訳を作り、商館長が添削し、また通詞が直すということを数日繰り返し、江戸で蘭文チェックを行なう蘭法医たちにもわかりやすい日本語風のオランダ語で、なおかつオランダ人にも理解できる「完全に命令書の意味どおり」の翻訳ができあがり、ロシア側に届けられた（『長崎オランダ商館日記』秘密日記、一八〇五年四月一七日条）のは、出航直前であった。

戸田政権の対外政策としての日ロ交渉

従来、九月の長崎奉行の伺に対して、一〇月、老中の諮問を受けて林述斎《はやしじゅつさい》と柴野栗山《しばのりつざん》が、こうした国書は取り上げず、謁見・通商の願も許さないという奉行の方針に賛同し、レザノフへの応対の方針が定まったと考えられてきた。しかし、林はその直後、尾藤二洲《びとうじしゅう》・古賀精里《こがせいり》の意見などを踏まえ、書翰と献上品と受領するよう主張し、老中土井利厚《どいとしあつ》らと対立したことが明らかとなった〔藤田覚―二〇〇五〕。その後、林はさらなる諮問に備えて、儒者たちを私宅へ集めて調査・書面作りに従事したが、老中から何の沙汰もないまま二ヵ月余（すなわち年末＝遠山の出発時まで）が過ぎたと回想している（『大河内文書』）。林と柴野の一〇月の上申には、ラクスマン宛国法書の国書条項への言及はない。おそらく林述斎などを外したところで、一、二ヵ月の間に、この国法書条項違反という理屈づけがなされたと考えられる。

時の幕閣がこうした理屈を求めた理由はどこにあるのであろうか。述斎の記すところによれば、このとき土井の言い分は、「（ロシア使節に対して）立腹させたほうが然るべきであろう。腹が立てばもはや来ることはあるまい」というものだった。つまり、再来を阻止することが目的であった。「教諭書」も「再び来ることを費やすなかれ」と結んでいる。私は、前年スチュアートやイギリス船の来航を総括して長崎奉行成瀬正定が新商館長ドゥーフに与えた、外国船による日本近海水路発見を防ぐため傭船利用を制限する警戒心に満ちた命令を思い起こす。つまり、日本を取り巻く国際的状況の不安定化に対して、来航禁止とすることで海路を塞ぎ安定を図るという考え方が、長崎奉行の伺を経て具体化されてきたのが下知状であり、「教諭書」であり、日ロ交渉における日本側の応対の根幹をなした。

一方、林述斎は再度参るまじとの「教諭書」の結句をみたときを回想して、「抱腹に堪えず、海路は万国の通路」と述べている（『大河内文書』）。述斎と利厚との対立は、書翰と献上品の受領可否という儀礼的な局面に集約されるといわれるが、そこには寛政三年（一七九一）以来の、異国船来航の頻発という情勢に対する評価の違いが反映している。この数ヵ月の間に、戸田は近藤重蔵に蝦夷地についての意見上申を求めたり（後述）、鉄砲方の井上左太夫に下田や浦賀、安房・下総の海岸見分を行なわせたが、蝦夷地についても江戸湾についても具体策を命じてはいない。来航しなければよしとする考え方は、やがて来航させなければ（＝打払えば）よしとする考え方に至るともいえようか。

第二回目の交渉が終了して、宿所に戻ったレザノフに日本人たちは戦争が始まるとささやいた。レザノフは、長崎入港に際して日本側に火器を引き渡したことを悔い、このままでは日本側にされるがままになる。一日もはやくこの場を離れることであると判断した。第三回目（文化二年三月九日）の交渉で、レザノフは、日本側の拒否に対して遺憾の意を表明しつつ、「一刻も早くロシアに帰りたい」

と申し出、帰路の安全を要求した（後述、一四六頁）。通商拒否であればロシア側が納得するまで時間がかかるとしていた日本側の想定に反して、意外と早く交渉は終了してしまったかに見えたのである。

ところで、三回目の日露交渉後、通詞たちは予想に反して通商不許可となった経緯を、レザノフに次のように密話した（保田孝一──一九九七）（『日本滞在日記』）。すなわち、ラクスマンが受け取ったものは明らかに貿易許可証であるが、内容的にはどちらともとれる許可となっていた、当時の幕閣のなかで三人は貿易許可を主張したが、一人は死亡し、もう一人は引退に追い込まれ、残った一人はまったく弱い立場に追い込まれた。いまは「ロシアの敵」が権力を持ち始め、将軍を思いとどまらせるために、天皇にまで働きかけ、通商は閣僚の同意を得て行なうということとなり、ロシアとの通商は実現しなかった、というのである。

この話は、一つ一つを穿鑿《せんさく》すれば矛盾が多く、『日本滞在日記』の訳者大島幹雄氏は通詞の密話を「すべて真実であると考えるのは難しい」とし、藤田覚氏も天皇と接触をもつ時間的余裕は幕府になく、そうした史料も見当たらないし、歴史的にも天皇の登場は時期尚早と指摘する（藤田覚──二〇〇五）。

私は、通詞によるレザノフへの慰撫のための作り話として扱うこともできない、と考えている。それは、この密話が、幕府内部にあって、前年松平信明政権を崩壊に追い込んだ勢力（＝戸田政権の成立基盤）が対ロシア方針決定に対しても大きな影響力を持った状況を説明しており、彼らに対抗する立場も、依然として消失していない実態を反映した内容を持つからである。通詞たちは、この対抗状況が変化する兆しを活かすために北方のことを忘れるな、と強調した。そして離日当日（文化二年三月一九日）通詞たちは、ここ七年間、イギリスとの戦争で、オランダは日本に船を送れず、アメリカ傭船だったことを明らかにし、「その時幕府はあなたの国の味方になったはずです」（『日本滞在日記』）と、前年までの日本を取り巻く国際情勢とその対策の転回をレザノフに語っている。そして情勢が再び転回するときをまち、ロシアとの通商が開始される期待を述べ、彼らはレザノフの出航を見送ったのであった。

2——くりかえす政権交代と対外問題

サハリン・エトロフの襲撃

長崎湾を出たレザノフは、日本海に入り西海岸を測量しつつ津軽海峡を越えて西蝦夷地を回り、宗谷《そうや》海峡に面した野寒布《のしやつぷ》岬に投錨《とうびよう》した。サハリン東海岸を測量させ、一八〇五年露暦五月二五日、カムチャッカへ戻った。レザノフは、カムチャッカで書いた皇帝宛報告書で、対日交渉の詳細を述べ、イギリス人やボストン商人に先んじて千島・サハリンに入植し、同地から日本との交易を実現する必要性を強調し（一八〇五年露暦六月八日レザノフ報告書、『日露関係』四の五八）、独断でも対日武力行使を実行する方針を述べた。すなわち、日本は山勝ちで物流は沿岸三〜四マイルで行なわれている海運に依存し、非常に寸断しやすく、そうした寸断が何度か起きれば、日本国内は人心不安に陥り、それが平和的な通商関係合意への強制力として働く。レザノフの判断では、交易賛成派である将軍に力を得させて、「ロシアの敵」を沈黙させ、日本を対ロ交易にしむけることが可能となる。こうした判断は、通詞らの密話に基づいており、一八〇六・〇七年(文化三・四)のサハリン・エトロフへの襲撃事件は、レザノフにあっては単なる復讐《ふくしゅう》ではなく、通商関係樹立のための武力行使として企てられた。

レザノフはここでクルーゼンシュテルンと別れアメリカへ向うこととし、遠征前からその能力を買っていた海軍大尉フヴォストフの指揮する船で植民地やカリフォルニアを廻り、信じられないほどの数のラッコと、会社の現地経営の脆弱《ぜいじゃく》さを見た。そして、ロシア領アメリカから毛皮をキャフタへもたらすためには、千島・サハリンの拠点化が不可欠であり、そのために日本貿易を使う確信を得たのであった。

一八〇六年露暦八月八日、カリフォルニアからオホーツクへ向かうにあたり、レザノフがフヴォストフに与えた訓令は、サハリン島アニワ湾での日本人とその船・施設を破壊せよという。しかし、日本行航路は未確立で、主たる海軍兵力はクルーゼンシュテルンと共に広州へ去り、にわか水兵に仕立てられた猟師数十人しか確保できなかった。対日武力行使のためオホーツクに先着したレザノフは、主檣《しゅしょう》のヒビで修理不能となった自艦を前に、対日遠征に参加すべくオホーツクに到着するはずのフヴォストフに宛て「以前に命令したことは全て保留」と補足命令を出した。後れて着いたフヴォストフが説明を求めても、レザノフはすでにオホーツクを発ち、サンクト・ペテルスブルクへ向かっていた(途中で死去)(『露米会社史』)。

フヴォストフは混迷のなか「対日遠征は放棄されていない」と判断して、サハリン島アニワ湾へ向かい、クシュンコタンに上陸して松前藩会所を襲撃し、四人を拿捕連行した。文化三年九月七日（一八〇六年露暦一〇月六日）から一〇日あまりの出来事だった。彼らは、そこからカムチャッカに戻った。フヴォストフは、ともに遠征に参加するはずだったダヴィドフと合流して翌一八〇七年露暦五月に再び南千島に向かい、エトロフ島に着き露暦五月一八日（四月二三日）から上陸を開始した。再び一〇日あまりの戦闘となった。幕府支配下のエトロフ島はウルップ島と相対する最前線だったので、戦闘行為はより激しいものであった。その後、彼らはアニワ湾や利尻などを経て、オホーツクへ到着する。二人の戦闘日誌によれば、彼らはアイヌの動向に非常に気を遣い、日本人と彼らとの関係を注意深く観察している一方、日本人へ激しい攻撃をしつつ、日本との交易を前提とした物産・物流を検討している（『日露関係』五の二四）。利尻では前年から捕虜にしてきた日本人を解放するとともに、武力に訴えても改めて通商を要求するという、表に横文字、裏に片仮名で書かれていた片言の日本語書翰を送ってきた（後述、一六七頁）。

ロシアとの戦闘の敗因は、のちに松平定信が指摘するような士気の問題もあるが、そもそも野砲《やほう》の違いであった。日本側のカノン砲は、ポルトガル製のものが使われていたし（『露米会社史』）、秀吉の朝鮮からの戦利品が配備されていたともいわれ、最上徳内《もがみとくない》は一六一七年アムステルダム製という記録を残している。技術的にも二世紀前のものであった〔有馬成甫一九三七〕。

翌年のロシア来襲に備えるため、幕府による西洋砲術研究が始まる。同年参府した小通詞本木庄左衛門は、自ら所蔵する砲術書を『海岸砲術備用』として翻訳した。この書は大砲鋳造から火薬調合、発射方法まで一連の砲術体系を取り扱っている点でも重要な内容を含むものであった。幕府は『海岸砲術備要』の流布を戒めたが、しばらくはほとんど唯一の西洋砲術書として有力大名がひそかに求めたという。

オホーツクに戻ったフヴォストフらは、同地当局によって逮捕される。会社取締役会は当局の処分を知り、略奪品を会社に取り戻し、大部分をサンクト・ペテルスブルクへ送致させた。前述の二世紀前のポルトガル製大砲二門、日本製軽砲一門は、勅令によって兵器庫へ収められ、他の軽砲はニコライ・パブロヴィッチ公（のちニコライ一世）に献呈された。

フヴォストフ事件について『露米会社史』は次のように結論する。

この襲撃は日本の側にロシアに対する敵愾心《てきがいしん》を植付け、両者の間の良好な関係をはるかに遠ざけた。ロシア領アメリカには、遠征隊を再度派遣するほど力がなかった。レザノフはオホーツクでこうしたロシアの現実に気がついたが、それは手遅れであった。（『露米会社史』）

事実、一八〇六年露暦一〇月、商務大臣ルミャンツェフは、レザノフの報告に返事をよせ、ロシアがオーステリッツの戦い（一八〇五年）でナポレオンに敗北したので対日武力行使の自重を求めた。通商拒否の決定は日本政府内部の理由によるもので、事態は喪失されたものではなく、不断の接近によってゆっくりだが進展すること、したがって通詞の「北方のことを忘れるな」という忠告に意を払うべきで、復讐されることへの恐怖心からではなく「熟慮された礼節から不変の決まりを結ぶべき」という。政府にも露米会社にも対日再遠征を準備できる状態はなかった〔有泉和子―二〇〇四〕。

近藤重蔵らに危機感を与え、蝦夷地直轄の動きを生んだズヴェズドチョトフのウルップ島入植の撤退の様子をみてみよう。一八〇五年、レザノフは長崎からカムチャッカに帰還途中、入植者たちの消息を確認しようとした。クルーゼンシュテルンは運航上危険として反対したので〔『日露関係』四の五八〕、レザノフは北米巡見に際し、改めてウルップ島の状況調査を命じた。その結果、アイヌや入植者に対する一〇年におよぶ専制と入植の失敗が明らかになった。日本側では従来、ウルップ島へ幕府役人を派遣し、アイヌを使ってロシア人へ同島退去策を働きかけたことが知られているが、ロシア側調査によれば、ズヴェズドチョトフに対するロシア人やアイヌの離反は強く、彼を死までにおいつめたのであった。

また、一七九七年の国籍不明の大型測量艦（実は九六年プロヴィデンス号）による南千島測量をレザノフはオランダ船による測量と判断し、フランスがオランダ人の日本貿易に参加するならば、間違いなく一七八七年日本海を縦断しサハリンに至ったフランス海軍軍人ラペルーズを念頭に置くとして、フランスに先駆ける必要性を説いた。しかし、ウルップ島入植策は、一八〇五年に撤収の方向となった。入植団がカムチャッカに持ち帰った一〇年に亘って狩猟しつづけた大量の毛皮は、皮肉にもクルーゼンシュテルンらが広州で出した赤字を補塡することになったという〔木崎良平―一九七八、森永貴子―二〇〇八〕。

ロシア広東貿易の失敗

キャフタ市約（一七九二年）によって中ロ貿易は、安定的な再開にこぎつけたが、この市約は両国間の議定書とはいえ、清朝が外藩ロシアに与えた命令の形式を持つ。乾《けん》隆《りゅう》朝のロシア政策の大国的な姿勢の絶頂がこのキャフタ市約であるという。これに対してロシアは、従来のキャフタ・ルートの改善と、広州貿易への新規参入とにより、中ロ貿易の枠組みを変更・拡大しようとした。前者が中ロ国境貿易全面認可を求めたゴロフキン使節の派遣であり、後者が、クルーゼンシュテルンによる広州での毛皮交易拡大の試みである。

一八〇五年、中国へ派遣されたゴロフキン使節は、新条約を締結するべく訓令されていた。彼はモンゴルから入清しようとしたが、拝跪の礼をめぐって中国側と対立し、そのまま帰国してしまった。この使節に怒った清朝政府は、広州でクルーゼンシュテルンの指揮するナジェジダ号の拿捕を命じることとなった〔吉田金一―一九七四〕。広州貿易の拡大を求める一七九三年マッカートニー英国使節、翌九四年ティツィング蘭国使節に続き、一八〇五年ゴロフキン使節にもこれを拒否する姿勢を見せたのである。

一八〇五年露暦六月、クルーゼンシュテルンは、レザノフから命じられたサハリン測量を早めに仕上げてカムチャッカに戻り、露米会社が集荷した毛皮を満載したネヴァ号と合流すべくマカオへ向かった。途中、多くの毛皮を水浸しにして失ったが、同十一月マカオに投錨した。毛皮貿易船アルゴノート号を日本へ派遣したイギリス私貿易商人の一人であるビールなどの協力により、渋る中国側を相手に、赤字覚悟でもともかく広州で売却することができた。

クルーゼンシュテルンが事を急いだのは、ゴロフキン遣清使節の交渉にあわせるためであろう。中国は、ロシアに認められているのはキャフタ貿易という立場を取り、クルーゼンシュテルンらの交易を許した広州役人を処罰した。広州貿易に北米産毛皮をもって参入すること、イギリス、アメリカに対して優位に立ち、ロシア人が自力で広州へのルートを切り開くこと、これがクルーゼンシュテルンの本志だったし、商務大臣が期待したことであるが（一八〇三年「広東における交易について」）、実現できなかった。清朝は翌一八〇六年のはじめ、ロシア船が来航しても厳重に却下して荷揚をさせてはならないと命じたので（吉田金一―一九七四）、ロシアは広州貿易に参入できなくなり、太平洋交易とロシア領アメリカとの関係はクルーゼンシュテルンらの想定した形とは違ったものとなった。

一八〇六年、露米会社取締役会は、帰国したネヴァ号のロシア領アメリカ再派を決定した。一八〇八年、アラスカの責任者バラノフは到着したネヴァ号に命じてハワイ諸島に赴かせ、カメハメハ王と交渉し、北米産毛皮と太平洋産の塩、白檀《びゃくだん》、真珠の交易に成功した。塩はロシア領アメリカで、真珠などは中国市場での高値が見込まれた。これは会社にとって太平洋諸島と北米海岸との交易を切り開くものとなった。

また、バラノフは同じく一八〇六年、競争・対立関係にあったアメリカ東海岸の毛皮船との協力関係を打ち出した。バラノフは、アメリカ人オケィンと取引契約を結んだ。その時オケィンは、「日本との交易には相当の知識を持っており、日本と交易を開始することは充分可能である」と売り込んだ。毛皮を積込みハワイへ寄港し、同地で最近難破した数名の日本人を搭乗させて長崎に向かうという考えだった。しかし、実際にはこの難破日本人は他船が連れ去っていて、オケィンは広州へ赴き毛皮を売却した。毛皮の値段こそ安かったが、彼が帰り荷とした中国商品（砂糖など）は、カムチャッカで求められていたものであった（『露米会社史』）。こうしてバラノフは、アメリカ毛皮貿易船を使った広州との毛皮取引を本格化した。

このオケィン率いるエクリプス号こそ、広州からカムチャッカへの途中、文化四年四月二七日（一八〇七年六月三日）、長崎に寄港した露米会社契約船である。このエクリプス号の寄港については、日本側史料は薪水給与を願ったボストン船と述べるのみで、『長崎オランダ商館日記』にはオケィンの書いた奉行宛手紙について「内容は誰にも理解できない」、『ドゥーフ日本回想記』（永積洋子訳）には「私は船長の名前を思い出せない」とあり、すべては闇の中という雰囲気が関係者の間には漂っている。しかし、船に乗り組んだイギリス人の記録には、エクリプス号は長崎入港にあたってロシア国旗を掲げたので、ドゥーフが流暢な英語で、ロシア国旗掲揚の危険を伝え降下を勧告したこと、長崎奉行側は薪水給与という建前から端船六〇隻分の水を供給したが、処置に困った米船側は夜な夜な給与された水を排水したこと、さらにオケィンは甲板に商品を陳列して湾内の長崎の番船員を招き入れ、販売を図ったこと、などが記されている。しかし、広州から持ってくる商品は、唐船が持ち渡るものと大差はなく、オケィンは早々に交易を諦めて、カムチャッカに向かった。

ロシア領アメリカの毛皮をキャフタへ安定的に供給するため、実力に訴えて日本との通商を試みようというレザノフの構想は、現地の考え方とかならずしも一致しなくなった。バラノフは、アメリカ植民地の物資不足という困難を、現実的に解決できる方法を何でも試してみるしかなかった。それが太平洋への展開やアメリカ契約船による広州貿易への参入という方策を生んだ。ちょうどオランダが東インド植民地と長崎を結びつけるためにアメリカ傭船を使ったように、ロシアはアメリカ植民地と広州を結びつけるために、アメリカ毛皮船との契約を取り結んだのである。オケィンが、スチュアートを知人と称したように（『通航一覧』北亜墨利加部）、かれらは同質のものであった。スチュアートらが、時にオランダの意向を離れて独自の交易を行なおうとしたように、オケィンら露米会社と組んだアメリカ人は、露米会社に常に有利な交易をもたらしたわけではなかった。しかし、会社は彼らに依拠して植民地経営を行なう以外に、その困難を解決することは出来なかったのである。

戸田氏教政権の対外政策

幕府内で戸田氏教を中心として主導権を握った勢力は、レザノフへの対応を一つの経験として、通交を制限し貿易を抑制することこそが幕府の原則的立場（国法）である、という意識を定着させていくが、その政治が、どのようなものかを、①ロシア船撫恤令、②薩摩琉球国産品取扱、③朝鮮通信使、④サハリン対策、を例に考えてみたい。

まず、文化三（一八〇六）年正月に発令されるロシア船撫恤《ぶじゅつ》令に見ておきたい。レザノフは「教諭書」を受諾するにあたり、「嵐や強風に遭って日本のどこかに漂着する」ロシア人に対する保護を要求した（『日本滞在日記』一八〇五年露暦三月二五日条）。この要求に幕府が応えたとされるものが、つぎのロシア船撫恤令である。

先達てロシア船が長崎へ渡来したが、……信牌も取上げて再渡しないよう申し渡して帰帆させた。

……万一漂流して渡来しどこかの浦方へ着岸することもあろう。異国船と判断されれば早速手当して人員を配置し、見分を派遣して状況を確認するように。いよいよロシア船ということであれば、なるべく穏に帰帆させよ。実際難破漂流の様子であり食物水薪等が乏しく、直ちに帰帆できないようであれば相応のものを給与して帰帆させよ。……武力行使に及ぶような非常事態に至った際は、寛政三年（一七九一）異国船取扱令に万般准じて取計うこと（『天保御触書集成』六五三五）。

これは、ロシア漂着船にはレザノフの要請に応えて薪水給与し、帰帆を促すという穏当策（後に薪水給与令の原型とされる）ということができよう。来航船に対して原則これを勾留した上で、対処を幕府に仰ぐという処置を前提とする寛政三年令、寛政九年（一七九七）十二月令を改正し、ロシア船については現地判断で帰帆させることを優先したものである。言い換えれば、万一来航があった場合も、迅速な処理を旨とする政策修整として、撫恤令を考えることもできよう。

しかしながら、老中土井利厚らがロシアを立腹させるような対応こそ再来を防ぐために必要として、林述斎らの顰蹙《ひんしゅく》を買ったことからみれば、ロシア船は穏当に帰帆させよという撫恤令は、見ようによっては一貫しない政策的後退と考えられる。しかも、レザノフ離日直後ではなく、一年近く経ってからの発布である。私はむしろ、林のような勢力をも取り込もうとし、戸田政権は撫恤令発令に至ると考えている。

この前月、戸田政権発足の力になった若年寄立花種周《たちばなたねちか》と大目付久田長考《ひさだながとし》が不祥事で罷免されており、弱体化した同政権は支持基盤を広げるため旧来より政策の幅を広く持たせることが不可欠だった。寛政三年令の発動を非常事態に限定して理解することで、文言上、国法による打払いをうたうものの、実質的に穏便・迅速な帰帆を促すことで対ロシアの安定・緊張緩和化を図る姿勢を示す、そして政権の支持基盤を拡大させることが、この時期に戸田氏教が撫恤令を発令する狙いだったのではなかろうか（後述、一五八頁）。

戸田政権の注目すべき第二の対外策に、薩摩による唐物（琉球国産品）の取扱いがある。幕府は一八世紀末まで、唐船からの輸入品を長崎以外で取扱うことを基本的に認めていなかった。薩摩が琉球を通じて入手する唐物は、白糸と紗綾を例外として、藩内消費が原則だった。しかし、一九世紀になると、薩摩藩は、公然と琉球国産品の藩外売捌を幕府に対して要求するようになる。そのはじまりは、文化元年（一八〇四）の唐物長崎売捌の請願であり、これは文化十四年（一八一七）の琉球国産品をめぐる幕府と薩摩藩との折衝、すなわち薩摩藩の長崎売捌き品目増大のための幕府工作積極展開、そして文政八年（一八二五）唐物二四品目の売捌許可獲得の原点となる。その意味で、薩摩藩の長崎唐物売捌の問題に手をつけた戸田政権下の動きは注目される。

寛政一二年（一八〇〇）、薩摩藩主島津斉宣は、清朝の冊封使が持渡った薬種・器財等を売捌きたいと願い出た。享和二年（一八〇二）、老中松平信明はこれを許さなかった（『通航一覧』琉球国部二十二）。ところが、琉球王府では享和二年に琉球国王尚温、翌三年（一八〇三）に尚成が相次いで死去し、文化元年（一八〇四）に新しく尚灝王《しょうこうおう》（在位一八〇四〜一八三四）が国王となった。琉球の歴史書『球陽《きゅうよう》』は同年は「百姓疲極」「民多年疲苦」という旨の記事を多く載せている。前世紀から続く民衆の疲弊や東シナ海海域の不安定という状況下で代替わりの儀式を行なわねばならない王府の財政難を理由として、薩摩藩は文化元年六月に琉球国産品の内紗綾や白糸の品替え（蘇木・鼈甲《べっこう》・虫糸《てぐす》）を願い出て、唐物交易による財源拡大を試みた。戸田政権は当初「長崎交易方に差障る」という理由でこれを却下するが、翌文化二年（一八〇五）一一月の再願に対しては、「広東・福建地方の産物のうち長崎に唐船が滅多に持ち渡らない品であれば品により検討してもよいので、よく調べるように」という決定を下したのである（『通航一覧続輯』唐国総括部三）。長崎会所はこれに強く反対したが、戸田政権の薩摩（島津重豪＝家斉正室茂姫実父）懐柔策とも考えられる。ここに薩摩藩による幕府工作が本格化する。また、こうした薩摩藩の対幕府工作で、寛政一〇年（一七九八）に長崎奉行が異国船漂着取締として薩摩筋と北国筋の船舶などの監視のために天草に設置した番所も、このころから十全に機能しなくなるという。

こうした事情も考えると、文化七年（一八一〇）に認められた唐紙など八品目の唐物は、中国からの輸入品のなかでは主たるものではなかったが、薩摩藩が長崎での琉球産物販路をこのようにして切り開いたことに大きな意味がある（山脇悌二郎─一九九五）。これを方向づけたのが戸田氏教政権時の方針であり、それを現実のものとしたのが島津重豪の政治力であり、戸田の死亡後再任する第二次松平信明政権の権力状況であった考えることができる。

第三に注目すべきは、朝鮮通信使易地聘礼《へいれい》の公式発表である。対馬藩は、聘礼交渉の進捗を余儀なくされ、享和二年七月に、倭館は交渉開始のため、朝鮮側の講定訳官の任命と赴任を求めた。これに朝鮮側も応じて、新しい講定訳官の派遣を決めた。享和三年（一八〇三）正月釜山に到着した訳官は、監督庁である東萊府《とうらいふ》や朝鮮王府へも何も知らせず、倭館と内々に聘礼交渉進展させた〔長正統─一九七八〕。

対馬藩への特例付与に批判的だった松平信明が解任されたことを受け、こうした釜山での状況を知る由もない幕府は、文化元年（一八〇四）六月朔日、朝鮮通信使の易地《えきち》聘礼近年実行予定を発表し、戸田氏教自らが朝鮮人来聘御用掛を担当した。戸田は、聘礼公表により藩内にその方針を徹底させるよう、家老を呼出して指示した（『江戸藩邸毎日記』）。さらにその後、寺社奉行脇坂安董《わきさかやすただ》・若年寄京極《きょうごく》高久《たかひさ》などが信使御用掛となった。蝦夷地上知に消極的で大藩の押さえを重視する脇坂を中核にするという人選は、幕閣と対馬藩が一体となって易地聘礼を実現する方向を打ち出したものといえよう。しかも、松平信明が老中に復活した後も、朝鮮御用掛の主導権は脇坂が握りつづけ、彼らは月二回、二日と一九日に脇坂邸に集まり、対馬藩重役とともに実務会合を繰り返し、易地聘礼の実行計画を立てた。

一方、何も釜山から知らされない朝鮮王府はつのる不信から、一八〇五年（文化二）五月に、交渉担当の訳官も東萊府関係者も罷免した。対馬は幕府と朝鮮との間に立って窮地に陥った。一二月に釜山に到着した対馬藩家老らは、一年以上に及んで朝鮮側と交渉するが、妥協点を見いだせずにいた。

サハリン上知の前提

享和二年（一八〇二）東蝦夷地のみ上知という決定を覆し、文化四年（一八〇七）年三月全蝦夷地とサハリン上知が行なわれる。再び、一円上知の方針がよみがえる。この問題を、政権の変動（松平信明→戸田氏教→松平信明）に留意しながらたどってみよう。

寛政四（一七九二）年最上徳内はサハリン島に同じくロシア人が現れたというので、同島へ向かった。そこで彼が見たロシア人は漂着者であった。一方、この島で相当量取引されるアムール下流域の山丹品《さんたん》とその交易に従事する山丹人を見、山丹に赴いたアイヌが清朝から満州文書を授けられていたことを知る（図17）（池上二良―一九六八、佐々木史郎―一九九六）。そこからわかったのは、サハリンでアイヌが展開する多様な交流であり、それを管理しない松前藩のサハリン統治の実態であった（島谷良吉―一九七七）。

サハリンのこうした状況が、松前藩との関係で問題とされるようになるのは、寛政九年（一七九七）に再び蝦夷地支配のあり方が政治の俎上に上げられて以降である。

蝦夷地御用掛が、寛政一二年（一八〇〇）一〇月「蝦夷地・松前永久上知」の評議を提案した。これに上知消極派は刺激され、翌月の一一月、若年寄立花は、サハリンを西蝦夷地とともに上知すれば、サハリンで現実に行なわれている山丹交易（アムール川河口流域交易）が問題であるとした。御用掛は、「松前藩はすでに歴史的にサハリンを属島として認識している。山丹交易は他に比べて小規模で、松前藩に許された対外貿易というものではなく、サハリンアイヌの「相対貿易」であって、それをそのまま継続しても、新たに交易を認可したことにならない」と応答した（『休明光記付録』巻之六）。

御用掛たちはさらに、「サハリンは山丹人がやってきて入会状態であるが、だからといってサハリンを放棄すれば、宗谷を放棄し、さらに蝦夷地内部まで放棄し、どんどん退いて行くということは自

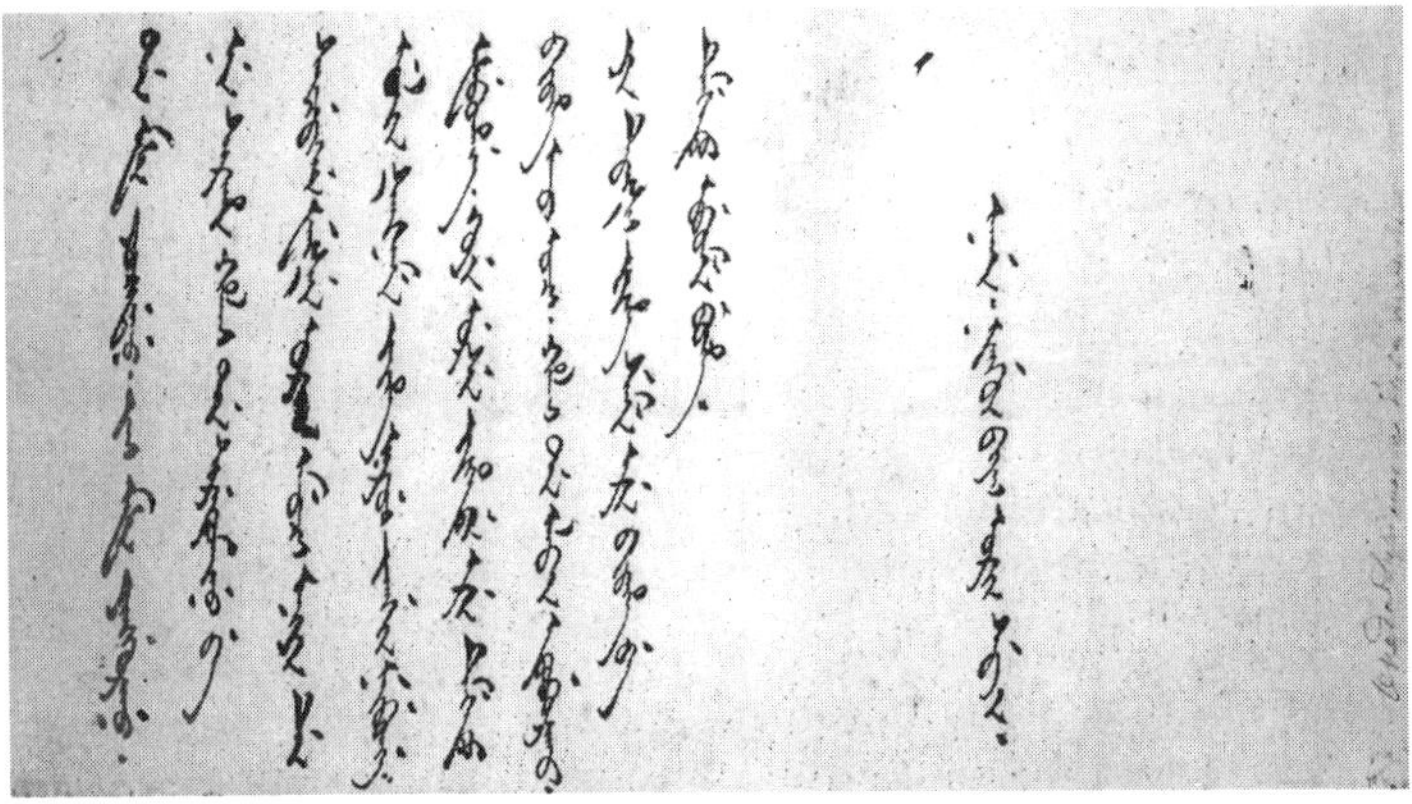

図 15　カラフトナヨロ文書（満洲文、嘉慶 21 年、1816）
1810 年代でも、清朝はカラフト・アイヌに文書を発給する。これらは高橋景保の満洲語研究につながる。

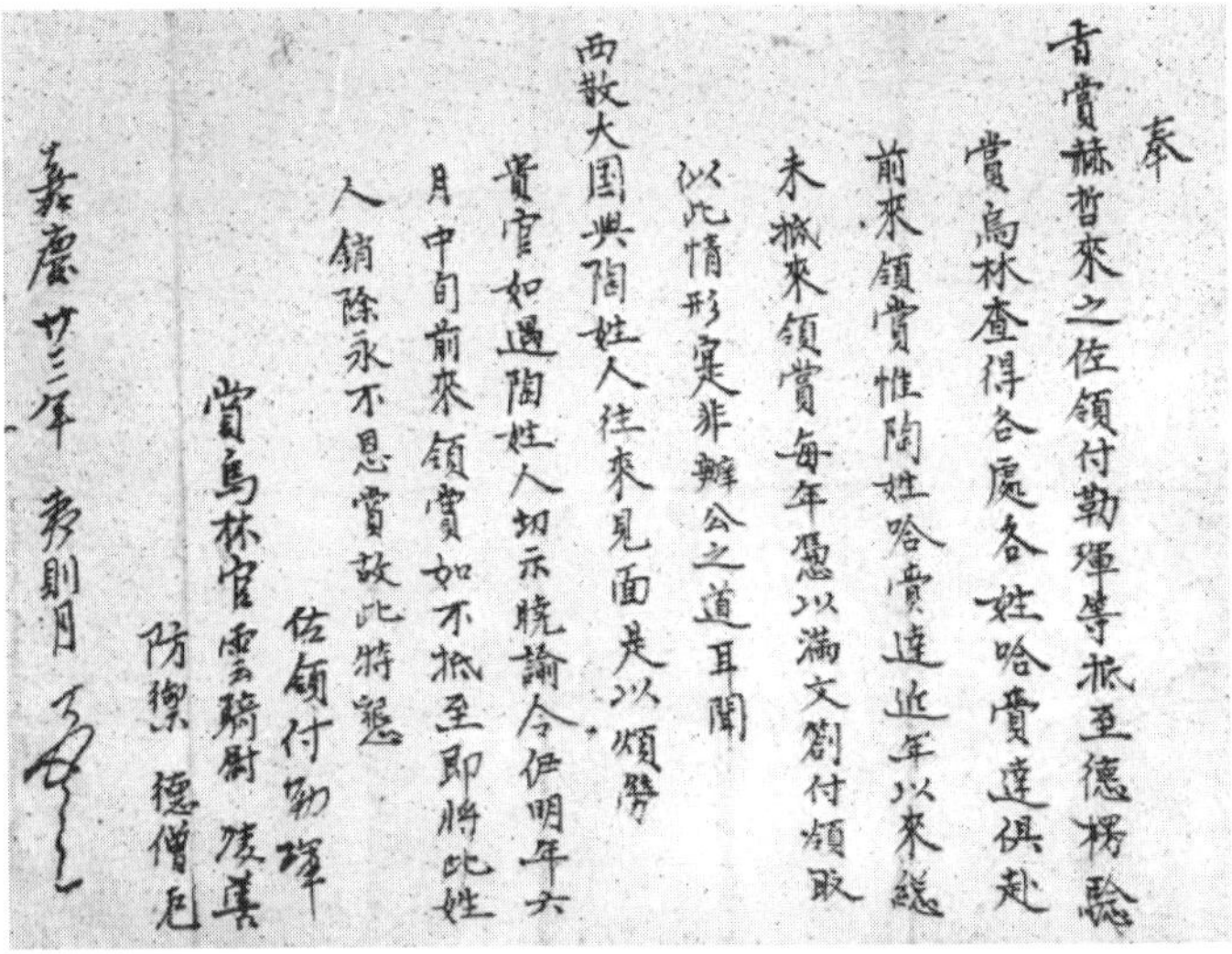

奉
旨賞赫哲來之佐領付勒琿等抵至德楞驗
賞烏林查得各處各姓哈貴達俱赴
前來領賞惟陶姓哈貴達近年以來總
未抵來領賞每年憑以滿文劄付領取
以此情形寔非辦公之道耳聞
西散大国與陶姓人往來見面是以頒發
賞官如過陶姓人切示曉諭令伊明年六
月中旬前來領賞如不抵至即將此姓
人銷除永不恩賞故此特懇
佐領付勒琿
賞烏林官雲騎尉 張善
防禦 德僧厄
嘉慶廿三年 [illegible]月

図 16　カラフトナヨロ文書（漢文、嘉慶 23 年、1818）
実際に清朝に来貢しなくなるアイヌも出てきて、清朝側としては督促する必要が生じた。これは翌年 6 月の朝貢を督促する。

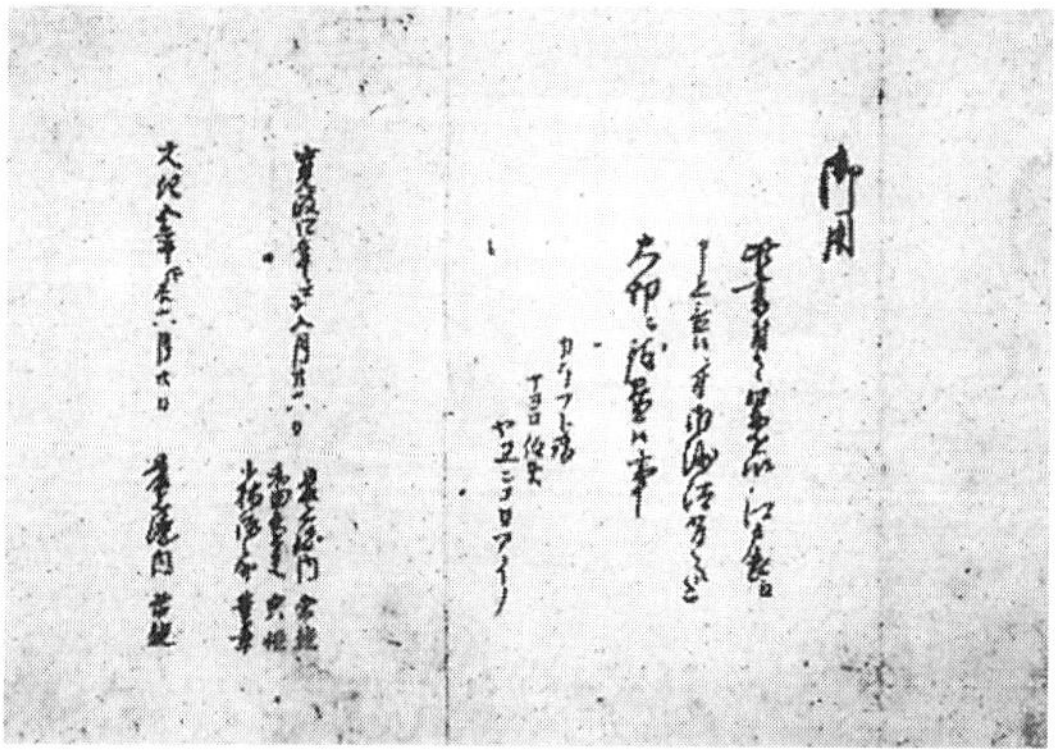

図17　カラフトナヨロ文書（最上徳内書付、寛政4年、文化5年）

最上徳内は清朝文書の写を江戸幕府に届けるので大切に保管するようにと、カラフト・アイヌに命じている。

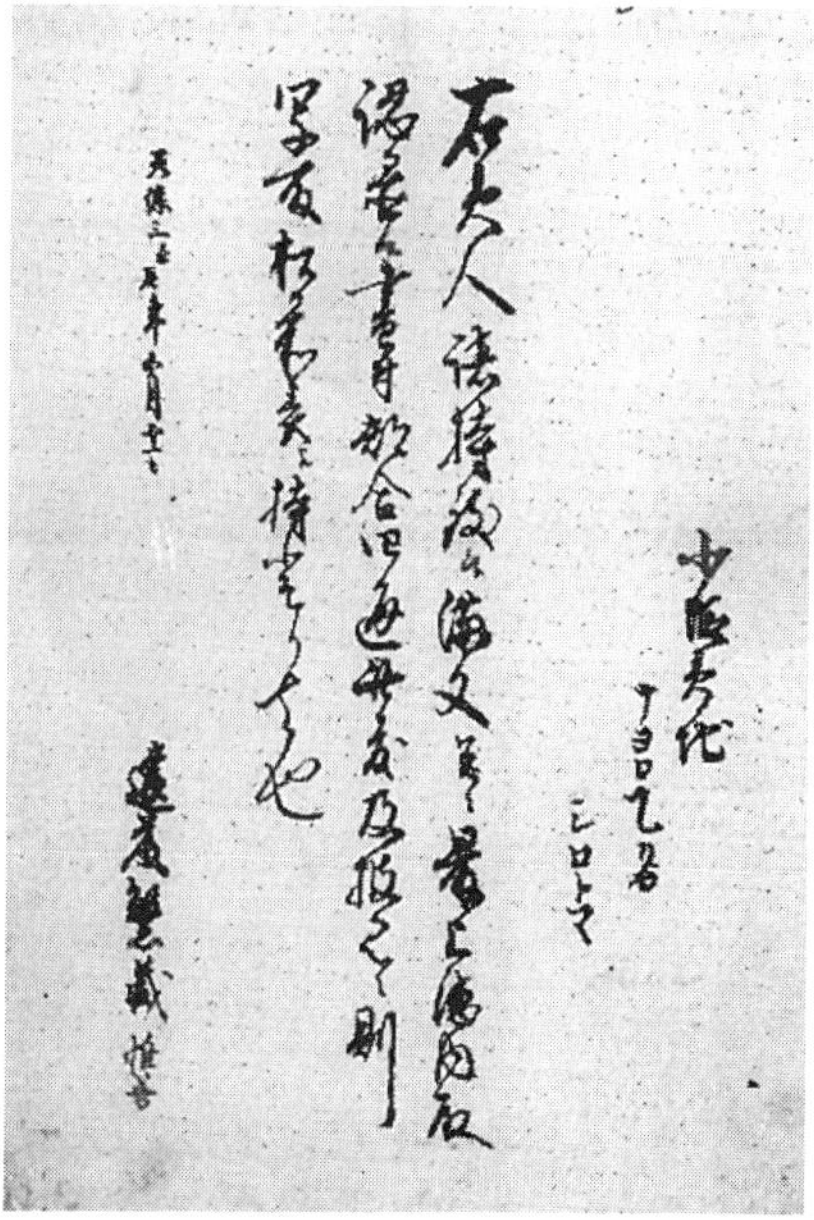

図18　カラフトナヨロ文書（遠藤繁蔵書付、天保3年）

松前復領後も、松前藩ではこうした文書を再確認していた。

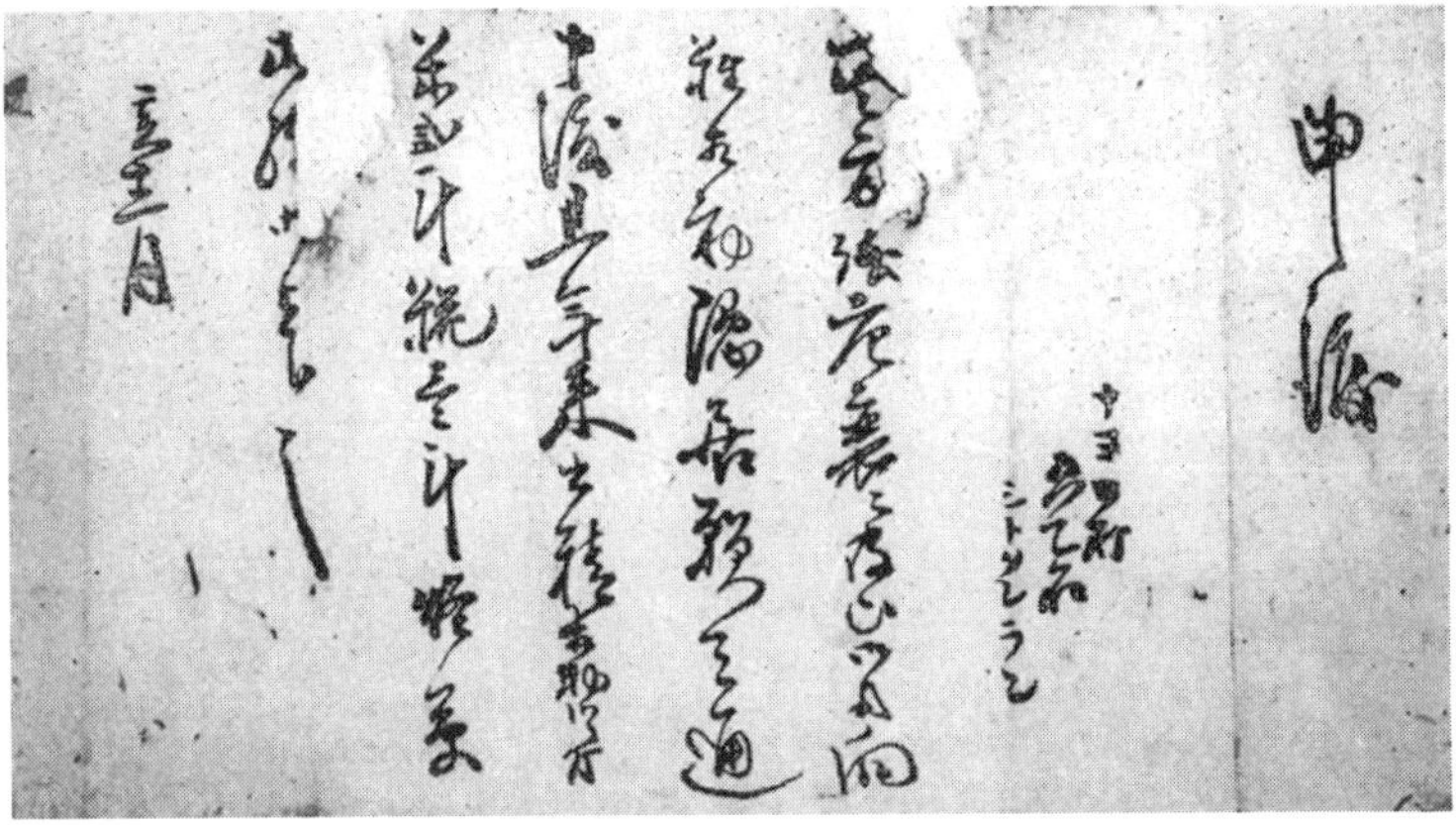

図19　カラフトナヨロ文書（ナヨロ村乙名交代申渡）
ナヨロ村惣乙名の交代を許可し、米・糀・煙草・木綿を与えたもの。

明である。山丹との境界まではいずれにしても日本の地である、……不毛の地は放棄するのがよいという説もあるが、空論・奇妙な考えであり実際をみないもの」として、上知消極派の根強い不毛地放棄論を意識して、蝦夷地とサハリンとは一体であり、両者を区別して扱うことは考えられない、と主張した。「サハリンは宗谷の沖十八里のところにある大島であり、その奥地で山丹・満州と隣接している、東蝦夷地を上知し南千島アイヌの統治を強化してロシア南下を遮断するのだから、サハリンもまた境を見極め、サハリンアイヌの服従を実現する処置が求められている」としている。全蝦夷地上知の議論はこの時点では、ロシアの千島南下と同時に山丹＝サハリン経由の中ロ南下が想定され、その危機感を動機として、サハリン上知を主張するものとなっている（『休明光記付録』巻之六）。

一方享和元年（一八〇一）二月の、三奉行による蝦夷地一円上知反対論・消極論にみえるサハリン論は「たとえ放棄したとしても苦にならないぐらいの遠方のアイヌのこと」（寺社奉行土井利厚）とか「サハリンまでも此度急に幕府の支配を受けるとしたのはどういうことか、事を好んでいるものである」（寺社奉行脇坂安董）としてで、支配としての存在そのものないし直轄化の意義を軽視し、松前藩によるサハリン統治の現状を追認しようとするものであった。

こうした対立を踏まえ、普請役中村小市郎と小人目付高橋次太夫が、サハリンの地理調査に派遣されることとなった（六月朔日宗谷渡海）。結局、中村・高橋両名は、現地での聞取り調査ではサハリンが大陸と地続きかどうか、の判断は行なえず、八月に両論併記の復命を行なった。この復命書の付図が、「カラフト見分図」で、この図は、サハリン島をアムール河口で接続する図（半島説）と海峡を挟む図（島説）との二図面を用意している〔秋月俊幸―一九九九〕。

とはいえ、中村・高橋のサハリン見分は、同地についての空間認識を著しく増大させ、その一方で松前藩のサハリン政策の脆弱性を際だたせた。一二月二三日に御用掛が、「今後はきちんと山丹境まで見分させたい」と伺書を提出したのは、自然の勢いであった。

しかし、二九日にこの伺に対して「見合わせる様に」という老中からの決定が出された（『休明光記付録』巻之七）。蝦夷地上知消極派の抵抗は、サハリン調査の議論でも相当根強かった。その後既述のように享和二年二月に、東蝦夷地永上知のみが将軍の下知となった。サハリン問題は、松平信明を辞職に追い込むことになった蝦夷地問題の尖端的な論点であったのである。

近藤重蔵のサハリン上知論

文化元年（一八〇四）一一月、レザノフへの対応を幕府が議論していた頃、近藤重蔵《こんどうじゅうぞう》はサハリン問題をめぐって上申書をしたためた。一一月四日、老中戸田氏教から「極密の秘策およびサハリンについて兼々心に含んでいる趣旨」を上申するように命じられて、近藤は翌五日上申書を提出した。レザノフ来航は、サハリン上知をはじめ北方国境についての議論を幕府内で再燃させ、その過程で首座の戸田は近藤の所信を求め、これに近藤は積極的に応えてサハリン上知の所論を展開した。

このなかで近藤は、サハリン問題は中ロに対する国境問題であると指摘する。エトロフ島でロシアの南下をくいとめる東蝦夷地上知を評価し、ロシアを警戒する一方、中国についても「遠く沙漠の地も残すところなく図版に収めた」乾隆《けんりゅう》朝の動向から「盛京よりサハリンの奥にある山丹人の居所へはさして遠くない……今後数百年後には山丹地からサハリンの奥地まで併合となるのは眼前のこと」（『近藤重蔵蝦夷地関係史料』二）と中国清朝の脅威も強調する。近藤重蔵の対外的危機意識は、対ロシア意識を基調とするとともに、これ以降、対清危機意識も強まるという（鶴田啓―一九八九年）。韃靼《だったん》（アムール）地方に対する実効支配が清朝によって行なわれていることを、近藤はつよく意識するようになった。つまり近藤は、ロシアとともに、中国清朝によるサハリンとの交流の実態をも踏まえ、国境確定を通じて、対外防備策を充実させるため上知せよという献策をしたのである。レザノフへの対応に直面している幕閣を念頭に、近藤がこのとき『辺要分界図考』を著して若年寄堀田《ほった》正敦《まさあつ》に呈し、サハリンと大陸との陸続きを「論証」することは、とりもなおさず松前藩のサハリン政策に対する批判を強調することを意味し、それはサハリンの上知＝直轄化の必然性を堀田に訴えるものであった。

戸田氏教が、近藤の議論をどのように受けとめたかは不明であるが、レザノフを怒らせて帰国させれば日本への水路も明らかにならない、という老中土井の同年末の主張との違いは明らかであろう。もっとも、当時のロシアのサハリンに対する基調は、キャフタ貿易を継続するべく中国を刺激しないように慎重なものであり、近藤が描くサハリンにおけるロシアの動静は、レザノフ来航がもたらすロシア脅威論の効果を、蝦夷地上知に結びつけるための虚像に近いと考えられる。

とはいえ、近藤の狙いは、文化三年（一八〇六）五月松平信明が復権するとともに現実化する。蘭学者大槻玄沢はレザノフの連れ帰った仙台藩漂流民から聞取りを行ない『環海異聞《かんかいいぶん》』（文化四年〈一八〇七〉五月）を編んだ。その過程で近藤の『辺要分界図考《へんようぶんかいずこう》』を読みこれを高く評価した。フヴォストフらの攻撃の知らせが江戸に届く以前に、幕府内部に、近藤の唱える半島説が一定の支持を得ていたことを想定させる。松平信明政権のもと、文化四年三月二二日、幕府は「外国境は容易ならないことと将軍が思し召された」として松前藩に西蝦夷地の召上げを命じ、サハリン直轄を決めたのである。近藤重蔵は対外関係の資料に精通すると認められ、堀田の肝煎りで書物奉行に転じ（文化五年〈一八〇八〉二月晦日）、以後紅葉山文庫に籠って江戸幕府の外交文書編纂にあたり、『外蕃通書《がいばんつうしょ》』等を書き上げることになる。

この直轄決定直後、フヴォストフのサハリン襲撃の報が箱館奉行羽太正養《はぶとまさやす》の許に届く。羽太はただちに箱館守備にあたっていた津軽藩兵を宗谷へ向かわせ、さらに東北諸藩に対しては箱館援兵を命じ、その数は総勢三〇〇〇人にも及んだという。そして箱館奉行は本拠を福山に移し、松前奉行と改称される（一〇月）。

第二次松平信明政権の発足

レザノフに強い態度で臨んだ戸田氏教政権は、内実は上知消極派で支えられていた。文化三年（一八〇六）四月に戸田が死去すると、翌五月、松平信明が老中に返り咲き、文化四年（一八〇七）には、外国境は重要ということで蝦夷地とサハリンが上知となる。

こうした政権と政策のゆれには前提がある。文化二年（一八〇五）一二月二八日に、若年寄立花種《たちばなたね》周《ちか》と大目付久田《ひさだ》長考《ながとし》が罷免された。『徳川実紀《とくがわじつき》』には、立花は身分の低い者などに用もないのにしばしば面会するし、奥向きや重大事を表向の者に虚偽取り混ぜて漏らしたりするというので蟄居《ちっきょ》を命じられたとあり、また久田についても、町人などをみだりに出入りさせた上に、重大事を彼らと雑談し、立花から得た情報を不注意にも漏らしたり、逆に彼らのとりとめもない話を信用するなど邪なことが多いので小普請入りの上閉門となった、と記録されている。この重大事とは一橋治済《ひとつばしはるさだ》のことを指す。立花は蝦夷地御用でありながら上知消極派であったし、久田は長年一橋家家老を勤めた治済の寵臣であり、大目付までに昇った人物であった。信明が蝦夷地の処理と治済の処遇とをめぐって辞職したなかで、私的に密接な関係を結んでいた久田と立花は、信明を辞職に追い込む勢力の一端を構成していたと見なされていた。その彼らが、治済絡みでもめごとを起こし、いわば放逐された（それができるのは治済以外には考えにくい）ことは、戸田政権がおそらくは治済の支持を失って、弱体化したことを示しているのであろう。そして翌文化三年に戸田が死去すると、レザノフ帰航後の収束先の見えない時局を操れる人材は信明しかなかった。松平信明が政権に復帰したことで、蝦夷地上知派は再び勢力を盛り返し、西蝦夷地とサハリン上知が再び政治日程に上った。しかし、全体としてみれば、信明派にせよ非信明派にせよ、他を圧倒できない勢力関係にあり、第二次松平信明政権にあって対外政策は両者の間で流動的に決定された、と見るべきである。これを文化四・五年(一八〇七・〇八)を中心に①ロシア船撫恤《ぶじゅつ》令改廃とロシア船打払令、②対ロ交易、③蝦夷地経営について検討してみよう。

まず文化四年二月に、箱館奉行羽太と戸川は、自分たちの職務を定めた将軍黒印状と戸田政権が発令したロシア船撫恤令との齟齬《そご》を指摘し、松平信明に指示を仰いだ(藤田覚—二〇〇五)。

箱館奉行宛黒印状では寛政九年(一七九七)一二月令を踏まえ、「異国船の着岸に際しては、現地に滞留させて直ちに注進する」という。他方撫恤令では、着岸した異国船がロシア船であり特別な事情もないならば、速やかに帰帆するよう取り計らう、となった。ロシア船以外の異国船は、黒印状のままの心得でよいだろうか、と両名は伺った(『休明光記付録』一件物巻三)。つまり、この問い合せは、享和二年(一八〇二)黒印状から文化三年撫恤令への変更による、ロシア船に対する穏便迅速な帰帆策を他国船にも拡大・適用するのかどうか、という点に主眼があった。

この問い合せに老中らが答えを出す前の文化四年四月、フヴォストフの文化三年のサハリン島アニワ湾襲撃事件が、在勤箱館奉行羽太正養によって江戸に報じられた。四月二八日、老中松平信明は蝦夷・松前におけるロシア船の取扱について、次のように箱館奉行に命令を下した。すなわち、ロシア船が蝦夷地に来着した場合は、「撫恤令にかかわらず蝦夷・松前は黒印状の趣旨に」（『同』）従え、という。つまり信明は、（迅速帰帆を旨とする）撫恤令を見直し、蝦夷地でのロシア船への応対は享和二年黒印状の線に戻す、言い換えれば、蝦夷地来航ロシア船はまず抑留すると変更されたのである。くり返しになるが、黒印状でうたわれた異国船警備策は、寛政九年一二月令を前提とするものであった。

つぎに、四月二三日エトロフ島襲撃の知らせが箱館に届き、更に前年拿捕《だほ》され再び利尻《りしり》島で釈放された日本人を通じて、フヴォストフの交易の意向が次のように日本語で伝えられた。すなわち、「（長崎での通商拒絶にロシア皇帝が怒って今回の攻撃となり）サハリン又はウルップまでロシア人はいつでも行くことができるのだから、日本人を追い散らしてやる、しかし、願の（交易）筋が叶えられるのであれば、末代までこころやすくしたいとの心掛けでいる」（『通航一覧』魯西亜国部二十）という。レザノフの、通商関係樹立のための武力行使という方針そのものである。

これを受けて、老中らはロシアとの通交のあり方などを評議した。この評議においては、一方では、家康以来の厳禁を守るとする即時打払の考え方が、他方では、ロシアとの貿易開始のためカムチャッカなどに書翰を送る考え方が表明され、いわば硬軟並立の状況であった（藤田覚―二〇〇五）。この貿易開始論は、興味深いのでやや詳しく紹介しよう。すなわち、これは、次のようなものである。

中国にとって日本貿易は銅銭製造のためという国家的目的が存在するのに、中国からは使節もなく、私的貿易と心得ている。日本からすれば薬種の外は得るところはない。ところがロシアはわざわざ長崎や松前迄も使節を立て、交易を願っている。確かに子細があって一旦は交易は許可されなかったが、両度の使節を派遣した信義に報いて、今後隣国のよしみを厚くし、両国の境を定めて交易することを交渉する。その際、千島は、すべて日本側の属国なので残らず返還させる。交易は、従来唐船舶載目録の品を持渡らせ、日本からは鎗・剣の類や金銀銅の類は輸出禁止とする。この分界と交易の二件をロシア国王が承知ならば返答を長崎まで中越べしとの信牌を与える。これによって中国との私貿易を停止できれば、銅の輸出額は激減し、その分を国内で備蓄して大砲を製造することもできるし、銅の国内価格も下げることができる。わざわざ使節を派遣までしたのに聞き入れないならば、強大なロシアにとり大なる恥辱である。万一大兵をもって挙兵することになれば、我国の損害も莫大なものとなろう。(『休明光記遺稿』巻之七)

このように然るべく防備をして異国船と覚しきは打払うという意見の一方で、国際関係と国内経済の変容に即応した通交のあり方を再構築する、という立場もあり、「説まちまちにして一定せず」というのが実情だった。こうした分岐状況は第二次松平信明政権の均衡的性格を端的に表わすものであった。

こうした議論の分岐は、他にもさまざまな局面で現れてくる。フヴォストフ来襲の公表にあわせて、ロシア船撫恤令から、文化四年六月に、とにかく異国船ならまず抑留することへ変更する幕令が、「万一怪しい船を見かけたら、諸事寛政三年に通達したとおり(まずは抑留・指示待ち)に心得よ。しかしあらかじめ攻撃をしかけるような態勢は取るべきではない」(『御触書天保集成』六五三八)と陸奥・出羽・越後に出される。つまり、寛政九年一二月令が、ここで再確認された。

ところが文化四年一二月になると全国令として、ロシア船については「今後いずれの浦にてもロシア船と見受けたなら、厳重に打払え」(『御触書天保集成』六五三九)というロシア船打払い令が発令される。

確かにこのロシア船打払い令は一見すると、排撃体制の確立を求めるものと映る。フヴォストフの予告のようなロシア側の圧力に屈し交易するならば、「日本の内部事情をも見抜かれる事態にも至るであろうから、ただ蛮夷の船を打払うやり方こそ国の体面の威厳を示す」(『休明光記遺稿』巻之七)という立法趣旨であった。

しかしこの体面重視を重視して打払えという老中の決定にもかかわらず、現場に立つ松前奉行川尻春之と荒尾成章は、「(打払と和議は)両端に別れているようだけれど、実際は打払の中に和を含み、和談の奥に刃を持つということでないと、ロシアから侮りを受け、和睦も永久に保つことはできない」(文化五年〈一八〇八〉二月、『休明光記遺稿』巻之八)と主張し、可能であれば和議を追求する考えを表明した。さらに松前奉行はひるむことなく、「ロシア側と日本側の理非がどうか追究し、ロシア側に非があれば責めなければならない。日本側にわずかでも非があれば、明白に理のあるところをはっきりさせる。日本側の非を取り飾って理を曖昧にし、天命にかかわるようであれば、国の大事を実行したとしても、天よりどのような評判をえるであろうか」(『同』)と主張した。

結局老中の結論は、「ともかく(ロシアが返答を求めて来航した)その時に応じて宜しくとりはからうべし」と、必ずしも打払い実行にこだわらないものとなった。老中は「若又通商したいのならば、是迄のいきさつをさっぱりと改め、悪心のない印として、日本人を残らず返還した上で、交易のことを願うようにすべし。そうすれば、伺の上にて来年六月カラフトにてできるかどうか挨拶しよう」（『同』）と（拿捕された日本人を念頭に）日本語でロシア宛書翰をしたため、松前奉行に通達したのである。

このように、文化四年フヴォストフ襲撃が明らかとなって以来、第二次松平信明政権は二つの考え方の間で方針が揺れ続けた。ロシアの交易要求に対しても、拒否一本鎗ではなく謝罪と拿捕者送還という条件付交渉開始という選択肢が生き続けていた。したがって、レザノフ来航に際して表明された教諭書の考え方が、固定的なものとして受けとめられていたわけではかならずしもなく、それをどう受けとめるか、それ自体が勢力間の力のバランスを示していたのである。

そもそも、ロシア船打払令は、現実に即して見てみれば、ロシア船と判断すれば打払いを命じ、そうでなければ帰帆させる、という実行困難な方針である。大槻玄沢は、津太夫らの漂流民への尋問から、ロシアとイギリスの連携を危惧し、薪水を求める異国船に警戒しつつ、「異国船の申口だけで信用してはいけない。帰帆すればよし、打払うのは簡単、といって警戒を止めてしまうのはよくない」（『捕影問答』前編）と指摘した。

ロシア側から襲撃事件をうけて半年あまりの時期に、ロシア船への対応は、穏便帰帆から打払いへと大きく振幅するように見える。しかし、ロシアへの対応は打払いと和議の間で揺れているのが現実であり、その中で異国船来航への分析を欠如すれば、警戒を甘くすることにつながるという指摘が出されたことは注目しておきたい。その指摘の的確さを実感するのが、翌文化五年（一八〇八）のフェートン号事件（後述、一七一頁）である。

つぎに、サハリン政策における文化四年（一八〇七）の議論の分岐と動揺をみておきたい。

文化四年のサハリン政策

フヴォストフのサハリン襲撃第一報があり、文化四年四月二六日、在府箱館奉行の戸川安論《とがわやすとも》は、「サハリン島に三百人規模の常駐体制構築を目指すべきであるが、しかし現実には、同地には八月中旬到着するのが精一杯で、文化四年から五年のサハリン越冬は困難」との消極的な意見を述べた。しかし、老中は同日ただちに「越年もできない及び腰では、西蝦夷地等上知の効もないではないか」と叱咤した。そこで箱館奉行は翌二七日に方針を転換し、「越冬しないとサハリンがロシアに領有され、やがて蝦夷地全体を上知した今回の政策自体が危ぶまれるので、文化四年度からサハリン警備を実行する」としたのである（『休明光記付録』別巻一）。

ところが、五月朔日に今度は老中の側が命令を変更し、箱館奉行の三〇〇人派遣方針に大枠同意を示しつつも、サハリンが異国との境界領域にあたるとすれば、サハリン警備自体が妥当なのかと疑問を投げかけ、「現地警備は宗谷までと区切り、サハリンは撫育という方がよいと考える……去秋（文化三年）の異国人の狼藉などには一向取合わないほうが日本の体面上も然るべきである。……越年できるほどの住居建設は無用にすること」（『休明光記付録』別巻二）と結論した。これは一週間たらず前の老中の積極的な指示とは異なり、わずか数日で老中の判断も動揺していることを示している。

西蝦夷地・サハリン上知論者たちは、蝦夷地積極警備論を唱えることになるが、その対極にある同島放棄論もけっして全否定されたわけではなく、相当程度の力を持っていた。両者の確執は、文化四年四、五月時点でも深刻であることを示す現象であった。

この老中決定を受けて五月二日、在府箱館奉行は、文化四年度の方針として、①幕府人数は、巡検とアイヌ人管理のために一時的なサハリン派遣とする。②津軽藩勤番人数は、同島へ派遣・滞在させるかもしれないが越冬はしない、という方針を上申したのである。老中はこれを大筋承認した。サハリン警備に関していえば、四、五月の時点では老中と箱館奉行の間には明らかに温度差があり、幕府全体としては、当面様子をみてロシアの出方を探る、という様子見路線に落ち着いていく。五月九日、老中牧野忠精《ただきよ》は箱館奉行に、「サハリン島は当年は蝦夷人ばかりで、同島および異国境の様子観察をさせる、来年は軽き者を二人ほど派遣する。その報告により追派するかどうかは判断する」と命じた(『休明光記付録』別巻二)。

今度は五月におこなわれたロシアのエトロフ島攻撃が江戸に伝わってきた(六月)。エトロフ島は、前世紀末から幕府直轄下にあり、幕府も消極性を転じ、津軽・南部・秋田・庄内・仙台・会津など東北諸藩を動員して蝦夷地への出兵を命じた。さらには六月、若年寄堀田正敦、大目付中川忠英《なかがわただてる》、目付遠山景晋《とおやまかげみち》ら重要役職を箱館に派遣した。ただ、立花失脚後蝦夷地を担当するこの堀田派遣は、実際の軍事的動員だけが目的ではなかった。

彼に与えられた命令(文化四年七月一三日)は、「(今回の派遣では)、東西のアイヌのうち二名程ずつを呼出して、幕府の考えを理解させ、米酒を与えてますます幕府の威徳に服従するようにして、重ねて異国人が乱暴した場合には農兵のごとく防禦《ぼうぎょ》の手伝いになったらよいとの趣旨である。漁業繁忙期との重複や遠路負担などがあっては、怨みをかうのもよろしくない」（『休明光記』別巻三）として、ロシアの動きに対応できる蝦夷地経営、アイヌ統治を実現することの調査・検討も重要視されていた。

これは、蝦夷地経営論の流れ（開発＝防備論）を汲むものともいえるが、議論全体からすれば、蝦夷地上知推進派も消極派も、ロシアの襲撃の前に具体的な打開策を示せないままであったといえよう。

割れる議論

サハリンやエトロフへの襲撃に対して具体策が打ち出されないなかで、政権内部の意見分岐はもちろんのこと、幕府内外（ただ幕府関係者やそのブレーンが中心である）の議論もまた割れていた（井野辺茂雄―一九三五、藤田覚―二〇〇五）。まず、この事件の発端であったレザノフへの対応についても、賛否分裂の状況であった。福岡藩の蘭学者青木興勝《あおきおきかつ》は、レザノフ来航を聞きつけ、遊学したばかりの長崎の様子を踏まえ『答問十策《とうもんじつさく》』（文化元年〈一八〇四〉）を著した。青木は「輸入される奇器、玩物、異禽、怪獣などを、古くから賢明な主は非難し、暗愚な主は喜ぶものであって……万国にすぐれた金銀銅と交易するのは惜しむべきことである」と位置づける。「半減商売令」の根拠ともなった交易観である。その上、青木は、「武力行使を包み隠して、文飾を取り繕って、和親を結び交易を通わせたいという美辞としている」ロシアに、この禁制をゆるめたら後悔してもしきれない、と主張する。この著の書かれた経緯からすれば、肥田頼常や成瀬正定ら奉行たちの今回の事態に対する判断を下敷きにしながら組み立てられた論とも考えられるくらい、現実に行なわれたレザノフへの対応を肯定する考え方といえよう。

さらに、文化四年（一八〇七）にフヴォストフらの攻撃が行なわれ、彼らの書翰によって攻撃が通商のためということが明らかになると、幕府の判断は正しく、ロシア側の暴行を論難し、彼らに武力的に対処しようという雰囲気も強まった。ただ、たとえば武力対抗を強く唱えたとされる兵法家平山《ひらやま》行蔵《こうぞう》は、フヴォストフの攻撃を限定的なものとし、大兵を動員しての全面攻撃ではない（これは的確な判断だった）と見て、幕府の軍事組織を動員して敵に備えるような態勢は過剰反応とした。むしろ、市井にたむろする「奸悪《かんあく》にして頑迷なる徒」を駆使して「ロシアを駆逐する」という「蛮夷をもって蛮夷を攻撃する戦術」を主張し、ロシアとの全面衝突を唱えたわけではない。平山が非難したのは、フヴォストフの攻撃を受けたことで、ロシアとの通商を受け入れるという弱腰の対応であった。

一方、やはり蘭学者として有名な杉田玄白は、一連の経緯を「幕府は、国書は取り上げず教諭書を下げ渡して、ロシアの宿志に背いた。ロシアはこれに不快に思い、長崎の取扱は厳酷にすぎ（ラクスマンへの）前約を変更したといって憤り、昨年と今年蝦夷北西諸島に乱入した」（『野叟独語《やそうどくご》』文化四年）とする。これは玄白のみのものではない。若年寄堀田正敦の儒者をつとめ、北方論者としても知られる山田聯もまた「近時ロシアがふたたび来航し、睦を結び信義をあらわそうとし、併せて互市（交易）の道を開くことを望んだ、これは我が隣邦であるが故である。しかし、幕府は以前には受け入れたことを後になって拒絶してしまった」（『予見録』文化四年）という。そもそも外国の通商要求は歴史的に珍しい事態ではなく、幕府が前後相反するような拒否回答をしたことを批判する。このように、通商要求に応えなかったのは幕府の約束違反である、という見方もまた有力であった。こうした見方は、先の松前奉行と同様に通商先を限定的・固定的に考えておらず、レザノフに与えた「教諭書」とは異なるものである。

さらに杉田玄白は、交渉してロシア側が攻撃の非を認めれば交易を開始すべきという。このような考えは、例外的な意見ではなかった。幕府儒官であった古賀精里《こがせいり》は、松前奉行からロシアカムチャッカ庁宛ての牒文を擬して、本意は互市して隣好を修めることにあり、両国の民を乱すことにはないとして、カムチャッカの責任者が「過ちを犯したことを謝まって自ら面目を一新」して、国家の名誉をかけて事態を処理するなら、「ロシア側の本意を幕府に申請し、その要求の重大さを判断して、事態を臨機応変に対処することを求めよう」と語っている。こうした貿易許容論が成立する背景には、武士も民衆も苦しんでいて軍事動員に堪えない、という認識が存在したことは、意に留めておく必要があろう。

松平定信も同じ文化四年、六月〜八月に数次にわたり意見書をしたためた。藤田覚氏によれば、当初定信も、ロシアが謝罪すれば交易を開始すべしと主張したという。これは、杉田玄白や古賀精里と同種のものであった。しかし、定信自身も見解が揺れており、改めて日本側の軍事的対応が拙劣であったと総括し、最終的に「異国だけが問題なのではなく、国内の取締りもこの状況では全くよくないと深く憂えている。現状では通商など許される筋ではありえない」(『松平定信蝦夷地一件意見書』)と通商反対の立場を表明した(藤田覚―二〇〇五年、岩崎奈緒子―二〇一二)。一方幕府は、これらの世論の分岐が混乱を招くことを配慮し、同年六月、朝廷に対して「格別のことではないが、風聞もあるので」

として、この間の紛争を報告したという〔藤田覚―一九九九年〕。

ロシアによるサハリン・エトロフ攻撃という現実は、通商要求を容れるかどうかを厳しく問うこととなり、幕府方針の妥当性をめぐって、さまざまな議論が展開されることになった。その過程で、外国からの要求に対峙する主体性の問題が国内体制の弱体化との関係で意識されてきたことは注意しておいてよい。

つまり、通商開始による緊張緩和に傾いた考え方も、通商は害悪であって不必要であり、武力には武力（ただし本格的な武力行使を前提としていないことには注意）をもって対抗するという考え方も、国内体制強化を重視するという点で通底し、第二次松平信明政権にとって一つの均衡点を形づくっていく。

直捌から場所請負へ

幕府の東蝦夷地直轄は、松前藩の商人場所請負制度を廃止し、幕府が直接に東蝦夷地支配に当たる直捌《じきさばき》制度となった。請負人がアイヌ統治から商売まで執り行ってきた松前藩時代と異なり、蝦夷地におけるアイヌ支配からそこから生産される物産の流通に至るまで、幕府の管理統制下に運営されることが目指された。現地（場所＝漁場）でアイヌと接する支配人・通詞などは温存しつつ、彼らの管理のため役人を在勤させた。また、場所経営の中心であった運上屋《うんじょうや》は会所とし、アイヌとの交易品の集荷の機能に加えて、行政を執行する機能も持たせた。

幕府蝦夷地直轄経営の動機の一つであった俵物《たわらもの》増産について見てみると、各浦・場所ごとの年間平均出産高を調査し、生産高の基準（目当高）を設定した。さらに、この基準の約三倍にあたる目標生産高を設定した上で、その目標への到達度に応じて買い取り価格を高く設定した（出増・値増《ねまし》制）。享和元年（一八〇一）に制定されたこの政策は、その後の干鮑《ほしあわび》増産の基本政策となった〔荒居英次―一九七七年〕。

また、海産物集荷にあたっては、旧来の近江商人を排除して高田屋嘉兵衛《たかだやかへえ》のような新興の商人を重用した。彼は淡路島出身の廻船業者であり、長崎・下関・酒田などを往復していた。一七九〇年代後半には、毎年塩・木綿・米などを積み込んで蝦夷地に来航し、商売するようになり、箱館に拠点を設けた。そして、幕府による東蝦夷地航路に協力し、やがて近藤重蔵らの求めに応じて、潮流が早く渡海が難しいとされたクナシリ＝エトロフの水路開設を行なった〔生田美智子―二〇一二〕。

幕府は、仮上知とともに箱館と江戸に会所を設置するとともに、京都・大坂・敦賀・兵庫・下関・酒田など全国各地に御用扱い商人を任命した。直捌下の箱館会所では、注文の処理でも、産物の回送でも、これら商人の業務に役人が立ち会って、いちいち記録し認可する手続きがとられた。こうして全国から仕入れ金が集まり、全国へ産物が配送され、特に蝦夷地産物の江戸廻送航路が発達した。

しかし、こうした理念的な直営体制は、幕府の人件費などの経費を膨らませた。勘定奉行などは、交易は町人に任せて幕府役人の関与は監督だけとし、経費を削減しようとした。これに対し、箱館奉行は、商人請負は弊害が多いとしてこれに反対した。実際は請負商人の側から働きかけがあったらしく、直捌制度廃止の方向に動いていた。文化四年（一八〇七）に直轄となった西蝦夷地は直捌制度ではなく、松前商人による場所請負制度が継続された。そして五年後の文化九年（一八一二）、東蝦夷地もまた、場所請負人を入札で決めることとなった。多くは松前商人が落札者となり、必然的に東蝦夷地産物も松前に集荷されることとなる。流通量自体は増大したものの、物流経路は上知以前に回帰していった。しかも、入札価格が高額となったことは幕府の収入を増やしはしたが、請負人はそれに見合うよう落札した場所から（つまりはそこで働くアイヌらから）、いっそう多くの集荷品を求めようとし、彼らの労働強化を導くものとなった。

幕府蝦夷地直轄政策は、アイヌ政策としてみた場合、アイヌの人別掌握につとめるとともに、アイヌが旧来から行っていた山丹交易に統制を加え、そこから生じた負債を軽減することを通じ、サハリンへの実効支配を実現していった（佐々木史郎―一九九七）。しかしその一方で、幕府蝦夷地直轄政策は、経営政策として徹底しなかったと評価される。上知派と消極派とが拮抗する中で、消極派が政局の主導権を握るようになればなるほど、上知派の目論む直轄政策は貫徹しないのは当然であった。

第二次松平信明政権の最末期文化一三年（一八一六）になると、幕府はついに俵物増産政策を見直し、出費抑制政策に切り替えていった。つまり出増・値増制を大幅に後退させ、黒干鮑や塩干鮑などの「他売」を認めるなど、直轄集荷の体制も緩和したのである。

3―フェートン号事件とゴロヴニン事件

フェートン号事件

アミアンの和約の破たんは、英仏蘭の紛争をアジアでも新たに展開させることとなった。

一八〇七年（文化四）、オランダ国王ルイ・ナポレオンは、パトリオット派ダーンデルスを総督として派遣してオランダ領インドの防衛を強化し（一八〇八年ジャワ着）、一方、イギリスはミントー卿をベンガル総督に任命し、三人の海軍提督をインドへ派遣した（一八〇六年）。イギリスはケープを再び攻撃して占領し、インド洋における対フランス・オランダ制海権を確立すると、さらに一一月には、イギリス海軍E・ペリュー提督は七隻の英国艦隊を指揮し、バタヴィア沖でオランダに対して海戦を挑んだ。広州とインドを結ぶ重要航路（スンダ海峡）の安全を確保するためである。当時オランダ東インド海軍は、ジャワ東部から香料諸島（モルッカ諸島）にかけて艦船を集結し、香料などの集荷航路防衛にあっていた。バタヴィア湾は、たちまちイギリス艦隊の制覇するところとなった。東インド海軍の主力を叩くため、イギリスは一八〇七年、ジャワ東部スラバヤを攻撃をした。その先陣がE・ペリューの息子F・ペリューである。当時東インド海軍は、ルイ・ナポレオンの正当性をめぐって二分状態となっており、ペリュー父子による総攻撃に耐えられなかった〔信夫清三郎—一九六八〕。

一八〇七年、フランスはポルトガルに軍事進出し、フランスの影響下でマカオの軍事強化が図られる情勢となった。中国での軍事力行使に慎重だったイギリスは、フランスとの対抗を口実に、一八〇八年にマカオに軍事遠征を企て、六月に三〇〇名を派遣する。この背景には、イギリス東インド会社のアヘン貯蔵地の安定的確保の必要性があったともいわれる。この頃からベンガルからのアヘン輸出が急増していた。マカオ軍事占領を見据えた同社主席管貨人ロバートは、戦争の展開に備え、アヘン貯蔵地として安南の島嶼の確保に奔走した。ベンガル総督ミントーと海軍提督E・ペリュー、そして東インド会社ロバートの三人が、一八〇八年マカオ遠征軍の立役者であるが、その裏側にはアヘン貿易の本格化という時代の動きがあった。インド＝中国航路において障害となっていたオランダ艦隊を壊滅させ、後方の安全を確保した上で、ベンガルから派遣されたイギリス海軍のマカオ上陸が準備されたのである（一八〇八年九月一一日、マカオ沖到着）。

F・ペリューは、フェートン号に乗り、この遠征に参加した。一八〇八年七月にマドラスを発ち、八月一三日、本隊に先立ちマカオに到着する。そして、九月一日中国を離れて「バタヴィアから毎年当地《（長崎）》へやってくる船を拿捕する」（Pellew to Doeff, 6th Oct. 1808）〔Veenhoven, 1950〕ために長崎に来航する。文化五年八月一五日（一八〇八年一〇月四日）のことである。F・ペリューは偽ってオランダ国旗を掲げ、入港手続きにきた二名のオランダ商館員を拿捕して食料などを要求した。フェートン号の卸した小艇三艇は湾内を遊弋《ゆうよく》し、出島のオランダ人は彼らの上陸を恐れ、御朱印などを携えて奉行所まで一時撤退した。佐賀藩がこの年の長崎警備にあたっていたが、兵力三〇〇に満たず、不備は明らかだった。長崎奉行松平康英《まつだいらやすひで》は自刃に追い込まれた。わずか三日ばかりの出来事だった〔斉藤阿具―一九二二、宮地正人―一九九九〕。

オランダ船の動きが完全に停止していること（一八〇八年来航なし）を確認して、フェートン号は再びマカオに戻り、本艦隊に合流する。そして、フェートン号はマカオで提督付艦として、一一月にイギリスと中国の軍事的対立の最前線に立つことになる。しかし結論から言えば、多くの会社船は、中国との戦闘には反対であり、ミントーも「中国との軍事衝突は我々の訓令の精神と全く一致しない」

といい、マカオに結集するイギリス海軍の兵員も兵糧も限界に近づきつつあった。中国側も、イギリス貿易を失うことは得策とせず、両者に妥協が成立し、イギリス撤兵により貿易が再開された（中江健三―一九三九〜四〇年）。このように、フェートン号の長崎での動きは数日間の出来事であったが、マカオ軍事占領計画にとっては、背後に備える重要な環であった。

長崎警備のための軍事力は「人々が悲しまねばならぬほどきわめてみじめ」であり「矢と弓、火縄つき燧石銃および砲車なしのカノン砲以外には何も持っていない」（『長崎オランダ商館日記』一八〇八年一〇月六日条）現状であった。これは、フヴォストフ事件につづく教訓であった。自刃した長崎奉行松平康英がその直前、江戸への注進状で次のように述べていることは、注目しておいてよい。

紅毛人二人を召捕え、フェートン号本船へ連行するなど理不尽な行ないであると見えたが、ことを荒立てては直ちに帰帆させるということもできなくなりそうなので、検使はそのまま帰還して、事の次第を報告した。まず穏便に取扱い、もしロシア船であれば湊内へ引入れて蝦夷地乱暴の次第を糺明するつもりであったので、また検使を派遣して、フェートン号に乗移り拿捕された二人の紅毛人を取り戻してくるようにと申し付けて、派遣した。（『通航一覧』諳厄利亜国部六）

長崎奉行松平康英は、ロシア船打払い令（文化四年）の命ずるところに従い、軍艦を実検する危険を余儀なくされたが、現実は、レザノフ警備撤収以後警備はほとんど無力状態であった。異国船警備の建前と現実を踏まえれば、フェートン号の突然の来航に対処できなかったのは必然的結果であった。

実はロシア船打払い令により、長崎では備場が創設され、台場が増設されていたのに機能しなかった。長崎の警備の実質的強化が図られることとなった。到着すべきオランダ船が掲げる合図旗とその有無に対応する検問事項や、その検問回答に応じて到着船に命ずるべき内容が定められると同時に、諸藩長崎警備の増強、長崎警備台場の増設強化などがとり決められた。

文化五年には、佐賀藩による長崎港口閉鎖用の鉄鎖敷設演習、文化六年（一八〇九）には異国船渡来の際の警報伝達方法の演習や四大砲備場の新設、文化七年（一八一〇）には長崎奉行指揮下の舟戦の演習と増台場の増築、などが立て続けに取り組まれた（『鎖国時代対外応接関係史料』）（有馬成甫一九五八）。長崎警備への緊張感の高まりは、長崎関係者だけではなかった。文化六年、長崎警備にあたる福岡藩主黒田《くろだ》斉清《なりきよ》に対し、一橋治済は祖父として「別して万端厳重」に警備にあたるよう訓示を垂れ、佐賀藩の処分を踏まえ、「諸事手抜かりないよう、家臣どもへあつく申しつけておくことが専一だ」と念を押している（『一橋徳川家文書』）。

長崎地役人の動きについても見ておこう。長崎代官弟高木道之助は長崎砲術其外御備向御用取扱に任命され、しばしば出島を訪れ火器や砲術について質問を行い、文化六年には早速砲術の試し打ちを行なった。唐人番もこの演習に参加させられた。そのうちの一人の着衣に着火し、火傷を負う事件が起きた。オランダ医に見せたが回復せず、破傷風を併発し、二〇日あまりで死亡するという痛ましい結末となった（『唐人番日記』）。しかし道之助らは砲術の訓練を積み重ね、同年来航したオランダ船に搭乗して、船上での大砲操作を実地に視察した。このオランダ士官に対して長崎奉行は、「長崎の海上防衛について指導」のために残留を要望したという（『長崎オランダ商館日記』秘密日記、一八〇八年九月二〇日条)。長崎の町では、地役人らが「兎狩《うさぎがり》」といわれる軍事演習を年二回行なうようになった。これを目撃したオランダ商館員フィッセルは、八〇斤(約五〇キロ)の自在砲を担いで発射する高木道之助の体力に驚嘆の声を上げている。その後、高木はオランダに大砲の発注をかけ続けていた。おそらく、それらの大砲を用いてであろう、文政四年(一八二一)には参府して砲術の上覧を得たという(梶輝行ー一九九四)。この高木の蓄積が、後の高島秋帆《たかしましゆうはん》につながっていく。

江戸でのよくない噂

フェートン号事件は、長崎での対外処理のあり方について、再検討を促すものであった。小通詞《こつうじ》本木庄左衛門《もときしようざえもん》は江戸で『砲術備用』の翻訳に従事し、文化五年十二月二一日長崎に戻ってきた。数日して大通詞《おおつうじ》石橋助左衛門と本木がドゥーフのところにやってきて、「イギリス人がオランダとその植民地を征服した。数年来当地にやってくるアメリカ船は全部イギリスのもの」という悪い噂について語り始めた(『長崎オランダ商館日記』秘密日記、一八〇九年二月一〇日条)。

小通詞本木庄左衛門は、『砲術備用』の翻訳のかたわら、若年寄堀田正敦のもとで世界情勢分析に携わる大槻玄沢に協力して、アメリカ、ロシアからイギリスまでの一連の情報分析にあたっていた。大槻はその分析結果を『捕影問答《ほえいもんどう》』前後編として堀田に上書した。

『捕影問答』は「中立国傭船の時代」の同時代史であり、相次ぐロシア・イギリスの襲撃についての現状分析であった。大槻は「寛政九年(一七九七)以来文化丁卯(一八〇七)迄の十一年の間、来航する船はアメリカ船と称するが、実のところイギリスの船が来たのだと思われる」(『捕影問答』前編、一八〇七年）と結論する。商館長は、北アメリカのニューヨーク船でバタヴィアに来港したものを傭船したものだというが、ニューヨークはイギリスの領地だからイギリスという名を避けてアメリカ船を称している疑いがある。そして、「英ロが志をあわせるようなときは、防戦はもっとも難しいであろう。イギリスが近年我が方を伺うのも、ロシアの素志を助けるためか」と、大槻玄沢は英ロ同盟の可能性を指摘する。

フェートン号事件を踏まえ、大槻玄沢はその後編でオランダ人に尋問すべき箇条を掲げる。その中心的論点は、フェートン号の襲来が対日英ロ同盟の発現であるかどうか、である。江戸では、国力の弱くなったオランダをどこまで信頼できるのか、という疑念が生まれ、それが悪い噂として、本木庄左衛門からドゥーフへささやかれたのであった。

尋問は、文化六年（一八〇九）正月まで一ヵ月近くりかえされた。この尋問の詳細は『長崎オランダ商館日記』に、「フェートン号事件の結末に関する日本の秘密記事」として収められている。その記事は、「世界史の中の近世日本」を見開かせてくれる興味深い記述に満ちている。

まず、今回の蘭英戦争の原因と総督亡命に関連して、商館長はオランダの政治的分裂と、フランス革命との関わり合いを説明した。今回の戦争をめぐって国内では、一方の党派が親英的で、もう一方の党派は反英的であり、連邦議会の最大党派パトリオット派は反英的であった。一七九五年に、フランスの力を借りてパトリオット派がオランダ連邦共和国を掌握し、オランニェ公はその家族とともにその時イギリスに亡命した、という。そして、その結果、オランダ船が日本に来航できずアメリカ船を利用する「中立国傭船の時代」が生まれた。問題は、その戦争の結果、オランダがイギリスやロシアに従属することとなったかどうかである。言い換えれば、来航するアメリカ人はイギリス人ではないかということであった。

ドゥーフはこれに対して、アメリカ独立戦争の結果、アメリカがイギリスから独立したことを日本側が理解していないがゆえの誤解であり、「アメリカ人は独立した時から、イギリス王が全く何の権力も持たない、自立したひとつの国民であり、大統領と北アメリカ合衆国の名のもとでそれ自身の政府によって支配される」と答えた。これに対して、通詞側は定信時代から幕府の世界認識の基礎と成ったヒュプネル『コウランツトルコ』を根拠に、アメリカ独立という事態が、幕府に認識されていないことを伝えた。そこでドゥーフは、アメリカのドル貨を示し、オランダへの不信に根拠がないことを次のように説明した。

（ここにあるドル貨幣は）北アメリカ合衆国が、完全にイギリスから独立しているという証明になる。……片面にある自由を表す女性の像とその上に書かれている自由を意味する Liberty と書かれた文字はアメリカが自由で独立していること示す。……そこにある一三の星は現存の州の数と同数である……。……反対側には（鷲が描かれくちばしにあるリボン）に何かラテン語で書かれており、……おそらく、United States of America で、それはアメリカ合衆国を意味している……アメリカ人が英語を喋るので日本人はきっと大きな疑問を持っているが、その言葉が合衆国でなお使われており、……『コウランツトルコ』が日本人を混乱に陥れたことについては、私は何も異議を挟むことはできない。……無知のまま、すべてが一〇〇年以上も前のままであると考える。（『長崎オランダ商館日記』秘密日記、一八〇九年二月一四日条）

この説明に通詞は興奮し、「これはすごい証拠だ」と声を上げた。ここで明らかになったのは、江戸幕府の国際情勢認識を形成したヒュプネル地理学の限界である。その『コウランツトルコ』は当時、日本では最高の地理学書とされて、蘭学者にしばしば引用された。にもかかわらず、やはり一〇〇年前の知識であり、世界情勢としては古く、特にアメリカ独立革命やフランス革命を反映していないものであった。この時代差が、大槻玄沢の情勢分析を誤らせた。

商館長は、ロシアの動向については、北米海岸の植民地確保が主眼であり、ロシアが松前で食糧や薪水を得られればカムチャッカより利便であることを回答し、英ロ同盟の可能性については、両国が友好関係にあり、「そしてわれわれの敵である」と答えた。以上を通じて通詞は「疑問は全部解消された」といった。

しかし、一連の尋問の最後に、「ここ数年多くの外国人が当地へ貿易を求めに来る理由」は何かという「即座に答えることのできない問題」を通詞は質問した。

英艦隊の来襲により二年間、来航船はなく、戦況も総督府の対日政策も不明な上、対日貿易は、「東インド産の、日本のために必要な品物（たとえばインド更紗であろう）は我々の敵であるイギリスから入手せねばならない」という根本的な困難に直面していた。ドゥーフは「諸外国が当地に貿易に来ても構わないと早まって答える決心をしたくなる」と、日記に弱音を洩している。しかし、「日本はなお失うには惜しい。なぜならば棹銅はかの地（インド亜大陸）で不可欠の、しかも大きな貿易利益を生む商品なのだから」と考え直し、寛政二年（一七九〇）の「半減商売令」によってオランダ人の幕府における評価が低くなったと諸外国が受けとめ、日本との「貿易を求めるならばオランダ人を完全に日本から追い出せる可能性があると考えている」（『同』、一八〇九年二月二六日条）からだ、という理由を考え出した。私は、事態の根本原因を日本側（の半減商売令）になすりつける上手い理由付けだと思うけれど、現実にインド亜大陸での商圏の復活があり得るのか、その主因であるヨーロッパ戦局がどうなるのか、これは相変わらずドゥーフには見通せない問題であった。

一八一一年（文化八）以降、バタヴィア自体がイギリスに占領されると、来航するのはイギリスのジャワ副総督ラッフルズの命令に従ってやってくるオランダ人たちだった。見ようによっては、イギリス人に従うオランダ人という大槻玄沢らの危惧は現実になるのであった（後述、一九八頁）。

蛮書和解御用

江戸では、ロシアに続くイギリスの脅威が具体的に理解されるにつれ、新しい動きがとられるようになった。その一つは、江戸湾防備の具体化である。

文化七年（一八一〇）二月、幕府は、会津藩に相模側を、白河藩に安房・上総側の警備を命じ、それぞれに三万余石の領地を割り当てた。会津藩は城ヶ島や観音崎に、白河藩は州崎や竹が岡などに台場を築き、それぞれ五〇〇名、六〇〇〜八〇〇名程度の藩士を常駐させた。これは、幕末に至る江戸湾防備の具体化の第一歩であった（原剛―一九八八）。

常駐会津藩士は日常的には各台場への交代勤務を行い、月例の大筒打ちの他、行軍・弓・馬術などの非常事態に備えた戦闘訓練が重要とされた。このため割り当てられた領地から領民や水主を徴用しなければならなかった。同藩ではその年貢米を相州に貯蔵し、軍用米や駐在者の扶持米に宛てたという。〔高橋令治—一九六二〕。

軍事的対応とともに、文化・学問分野でも、この危機に対応しようとする動きが見られる。『捕影問答』の著者大槻玄沢は、宝暦七年（一七五七）仙台藩支藩一関藩の藩医の家に生まれ、杉田玄白や前野良沢らの次世代を代表し、一七九五年一月一日（寛政六年十一月）には、オランダ正月を催して蘭学を担う自負を示した人物であった。

『捕影問答』の提出先である若年寄堀田正敦は、松平定信以来歴代政権の信頼する人物であり、寛政二年（一七九〇）に若年寄となったのち、天保三年（一八三二）に致仕するまで、四〇年も若年寄を勤め続けた。立花失脚後対外問題で松平信明などを助け、実家仙台藩の補佐を勤めるなかで対ロシア危機にかかわって藩医の大槻玄沢を重用するようになった〔佐藤昌介—一九九二〕。蘭学研究を学問の上でも体制的にもリードしてきた玄沢は、その国際情勢分析が一〇〇年前のものであるとドゥーフから指摘され、日本における世界地理、国際情勢の分析の遅さを痛感した。

文化七年は商館長参府年である。大槻玄沢は参府したドゥーフ一行と面会した。たまたまオランダ医官は病気だったが、「オランダ医師に限らず、蛮学執行（西洋学研究）について、商館長へ話を聞きたい」と申し立て許可を得た。実際、ドゥーフとの面会では、広州での外国交易の実態についての情報提供があったほか、フェートン号艦長ペリューも話題となり、その父E・ペリューが「軍惣大将アドミラル」であることを知った（大槻玄沢『庚午西賓対話記』）。こうして江戸参府の持つ意味が、儀礼的イベントから変化し、国際情勢分析の場として位置づいてくることになった。

玄沢は、幕府から「蘭学が盛大となるような良策」の下問を受け、西洋研究の機構を設立して、次のような機能を備えることを提案する。①「地理学は蘭書に依り調査にあたること」を主要任務とする。②「異船外寇に対し海防等を行なうにも」、また日本人や外国人の漂流漂着の場合にも、「中国の理藩院にて異国のことを取扱っているのと同じような」、国際事情の調査体制を用意する。③「近来は学術の名を仮り、世に異風を唱え、俗を惑すものがいるので、そうした悪弊も相改り、情報統制も有効になる」（『磐水存響《ばんすいぞんきょう》』）ものとする、というのである。

文化八年（一八一一）松平信明は仙台藩に対して、藩医大槻玄沢を「天文方高橋景保につけ、阿蘭陀書籍和解の御用を相勤させるように」と命を下した。玄沢らの登用は「堀田正敦の御差図」という。堀田を政治的な窓口とし、北方研究で培われた蘭学者・天文方のコネクションを活かしながら、玄沢は国際情勢の変化に対応できなかった蘭学自身をアップデートするしかけを作り出したのである。これには、北方問題の最前線にあったオランダ通詞の俊才馬場佐十郎が参加した。平常時にはオランダ百科事典であるショメール『厚生新編《こうせいしんぺん》』を翻訳しつつ、対外的な問題が起こった際には必要な資料を訳出する業務に携わるという。

その後も、長崎通詞が数年交代で天文方に詰合い、翻訳や来航外国人応接に携わる。アヘン戦争後、特に弘化三・四年（一八四六・四七）前後から外国船がしきりに来航し、嘉永二年（一八四九）から天文台詞の通詞は二人詰めとなる。一方、通詞たちは、蛮書和解御用を勤めるかたわら内弟子を採ることを許され、蛮書和解御用がオランダ語教育の機能を果たすようになった〔片桐一男―一九八五〕。

対馬での易地聘礼

文化元年（一八〇四）に、公表されたように、文化四年（一八〇七）三月二九日、幕府は上使を小倉藩主小笠原《おがさわら》忠徳（のち忠固《ただかた》）とし、差添を脇坂安董《わきさかやすただ》として、文化六年（一八〇九）通信使の対馬聘礼を発表する。朝鮮通信使の易地聘礼もまた、第二次松平信明政権が前政権から引き継いだ対外的課題である。しかし、対馬藩は一向に復命を行なわず、脇坂は不安を感じしきりに督促した。聘礼をめぐり内紛状態だった同藩は、朝鮮側が提出した関係書類と提案した書契案をすべて幕府に提出し、判断・指示を仰ぐこととなった（文化五年〈一八〇八〉二月一六日）。これらは、朝鮮と幕府との間で操ってきた（対馬藩と訳官の）不正と偽装を明らかにするものであった。これを見た脇坂ら御用掛は、「こうした（不備な）書類を軽率に老中に伺ってはどうなるか判らない」（『文化信使録』）と受理せず、対馬藩の偽装を事実上不問に伏した。他方脇坂らは、朝鮮側が用意した書契案に即して朝鮮側への返事を作成させ、これを江戸から直接釜山倭館に使者をつかわして届けさせる異例な事態となった（六月）。

朝鮮側は、妥協として、対馬に渡海訳官を派遣して、そこに出張する幕府委員と易地聘礼の交渉を行なうという回答を行なった（八月）。こうして日朝両国は、易地聘礼実施細目の交渉に入ることとなった。

幕府から派遣されたのは、レザノフのときも江戸からの使者となった目付遠山景晋《とおやまかげみち》である。文化六年二月に遠山は品川を発ち、七月には、対馬にて朝鮮側渡海訳官に易地聘礼が幕府の意に出たことを伝達し、以後対馬藩関係者と交渉を行なうべしとの覚書を手交した。対馬側と朝鮮訳官の交渉課題は①旧例を廃止して対馬で応接する新例を作ること。②易地聘礼の本来の目的である通交経費を削減すること、の二つであった。この交渉を通じて朝鮮側は、礼式や人員を削減することを実現した。この聘礼に伴う対馬藩の損失に対し、易地聘礼実現を急ぐ幕府は、同藩に財政補塡することとした（田保橋潔―一九四〇、尹裕淑―二〇一一）。こうして朝鮮側から合意を得た幕府は、翌文化七年（一八一〇）四月一二日、通信使来聘を文化八年（一八一一）春に実行することを再度発表するに至り、朝鮮も国王の裁可がでた。

かくて、文化八年二～三月に、上使小笠原忠固と副使脇坂安董、そして儒者の林述斎《はやしじゅつさい》と古賀精里《こがせいり》が江戸から対馬に向けて出発した。朝鮮側も、通信正使金履喬《キムボツクギョ》、副使李勉求《イミョング》が二月に京城を出発し、三月に厳原に到着した。日本側の到着後、五月二二日に朝鮮国書授受が行なわれ、六月一五日、将軍家斉からの回答国書が授受された。

こうした対朝鮮交渉の結論を考える上で、真壁仁氏の指摘する回答国書の作成過程が注目される。それには儒者草場珮川《くさばはいせん》（古賀精里の弟子）による文案と奥右筆屋代弘賢《やしろひろかた》による文案があった。前者は旧来の例にならい幕府儒者が起草したかたちのもので、「さきに幕府は、国書を津島《（対馬）》で授受し、もって経費を省き、民衆を裕かにするとして建言した」（草場珮川『津島日記』）と、易地聘礼の幕府側の理由を具体的に記述している。これは草場の原稿を古賀が添削し、林述斎らが議論して決めたものである。

しかし、実際回答国書には屋代の文案に基づいて、「今我が将軍職を継承するということで、通信使を派遣していただくこととなり、贈られた宝は非常に多く、大変ありがたく思う。この儀礼を対馬で行なうので、事は新しくなるのであるが、意図するところは古くにならうところにある」（『通航一覧』朝鮮国部七十八）となった〔真壁仁―二〇〇八〕。経費削減を口実にして朝鮮側を交渉の場に引出したものの、交渉上の不手際から、朝鮮側に譲歩を重ね、その要求する削減を多く容れて合意せざるをえなかった。その、いわば政治過程を表現したに等しい草場案を、御用掛は採用できなかったのであろう。

その一方で幕府は、易地聘礼のため、対馬藩に財政的なてこ入れを行った。来聘の経費として文化二年（一八〇五）一万両、文化四年八万両下賜（『浄元院公実紀』）をはじめ、三万両拝借金が幕府から支出された。通信使が対馬に滞在するための建設営繕工事や街区整備などにかかる費用も、すべて幕府が負担した。さらには文化九年（一八一二）以降、毎年二五〇〇両拝領が認められた。そして文化一四年（一八一七）には、対馬藩へ二万石が九州と下野国に与えられることとなった。

しかも財政出動による来聘実現は、対馬藩だけに向けられたものではなかった。責任者脇坂安董に対しても、「朝鮮御用で幕府から拝借した金壱万五千両は返納するに及ばず。居屋敷類焼で拝借した金五千両も三ヶ年間返納を延期」という措置がとられた。対馬側の責任者となった平田隼人は、藩世子岩千代（一三代藩主義質《よしかた》）と脇坂の娘の婚儀を画策したと伝えられている（『厳原町誌』）。つまり対馬藩は、「大藩による異国の押さえ」という方針を重視する脇坂と結び、易地聘礼を政治日程に載せるとともに、自藩に対する幕府の援助を最大限引き出す政治的構造を作り出した。本来、松平定信の易地聘礼は、通信使聘礼にかかる費用を省き、幕府財政と諸国人民の負担を減らすところに狙いがあった。それは朝鮮側も同様である。しかし、結果としての易地聘礼は、幕府側にとっては直接的には財政削減とはならず、対馬藩などが幕府財政から支援を引き出すものとなった。これはのちの松前復領の論理につながるものである。

大口勇次郎氏の推計によれば、易地聘礼のため、国役は全国一律の国役課金三一万両となり、使節関係として支出された一九万両以外の一二万両は、宗氏・脇坂氏への下賜金等へ流れ込んだという〔大口勇次郎―一九八四〕。

ここで注意しておきたいのは、遠山景普と一緒に、文化六年交渉のために対馬に赴いた勘定岡本忠次郎（成）である。彼は、遠山より半年遅れて江戸に戻り、再び正使と共に対馬に滞在し、通信使接遇のための諸費用を管理した。岡本はこのときの経験から、易地聘礼は対馬藩の言うがままに幕府が動かざるをえないしかけと感じたと思われる。その後、彼はのちの老中水野忠成《みずのただあきら》と改鋳政策をめぐり衝突して引退に追い込まれるが、水野忠邦《ただくに》政権下の勘定奉行として、対馬藩に有利に働く易地聘礼の廃止を提案し、大坂招聘の枠組みを考え出すこととなった（大坂招聘は実行されず文化聘礼が最後となる）〔川田貞夫―一九九〇、池内敏―二〇〇六〕。

ゴロヴニン事件

世界戦争としてのフランス革命戦争（ナポレオン戦争）は、その後も断続的に日本海域を混乱に陥れた。ゴロヴニン事件とラッフルズの出島奪取計画である。ロシアのゴロヴニン海軍少佐がクロンシュタットを立ったのは一八〇七年露暦七月だが、オーストラリア大陸を迂回する太平洋南北縦断航路を採り、カムチャッカに到着したときには、一八〇九年露暦九月となっていた。ロシア海軍は、レザノフなどが考えていたサハリン拠点化には消極的だったが、一八一一年（文化八）に至り、太平洋測量を重視しゴロヴニン艦長、リコルド副艦長以下軍艦ディアナ号を南千島方面に派遣した。一七九六年にウルップ島で目撃されたイギリス艦ブロートン号測量を踏まえ、この海域の海図整備を目的としていた。ゴロヴニンは既訪の航海者（クック、ラペルーズ、ブロートン、クルーゼンシュテルンなど）の測量データを整理し、ラショワ島から南千島については「ブロートン艦長がシムシル島に小艇を派遣した以外に、誰も、どの島にも上陸しなかった」（『日本俘虜実記』）と結論した。

そこで、ゴロヴニンはカムチャッカから出発してウルップに至る諸島を測量し、一八一一年露暦六月一七日（文化八年五月九日）、エトロフに達した。ゴロヴニンは自らエトロフ島に上陸したが、クナシリへと先を急いだ。彼は、ブロートン海図で不明である根室海峡確認を急ぎ、さらに、アイヌ通訳からクナシリの寄港しやすさを示唆されたためであると述べている。ロシア海軍の詳細訓令は、千島列島南部のランドマークとしてクナシリ最高峰のチャチャ岳の位置を正確に測量することを求めていた（『日露関係』一の一一八）。

ゴロヴニンはクナシリの泊に着き、露暦七月五日（五月二七日）小艇をおろして測深を始めた。南部藩の守備兵は彼らに砲撃した。しかしロシア側は応戦の意志はなく、ゴロヴニンらは通訳アレキセイ

（千島アイヌ）を伴って上陸し、会所で松前奉行支配調役と面会した。が交渉は決裂し、日本側は彼らを捕え、ここにゴロヴニン事件が発生する。

ゴロヴニンら八名は捕縛され、ただちに根室に移送され、そこから陸路箱館へ、さらに松前へ移された（文化八年八月）。松前奉行荒尾《あらお》成章《しげあき》が尋問にあたった。尋問の焦点は、文化三・四年（一八〇六・〇七）のフヴォストフらの襲撃事件が、ロシア政府の命令に基づくものかどうか、ゴロヴニンがこの襲撃事件と関係するかどうかにあった。

これに対しゴロヴニンは、フヴォストフらの襲撃事件は、ロシア政府の関知するところではないと主張しつづけた。そこで、奉行はゴロヴニンの弁明・経緯説明や関係証拠の和訳などを、一一月に江戸に送致し、彼らの無罪願書を取り次いだ。翌文化九年二月、江戸の老中土井利厚はロシア人などを帰国させるのを許さないばかりか、「ロシア船が着船したら、たとえ漂流の様子でも容赦なくこれを打ち払え」とロシア船打払令どおりの処理を命じた（『通航一覧』魯西亜国部三十三）。この命令を聞いたゴロヴニンらは大いに失望し、脱走を企てたが、再び捕らえられた。

オホーツクの露米会社事務所では、一八一一年露暦八月一二日、ロシア領アメリカに対してゴロヴニン拿捕を伝え、次のような指令を発していた。

今回の（リコルドの）報知や噂によれば、日本人は相当程度しっかりと武装しており、サハリン島近辺の全島で恒常的に不寝番の状態にあるという。これをふまえ、オホーツク事務所はサハリン遠征を延期せざるを得ない……日本人のやり方は現在の遠征計画の妨げとなろう。この状況はいずれにせよ来年一杯は改善されない。……来春になってもロシアは大型船を用意できず、また、現在以上の乗組員も武器も用意できないからである。〔Oregon Historical Society, 1989〕

つまり、オホーツクの露米会社事務所では、ゴロヴニン事件で、南千島からサハリンにかけて日本との緊張が生じ、同地域とオホーツク、カムチャッカ、アラスカとを安定的に連絡することは、一八一二年（文化九）一杯は実現困難、と判断した。そしてサハリン遠征は中止し、事態が深刻化する以前にアラスカ地域に輸送力の余力を移動しておくことという指令が、オホーツクから露米会社各拠点に流された。オホーツクの露米会社からすれば、ゴロヴニンをめぐって日本と問題を起さず、ナポレオン戦争を前提にアメリカ植民地の安全を確保しようとしたのである。これは、バラロフの経営戦略に沿うものといえよう。

リコルドはゴロヴニン救出のため向かったイルクーツクで、日本沿岸への遠征隊派遣を申請した。しかし、一八一二年のナポレオンのモスクワ遠征を控えていたヨーロッパ情勢から、皇帝はこの救出計画を許可せず、オホーツク当局の下で測量を継続し、ゴロヴニンの運命を調査するため、クナシリに寄港する許可を与えたのみであった（『海軍少佐リコルドの手記』）。

国際情勢の難しい局面のもとで、リコルドは日本側との交渉をさぐることになった。リコルドは、フヴォストフが拿捕した日本人五郎次を伴って、露暦七月二二日（六月二六日）にオホーツクを発ち、露暦八月二八日再びクナシリに来航した。リコルドは五郎次を日本側に派遣するが、彼は戻ってこなかった。

そこでリコルドは、エトロフから箱館に向かう途中の観世丸の高田屋嘉兵衛を拿捕《だほ》し、カムチャッカへ連行した。嘉兵衛は、日露両国の調停にあたることを決意し、同地でリコルドと寝起きをともにしてロシア語を身につけ、日本の対ロ政策の現状を次のように説明した。レザノフ来航は、多くの日本人から期待されていたこと、日本人の敵対行動は、フヴォストフ襲撃事件に起因するものであり、隣接する大国と無益な争いをする考えはないこと、日本の強硬な態度は事件がロシア政府の意図かどうか不明であるためで、ロシア政府から釈明を得たいという願望に基づくものであること、であると。これを了解したリコルドは、一八一三年（文化一〇）露暦五月、嘉兵衛とともにクナシリへ向かった〔生田美智子—二〇一二〕。

リコルドがクナシリに着いたのは、露暦六月一二日（五月二六日）で、そこで嘉兵衛や日本人水夫を上陸させ、幕吏との折衝が始まった。

日本側は、嘉兵衛がロシア船に拿捕との松前奉行の報を受け、老中牧野忠精《まきのただきよ》は文化九年九月、勘定奉行・寺社奉行・町奉行の三奉行に対応を審議するよう命じた。藤田覚氏によれば、このうち寺社奉行たちの間では考え方が分岐しており、阿部正精《あべまさきよ》・松平乗寛《まつだいらのりひろ》がゴロヴニン釈放を、脇坂安董《わきさかやすただ》・松平輝延《まつだいらてるのぶ》が釈放反対を唱えたという。

これらに対して在府松前奉行荒尾成章《あらおしげあき》は、「松前で渡したラクスマンへの国法書、長崎でレザノフへの教諭書を熟覧すると、ロシアを忌嫌う意向が強く、為にする文章も多くあり、後世の基準とはならないのではないか」と述べ、外国の兵を招かないよう事態を解決するべきとした。にもかかわらず、老中は松前での国法書や長崎での教諭書の「趣旨を終始貫かなかったら国の体面が立たない、このまま釈放したら二度の教諭も破棄したことになる」と言って、ゴロヴニン釈放せず、という方針を示した。

松前奉行荒尾は、この老中の方針に対して真っ向から反論を試み、ゴロヴニン拘束はロシアとの戦争の危険性を拡大し、国内的にもどのような困難をきたすか予測できないとして、松前からの早期釈放を主張した。この主張を踏まえ、一一月若年寄堀田正敦は事態解決へ舵をきり、松前奉行に釈放の手順について、具体案の提示を命じた。奉行たちは、襲撃事件について皇帝の命令ではないという趣旨のロシア皇帝か重臣からの応答が必要であり、その応答をロシア側に求めるため、ゴロヴニンの請書とロシア側への書簡（翻訳付）を用意し、ロシア船の渡来に備える、と提案した〔藤田覚―二〇〇五〕。

この提案をうけ、老中は書簡の原案を作成し、松前奉行に検討させた成文（「魯西亜人教諭書」）を松前に送付した（文化一〇年）。そして、ゴロヴニンに請書を書かせると同時にロシア語訳させ、さらにこれを日本語に反訳させて、わざわざヨーロッパ風の封筒を造り、それにロシア語で「ロシア艦の艦長へ」と上書きして、エトロフ・クナシリなどへ送付し、ロシア船の来航に備えたのである。その中身は、

（フヴォストフらが）エトロフ等で乱暴したのは、何の恨みがあってなのか、その理由は理解しがたい。然るに文化八年（一八一一）にロシア船が漂着の如くクナシリに来たので、そのうち七人を拿捕した。彼らがいうには、以前の来島は海賊の仕業で、ロシア政府役人の関知しないところ

である、と言っているが、……本当に海賊に違いないならば、あやまりを申し越せ。もし承知するなら江戸に伺って、拿捕者《ゴロヴニン》たちを帰還させることもあろうから、来年（文化一一年）箱館まで船を派遣せよ。（『通航一覧』魯西亜国部三十八）

というものであった。「あやまりを申し越せ」の文意は、ゴロヴニンのロシア語訳からの反訳では、より具体的に「（襲撃は）政府が了解し命じたものではないことがはっきりしているなら、官庁よりこのことを回答として明弁（「明弁」に謝罪の意味はない）して書き送って来るべし」となっている（以下「明弁書」）。フヴォストフ襲撃へのロシア政府の無関係を確認することを幕府側は求めていたといえよう。

ロシアの襲撃事件への陳謝があれば、通商要求の交渉に応じてもよいとする書簡案の作成過程（文化四～五年）も、今回の襲撃事件に対するロシア政府の無関係との声明があれば、ゴロヴニンを釈放してもよいというロシア宛て書簡案の作成過程（文化九～一〇年）も、レザノフへの「教諭書」やロシア船打払令を絶対視して、ロシア側に強硬的態度でのぞもうとする老中や三奉行の一部に対して、ロシアとの緊張を緩和して事態を打開する考え方が（現地奉行などに）存在し、最終的には後者が選択されて行くという、似たような経過をたどったことがわかる。

ゴロヴニンの場合には、その判断に若年寄堀田正敦が関わった。フヴォストフ事件やフェートン号を踏まえて、オランダ商館長ドゥーフに、ロシア・イギリスの動向を尋問させたのも堀田であったから、それは、第二次松平信明政権下にあって対外関係に深く関与していた堀田を中心に行われた政治判断と考えられる。ゴロヴニンは、ロシア語への翻訳を命じられるにあたり、松前奉行荒尾の「日本では、はかなき人間の作った掟を永久不変のものたらしめたいと願っているが、そのような願望は笑うべき無分別なことである」という主張を伝聞し、ある種の驚きを『日本俘虜実記』に記している。さらに、後年日本開国を求めたニューヨーク商人パーマー（後述）は、同書を読み、日本開国の可能性を確信したという。

「魯西亜人教諭書」はクナシリへも送られ、文化一〇年五月、同地に再び来航したリコルドに手渡された。彼はゴロヴニンらの生存を知り、松前からの指示を待った。松前奉行所からクナシリへ派遣された吟味役高橋三平らは、六月二一日、ロシア人水夫らをリコルドに面会させ、ロシア側の高官による襲撃事件の明弁書などを要求した（『通航一覧』魯西亜国部三十九）。リコルドはこれを容れ、クナシリを出帆してオホーツクに帰った。この時点で、日ロ双方にゴロヴニン事件解決のための道筋が合意された〔藤田覚─二〇〇五〕。

リコルドはオホーツク港長官と相談し、日本側が欲している同長官からの明弁書と、そして一八一二年（文化九）にイルクーツク民政長官の回答文（これには満州語と日本語の翻訳が付いていた）を持参することとした。

日本側でも、松前奉行はリコルドが秋に箱館に来ても「交渉に手間取り越冬となれば諸般の出費となるので、明弁書に依りゴロヴニンらの供述が成り立つことがはっきりすれば、直ちに釈放したい」と伺った（文化一〇年七月五日）。この伺に対して同月末起草された「松前奉行申諭」と「松前奉行所吟味役申諭」は、「我が国は、外国交易に依存しなくても国内の需要をまかなってきた」ので、新たに通信・通商を議することはないという、ラクスマン・レザノフ以来の対外方針をロシア側へ再度伝えることであった（『通航一覧』魯西亜国部四十）。これは、一転して貿易抑制論の原則を繰り返す立場への揺れ戻しが起こったことを意味している。ラクスマンへの国法書・レザノフの教諭書、そして「松前奉行申諭」など、通交拒否の声明が、リコルドの到着を待ちかまえていたのである。

ディアナ号はオホーツクから、九月一六日夜、箱館港外に到着した。松前奉行服部貞勝も箱館に来着し、翌日ディアナ号は箱館に入港した。高田屋嘉兵衛は、松前奉行所役人の代理としてディアナ号を訪問し、リコルドから、「フヴォストフは日本で乱暴したときに、露米会社の社員で同社の商船の船長を勤めていた。同人が日本人の村落を襲い乱妨したのは、一己の了簡であって、ロシア政府の知らぬ所である。フヴォストフはオホーツクに帰還すると、私の前任者によって処罰された」（『通航一覧』魯西亜国部四十二）というオホーツク港長官の書面を受領した。リコルドが同長官と文面をよく摺り合わせた結果であろう、日本側がロシア側に求めた明弁書を満たすものであった。実際、日本側は、「この文書の内容を大変ほめた」（『日本俘虜実記』）という。

松前奉行側は、オホーツク港長官の明弁書を満足すべきとし、九月二六日リコルドにゴロヴニンら一同を引渡すとともに、先の「申諭」を渡し、通商は国法で厳禁である、との声明をロシア政府に伝達するよう申し渡した。こうして二年以上に及ぶゴロヴニン事件は決着し、彼らを乗せたディアナ号は箱館港を発ち、カムチャッカに到着した。

日本側から見ると、このゴロヴニン事件も、二つの政治的立場の間で揺れ動く老中松平信明政権下の象徴的事件であった。しかし、それが最終的に旧来の対外方針をロシアに徹底するという政治的声明で終わったことは、幕府内部にそうした声明を支持する勢力が力を持ってきたことを意味していたといえる。それは、ゴロヴニン自身が強く感じていた。実は釈放に先立ち、ゴロヴニンはリコルドと面会することを許された。そこでリコルドは、オホーツク港長官から千島での国境確定（分界）やそこでの交易を提案するよう命じられていることを、ゴロヴニンに打ち明けた。しかし、ゴロヴニンは政治的状況が不利になりつつあり、新しい交渉を提起して越冬するより日本を離れるのが得策と考え、リコルドを説得した。

露米会社は、活動を北米西海岸での植民を中核に置きつつあり、ロシア領アメリカからキャフタという流れは重要度が相対的に低くなっていった。そうしたなかで、ゴロヴニン事件の結末が、日本との交易の困難をしめしたことは、一七世紀以来の千島におけるロシアの動きに否定的影響を与えたと考えられる。ズナメンスキーは『ロシア人の日本発見』（秋月俊幸訳）において、その後の一九世紀前半のロシアの千島への動きについて「一八世紀中にロシア人が非常な努力をもって道を切り開いたクリール諸島もまた放置され、ロシア人たちは北部の二島に時折現れるだけであった」と記している。

出島をめぐる闘い

ナポレオン戦争の影響で、バタヴィアを結節とするアジア域内貿易はもはや機能せず、オランダ（傭）船が到来する保証はなかった。

一八〇九年（文化六）、オランダは植民地海軍の艦船フーデ・トラウ号を用意し、これに護衛させるかたちでアメリカ傭船レベッカ号を長崎へ派遣した。しかし、途中でイギリス海軍に拿捕されそうになり、前者は早い帆走で逃げ切ることができたが、レベッカ号はドゥーフの後任商館長として乗り込んだクライトホフともどもあえなく広州《こうしゅう》へ連行された。フーデ・トラウ号が長崎に到着したとき、出島のアジア系使用人が、昨年はそもそもバタヴィアから日本向け商船は出航しなかったこと、今年同行した新商館長は未着であることを年番通詞に洩らした。結果、ドゥーフは、不着を事故と偽ることができず、他方フーデ・トラウ号艦長フォールマンは、敵船来襲に備え「火薬を引き渡すことはできない」と主張した。この間のオランダ船の抱えた危険性を考えれば当然の要求ではあったが、「火薬を引き渡すのが二百年来の慣例」というのが、奉行の回答であった（『長崎オランダ商館日記』一八〇九年七月三〇日条）。東シナ海は戦争状態であることを奉行は意識したのだろうか。

問題は、それだけではない。今度は、中国人が持ってきた大羅紗を通詞が見せに来た。「オランダ渡来のものをしのいでいた」品質で、長崎奉行は「中国人たちは誰からこの大羅紗を入手したのか」知りたがっている、という。ドゥーフは「広州においてイギリス人から買い求めたもの」と答えざるを得なかった。大羅紗は、将軍や長崎奉行宛の価値の高い贈物だった。贈物担当の通詞は、「長崎の大官たちへの贈物が全く来なかったことはこれまで決してなかった」とショックを隠さない。長崎会所は、商館長や通詞たちの努力をよそに、中国人に対して銅輸出増額を許そうとしているという。会所は「ふたたびオランダからの船が来るだろうとは全く期待していない」という見方だった。彼らは協力して会所に対して、フーデ・トラウ号の輸入品額以上の銅を輸出すること（つまり借金）、また、一八〇三年（享和三）認められた五年間銅輸出増額（八五万斤）再延長を求めた。奉行側は非常に渋った。ドゥーフは、翌年は必ず大型船二艘ないし中型船三艘の派遣を誓約する書面を作ったり、銅増額が得られないなら石を底荷にする、と大見得を切って、とにかく四〇〇〇ピコル（四〇万斤）まで輸出銅を確保した。しかし一八一〇〜一六年（文化七〜一三）まで、オランダ東インド総督府が長崎に送ってくる船は一艘もなくなった。

既述のようにオランダ東インド総督府は、ダーンデルスをジャワに総督として迎え、同島の軍事的強化を押し進めた。彼は、ペリュー艦隊に引き続いてイギリスのジャワ島遠征計画と戦わねばならなかった。イギリスはジャワ島包囲網を強化し、一八一一年（文化八）、同島への遠征を決行し占領した。オランダ領東インドの支配権はイギリスに移り、すでにバタヴィアからの連絡が途絶えていた出島は、孤立無援で日本との交渉を続けることとなった。

ジャワ副総督となったラッフルズは、インド総督ミントーのもとでジャワ遠征では中心的役割を果たし、インド＝中国間の中間拠点としてシンガポール島を獲得し、イギリスの東南アジア植民地化政策を推進した人物として知られている。彼は、中国貿易への好影響を期待して英日貿易を開始することを計画した。彼は一八一二年（文化九）四月三〇日付公文で、これをミントーに提案した。これに対してミントーは、

（イギリス支配下にある）バタヴィアと日本との通商関係を開始することは、イギリスの利益にとって相当の重要度をもつものである。……同国との通商が適切な管理下で行なわれれば、……英領

インドの生産品の相当部分を売却する市場の展望を切り開く。〔Raffles, 1929〕と、計画を是認した。ラッフルズは、七年前のレザノフ使節、三年前のフェートン号襲撃、そしてアメリカ商人の試みなどから考えれば、長崎におけるオランダ商館長の援助を得ることなく日本との通商開始は困難と考え、商館長と通詞たちをイギリス側に取り込むことが重要と位置づけた。

そこで一八一三年（文化一〇）、かつて出島商館長だったワルデナールを出島に派遣し、日本側に気づかれないように、出島をイギリス側に接収しようとした。ラッフルズはドゥーフに対してワルデナールの指揮下に入る命令書（一八一三年六月四日付）をシャルロット号とマリア号に持たせた。七月二五日長崎に着き、フェートン号対策で指示されたとおり秘密旗を掲げ、無事に入港した。ここに現商館長ドゥーフと前商館長ワルデナールの暗闘が開始する。ドゥーフは五人の大通詞を呼び出し、バタヴィアがイギリスの占領下にあり、入港した二艘はイギリス船であることを告げた。イギリス船を入港させてしまった通詞側は、自分たちの失敗が発覚することを恐れ、二艘をオランダ船と偽り続けることとした。

ドゥーフは輸出品（特に銅）を少なめに見積もり、また、翌一八一四年（文化一一）度の貿易品について、イギリス側と交渉するため、商館員ブロムホフをバタヴィアへ派遣することとした。この出島での暗闘の犠牲者は、イギリスが日本側への贈呈するはずのスリランカ象である。体高七尺、体長七尺五寸、鼻長五尺の三才象であった。結局、上陸後二ヵ月近くも送り先が決まらず、最終的にそのまま返送されることになった。

図20　ラッフルズ肖像

ここで、英蘭の出島をめぐる闘争は、バタヴィアに戻って展開されることとなった。ラッフルズは、説得ではドゥーフの納得を得られないので、オランダ総督府付属物たる出島商館もイギリスに服従すべし、という原則的立場から、イギリスに従わないブロムホフはイギリス送りとし、商館長ドゥーフを更迭して、ジャワ副総督のもとに出島商館を管理しようとした。

しかし、情勢が変わった。ラッフルズは一八一四年二月、二度目の日本派遣をロンドンの東インド会社に提案するが、前年ワルデナールの補佐人として出島に同行したエンズリーは、フェートン号事件による日本の警戒心を超えて、対日通商を切り開く困難を指摘した。そして、長崎貿易の実態が金銀などの貴金属はおろか、銅や樟脳も一七九〇年の半減商売令によって厳しく制限されており、これはオランダ貿易のみならず、中国貿易も同じである、と報告した。

これを受けて、東インド総督は一八一四年六月一一日（文化一一年四月二三日、このときすでにシャルロット号は日本途上にあった）、ラッフルズに対日遠征の中止を命令し、会社船が日本の島嶼および港湾に入ることを禁じた。中止の理由として、インド総督府は日本銅とイギリス鉱山との競合を指摘し、「日本からの銅輸入が続くならば、この商品の価格は実質的に影響を受け、会社が日本から積送するものからの利益はもはやあり得ない」と結論する。要するに、日本の銅をイギリスのアジア貿易網に組み込まないほうが、インドにおけるイギリス銅の価格を維持できる、というのである。オランダ対日貿易の接収という方針は、イギリス貿易にとってメリットがなく、この方針は中止されるべきだという。前世紀までオランダがアジア市場に供給した日本銅の意味は、消滅していた。また、もう一つの輸出品であった樟脳《しょうのう》も、会社側の判断は「中国からいつでも入手できる」というものであった〔Raffles, 1929〕。

ラッフルズは、アダム＝スミス流の植民観をもってオランダのジャワ統治を批判した。オランダの独占維持政策を批判した彼が、ジャワで行ったバタヴィアの特権港設定と高関税による非会社船・他国船の制限などは、オランダ流の独占維持政策ととられかねなかった〔信夫清三郎―一九六八〕。一八一三年（文化一〇）イギリス東インド会社は特許状更新を迎えていたので、ラッフルズの日本参入計画も同社への独占批判に連動しかねないのであれば、会社としても慎重に対応せねばならぬことであった。

このように、出島オランダ商館の貿易が、「半減商売令」と中立国傭船という内外政治による困難によりその魅力を小さくしていたので、結果として、イギリス東インド会社は対日貿易に関心を持たなかったという逆説が成り立つ。とはいえ、このことは裏返せば、一八一五・一六年（文化一二・一三）と、再び長崎入船のない現実のなかで、出島は、商品は一つも入手できないままの状況を忍ぶことを意味したのである〔斎藤阿具―一九二二、Veenhoven, 1950、Doeff〈永積洋子訳〉『日本回想録』〕。

日本銅の性格変容

長崎銅は、一八世紀まで主としてインド亜大陸に再輸出され、綿織物と交換され、日本への輸出品となった。それは国際的にも安価に日本が銅を供給したからだという。オランダのアジア域内貿易にとって、日本銅は重要な役割を果たしていた。一方、少額貨幣としての銅貨に対する需要は、日本でも（そして中国や東インドでも）高まってきており、日本国内では銅を中心とする貿易制限策が繰り返され、寛政二年（一七九〇）の「半減商売令」によって、輸出銅が大幅に減少した。一方インドに供給されたのが、イギリスからの（欧州）銅であった。こうした状況下で、イギリスはインドの銅市場を安定的に確保するため、日本銅を求めないという判断を行なった。

では、一七九五年（寛政七）以降、インド亜大陸の交易拠点を失っても、オランダは日本銅を必要とし、必死に輸出銅確保と増額をもとめたのはなぜだろうか。

一八〇三年（享和三）、アミアンの和約が破れ、オランダと東インドとの関係が再び不安定な状況になった。廃止された東インド会社を引き継ぐアジア参事会は、東インドのコーヒーなどに矢継ぎ早に買い注文を入れ、その代価として大量の銅貨を送ろうとした〔Heslinga, 1988〕。しかし、ヨーロッパからの銅貨輸入は、戦争が激しく不安定であり、依存できる安定的通貨供給手段がなかった。オランダ東インド総督府は、自己の植民地通貨を維持するために、日本銅を確保せざるを得なかった。オランダが日本から持ち出す銅は、一八世紀と異なった性格を持つことになったのである。

一八〇三年、長崎商館長となったドゥーフは「ジャワで銅銭が不足し、大いに当惑している」ので

「かなりの銅を送り出せ」という命令を受け取った。一八〇六年（文化三）にはオランダは銀貨を日本に持ってくる代わりに、日本の銅貨である九六銭二五〇〇組（一組九六〇枚＝一貫文）を入手した。さらに一八〇九年（文化五）には、総督府は前年のフェートン号襲撃を踏まえ、ドゥーフに宛てて、銅貨により「すべての国の共通の敵（イギリス…横山注）に対する戦争を継続することができるのである」（『長崎オランダ商館日記』、一八〇九年四月二六日条）と、従軍する兵士に対する給与としての銅貨の必要性を強調した。しかし、日本製棹銅に依存する貨幣政策には、根本的な欠点があった。東インドは銅貨鋳造能力が低く（一日五〇〇〇枚という数字が知られている）、棹銅を正貨に改鋳して必要量を流通させるのは困難で、棹銅を剪断して額面を打刻し流通させる（ボンケン貨）という方策がとられた。さらに戦争が悪化し、ヨーロッパからも長崎からも銅が輸入されないと、錫や古い青銅砲からボンケン貨が作られたという。こうしたかたちで、東インド社会には低品質で不統一な銅貨が大量に出まわるという状況が定着していった。

一八一一〜一六年（文化八〜一三）までは、占領者イギリスがインドからルピー貨（銀貨）を導入して通貨の健全化が図られたが、長続きしない。一八一七年（文化一四）、オランダが再び東インドを支配し、対日貿易が再開されると、輸入された棹銅からボンケン貨製造が再開した。本国から正貨としてのダイト貨が輸入されてきたが、絶対量が不足していた。日本から棹銅ではなく、ダイト貨製造用の板銅を注文することも行なわれたが（『長崎オランダ商館日記』、一八二三年八月二三日条）、注文どおりの品質を持つ板銅にはならなかった。一八三〇年（天保元）に東インドに強制栽培制度が導入されると、ダイト正貨を蓄蔵する傾向が強まり、悪貨は良貨を駆逐するという言葉もあるように、棹銅製ボンケン貨は東インド社会に広く定着したままであった。この状態は抜本的に改善されず、東インド社会に日本銅が不可欠な状況は長期化した〔Aelst, 1985〕。

「中立国傭船の時代」がウィーン体制によって終了し、再開される日蘭関係は、長崎銅から見た場合、新しい銅流通の始まりであった。

入貢の国を増やすべし

松平定信以降、一連の幕府対外政策について当時の議論をまとめ上げた人物に、古賀《こが》侗庵《どうあん》がいる〔真壁仁―二〇〇七、梅澤秀夫―二〇〇八年〕。

彼は父の古賀精里に引続き幕府学問所の教官となり（文化六年〈一八〇九〉）、文化期以降、ロシアや対外政策に対する各方面の書物を集成し、『俄羅斯紀聞《おろしやきぶん》』をまとめ続けた。大槻玄沢『捕影問答』などの政策論、光太夫らの各種漂流譚など多くの文献を含んでいる。この編集はその後も続けられ、天保期の海防論なども集められるとともに、自らの外交論集ともいうべき『俄羅斯情《じょう》形臆度《けいおくたく》』を収めている。この『俄羅斯情形臆度』は、弘化三年（一八四六）の自序がついている。しかし、個々の論については大槻玄沢（文政一〇年〈一八二七〉没）の論がついているところから、若き侗庵の外交分析、献策集と考えることができる。このうちの一編に「オランダ以外で入貢する国を増やすべきこと」という論がある。すなわち、

現在西洋からの入貢する国は、ただオランダだけである。したがって、海外諸国の動静は、オランダのみを頼って情報を入手しているので、情報に偏りがあり、虚説を伝えられても判断するこ

とが出来ない。……自分の国の利害得失に関わることはかなり虚説を言っていると判断される。どうにかして、オランダの外、二三カ国も入貢させたいものである。フランス、デンマーク、ベンガルなどはよいのではないか。隣国に併呑され、オランダの入貢が停止してしまうと、誠に闇夜に灯りを失うこととなり、外国の事情は断絶して知ることが出来ない。……国のはじめは入貢の国も沢山あったと、西川如見の『華夷通商考』に書かれている。……寛永年中に洋禁（西洋の渡来禁止）が厳重となったのは、全く邪教が民を迷わせることを恐れたからで、しかし……西洋の動静を予知して防備することは、現在にあっては第一の急務であり、入貢の国を増やすという説は、烈祖（徳川家康）や猷廟（徳川家光）に対してもその趣意に違うものではない。

という。イギリスの脅威により、オランダ船は文化七年（一八一〇）以降、来航せず、オランダ植民地がイギリスによって占領される事態は現実となった。そうした事態では、正しい世界情勢は判らなくなる。だから、フランスかデンマーク、ないしはインドのベンガルと通交し、客観的な情報源としたらどうか、そのように通交関係を拡大することは、家康や家光に背くものではない、と倜庵は論じている。

中立国傭船の時代は、日本とオランダの危機にとどまらず、世界情勢の危機であったし、日本の対外関係の危機でもあった。その危機をめぐって通交を制限するという対応のあり方が主張された。それとは逆方向の倜庵の考えに対して大槻玄沢は「至極の高論であるが、この時節は絶対に実現出来ないわけがある、残念というばかりである」と答えている。実現できないわけ、玄沢はそれを記していないが、好ましからぬ政治的判断と示唆している。ここに終末期に近づいた第二次松平信明政権の政治地図が示されている。次章でそれを検討しよう。

五　太平洋からみた大御所時代の日本

1──新しい時代の太平洋世界

ナポレオン戦争の終結

ナポレオン戦争の終結（一八一五年）によって、「中立国傭船《ようせん》」に代表される一七九〇年代以来の日本の対外関係の危機に区切りがついた。従来は、対外関係はゴロヴニン事件が解決して安定期に入ると考えられてきた。ここではこの戦争の終結のあり方を前提に、文政・天保期（一八一〇年代後半〜三〇年代）の日本の対外関係と、大槻玄沢があえて語らない日本政治を考えてみたいと思う。なお、大御所とは本来は将軍などが辞してのちの称号であるが、津田秀夫氏が家斉将軍在職期も含め広く「大御所時代」と呼ぶのにならい〔津田秀夫―一九七五〕、一八一〇年代後半から三〇年代一杯迄を指すものとして、「大御所時代」を使うことにしたい。この「大御所時代」は、ヨーロッパが勢力均衡により安定を回復し、その対極に、アジア・太平洋における新しい動きが生まれてくる時代にあたる。まず、その動きを見てみよう。

一八一七年八月一六日（文化一四年七月四日）、新商館長ブロムホフは、アハタ号に搭乗してカントン号とともに長崎出島に到着した。彼の風説書には、ヨーロッパにおける平和の到来が告げられており、バタヴィアからオランダ船を迎えたのは、実に一八〇九年（文化六）以来であった。

一八一二年ロシア遠征に敗れた皇帝ナポレオンは、一四年退位させられ、地中海に追放された。一五年、彼は一時パリに戻るが、ワーテルローの戦いで完敗して、南大西洋の孤島セントヘレナ島に幽閉された。この間、欧州のあり方をめぐって一八一四・一五年とウィーン会議が開かれた。各国は大陸政治の安定を指向し、ヨーロッパの政治地図（ウィーン体制）は、できるだけフランス革命以前のそれを動かさないこととなり、オランダの独立回復＝王国成立が認められた。オランダの存立を保障するため、イギリスジャワ占領の立役者ラッフルズの抵抗を抑えて、一八一四年八月のロンドン協定でジャワ島のオランダへの返還が決定された。オランダ王国でも、東インド統治の一刻も早い再建が目指された。アハタ号とカントン号は東インド再建の象徴だった。

東インドへ復帰したオランダは、ジャワなどの一部拠点でその支配を回復しつつあったが、その他はほとんど手つかずで、スマトラなどではイギリスの勢力は温存されていた。ラッフルズは、スンダ海峡とマラッカ海峡をめぐってオランダへの対抗心を露わにし、インドと中国との間に安定した拠点を確立するため、一八一九年二月現地スルタンと条約を締結し、イギリス保護下の「シンガポール港」にイギリス商館を確保した。

オランダは簡単にそれを承認しなかった。英蘭両国の交渉は暗礁に乗り上げ、三年ほど事実上中断した。この間に、イギリスでは、シンガポールの重要性は不動の認識となり、オランダとの妥協の余地はない、という判断に傾き、オランダは譲歩に追い込まれていった。そして一八二四年二月に蘭英間にロンドン条約が締結された。ロンドン条約は、①英蘭両国がそれぞれの支配領域での行動の自由を得て、他国の支配領域には干渉しないこと。②イギリスのスマトラにおける権益と、オランダのインドおよびマラッカなどにおける権益とを交換し、イギリスのシンガポールを承認すること。③両国は通商の独占を廃し最恵国待遇に変えること、という内容をもっている。これは、大体赤道を境とするイギリスとオランダの西太平洋岸の勢力範囲の線引きであり、「中国にいたる東インド航路の右側はオランダの勢力範囲に、左側はイギリスの勢力範囲」という勢力圏分割＝均衡が図られた〔信夫清三郎―一九六八、小暮実徳―一九九七〕。イギリスは、ジャワ島以外、実効支配力に乏しいオランダを押さえ込んで、東南アジアへの進出・植民地化を進めることとなった。

西太平洋岸の勢力圏分割が、一八二〇年代なかばに英蘭によって行なわれたのと時を同じくして、北太平洋岸でもロシア、アメリカ、イギリスによる勢力圏分割が進行していた〔木村和男―二〇〇七〕。一〇年代の露米会社現地責任者バラノフのアメリカ船との協調は、米英船が住民たちと毛皮取引を行ない、逆に中国から安くて良質の商品を持ち込む状況を生み、ロシアにとっては失策との意見が強まった。このためバラノフは、一八一八年に現役を退き、ロシア政府は露米会社特許更新（一八二一年）とともに、大規模に同社に関与するようになった。総支配人も現地責任者も海軍軍人が担当することとなり、国家と直結して商売を行なう体制となった。しかし、アメリカ船等の毛皮貿易を止めることはできなかった。一八二一年にはアレクサンドル一世は、北緯五一度（バンクーバ島北端）以北への外国船の立ち入りを禁止した。しかし、供給物資は減少しての新特許下の露米会社の植民地経営は困難となり、アメリカやイギリス船を禁止しきれなかった。すでに露米会社にとって、彼らは植民地経営の不可欠の一部だったのである。そこでロシアは、（モンロー宣言を背景とする）アメリカとの間で外交交渉を開始し、続いてイギリスと交渉し、一八二四年四月にロシア・アメリカ間に、一八二五年二月にロシア・イギリス間に協約が締結された。これらにより、ロシア領アメリカの勢力圏は北緯五四度四〇分まで引き戻され、その後一〇年間は、米英船にそれ以北での貿易や航行が認められることとなった。

しかも、各国が争って求めたラッコ毛皮は乱獲により、一八一〇年代を最後に、取引高が急激に減少した。各国の広州への貿易品に即せば、ラッコ毛皮の減少を、ビーバーやテンなどの陸上動物の毛皮で補うようになり、さらには太平洋全域からの交易品（たとえばハワイの白檀やバタヴィアのコーヒー、チリの銅など）が広州貿易に登場する。

一方、ロシアのキャフタ貿易は、一七九二年復活以降貿易は順調に拡大し、一九世紀になると、取扱高はほぼ倍加した。毛皮は一八二四年をピークに減少に転じ、綿織物が逆にロシアから輸出されるものに転じ、中国からは茶が輸出された。キャフタ貿易の毛皮取引が露米会社に対して持つ意味は小さくなっていった。ロシア本国と北アメリカ植民地をつなぐための世界周航も、ロシア船は中国・インド市場を目指すことなく、南半球を大きく迂回してスペイン領太平洋岸やハワイをはじめとする太平洋諸島を繋ぐ航路をとるようになる。ロシア領アメリカが海路中国と貿易を行なうのは、一八五八年天津《てんしん》条約からとされている。ロシアがアメリカ植民地を手放す一〇年前のことである〔吉田金一一

九七四、木村和男―二〇〇七、森永貴子―二〇〇八〕。

北太平洋岸でも、ナポレオン戦争の終結は、一八二〇年代に北緯五四度四〇分までにロシアの勢力圏を囲い込む形で、ロ・米・英の勢力圏分割の時代を迎えたのである。五四度四〇分以南は、米英いわば共同統治のかたちを残し（後にオレゴン問題を惹起《じゃっき》する、後述、二九八頁）、英領カナダを通じて北米西海岸に勢力を進展したイギリス（大西洋側から毛皮交易を進展させてきた北西会社を二一年に合併したハドソン湾会社）と、太平洋各地と広州を結ぶ交易路を積極的に開発するアメリカが共存した。その陰で、スペイン領メキシコ（アカプリコ）とマニラ間を結んだ太平洋貿易だったガレオン貿易は、メキシコ独立により終焉を迎えた。いわゆるメキシコ銀（洋銀）はカリブ海からアジアへと流通する。

南太平洋岸についてみれば、イギリス太平洋捕鯨はホーン岬経由だけでなく、流刑地シドニーが捕鯨船の寄港根拠地として機能しはじめた（二九年、オーストラリア全土がイギリス植民地と宣言される）。一方、アメリカ捕鯨はナポレオン戦争が終了すると再び活性化した。イギリスと戦争があった一二年には二三艘の出航数が、二〇年には七二艘となった。アメリカは一二年戦後大西洋からホーン岬を経てパタゴニア沖にでる探査船を独自に派遣し、コルネットの切り開いた航路を、アメリカ捕鯨船がなぞることとなった。

以上のように、一八一〇年代後半から西太平洋岸と北太平洋岸の勢力圏分割が進むなかで、乱獲の結果減少する毛皮に代わって、捕鯨に代表される太平洋全域を対象とする交易が、ナポレオン戦争後のヨーロッパの安定化の対極で進行していたのである。こうした一八一〇年代後半の動きは、日本列島をとりまく国際環境を新しい状況に置くことになった。それを①バタヴィア＝長崎、②東シナ海と琉球、③浦賀に見ていこう。

新商館長ブロムホフ

一八一六年、新任の東インド総督がジャワ島接収に向かった。一八一九年にジャワを訪れた欧米船一七一艘のうち、一位はイギリス船六二隻で、二位はアメリカ五〇隻、オランダは四三隻に甘んじていた。オランダにとって不安定な状況は、一八二〇年代まで持ち越されるが、こうしたなかで、東インド総督府は、植民地における銅通貨確保のために、日本との関係修復を急がねばならなかった。イギリスに送還されたブロムホフは、一八一五年に釈放されてオランダへ戻り、「オランダの栄誉」と「蘭日両国の友好」を守った英雄として迎えられた。イギリスに亡命した総督ウィレム五世の子オランダ国王ウィレム一世は、ブロムホフを謁見し、その話から、日本を勢力圏（独自に政策立案できる領域）として見なし、さっそく自ら彼を商館長に任じたといわれる。

新商館長ブロムホフ来日で、注目すべきことは二つある。一つは、川原慶賀《かわはらけいが》の「ブロンホフ家族図」で知られるように、彼が妻子同伴だったことであり、もう一つは貿易（仮）訓令を与えられていたことである。

新商館長ブロムホフは来日にあたって、総督府に妻ティシアとその子を同伴する許可を申請し、これを得た。一家が長崎湾に到着すると、長崎奉行所では、「病気にかかった商館長の看護人」として彼女らの滞在を懇願する作文を江戸に送った。しかし、幕府の決定は、一家を来航船でバタヴィアへ

図21　ブロムホフ家族図

川原慶賀画。夫妻と子、乳母と使用人からなる。アジア系使用人を抱えた「近代家族」の一典型を示す。図22もよく似た構図を示す。

送還せよ、というものであった。商館側も日蘭関係を危うくするものとして捉え、彼女たちの強制帰還は日蘭双方から「無事に収められた」。この事件を通じて出された幕府の決定は、将軍の命令として初めての、外国人女性の来航の禁止令となり、オランダ側へも通告された〔松井洋子―二〇〇九〕。

この西洋商人による夫人同行の問題は、一九世紀転換期の東アジアの国際関係における社会的変化の反映としても考えておく必要があるように思う。中国の対外貿易港であったマカオ＝広州では、各国の東インド会社や各商社は、女性を伴って来航することに厳しい制限を敷いていた。中国側がそれを認めていなかったから、コルカタではイギリス東インド会社は中国行き船舶に女性の搭乗を認めなかった。しかし、一七九〇年代に初めて英国人女性がマカオに到来し、一八〇〇年代になると、イギリス東インド会社社員は初めから妻子を伴って来るようになった。広州の特別委員会は強制送還を試みたが定着せず、彼らは商売期は広州に単身で赴き、オフシーズンはマカオで家族と暮らすという生活パターンが、徐々に定着しはじめた。
ブロムホフが夫人同行を決めたとき、ジャワではオランダ人商社よりイギリス人やスコットランド人、そしてドイツ人などが幅をきかせていたので〔Mansvelt, 1925〕（以下『オランダ貿易会社史』）、こうしたアジアにおける西洋人家族の移動の変容を前提とすれば、ブロムホフの夫人同行の赴任の要求も、ある意味で自然な流れであった。日本側からみると、この事件を外国人女性渡来禁止のルールとして決着するところに、文化一四年（一八一七）における幕府の対外関係観が反映しているが、それについては、追々みていくことにしよう。

図 22　広州商館員家族図
チィナリー画。イギリス東インド会社社員の一家とされている。1813 年頃広州赴任、その後結婚という。(c1830)。

もう一つの問題、貿易（仮）訓令（『長崎オランダ商館日記』七序説に所収）は一八一七年六月、東インド総督府が、ブロムホフに与えた出島の運営指針であり、全二六条からなる。その基本は、旧来からの管理方法を踏襲するものであるが、いくつか重要な新しい方向が出されている。一八一八年本訓令では①職員経費の抑制。たとえば職員の給与以外の、貿易額に応じた手数料の減額である。②経費の明確化

（簿記の厳格化）。③貿易および友好関係の拡大強化のための報告書作成、である。従来の商館日記に加えて、全体的な日蘭関係の「各分野が置かれている状況と、それに対して可能なはずの改善とについて」財務長官と評議会に対して「詳細な知識をえさせる」報告書を求めた〔永積洋子―一九九五〕。こうした貿易の回復をめざすことにより、自らの勢力圏として日本を位置づけようとしたのである。

夫人同伴にせよ、新しい訓令にせよ、こうした一八一七年（文化一四）からの出島の動きは、一九世紀アジア国際秩序の変容の一局面として捉えるべきものである。

中国と琉球を取り巻く動き

先に見たように、マッカートニーやティツィングら英蘭使節に乾隆帝《けんりゅう》が表明した交易観は、続く嘉慶帝《かけい》のロシアの対清関係改善要求拒否（ゴロフキン・クルーゼンシュテルン）においても見ることができる。

嘉慶帝が発したアヘン禁令（一七九九年）の背景には、彼のこうした対外交易観が指摘できる。つまり、少なからぬ銀が中国から流出しているのは、外国の時計やガラスなどの無用なものと、中国の有用なものとを交換しているからである。自分は天性として「珍奇」を貴ばないし、時計は無用だし、自鳴鳥という時報玩具に至っては「糞土の如し」である、外国品をもてはやさず「淳樸の俗」を護持せよ、というのである。その後のアヘン禁令にも「外夷の泥土をもって中国の貨銀とかえるのは、殊に惜しむべし」と繰り返されるという〔井上裕正―二〇〇四〕。

その後、アヘン密貿易による銀流出に対して、中国国内では、いわゆるアヘン厳禁論と弛禁論が激しく戦わされる。銀流出という事態に対して複数の政治的立場が生じ、その両者が論争しつつ変質を遂げていくというのが中国の国内政治となる。

近世日本と対比すれば、貴金属の海外流出による危機感に支えられて表明された対外交易観として共通した論理をもつ。外国交易によって貴金属が流失し、風俗も乱れて、国力が低下する、よって外国交易を制限しようという発想は、清国政府でも幕府でも有力な考え方であった。これは通交体制の原理というより、交易状況の危機への対処策の発想である。したがって、危機のとらえ方が異なれば別の対処方法を生み出す。つまり、交易を制限して危機を回避しようとする一方で交易の品目やあり方を変えることにより、これに対応しようという発想も生まれていた。日本でもこれら複数の考え方が錯綜し、それぞれ変質を遂げながら幕末を迎えることになる。

さて、話をもう一度中国に戻そう。ナポレオン戦争が終わり、一八一六年イギリス外相は「中国貿易はイギリス国家財政を左右する」と訓令し、アマースト使節を中国へ派遣する。同使節には、実はもう一つ重要な使命があった。イギリス軍のジャワ島からの撤兵を命じる公文を現地に届けることである〔M'Leod〈大浜信泉訳〉―一九九九〕。ジャワ占領終了とイギリスの中国使節派遣は文字通り一体のことだった。

しかし、中国ではイギリス繊維製品はさほど需要がなく、中国市場が欲するのは、第一次産品、たとえばインド産アヘンであり、北米産毛皮であり、煎海鼠（ナマコ）などの海産物〔鶴見良行―一九九三〕であった。インド産アヘンはインド＝中国間貿易の主要な産品に成長していく。その輸送にあたったのが、毛皮交易でも主役を果した私貿易商人であり、彼らとイギリス東インド会社の関係を変えたのが、一八一三年の東インド会社特許更新（インド貿易の自由化と中国貿易の特権維持）であった。アマースト卿の中国派遣の目的は、中国貿易で会社の安全と特権をより確実なものとすることであった。

結果的には、アマースト使節も拝跪問題で拒否され、交渉は決裂するが、マッカートニー使節のときとは注目すべき相違がある。派遣軍艦アルセスト号・ライラ号が朝鮮半島・琉球諸島（同時に東インド会社船が山東半島から遼東半島）を水路測量し、その後、珠江を遡上しつつ、砲台に向かって砲撃を行なったことである。

両艦はブロートン艦長にならい、朝鮮から九月に那覇へ到り、同港をはじめ本島全体を測量した。この間一ヵ月あまり、琉球の人びととイギリス海軍士官とのやりとりは、ライラ号艦長ベイジル・ホールが著した『朝鮮・琉球航海記』（春名徹訳）によって知られるところとなり、イギリス社会の琉球観に大きな影響を与えた。

時に琉球王国は尚灝《しょうこう》王（一八〇四～三四）の統治下にあり、各地は「公賦多く私債を負い、死者は甚だ多く生者は却って少なし」（『球陽』尚灝一四年）という状況だった。しかし、イギリス海軍軍人を歓待し、貨幣もなく武器もない、刑罰もないユートピアとしてホールは琉球社会を描いて見せた。

しかし、琉球側は、イギリス小艇が各所で行なう浅深測量に対して、「三司官は驚き疑いを抱いて、付近の海岸や那覇・泊・久米などに関を設け、防禦に当たらせる」（『球陽』尚灝一三年〈一八一六〉）非常警戒体制を敷いていた。牧歌的歓待についても、水兵埋葬への謝辞を琉球国王に面会して述べることを求めるホールは、「帰国の後今回の謝礼のため、再び船を数隻派遣したい」（『同』）といい、この脅迫めいた言辞に王府は軍事的圧力を察し、各種の品物を持参してイギリス側の懐柔を試みるというのが実相であった。琉球側の真の目的は、王との会見をのぞむイギリスの要求を断念させることにあった（『朝鮮琉球航海記』）。そうした現実を、イギリス人をもてなす文明化された琉球＝ユートピア物語としたところに、この航海記の特徴がある。

実際、アルセスト号らはその後、広州の入り口珠江をさかのぼって東インド会社船停泊地まで深く進入し（一一月）、それを阻止しようとした中国側と砲戦をかわした。白蓮教徒の乱をはじめとする国内的な不安定要因、そしてイギリスによるマカオ占領計画事件、さらにこのアマースト使節問題など、乾隆最末期から内外を問わず課題が多発してくるなかで、嘉慶帝はイギリスの動きを慎重に見極めようとしていた。同時期に山東半島から遼東半島までを測量したイギリス商船を、嘉慶帝は天津での交易を求めるものと警戒し、直隷総督に対して「夷船の収泊を許してはいけない」という上諭を与えたという（則松彰文―二〇〇二）。海防への関心は、中国では皇帝の名で唱えられていた。

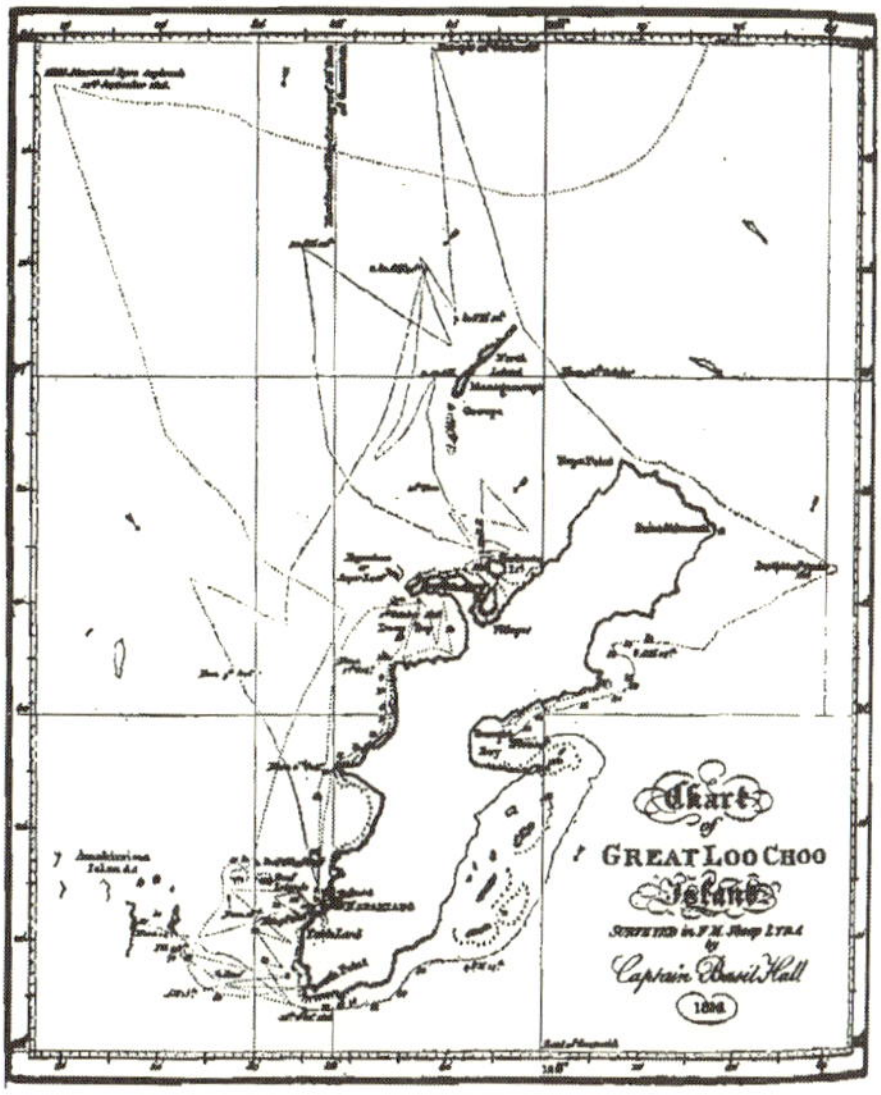

図23　大琉球島海図
バジル・ホールはアマースト使節が対清交渉を行う間、朝鮮や琉球の航海や測量を行った。

イギリスに軍事的対応を悟られない配慮が琉球側にあったことも事実である。琉球側の動きには薩摩の配慮が働いた。琉球の武器管理は薩摩藩の在番奉行下に置かれていた。イギリス軍艦との衝突は琉球にとってはもちろんのこと、そこを支配する薩摩藩にとっても避けなければならないと認識された。一八一六年（文化一三）の英艦琉球来航は、その後の薩摩・琉球・長崎の関係を変えていく出発点となる。

ブラザーズ号浦賀に来る

三番目は、文政元年（一八一八）五月、イギリス船ブラザーズ号（ゴードン船長）が浦賀に来航したことである。ブラザーズ号は前年にも伊豆大島にも来たが、今回はベンガルを出てロシア領アメリカへ向かう途中浦賀に立寄り、交易を求めたものである。つまり、寛政三年（一七九一）のアルゴノート号以来の太平洋貿易英船であった。約三〇年前との相違は、ブラザーズ号が露米会社というアラスカでの取引先を持ち、日本での寄港先が江戸湾口浦賀であることであり、幕府の側にも異国船取扱の経験と体制があることであった。

ブラザーズ号が入港した知らせを受け、奉行はただちに浦賀へ向かい、五月一八日浦賀に到着し、武器を取り上げ、「新たに通信通商を議論することは昔から禁じられ、許可されたことはない」（『通航一覧』諳厄利亜国部三）として帰帆を命じて、二二日に出航となった。『通航一覧』の編者は、他の記録が「漂着」と記しているが船具などいささかも破損の様子がない、漂着ではなく、意図的に接近し、「船主一己の意にて交易を願ったようだ」と推測する。その意味では、国家的な通商関係を求めたものではなく、アジア太平洋各地に寄港して可能な物資を交易しながら、目的地（ベンガル、広州やアラスカ）を目指す典型的な私貿易船であった。

ブラザーズ号船長ゴードンは、天文方の足立左内と馬場佐十郎を通訳に、オランダ語を通じての意思疎通が可能であった。その交渉の詳細を、彼は、「インド・チャイニーズ・グリーナ」（マラッカ刊、ミッション系インド＝中国航路情報誌）に載せた（田保橋潔—一九四三）。この記事では二つのことが注目される。

まず、世界情勢の説明である。オランダ総督は本国に戻って王位に就きロシア皇帝の妹と結婚したこと、ジャワ島はオランダに返還されたが、イギリスはケープを占領しつづけているなどことを日本側へ伝えた。オランダ商館長は「フランス国王弟ルイ・ボナパルトをオランダ国に養子に迎えた」（一八一七年風説書）とか「欧州やインド近辺はいよいよもって静謐となった」（一八一九年風説書）とかいう不充分な説明を行なっていたので、ゴードンからの情報を得た長崎通詞は、オランダがロシアやイギリスの属国であるかのような誤解を抱き（『長崎オランダ商館日記』二〇年九月三〇日）、ブロムホフは弁明を余儀なくされた。オランダはヨーロッパとアジアの動向を、都合よく説明すればよい、という状況ではなくなった。

そして、貿易の断り方である。ゴードンによれば、交易要求に対して、幕府は二通の書面を通じて次のように応接したという。一通は「オランダ人と中国人という例外を除いて、日本との交易はすべて禁じられている」と述べ、もう一通はその歴史的経緯を説明し、まず一八〇三年（享和三）のアメリカ船とコルカタ船が交易を求めて来航したこと、一八〇六年（実は一八〇四年〈文化元〉）にロシア使節レザノフが、一八〇七年（文化四）には船名不明のロシア船（エクリプス号のこと）が長崎に訪れ、さらに一八一三年（文化一〇）にロシア船が来日したが（ゴロヴニン事件）、これらすべてが断られた、とある。

こうした禁令が享和三年（一八〇三）から発令されているという日本側の説明からは、一八〇三年のスチュアート来船が、レザノフへの対応を生み出す前提と理解されていたことがわかる。さらに、ゴロヴニンの動きを気にする日本側の言動から、ゴードン船長は、イギリスにのみ交易を許して、ロシアの怒りを買うことを避けたいという日本側の思惑が我々の交易を却下する真の理由である、と結論づけている。実際、このときゴロヴニンは太平洋を周航し、露米会社の新しい販路を模索していたのである。

一方、ブラザーズ号警備にあたった白河・会津の動員経費が巨額になっており、これ以上長引けば村々が立ち行かなくなるとして、奉行の取り計らいで、幕府から下知が出ないうちに総引き払いとなった（『通航一覧』諳厄利亜国部三）。フェートン号事件をうけて松平信明政権下で実施された江戸湾警備は、ブラザーズ号来航の直後の文政三年（一八二〇）には会津藩相州警備、文政六年（一八二三）には白河藩房総警備が免除となり、浦賀奉行と代官とがそれぞれ主管し、小田原・川越藩が前者を、佐倉藩・久留里藩が後者を、少数の常駐部隊と非常時の派兵によって応援する態勢に縮小された。

ヨーロッパ諸国による太平洋岸の勢力圏形成の過程は、各勢力圏の在地勢力と緊張した関係を生み出していく。イギリスは第一次英緬《えいめん》戦争（イギリスとミャンマー〈アラウンパヤー朝〉の戦争）、オランダはジャワ戦争（一八二五～三〇年）を起こし、日本を見ても、文化一三年（一八一六）にアルセスト号・ライラ号が琉球に来航し、翌年にアハタ号がジャワと長崎の通航の早急な回復を狙って来航し、文政元年にはブラザーズ号が、とうとう江戸湾に登場した。太平洋岸のこうした展開への日本の幕府の対応（海防）も、平坦ではないことが予想された。それは、新しい水野忠成《みずのただあきら》政権が果さなければならない課題だが、その対応策は、すでに会津藩相州警備免除に現われているように、むしろこうした対外問題を中心課題から外すという指向を持った。

この政権における対外政策のあり方を、以下節を改めて見ていくことにしよう。

2——水野忠成の対外政策

松平信明から水野忠成へ

文化三年（一八〇六）老中に復職した松平信明の第二次政権は、不安定な政局運営を余儀なくされてきた。こうした分裂的状況について、「古くから世も末になると外患が生じる」と嘆じた林述斎《はやしじゅつさい》は、人事の私物化をとりあげ、高井飛驒守（高井清寅、側用取次）へ昇進の心願書を出すのに定価があり、……林肥後守（林忠英、同）（父忠篤も側用取次で治済の寵臣として知られた）は「贈物もなしに呼出す事などがあろうものか」と、相手を罵っているというほどで……始終小人物の魁として毒を天下に流すであろう人物は、水羽州（水野忠成、若年寄）に相違ない、この人は小才があり、小人の才あるものを愛でる……水野忠成が俄に脇坂安董と合体して勢力を伸す計略などは、実に一朝一夕にできる事ではない。（『大河内文書』文化五年九月）と松平信明に述べ、若年寄水野忠成（沼津藩主）が脇坂安董らと手を結び、党派を形成していると見なしている。水野忠成は、近臣が著わした伝記『公徳録』によれば、享和二年（一八〇二）奏者番、そして、寺社奉行加役から本役となり、その賢明さから、文化三年（一八〇六）若年寄に抜擢された。

水野が関係する人事のあり方を文化九年（一八一二）二月、目付遠山景晋《とおやまかげみち》の長崎奉行昇進にみよう。昇進のため登城せよとの差紙への請書に手紙を添え、遠山は上司の水野忠成宅へ届けさせている。手紙の中身は知るよしもない。翌日登城し、長崎奉行に任ぜられた遠山景晋は、本丸・西丸の側用取次、高井飛驒守《たかいひだのかみ》・平岡美濃守《ひらおかみののかみ》・林肥後守《はやしひごのかみ》・蜷川相模守《にながわさがみのかみ》・松平伊勢守《まつだいらいせのかみ》へ挨拶に廻った。遠山が側用取次に対して、述斎の指摘するような金銭関係を結んでいたかはわからないが、昇進に際して、彼らに挨拶しておくべきことは常態であったのであろう（『長崎奉行遠山景晋日記』）。松平信明は、「再勤のあとは（家斉の）御恩遇は前回よりややおとろえた」（『嵩岳公言行録』）と洩らしたというが、その恩遇は忠成にふりあてられたと思われる。

文政元年（一八一八）、水野忠成政権が前年の松平信明死去により成立し、政権の中枢に近いことこそ重視される風潮が生じた。松浦静山《まつらせいざん》（平戸藩主）は、老中・京都所司代・若年寄の玉突き人事異動（文政五年〈一八二二〉）をみて、「新老中・若年寄の家の門は市がたつような有様であった」のに、「所司代の門は寂しい」という例をあげ、「軽佻浮薄の習いが日々に甚し」と『甲子夜話《かっしやわ》』に記した。水野忠成政権の具体的あり方を、①三橋会所《さんきょうかいしょ》（問屋仲間）政策、②中国貿易、③無二打払令、④松前復領についてみていこう。

三橋会所から貨幣改鋳へ

松平信明の財政政策の基本は、経常費（定式）を一定額内で運用し、それ以外の蝦夷地直轄化による経費、朝鮮通信使関係の費用、米価調節のための買い入れ、河川普請費用などの臨時経費（臨時）の増大分を、基本的に朝鮮国役、松前箱館収納金、川々大名出金など臨時費で補塡し収支をとることであった。第二次政権期に入ると、黒字収支を前提とする経常（定式）費が赤字に転化したことを受け、倹約＝緊縮財政を徹底した。これによって経常分は黒字に転化したものの、蝦夷地や朝鮮などの対外的支出は莫大な臨時経費で、大名・百姓には国役や助役などを課して臨時収入とし、これを賄っていた。幕府財政には計上されないが、諸藩のその他の関連支出は計りしれない〔大口勇次郎―一九八四〕。これらは、緊縮を図りながら、奥向きや易地聘礼手当を多額に支出したり、特定の大名を優遇するという財政もまた、第二次松平政権の分裂的な性格を表わしている。

倹約令の強化徹底は、松平信明財政の一方の柱であるが、文化六年（一八〇九）に成立した最大級の問屋仲間である菱垣廻船《ひがきかいせん》積問屋仲間は、信明政権が仲間大商人に御用金を課すことにより、倹約だけでは補塡しきれない幕府財政を成り立たせようとしたもう一つの政策を代表するものであった。

江戸と大坂をつなぐ、さまざまな商品を取扱う十組問屋は、仲間外で営業する問屋の増大などで弱体化していたが、一九世紀に入ると、杉本茂十郎が三橋会所（永代橋、新大橋、大川橋の管理修復を請け負う組織）を整備して、菱垣廻船に江戸入津荷物の独占的取扱いを認め、冥加金《みようが》を上納させるしかけとした。年間数千両にのぼる御用金・冥加金が幕府に収められたといわれている。幕府は、杉本や町年寄樽屋《たるや》与左衛門《よざえもん》を動員して、米価買い支えなどに対応すべく御用金・冥加金の恒常的確保に動いた。一八世紀末には、綿織物などでは産地業者が都市問屋の外で営業を拡大する動きが見られたが、大都市の問屋に海上輸送手段を独占させることによって、一時的にせよ、かれらの優位を確保させ資金源としようとしたわけである。

ところで、この三橋会所政策の端緒として知られているのが、文化四年（一八〇七）菱垣廻船を使うべき江戸の薬種問屋の一部が、砂糖問屋として樽廻船利用許可願を提出したという薬種問屋の内紛である。調整に入った杉本茂十郎により、砂糖荷物は樽廻船で、その他荷物は菱垣廻船で、という和解《わかい》にこぎ着けた。これを契機に、江戸入津荷物の取扱いを独占する菱垣廻船積問屋仲間は、幕府から公認されることとなる。

しかも、それ迄自由取扱いだった一部の国産薬種をはじめとして、薬種直取引が薬種問屋以外でも横行する不正常に対して、文化五年（一八〇八）一二月、今後は上方唐薬・国産薬種をすべて本町三町目組と大伝馬町組薬種問屋両組のみの取扱いとし、薬種規制を強化させた（『天保御触書集成』六〇八八）。しかも同時に、先の和解によって薬種問屋は砂糖問屋としても位置づけられることとなり、輸入国産ともに砂糖もこれら砂糖（＝薬種）問屋に限定されることとなった。さらに薬種規制触は、これら両組の規制強化を図った全国触となった（『天保御触書集成』六〇八九）。薬種問屋は三橋会所政策に乗って薬種と砂糖の流通を両方とも掌握しようとした〔北島正元―一九六二〕。

しかし、文化一三年（一八一六）財政を担当した牧野忠精は免ぜられ、信明も翌年死去すると、杉本茂十郎の構想はたちまち崩れ去る（文政二年〈一八一九〉、三橋会所廃止）。文政元年（一八一八）二月二九日に水野忠成が勝手掛になってから、彼がその本領を発揮しだしたことを、『公徳弁』は、御用金などにこだわる信明政権との対比で

日本総大将の御勝手元のことであるから、十万両や百万両程度の金銀、あるいは百万石や二百万石程度の米穀では、数日の用にも不足する。……公は悩み苦しんで、自らの工夫として、新しい二分金を鋳造させて世の中の富を増大させ、各地の会所や冥加金を悉く廃止した。（『公徳弁』）

と説明している。つまり、三橋会所に代表される問屋仲間への御用金賦課策＝第二次松平信明政権の財政方針を全否定したところに、水野忠成の財政政策の特徴があった。世の怨嗟《えんさ》の的になる問屋仲間を利用した冥加金や三橋会所など中間的賦課を止め、貨幣改鋳によって（数字上の）富を生み出し、財政を賄うという、いわば江戸時代版インフレターゲット論とも呼ぶべき財政政策が、水野忠成政権から開始する。

こうした財政政策の恩恵を受けた筆頭は、「国親（将軍実父）一橋儀同殿（治済）」である（『公徳弁』）。言い換えれば、御用金・冥加金では不足する財政状況をもたらした主因は、一橋治済《ひとつばしはるさだ》という。家斉《いえなり》の子女らの婚姻を通じて形成した閨閥《けいばつ》を、将軍政治安定の基本に措く政治手法は、本来的に奢侈《しゃし》的であり、そうした政治にとって必要な財政手腕を持つ人物が水野忠成であった。実際、治済は杉本茂十郎が作った米価低迷対策である江戸伊勢町の米会所が同じく文政二年に廃止になったことを、「実はよろしき筋合い」

ではないかと評価している（『一橋徳川家文書』）。

文政三年（一八二〇）三月一一日、幕府は薬種統制緩和を打ち出し、以前のように一部の国産薬種についてては、「問屋にかぎらず、だれでも勝手次第売買してよい」と触れだした（『天保御触書集成』六〇九〇）。国産薬種の統制強化からの転換は、唐薬統制までも実質的に緩和する結果を生む。では、そうした薬種統制の緩和は、誰に有利なのであろうか。国内流通のなかで、幕府の統制と仲間の規制を超えて唐品や砂糖流通を試みた勢力を、次に見ていくことにしたい。

中国貿易と長崎中国人社会のゆくえ

水野忠成政権により規制緩和へ政策転換があったと考えると、薬種にせよ、砂糖にせよ、中国からの輸入によるところが大きいことからして、それは長崎の中国貿易の動きと何らかの関係があると考えられる。そこで、まず寛政一二年（一八〇〇）から四〇年間の唐船の入出航数を概観してみよう。これらの数字は史料によってバラツキがあるが、『長崎志続編』『買渡銅取調書付』などによる数字であり、概略的な傾向をみることができる。

信牌をもって長崎に渡来する唐商たちは、「半減商売令」によって唐船を一〇艘（出港する際に入手する銅が一艘あたり一〇万斤、合計一〇〇万斤）に限定された。一八〇〇年代もオランダ船が不定期にしか来航しなかった文化一三年（一八一六）までは、漂着船は例外的で、むしろ確実に年一〇艘の唐船出船が確保されている。

「半減商売令」の取引制限に対して、当初長崎の中国人たちは騒動を起こして不満を示した。現実に減数された船数でも取引額を維持しようとすれば、一艘あたりの積載量を増やす必要があり、また、積載量を増やせば水夫（工社）の相対的増員が必要で、より大きな資本で日本向け唐船を組織しなければならなくなる。他方で、雲南産銅が中国国内で出まわるようになると、日本銅は価格面で厳しい状況を迎え、一八世紀末には、日本銅貿易に参加する中国商人（官商・額商）の経営は安定しなかった（任鴻章―一九八八、山脇悌二郎―一九九五）。

したがって、従来の額商や船頭が集荷する資金に乏しいとなれば、工社が自己勘定で持ち込む商品の量が増え、彼ら工社集団が長崎交易にもつ発言力は相対的に強くなった。しかも「艇盗の乱」の余波は一八一〇年頃まで続き、唐船に乗ってくる工社たちは安全のため、文字通り力を持たねばならなかった。これは中国人の集団的な市中徘徊の日常化や、日本人との小競り合いの頻発といった、長崎の統治と治安という面では、大きな不安定要素を生み出していった。

このころ長崎奉行のなかでも、曲淵景露《まがりぶちかげつぐ》、土屋廉直《つちやかどなお》、金沢千秋《かなざわちあき》などは厳戒対策で望み、土屋は「国（国

表1　長崎唐船入出数（1800-39）

年次	入津数	出津数
1800年	9艘	8艘
1801年	15艘・番外4艘	14艘
1802年	11艘	11艘
1803年	8艘・番外2艘	10艘
1804年	11艘	11艘
1805年	12艘	11艘
1806年	5艘	10艘
1807年	7艘	10艘
1808年	11艘・番外1艘	9艘
1809年	10艘	11艘
1810年	11艘	11艘
1811年	9艘・番外2艘	10艘
1812年	10艘・番外2艘	14艘
1813年	12艘・別船1艘	11艘
1814年	7艘	10艘
1815年	10艘・別船1艘	11艘
1816年	14艘	11艘
1817年	6艘	8艘
1818年	5艘	8艘
1819年	12艘	7艘
1820年	8艘	11艘
1821年	7艘	7艘
1822年	8艘	6艘
1823年	7艘	7艘
1824年	9艘	9艘
1825年	4艘	9艘
1826年	11艘	9艘
1827年	13艘	9艘
1828年	5艘	9艘
1829年	9艘	8艘
1830年	10艘	9艘
1831年	4艘	6艘
1832年	10艘	9艘
1833年	6艘	5艘
1834年	4艘	7艘
1835年	11艘	9艘
1836年	8艘	4艘
1837年	7艘	9艘
1838年	6艘	6艘
1839年	5艘	8艘

外追放《禁）》を申しつけた者の（再来防止の）目印に左手首に長さ一寸五分巾五分の入れ墨を申しつける」と中国人を威嚇した。金沢に至っては入れ墨ではなく焼き印に切り替えた〔熟美保子―二〇〇七〕。その後、文化九年（一八一二）、長崎赴任に先立って遠山景晋は、勘定奉行ではなく、若年寄堀田正敦と工社対策を繰り返し協議している。この相談の結果が功を奏したのだろう、赴任後は滞在中国人が減り、平穏となり「唐人取締手付を毎日二人ずつ派出することは明日から止め」（『長崎奉行遠山景晋日記』文化九年一〇月一六日条）ることになり、翌十年（一八一三）の奉行交代に際しては「当年は工社取締よろしく、（引き継ぎ時に）見廻りにおよばず」という小康になった。文化九年から一〇年は、出津帰国する唐船が増加して、結果としてあまり長崎滞在が長期にわたらず帰国できる交易策、言い換えれば長崎側の出航条件を改善して、工社の不安を和らげる対策（おそらくオランダ船不来航に便乗した中国向銅の増額）が一時的に採られたのであろう。

しかし、中国貿易は文政期（一八一〇年代後半）以降は悪化の途をたどり、唐船出津数もオランダ貿易の回復により、銅が調達できないし、来航数も減少する。これ以降俵物などの海産物では補ないきれなかった。銅の輸出減少を埋め合わせられないと「唐船不進」が起こり、長崎の中国貿易は総取引高の減少と結果し、長崎交易に参加する中国人は総体として減少した。文化期の来航船は平均で年一〇艘を守っているが、文政期は年八艘、天保期は六・八艘という数字に表れている。また『長崎オランダ商館日記』にはマミフネ（豆船・モンガ船）と表現される唐船が現れ、一時期より小型船化していたと思われる。

それまで近世を通じて取引を抑制しようという力を働かせてきた長崎会所の側が、中国側に俵物や銅などの前貸しや褒賞を行ない、彼らの来航を慫慂《しょうよう》するという逆転現象が天保期には見られるようになった（中村質―一九八八）。工社の発言力の増大をはじめとする「唐人不法」をなかば容認しつつ、「不進」を食い止めるという状況に追い込まれていくのが「大御所時代」の長崎中国貿易である。

薩摩の貿易品と琉球国産品

長崎の中国貿易縮小要因のもう一つは、薩摩《さつま》藩の密貿易である。前述のように文化七年（一八一〇）、琉球国救助のためと称して唐紙など唐品八品目を長崎で試売する許可を得た薩摩藩は、より利益の上がる「品替」を要求するが、松平信明政権下では、それ以上の譲歩を幕府から引出すことはできなかった。

ところが文化一三年（一八一六）は、英国ライラ号・アルセスト号が、琉球をめぐる国際環境に緊張をもたらし、また、激しい飢饉により、琉球では餓死者が多数にのぼっていた。そこで、島津重豪は琉球に対する危機感をあおり、幕府の譲歩を迫った。重豪による対幕府工作は、文化一四年（一八一七）八月に松平信明が死去した直後から本格化する。

島津重豪はまず、老中青山忠裕《あおやまただやす》に対して願書を出し、「何れの方面から政事向に相拘わることも起るのではないかと、幾重にも心痛している」（『唐物来由考』）と訴えた。どのような政治的事件が起るかもしれないと心配している、という重豪の願書の趣旨は、ライラ号・アルセスト号への対応を直接明示していないが、薩摩が琉球の対外的・政治的不安定を口実に、その要求を幕府に説得させる論理として注目される。このとき重豪は脇坂安董《わきさかやすただ》にも働きかけている。それは彼が朝鮮国を担当したことを通じて外国の情勢もよく承知し、琉球国と島津家との関係が朝鮮国と宗家と相似的であり、長崎の交易のやり方も心得ていること、を理由としており、勝手掛でもあった若年寄堀田正敦《ほったまさあつ》への内談工作を働きかけた（文化一四年十一月、『唐物来由考』）。

脇坂は当時寺社奉行を免ぜられていたが、文化易地聘礼《えきちへいれい》で、朝鮮との関係で宗家に便宜を図った経緯から、琉球との関係で島津に便宜を取り計らってくれる、と重豪が重視していたとしても不思議はない。

結果、（堀田正敦が勝手掛を辞める）文政元年（一八一八）、長崎での売捌《さば》品は、薬種・雑唐物へ拡大し、虫糸《てぐす》・硼砂《ほうしゃ》（釉薬）・桂枝《けいし》（漢方薬）・厚朴《こうぼく》（漢方薬）の四種類三年間販売許可を得た。薩摩藩は新たに唐物方を設置し、琉球国救助ということを名目に、琉球＝中国間貿易に直接的に関与するようになった。

この一方で、島津重豪と脇坂安董は同年「両敬」となり、翌文政二年（一八一九）二月、脇坂安董娘寿姫が重豪養女となった。また、文政元年（一八一八）に重豪は養女立姫を、水野忠成の分家上総鶴牧藩主水野忠実《ただしげ》に嫁がせ、水野政権に婚姻関係を通じて取り入っていった。そして、ことあるごとに格段の支援を政権に依頼できる人間関係を構築していった（黒田安雄─一九七四・七五・七七）。

そして文政八年（一八二五）、さらに追加で一六品目を長崎で売捌くことが認められた。しかし、それは、堀田正敦や長崎会所が難色を示したように、対外通交から生じる富の再配分が変化したことを意味したのである。

文政期（一八二〇年代）の長崎の動きに、その問題の深刻さを考えていきたい。

まず、通常の唐船の本拠地である乍甫以外の船、信牌《しんぱい》を持たない唐船が漂着の名目で現れる。文政三年（一八二〇）に長崎奉行間宮信興が漂着船の抜荷調査を行なうと、九州・西国・北国筋の島々、浦々で、前々より唐物密売買の船が船寄せする場所が、三四、五箇所も判明した（後述）。肥前国平戸領八幡崎に新規に見張番所を設置し（文政五年〈一八二二〉）、天草と同じく長崎地役人を詰めさせ、もっぱら薩摩往来の船を改めた（『通航一覧続輯』唐国総括部三）。薩摩藩が長崎での唐物売捌の権利を手にして以降、漂着唐船が西九州各地へ漂着してきていることは確かで、彼らがもたらす唐物は、薩摩藩を経由して各地に流通していった。つまり、薩摩藩は琉球国産品の名目をもって長崎での唐物売捌を開始してから、公認以外の唐物も売り捌いたのである。

一方で、俵物の密輸についても、当初は松前で会所が買い入れていたもののうち、上等の煎海鼠だけを越後で分離して薩摩へ密売して廻送したが、時代が下ると、薩摩船が他国の船に偽装して松前に廻送し、俵物類を直接密買して、これを漂着船や琉球進貢船などを通して中国へ輸出する状況すら生まれていた（『同』）。全体としてみれば、唐物の輸入とその代価である俵物の輸出という物流に応じて、薩摩藩が全国的な広がりを持つ流通網を整備し、幕府の、蝦夷地＝長崎会所＝唐人貿易という流通を蚕食し弱体化させていた。

薩摩の対外貿易は、海産物輸出に限るものではなかった。鈴木康子氏によれば、長崎からの輸出樟脳は、一八世紀後半から輸出量が増加し、開港まである程度の輸出が維持され続けた、という（鈴木康子―二〇〇四）。特に薩摩産樟脳が高級品で知られ、オランダ人はこれ以外の樟脳を受け取らなかったとさえいわれる。国内的にみれば、樟脳は薩摩藩の重要商品であり、藩は樟脳山役所を設けて専売制にし、重豪以降は、特に増産を奨励して藩内樟脳を一手に集荷し、長崎の蔵屋敷へ送る、という藩専売と長崎貿易を組み合わせた仕組みを作り上げた。

一九世紀になると、会所は樟脳安定供給のためとして、翌年の希望輸出量をあらかじめオランダに申告させ、さらには価格値上げを要求した。薩摩藩専売品の樟脳輸出が、長崎オランダ貿易に占める比重を高めたことは、その後の藩専売品を輸出する交易モデルとして注目すべき現象である（後述、二七四頁）。

実は、一九世紀初頭から、樟脳の供給におけるオランダの優位は失われており、中国経由で取引されるようになっていることは、ラッフルズのときの報告書の語るところであった（先述、一九九頁）。文化六年（一八〇九）の時点でドゥーフは、「戦争のために、われわれは銅が必要であるが、樟脳はそうではない」（『長崎オランダ商館日記』一八〇九年一〇月二四日条）と述べている。つまり、当時バタヴィアでの樟脳需要は相当低下し、バタヴィア自身も樟脳の商品性を見限っていたと考えられる。

しかし、長崎側は、オランダ側へ輸出銅を増やすことの見返りに、高額で規定量の樟脳買い取りを求めた。これは、中国貿易とは対照的な事態である。長崎貿易を全体としてみれば、まず、オランダに樟脳輸出を引き受けさせるため、オランダ向け輸出銅は、中国向けを絞る形で確保される。すると銅を求める長崎への唐船は不進となり、各地に漂着する。唐物の国内販路を形成し、俵物の密貿易によって独自の中国貿易を構築しようする薩摩藩などが、その取引相手となる。これは、長崎中国人社会に甚大な影響を与えただけではない。銅貿易を独占し、唐物販売・俵物集荷を独占することによって、全国的な流通を支配してきた長崎会所が、大きな影響を受けることを意味していた。

幕府の側から見れば、薩摩藩によって俵物がいわば横取りされ、また、薩摩専売品の樟脳の長崎貿易での比重が高まることにより、自ら独占主導する全国流通と外国交易の仕掛け（すなわち「鎖国制」）が衰退していくこととなったのである。

抗議する中国人たち

この長崎貿易の政治的意味での右下がりを感じたのは、唐人屋敷の中国人たちであった。文政三年（一八二〇）六月一九日、老中水野忠成《ただあきら》は、大村藩江戸留守居を呼出し、「長崎市中平常の備え、ならびに唐人屋敷取締のため、唐人屋敷門外に勤番所を設け、藩士を派遣して警備せよ」と命じた。これを受けて大村藩によって、藩士八人・足軽二〇人の警備体制が設けられた。しかも翌年正月には、湾内での鎮圧に備え、海辺にも石火矢が設置された。先述の九州各地での長崎奉行の調査の結果、唐物密輸や漂着唐船の関係が疑われた。おそらくはこの事態に危機を感じた勘定奉行の意を受けて、老中水野忠成は、日本人との不正な接触を避けさせるため、中国人に対して強硬措置をとった。

しかし、前世紀末からの長崎の中国人たちを取り巻く環境に対して、工社たちは、いろいろな場面で不満をあらわにしてきた。長崎が示す対応は、取締と懐柔である。こうした対応は、ある意味では一貫した反応で、町の秩序を壊されても困るが、強圧的な禁令を嫌って船が集まらなければ町がやっていけないからである。しかし、今回幕府がとった対応は、暴力的鎮圧であった。

ブロムホフは日記にそれを、「中国人たちが命令に背いたら彼らを捕縛し投獄せよ、との厳命を伴っており、その結果、彼らに与えられている短期間外出する自由は後退した」と記す（『長崎オランダ商館日記』一八二〇年八月三一日条）。唐人屋敷を中心とする不穏はオランダ人にも隠しようがなかった。熟美保子氏によれば、文政三年末に番所が出来てからも、中国人たちの騒動は一ヵ月に数度ずつ起こってきた。たとえば翌四年三月七日（一八二一年四月九日）に起こった騒動は大荒れであった。出航する唐船にいた中国人たちが、サンパン船（荷漕船）に乗って一〇〇人ほど大浦へ遊山に出かけた。これに驚いた大村藩兵は、ただちに浜辺へ出兵してこれを制した。すると、中国人側は雨あられのごとく石を投擲《とうてき》し、船からは竹槍を取り出すなどして、双方から投擲合戦となった。大村藩兵は多勢に無勢なので、退却を余儀なくされ、逃げ遅れた足軽は竹槍で突かれ、一人は股に貫通して即死状態となった。大村藩兵は反撃していろいろ投擲したが、海中へ落下してサンパン船には届かずじまいとなった。翌日も中国側は反撃に備えて一五〇人が繰り出したが、いよいよ合戦だというので町中の人びとが見物に現場に集合してきたのを、逆に大村藩兵が大挙集合したと勘違いをして、中国人は唐船に引き上げていった（熟美保子―二〇〇七）。こうした中国人と大村藩兵との武力衝突は徐々にエスカレートし、唐船の出航それ自体も危ぶまれる事態となった。

そこで大村藩主は翌月、長崎で奉行と対談した。対談で藩主は中国人側が不法をしているのをそのままにしておくのは、公儀に対して申し訳が立たないと憤ったのに対し、長崎奉行間宮信興は、「兎《と》に角《かく》穏便の取り計らいがよいと思う、裁許は軽くご容赦ありたい」という考えを示した、という。大村藩主と穏便派の間宮の対応の違いがはっきりとした対談となった。大村藩勤番所は、この対談の結論を、本藩へ次のように伝えた。

長崎奉行所から唐人船主へは、今後は不法を働けば容赦なく処刑すると工社たちへ厳重に申伝えるように、と発令され、その裏で、奉行から大村藩主へはそうした処刑の沙汰はしないようにと令された。(『唐人館騒動一件』)

図24　唐人屋敷・唐船来泊図巻

唐船の荷役の様子。日用頭が注記され、こうした荷役に長崎の下層民たちが動員されていたことがわかる。

結局こうした二重基準がうまく機能するはずもなかった。唐人屋敷門前への大村藩勤番所は、文政六年(一八二三)に長崎奉行に引き渡され、地役人が番所詰を取り仕切ることとなった。水野忠成政権が試みた対中国人強硬措置はうまくいかず、懐柔策へと政策転換されることとなった。

この転換に合わせ、文政六年(一八二三)に、唐物密売買船取締として設置された平戸番所も閉鎖となり、松浦藩への預けとなってまもなく撤去となった(『通航一覧続輯』唐国総括部三)。この転換は、たとえば文政八年(一八二五)には薩摩藩がさらに唐物品目を増加させて一六品目を取扱うようになったことからもわかるように、長崎の唐人貿易を正常化する方向には作用せず、むしろ唐船不進を促進し、唐人屋敷の経済を衰退させるものであった。

3——無二念打払令と松前復領

鯨の宝庫ジャパン・グラウンド

毛皮貿易船に引き続き太平洋に登場したのが、英国捕鯨船である。その背景にあった南洋捕鯨奨励法は、イギリス東インド会社や南海会社の独占的利益を守り他船を制限するものであったが、一九世紀には捕鯨船を制限する意味が小さくなり、最後の改定法（一八一九年改定、一八二五年廃止）は、捕鯨期間の限定のみで、捕鯨範囲を緯度経度で指定し制限することはなくなった。すでにマッコウクジラの漁場は、ガラパゴス諸島近海から、赤道沿いに西太平洋へと展開していた。南へ下ればヴァスケス・グラウンド（オーストラリアとニュージーランドの中間）、北へ上れば北緯二五度から四〇度、東経一二五度から一五〇度に至る日本列島太平洋沖合に巨大なマッコウクジラ漁場（ジャパン・グラウンド）が広がっていた。太平洋にはすでに東西を横断する英米の毛皮貿易船をはじめ、ハワイ諸島など、各地を往来する商船が存在し、彼らが鯨の回遊情報を捕鯨船にもたらしていた。捕鯨史家スターバックは、マサチューセッツ出身の貿易船長ウィンシップが、同諸島から広州への航路途上マッコウクジラの一群に出会ったことを、ナンタケットの友人に語り、その一人アレン船長が一八一九年にジャパン・グラウンドへ出漁したことが最初であるという〔Starbuck, 1878〕。

海洋小説として知られるメルヴィルの『白鯨』では、かの艦長コルネットに南米太平洋沿岸を測量させた立役者ロンドン捕鯨業者エンダービー社が、一八・九年に捕鯨場発見船サイレン号を仕立て、このジャパン・グラウンドまで試験航海に赴かせたと述べている。その次の年には少なくとも九艘のイギリス捕鯨船と四艘のアメリカ捕鯨船がジャパン・グラウンドに向かったし、奨励法が失効となる一八二五年までにイギリスだけでも二四艘の捕鯨船が出漁した。

南洋捕鯨奨励法が最後の緩和策をとったとき、英米の捕鯨船はホーン岬から遥かに遠い日本沖合に到達し、巨大な捕鯨場を知ったのであり、それは日本にとっての太平洋に、新しい歴史的な意味を与えた。

図25　南海捕鯨
太平洋捕鯨の標的は抹香鯨であった。母船と捕鯨小艇とが船団として従事する。

文政五年四月二九日（一八二二年六月六日）、浦賀にイギリス捕鯨船サラセン号が渡来した。ブラザーズ号と同じく浦賀港の入口に碇泊し、幕府は再び馬場佐十郎と足立左内を通詞として派遣した。サラセン号は、ブラザーズ号のような交易船ではなく、帆柱の下に一〇本ほどの銛を備え、小舟にのって鯨を追いかけて、「鯨を突いてとり船中にて直にその油を煎る設け」を備えた捕鯨船である。彼らは日本との交易を目的としたものではなく、今後二ヵ月ばかり日本南海で捕鯨をし、五ヵ月かけて帰国するという。彼らが欲したものは薪水山土である。山土は長期航海では不可避の壊血病《かいけつびょう》に罹《かか》った船員の足を土の桶中に埋めると回復するとされる一昔前の迷信に基づき求められ、また、薪は鯨油を煮るためのもので大量の木材を要求した。従来の漂着船への薪水給与とは意味が違っていた。

レザノフに与えた教諭書は、交易を目的として来航する船を拒否する論理であった。ジャパン・グラウンドにやって来る捕鯨船のような、生業は別にありその必要上寄港する船を念頭に置くものではなかった。馬場佐十郎らがサラセン号に渡した諭書には、以来、この近海は、決して船を寄せてはいけない、帰国したら船長船員たちにそう伝達せよとあるという（『通航一覧』諳厄利亜国部四）。

捕鯨船に捕鯨場に近づくな、と言っても無理な話である。薪水給与といっても、難船用の薪ではなく、鯨油精製用の燃料としての薪であり、壊血病治療のための果物や土壌が必要だった。捕鯨船来航はジャパン・グラウンド「発見」がその原因なのだから、交易拒否の国法も、来航禁止の申諭も、彼らには何ら意味を持たず、一方で、求める薪水（ビタミンを含め）は捕鯨操業継続のためであった。

ジャパン・グラウンドの水路情報をもつ外国捕鯨船と、沿岸航海しか認められていない日本船とが洋上で接触することは日常化していた。

常陸漁師忠五郎

文政六年六月（一八二三年七月）、たまたま銚子を目指して近海を航行していた仙台船が針路を見失ない、水戸領大洗のさき海上一四、五里のところにいた三艘ほどの異国船が指し示す絵図にしたがった方角に航行すると、「時刻も違わず」那《な》珂湊《かみなと》に入津した。那珂湊ではみなが、異国人たちが海路に委しいのに感心した、という（『通航一覧』諳厄利亜国部四）。この異国船の話は、水戸藩士会沢安《あいざわやすし》（正志《せいし》斎《さい》）が聞き留め、平戸藩主松浦静山に語った。長文だが、打払令の前提として重要なので引用しよう。

常陸の沖合五〇里程に横瀬という潮目があり、古来からそこから外海へは出漁しないという決まりであったが、七年前からその外側に異国船が六、七艘、夏から秋にかけてやって来るようになった。かなり遠い海域なので何をしているかわからず、また、異国船を見かけたと報告すれば領主から取調をうけ面倒なので、皆で申し合わせて口外しないできた。この二、三年は鰹が横瀬より遠方沖合でしかとれず、異国船と交じって漁をすることとなった。すると、彼らが船団を組んで捕鯨に従事していることが判った。先方から働きかけがあったがみんな恐れて近づかない。ただ会瀬浜の漁師忠五郎だけが、一人舟に乗って捕鯨船に近づいていった。異国船は歓待し饗応したほかに、世界図を示して自分たちがイギリスから来たことを伝え、さらには本草の図鑑を出して日本語での呼び方を書入れるなどした。しかもイギリス側は鯨油を入手するため遠路態々来ているのに、日本人は沢山の鯨を眼前に見のがしているのは捕鯨方法を知らないからだとして、数日滞船させ捕鯨から解体、鯨油加工までの全過程を見学させた。こうしてジャパン・グラウンドで行なわれている実際を目の当たりにした忠五郎は、浜へ戻り同じ漁師たちと相語らって再び異国捕鯨船へ出かけ、煙草や木綿などと物々交換をはじめ、だんだん、水戸の商人は半紙や木綿、絹反物を漁師に託して販売するようになり、逆に水戸の町には突如異国品が出まわることとなった。（『甲子夜話』）

常陸沖の太平洋に捕鯨船が現れたのは、スターバックやメルヴィルの説くところよりも少し早いことになるが、いずれにせよ一八一〇年代末である。沿岸漁師たちはみんな判っていたが、関わり合いになるのを面倒がり役所に届けなかった。忠五郎のような出逢いは、あっという間に水戸の町まで広まったのであろう。忠五郎は次のようにも言っている。

外国人が日本人漁師を遇するに、船中に人間を扱うのと同様で少しも隔心なく、我々が沖合で風雨に遭い難儀をしていれば、彼らの船で一時を凌がせ、炎天下には冷水を与え、病気の時には薬を与えられて、大いに力を得る、我々の力では捕らえようもない鯨を捕らえるだけで、日本側の漁猟には何の妨げにもならない、それなのに、公儀はなぜ異国人を讐敵の如くに取扱うのか。

（『甲子夜話』）

忠五郎の言い分は、同じ漁師としての連帯感に溢れていて、交流を深めたイギリス捕鯨船が彼らの港に関心を示したとしても不思議はない。大洗の沖一・五キロ程度のところにやってきて、望遠鏡で日本側を眺め、相馬の商船に接近したりした。突如沿岸に近づきはじめたので、那珂湊は大騒動だったが、捕鯨船は、捕鯨寄港地としての常陸浜の可能性を確信したであろう。

翌文政七（一八二四）五月二一日、今度は、捕鯨船が六人乗小艇二艘を大津浜に上陸させ、枇杷《びわ》（壊血病の薬）と豚を買い求めたいという（『甲子夜話』）。上陸した一二人は捕捉されたが、逆に母船から大筒を打ちかけるようになり、一時は連発で聞こえてくる。今にも合戦にもなるのではないか、と恐怖心は募るばかりである。やがて母船団から小艇九艘がまた上陸し、先に拿捕された船員を返還するよう求めた。水戸側は江戸からの代官到来を告げ、手真似で返還することを理解させ、交渉の延期を要

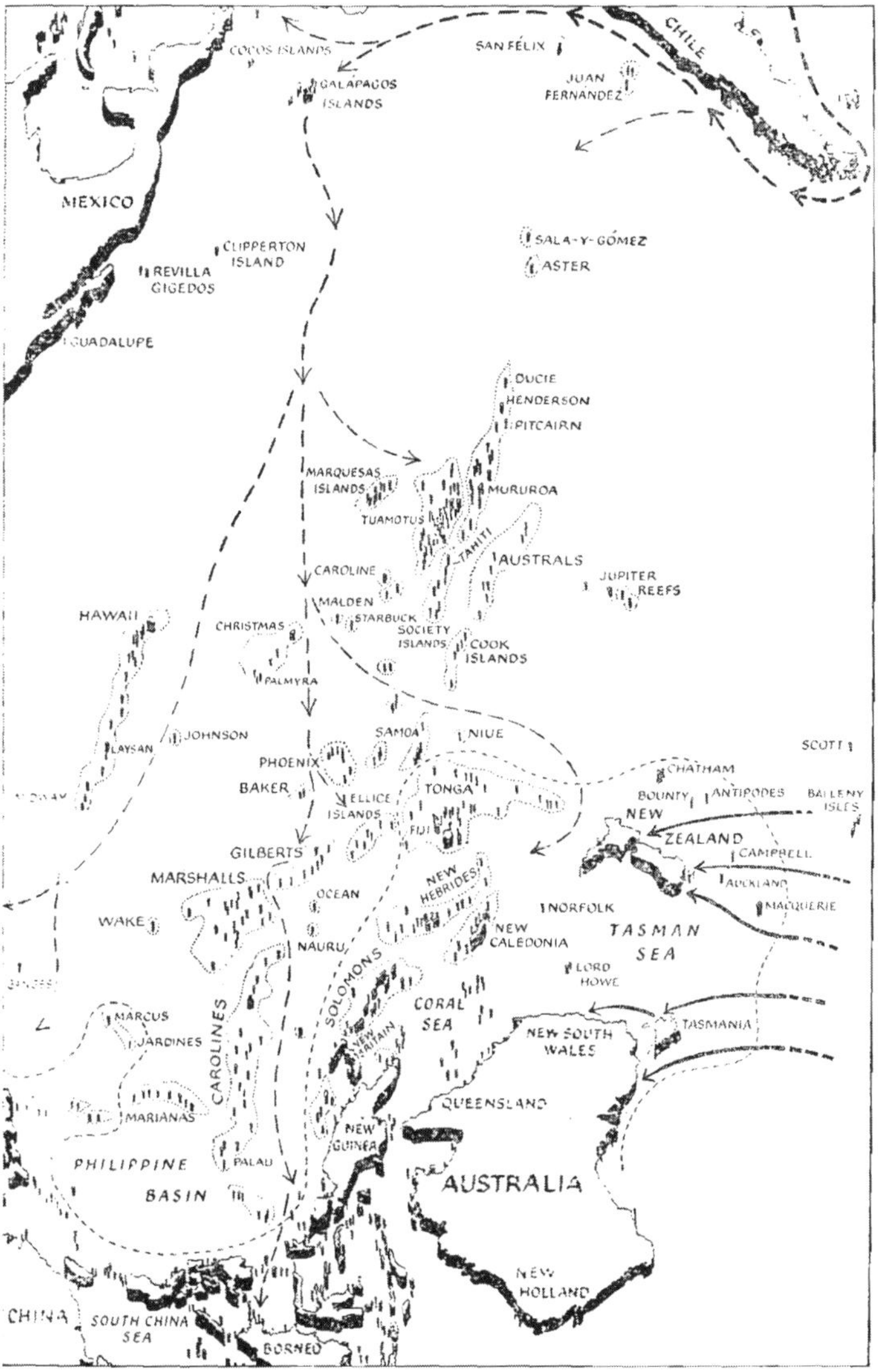

図26　エンダービー社の太平洋捕鯨拡大

求した（大津浜事件）。

六月一〇日に、代官古山善吉、普請役二名（そのうちの一人は間宮林蔵《まみやりんぞう》）、天文方高橋景保《たかはしかげやす》配下の足立《あだち》左内《さない》、オランダ通詞吉雄忠次郎《よしおちゆうじろう》（馬場佐十郎が死亡したのでその後任）が派遣されてきた。船中に壊血病者があり、林檎《りんご》（三五〇個）、蕃薯《ばんしよ》（サツマイモ、三二本）、枇杷（四升）、鶏（一〇羽）などを所望したのでこれを与えた。通詞から「ブラザーズ号やサラセン号に対して、この国に近づくなと言ったはずなのに、知らないのか？」と聞いたところ、「病人がいて薬用品が欲しくて上陸した」という。さらに「近年異国船が度々現われるのはなぜか」と聞くと、「日本近海において鯨が大量に捕れる」からという。そこでサラセン号よりは一層明白に、幕府は相手が捕鯨船として、

病人がいて果実や野菜が欲しいというので、今回は許して薬用品などを持たせてやるので、はやばや帰帆せよ。以後は絶対許さない。帰国したら捕鯨関係者などへそのように伝えよ。（『通航一覧』諳厄利亜国部十）

という申諭を与えた。難船があればこれは、まず抑留し、その後に指示を仰いで薪水給与するという、文化四年（一八〇七）ロシア船打払い令が運用上の困難をきたしてきたことを、明らかに示すものであろう。彼らの欲するものは、捕鯨を継続するための物資なのである。

同じ文政七年の七月には、同じくイギリス捕鯨船によって、薩摩国宝嶋において上陸事件が発生した。こちらは野菜や牛を求めた。牛を一頭打ち殺し、二頭は奪取という事態に、鹿児島藩士がイギリス人一人を鉄砲で殺害するという事件に発展した（宝島事件）。

日本列島から太平洋にひろがるジャパン・グラウンドの南と北で、自らの捕鯨漁維持のために薪水食糧を要求する船団が、相当数滞留していることが明らかとなったのである。

無二念打払令

翌文政八年（一八二五）二月発令の無二念打払令は、大津浜や宝島にやってきた異国船（捕鯨船）への対処する法として考えられてきた。それは、

一体（昨年来航した）イギリスに限らず、南蛮・西洋は、制禁の邪教の国であるので、以来何れの浦においても、異国船が乗り寄せてきたら、その地にいる在り合わせの人夫を以て、有無をいわせず一途に打払うこと、……万一異国船と見損なっても咎めはしないので、二念なく打払わせよ。

（『天保御触書集成』六五四一）

というものであり、従来、ロシア船にのみ適用されていた打払い（文化四年〈一八〇七〉）を、異国船一般に拡大したもので、天文方で通詞たちの上司として異国船に関する最も正確な情報を得る立場にあった高橋景保の立案（文政七年〈一八二四〉七月）による、と理解されてきた。

こうした通説的理解に対し、藤田覚氏は、実質的に打払い令の立案が議論されるのは（高橋の案ではなく）同年一〇月の大目付や勘定奉行らの評議による、という。もともと高橋の打払い令案は、捕鯨船を対象とする「玉込めしない」空砲による打払いで、海難船一般に対する薪水給与を禁じたものではなく、薪水給与のいわば厳格化の提言である。そして具体策として、長崎にいるオランダ人を通じてアジア・イギリスの拠点であるコルカトへ一〇海里内への侵入船に対する打払いを通告するとして、無二念打払令そのものとは距離のあるものであった。評議の当時、幕府には二論あり、対外的には穏

便な取計を主張しつつ一〇万石以上の大名による防備体制構築をうたう大目付と、「見かけ次第打払うべし」とする勘定奉行遠山景晋らが対立していた。最終的に遠山景晋らの意見が将軍宛老中伺に採用され、将軍の裁可を得たものである〔藤田覚―二〇〇五〕。

打払い自体は確かに強烈な印象を与える。しかし江戸湾防備体制を無二念打払い令の前後で見た場合、会津藩相州警備は、文化五年（一八〇八）年のフェートン号事件をきっかけに、文化七年（一八一〇）に城ヶ島・浦賀・観音崎に台場を設けて常備兵（約五〇〇）を配置するという常時警備体制が採られていた。しかし、会津藩相州警備は文政三年（一八二〇）に免除され、さらに文政五年（一八二二）三月には、白河藩の安房・上総警備も免除された。実質、常備兵力は相州側の浦賀奉行が九〇余人、房総側の代官配下の人数が四〇人ということとなった。浦賀奉行所（相州側）と代官所（安房・上総側）の少数の常駐役人が、近隣諸藩の応援を待って打払い体制を組むという臨時警備体制にいわば縮小した。打払令以後もその縮小した警備体制が強化されることはなかった。

実は、白河藩は現地に近い佐倉藩との領地替えを願っており、これに慌てた佐倉藩がその領地を維持するため、一橋治済や水野忠成らに工作して、自ら房総の非常警備にあたることを旨として、白河藩を桑名へ転封させることを謀ったという。そして、佐倉藩自体が、自藩固有の課役（家役）として房総海防を位置づける名分とするようになるという〔針谷武志―一九九三〕。これは蝦夷地防備を家役として復領を狙う松前藩の論理とも共鳴し合うものであった。

打払令の老中伺は、捕鯨小艇で陸地に寄ってくるだけなので、格別の配備も要らない、として、緩和した沿岸警備体制はそのままにとりあえず維持するという方策を中核にしている。（十分な戦闘能力を持っていた）捕鯨母船に対しては、「本船が近づいたら打ちつぶしても構わない」というのみである。何か具体策が出されたわけではない。

こうした雰囲気のなかで、様々な試みが考えられた。文政七年の大津浜事件の現場に立ち会った間宮林蔵は、勘定奉行遠山景晋を通じて、八年八月「漁師の姿となってイギリス捕鯨船へ接近し、船中の様子を得と観察したうえで、……決して日本近海への渡来しないように取計いたい」（『敬斎叢書』）と、自らが忠五郎の捕鯨船接近を追体験することで、イギリス捕鯨船側を直接説得し、逆に外国人からの直接接触やそうした事態の風聞の蔓延を阻止しようと上申した〔洞富雄―一九六〇〕。同じく大津浜事件に立ち会った水戸藩士の会沢安《あいざわやすし》は、政治論『新論』を著わした。日本の体制の成り立ちからそれを取り巻く情勢の危機への対応を試みるよう論じた。その危機のあり方を会沢は次のように総括する。

以前幕府はロシアを諭すに、国法だとして、異国船が海辺に近づけば、将にこれを海上で砕くものである、という。しかし、今イギリス船は常々日本近海に碇泊している。上陸するものに対しては、薪水すら遣わしている。外国人にこれを聞かせたら、こういうであろう。国法とは一体なんだ。……後日もし悪い外国人がますます増え、しかも接済（経済的接触）を禁じないようであれば、則ち不測の変が起るかも知れない。……事態を楽観する徒は、しばしば次のようにいう。彼は漁業者であり、商人だ。深く慮るにおよばないと。何と思慮の足らないことか。（『新論』）

会沢は危機への防禦として、「兵営を設け、偵察をきちんとし、水兵を配備して、火器を訓練し、物資食糧を備える」ことを重視する（「守禦」）。尾藤正英氏によれば、会沢のこうした戦闘力強化の主張を根幹とする議論を、藩主斉脩は「（政治を私議して）忌諱に渉る」として公刊を許さなかったという（尾藤正英一九七〇）。私は、このエピソードは、『新論』のような海防強化の議論でさえ、無二念打払い令と直接的に結びつかないことを物語っていると考えている。

打払令の政策企図を考えるうえで、打払い令と同時に発令された次の二令が重要である。

①前々から御法度であったが、今般異国船打払令が出たので、船乗りや漁民はこの御法度を厳重に守り、航路上などで異国船に出会わないように心掛けなければならない。もし、異国人との親交を隠し置、後日露見したら厳科に処す。（『天保御触書集成』六五四二）

②異国船来航などを届ける際、概略を述べるのみではなく、今後は津々浦々まで包み隠さず有体に申出よ。殊更好戦的になるわけではないが、近年の様子は放置できないので打払を命令した以上、きちんと報告するように。（『同』六五四三）

会瀬浜忠五郎や沿海航行の仙台船のような異国船との接触を禁ずること、そしてそうした接触を隠匿させないこと、こちらにこそ国内法としての無二念打払令の意味を見いだすことができる。捕鯨船来航が何年も幕府に報告されず、その捕鯨船と交流は漁業の阻害にならない、と言い張る会瀬浜忠五郎のような漁民への対策こそが、無二念打払令の意味であったとしても過言ではない。

実は会沢安もまた、日本人と外国人とのこのような接触状況を克服するべき長期的戦略を、強調し

てやまなかった（『長計』）。そのためになすべきは、

民が、外国人（戎狄）をみたら犬羊のように賎しみ、豺《やまいぬ》やオオカミのようににくむようにする。

（『新論』）

ことであるとし、忠五郎のような人間を生み出さない社会のあり方を展望するのである。無二念打払令と同時に出された二令こそ、会沢と共通する発想に立脚するものであった。

無二念打払令それ自体は、日本近海への異国船来航を阻止することが目的であることは、いうまでもない。したがって対外法として実効あらしめるには、イギリス側に日本の打払い体制を周知させなければならない、と考えるのは自然であり、高橋景保などもその旨をすでに指摘している。オランダ商館長へ打払令を最初に伝えた命令は文政八年六月二〇日（一八二五年八月四日）で、キリスト教布教への対抗（接触阻止）措置として「わが法により厳科に処す」というもので、同時に、イギリス船の来航理由についての商館長の意見具申を求めた。

これに対してオランダ商館長は、八月六日（西暦九月一八日）に詳細にこれに答え、世界各地で活躍している船舶の多くが捕鯨船であるが、これはイギリスの植民活動に関連しており、文化一三年（一八一六）のアマースト使節の軍艦の琉球・朝鮮への登場にせよ、文政七年（一八二四）の宝島事件にせよ、軍事的な危険性が去ったわけではない、と打払いの軍事的危険性を訴えた。しかし日本側は文政八年九月一八日（一八二五年一〇月二九日）、改めて「法により撃沈する」と伝え、オランダ船用の「日本　通商」と書かれた照合旗を渡し、これを掲げることを命じた。ところが出発直前の一〇月九

日（西暦一一月六日）に長崎奉行は「今後みだりに異国船が来航しないよう取り計らうように」と、オランダによる打払令の通知を求めた。この理由として、「英国王は彼らのことをおそらく知らず、彼らは賤しき漁師に過ぎない」という商館長の回答を根拠として、あえて世界的規模での通知をもとめた、と考えられる。一九世紀のオランダ人研究者シェイスは、「イギリス内閣に通知されたのか、私はつきとめられなかった」と書き、暗に通知されなかったと認めている〔Chijs, 1867〕。

異国船取扱令は、寛政三年（一七九一）に始まって、寛政九年（一七九七）一二月令、文化三年（一八〇六）ロシア船撫恤令、文化四年（一八〇七）のロシア船打払い令と修正されたが、その展開は、毛皮貿易興隆とナポレオン戦争進展に対する幕府の政治的対応であった。

しかし一八二〇年代になると、西欧諸国の勢力均衡を前提とする太平洋捕鯨と太平洋交易が生み出された。これは、交易拒否と漂着異国船取扱のあり方を根幹とする対外政策のあり方を抜本的に見直させ、日常化する来航船に直面する民衆（漁民や廻船関係者）をどうするか、という問題を惹起したのである。新たな外界からの変化と内的な対応を同時に解決するものとして、水野忠成政権は無二念打払令三令を打ち出したのである。

松前復領

水野忠成政権のもう一つ検討すべき政策は、幕府支配の蝦夷地を文政四年（一八二一）に旧主松前藩に復領したことである。

幕府直轄末期の文政三年（一八二〇）では、最初の請負人が継続している場所は七場所にすぎず、運上金は約四割を減じて一万二〇〇〇余両となった。しかし、幕府の蝦夷地直轄経営全体として見ると、それなりの収入をみるに至った。それは、幕府が蝦夷地における対外防備を強化するため、アイヌ住民を同化せしめ、蝦夷地の支配体制推進を図った結果とされる（『函館市史』）。

水野忠成政権は文政四年（一八二一）一二月に松前藩復領を実現する。その理由として幕府は、奥地の島々迄連々取締の制度が整い、アイヌ人撫育や産物取扱い等、万端落ち着いてきたので、将軍は安堵されている。松前家は蝦夷地が草創の家柄、数百年の所領であるので、旧家であることを格別に思召され、松前蝦夷一円を復領した。（『通航一覧』海防御備場部五）

といい、支配体制の整備・強化の完了を復領の理由としてうたった。しかし、老中大久保《おおくぼ》忠真《ただざね》がその後に徳川斉昭《なりあき》に語る密話によれば、

寛政の時に一旦幕府領になり、その後徐々に幕府の威徳が及ぶ姿になったところ、文化四年（一八〇七）フボストフらの襲撃があり、その後も度々異国船が寄港していろいろ交渉事があった。しかし、文政四年（一八二一）になると、蝦夷地を松前藩に復領することになった。……その利害得失の評議もなく、ただただ復領ということだった。「蝦夷は風俗を異にして、本朝の風俗に同化することに従わない、又異国へ接している土地なので、日本より手を付けると、又異国よりも手を入れてくるので、異国が蝦夷地にますます接近することになった。神祖以来享保中とても蝦夷地には着手しないことになり、蝦夷地との間の海を境として処置しておくことが第一のことである」との説を、文政年中に松前家は、家斉の実父一橋治済に入説した。（『新伊勢物語』）

というのである。一橋治済は、寛政期に松平定信が蝦夷地を松前藩に委任する政策を展開していたと

きから、松前藩委任を支持してきていた。蝦夷地上知をめぐる二つの考え方がせめぎ合い、対外緊張により蝦夷地上知という結論を得てきた。しかし松前復領により、蝦夷地上知をめぐる議論は、治済、忠成らの動きによって三〇年前に逆転した。対外関係の処理を諸藩へ委任し、課役とすることによって実現するという考え方が、支配的になったのである。

松前藩は「素より海外は闇」しと評判の老中水野忠成と接触した。忠成は、当座の苞苴《わいろ》に目がくらんで、松前藩の唱える蝦夷地松前委任という説に深く肩入し、蝦夷地のことは松前氏へ託して置けば重大な外患はなくなるとして、復領実現へと傾斜していった。つまり、蝦夷地を異域として開発に着手しないのが最善という松前藩の所論が、賄賂という手段を通じて、水野忠成政権に取り入れられ、一橋治済にも通じ、家斉にも及んだのである。対外関係処理を家役とする考え方は、たとえば易地聘礼のように、第二次松平信明政権下でも有力な考え方であったが、蝦夷地政策もその考え方に変更されていったのである。

天保元年（一八三〇）一二月に、松前藩主松前章広《あきひろ》は、一万両上納を水野忠成に内々願い出た。これは松前藩が九〇〇〇石待遇であるものを、何とかして「万石以上並の家格」を実現する、そして、陣屋を城と唱えるためのものであった。そして翌天保二年（一八三一）二月一五日、帰国にあたり、幕府はこの上納を認め、松前藩は一万石格となった。もっとも江戸の藩邸内では、藩内で「ありがた迷惑」という批判が出ることを危惧していた（『松前藩江戸藩邸日記』）。水野政権とのつながりを最大限に活かして、宿願を実現するという、必死の幕閣工作の存在をここでも見ることが出来る。

北太平洋の毛皮交易の動きから松前藩の動きを追ってきた私には、復領がもたらしたことの一つが気にかかる。東蝦夷地などからのラッコ毛皮を中国へ輸出するという毛皮物流が、松前復領と同時に、長崎会所によるラッコ毛皮輸出としては消滅する〔永積洋子―一九八七、高橋周―二〇〇三〕。直轄領時代は、ラッコ毛皮は輸出品として蝦夷地でも長崎でも注意するべき品目であったので、捕獲頭数は減少したとはいえ復領による突然の消滅と感じられ、何らかの特別の要因が働いたと考える余地があるように思われる。つまり、松前藩の独自経路から長崎以外の市場に流れていくようになったのではあるまいか。もちろん、詳細を今後検討していく必要はあるが、少なくとも俵物の送り先を長崎から鹿児島へ変化させた動きがある以上、ラッコ毛皮流通にもそうした変化がおこりうることを否定できないのではなかろうか。

そして、松前復領には海防という観点からも考えるべき問題が存在する。それは、幕領期の津軽・南部藩兵の蝦夷地駐屯が廃止され、津軽・南部藩兵は松前藩からの要請時出兵へと転換した。ブラザーズ号以降、江戸湾防備体制が、常駐体制から緊急時出動へと切り替えられていったのと同様な考え方で行なわれたと考えることができ、その意味で、松前復領は、江戸湾警備とも同一線上で考えられた北方警備の弛緩に他ならない。献金により幕府の歓心を得ようとする松前藩にとって、軍事的整備は財政的見地からも困難であり、松前商人もアイヌ交易の不正やアイヌ酷使に傾斜した。こうした藩政が外部に明らかになることを極度に警戒し、アイヌに日本語を使用することを禁じたり、交通路を不便にし内陸事情の探査を妨げたりしたという（『函館市史』）。

4―シーボルト事件

オランダ貿易会社とシーボルト

水野忠成政権の対外対策に対応して、オランダとの関係が「大御所時代」にどのように変容するかを見ておきたい。オランダ向け銅輸出量は文政期中ごろ（一八二〇年代中期）にピーク（年一五〇万斤前後）を迎え、その後、別子銅山の文政の大涌水による減産をうけ天保期に向け半減商売令の水準（年六〇万斤）に再び戻っていく。とはいえ文政初期（一八二〇年代初頭）の拡大する銅貿易を念頭におけば、復興期のオランダの日本貿易への期待は膨らむ一方だった。

一八二四年のロンドン条約による英蘭の勢力圏分割を受けて、当時オランダ王国を牽引したウィレム一世は、近代化経済振興策を打ち出し、同年八月にオランダ・植民地間の貿易を担うべき会社として、オランダ（ネーデルラント）貿易会社NHMを設立した。オランダの繊維産業が、市場をそのアジア勢力圏内に見出そうとするのはある意味で自然なことであろう。そして、オランダ東インド会社の歴史を踏まえ「自由な交易だけで、参加する企業家たちが相互に団結しないものは、よい結果を生み出すことはできない」として、会社には植民地総督府向けの物資と海運を独占することが認められた（『オランダ貿易会社史』）。

産業植民大臣エラウトは、日本との貿易については特に配慮するよう求め、日本向けの物資（十万ギルダー分）は非常に大きな要素として期待されていた。

一八二七年（文政一〇）、バタヴィア総督府は貿易会社と日本貿易の請負契約を結ぶ。永積洋子氏によれば、同年にオランダ本国から日本向け商品を載せた船は不着となり、東インド全体でも品薄のため物価は高騰して、日本の注文品の仕入れは困難となった。しかも会社による請負自体に反対する意見も本国・バタヴィアに強かったため、結果として請負は一八二七年限りで廃止となった〔永積洋子―一九九五〕（ただし、運送契約はのちに復活する）。

とはいえオランダ側は、一八二〇年代を通して、出島や東アジアでの貿易を新しく発展させようとさまざまな試みを行なうようになる。たとえば、出島の館員が長年権利として行なっていた脇荷貿易を、個人貿易協会としてまとめて管理し、これをオランダ貿易会社アジア本社へ請け負わせるというような試みも行われた（その後中止となる）〔永積洋子―一九七九〕。中国貿易についても、一八二五年からは毎年二～四艘をバタヴィアからマカオに派遣するようになった〔Blussé〈深見・藤田・小池訳〉―二〇〇八〕。タイとの間でも、ラーマ三世の使節がバタヴィアを訪れ、翌二八年七月にはオランダ使節がバンコクを訪問してラーマ三世に謁し、商品販売に際して免税特権を得た。日蘭貿易の一八二〇年代（文政期）は、中国・東南アジアにおけるオランダの動きとならんで、新しい段階を模索する時代であった。その模索の一つがシーボルトの派遣である。

フィリップ・フォン・シーボルトは、日蘭交流四〇〇年のなかでもっとも著名な人物の一人である。彼が一八二三年にバタヴィアに到着するや、総督は彼を医師として出島へ派遣することを決めた。彼の出島滞在中の諸研究・諸活動は、通常出島に配備された館員のための医師としての勤務を超え、彼の学問的探求心によるものも多く、日本の社会・文化に大きな足跡を残した。とはいえ、彼の研究には基本的に日蘭貿易に貢献することが求められ、成果はすべて東インド総督府に引き継がれることとなっていた。そのためオランダ側は、日本とその物産の可能性について研究資金を、シーボルトの六年にわたる滞在に対して支給した（『オランダ貿易会社史』）。

文政九年（一八二六）の江戸参府は彼の日本研究にとって最も重要なことであった。実際、バタヴィアから彼のもとに、科学者が前年から派遣されてきていた。そして、江戸に参府したシーボルトと高橋景保が出会い、世界地図とオランダ王国の地図、クロノメータを子細に眺め、観測などについて互いが持つ情報を、桂川甫賢《かつらがわほけん》（ボタニクス）と大槻玄沢《おおつきげんたく》らを交えて交換しあった（鳥井裕美子―一九九〇年）。

クロノメータとは精密なゼンマイ仕掛けの経度時計で、一八世紀にイギリスで開発され、太陽高度による緯度測定と合わせて、地球上の任意点の位置を決定する測量機器である。参府中の各地の経度測定は、シーボルトの参府に同行した科学者ビュルガーの手になるものである。経度測定の難問を抱えた高橋景保が、彼らが用いるロンドンのハットン・アンド・ハリグ社製クロノメータを手にしたときの感激は想像を超える。シーボルトはこうした最新技術を披露する一方で、最上徳内や間宮林蔵などの北方関係者をはじめ、日本側の科学者などに数多く面会し、必要な情報をえることを一つの目的としていた。

商館長ステュルレルもまた、重要な使命を帯びて参府した。すなわち文政九年三月二五日（一八二六年五月一日）、将軍謁見の直後の一瞬を狙って、貿易に関する嘆願書を、長崎奉行高橋重賢（ゴロヴニン事件に登場する高橋三平、松前奉行を経て、二二年長崎奉行）に直接差し出した。オランダ側にとっては、参府という機会を捉えて、本国側の対日貿易改善のための前進を勝ち取る必要があった。しかし、江戸城内では奉行も上検使も通詞も大慌ての事件となった。ともかくその場は収め、将軍世子や老中らへの挨拶も終えてから、検使や通詞は商館長を激しく叱責した。「いったい手紙を渡したときお前はどこにいると思っていたのか？」と問われると、ステュルレルは平然と「勿論、陛下の宮殿の中。私は東インド総督府の使節として、そこで最高権威にご挨拶申し上げ、贈物を進呈するべく派遣されてきた」と答えた。

このときの長大な嘆願書が残されている（『二六年発信文書』）。二〇〇年におよぶ貿易特権付与に感謝を述べた後、オランダ貿易が抱えている困難と苦情を展開する。これは長年にわたって日蘭貿易が抱えていた、商品と値段の問題を根幹として、通詞のあり方、出島でのオランダ人管理、そして日用の質まで多岐にわたる内容を含んでいる。見方を変えれば、通詞や長崎地役人との現実のトラブルを、彼らを超えて江戸の長崎奉行の面前で公然と明らかにして、この解決を求めたものである。東インド総督府と商館長ステュルレルの、出島貿易改善のための並々ならぬ決意を感じ取ることができる。もちろん、この背景には東インド貿易を立直すという、ウィレム一世の意志があったとみてよいであろう。

しかし、このやり方では、握りつぶされても仕方がない。ステュルレルの思惑とは逆に事件の処理は関係者の間で内々に進行した。そしてこうしたやり方への反感が事件の責任者探しへ向かい、高橋重賢は長崎奉行を罷免され（文政九年五月二四日）、オランダと特別な関係をもつ幕府関係者への追及が始まったこと、ステュルレルも事件を表沙汰にすることを禁じられたことを、『二六年次報告』は伝えている。シーボルトは「商館長と日本人の間に、この政治的な国民の反感をかき立てるようなできごとが起き」たと書き、自らの江戸滞在計画の挫折を商館長のせいにした〈Siebold〈栗原福也訳〉―二〇〇九〉。日本側の対応が一八〇度変わり、交代した新商館長メイランは、「（私たちの）利益についての意見を聞くことを拒否し、私たちが貿易に関して導入した利益をも拒否し、私たちがそれにつけくわえた苦情や要望を、私たちに突き返してくる」（『二六年次報告』）と記している。

当然、江戸参府翌年の文政一〇年（一八二七）も厳しい対応は続き、「日本人の政治は常に、オランダ人を小さな島出島に閉じ込めておくことを必然としているように思われる」と商館長は総括し（『二七年次報告』）、オランダ貿易会社の日本での試みは失敗に終わった。

その一方で、長崎オランダ貿易品それ自体は、二〇年代を通じて大きく変化していった。石田千尋氏によれば、輸入綿織物（更紗や奥嶋など）がアジア＝インド産綿織物（細織）から、オランダないしはイギリス産の綿織物（特に細織プリント地）に変わっていき、三〇年代にはほぼ完全にヨーロッパ産綿織物のみが輸入されるようになる。プリント地綿織物は、当時二級品しか調達できなくなっていたアジア産の染織物に比して発色が鮮やかで、その分高額で取り引きされた〔石田千尋―二〇〇四〕。『甲子夜話』に、二四年（文政七年）の都下の遊女が驕奢な着衣で次々に捕らわれた事件が記されている。押収された帯は羅紗やごろふくれんと言われたヨーロッパ産毛織物であるが、従来ならばインド産である唐桟留《とうさんとめ》の小袖や奥嶋の袷などは、既に新規参入のヨーロッパ綿織物への代替が進行しており、その色地の派手さが人目を惹いたのではなかろうか。つまり、オランダ貿易は、輸入綿織物の分野ではアジア域内交易を越えたものとなりつつあった。

　こうしたなかでシーボルトは、ステュルレル一件で江戸長期滞在の夢やぶれて一八二六年一二月に帰国願いを提出し、一八二八年帰国の運びとなった。一八二八年二月二五日（文政一一年正月一一日）、シーボルトは帰国の挨拶として、間宮林蔵にあてオランダ語で手紙をしたためた。この手紙が江戸の高橋景保のもとに届くのが、文政一一年五月一一日（西暦六月二二日）である。高橋はこれを間宮に転送し、間宮はこれを上司勘定奉行村垣定行《むらがきさだゆき》に提出した。「才智発明の人」と評される村垣が高橋逮捕を主導した。林述斎は景保に、「村垣の臨機応変の動きは恐ろしい、言うことを信じてはならない」と伝えていたという。

　景保は逮捕（一〇月一〇日）の直後、獄中から自らを、近藤重蔵の運命になぞらえた書状をしたためた（上原久―一九七七）。江戸幕府の対外関係を歴史的に跡づけた書物奉行近藤重蔵の歴史研究の成果（『外蕃通書』など）は、水野忠成政権で疎まれて、重蔵は大坂弓奉行に転任を余儀なくされ（文政二年）、失意のまま息子の傷害事件に連座する（文政九年）。景保は「前厄（近藤重蔵）のしりか出てきた後え厄」と自嘲する。

事件が政治的演出であれば、幕府がどのような事件と描こうとしていたのか。高橋景保への判決文から幕府の描く事件像を紹介しよう。まず町奉行筒井政憲が評定所に用意した判決の伺である。その事実認定は、①高橋は、地誌蘭書の翻訳など幕府政治に必要な書籍は訳出して役立てるべき、と日頃から心掛けていた。②文政九年にシーボルトが参府し、クルーゼンシュテルンの『日本紀行』とオランダ植民地新地図を所持していたので、これを入手しようと彼に書籍の交換を申出た。③高橋は『日本紀行』などの入手はこの機会を逸することはできないと考え、二通りの地図を渡し、同書を入手した。その地図の一つは、天文方で作成していた日本と蝦夷地の地図を多少簡単にして仕立て直したもの。もう一つは、後日シーボルトの要求に応じて日本から蝦夷地、サハリン・南千島を縮図にして仕立てた地図である。以上の事実認定の上に、高橋の行為は、もともと異国人に一味内通したものでもないとした上で、

異国船が渡来してきていることは累年いろいろ命令も出ており、要害防衛強化が図られている時期にこうした行為は、勤務上も非常に不届きである。……いずれにしても死刑は免れがたい。

（天保元年正月、『御仕置類例集』）

という伺である。

この伺からわかるように、シーボルト事件の基底には無二念打払令があった。打払令が実質機能するために、重大な決意でイギリス捕鯨船に乗り込もうとした間宮林蔵からみれば、高橋景保の行為はまさに「要害防衛強化」を阻害するものに他ならなかった。

従来は、シーボルト事件の発端には、間宮と高橋の北方地理に関する学術成果をめぐる不仲・対立があり、これが間宮のシーボルト書翰告発につながると考えられることが多かった。しかし、二人の間に対立を仮定するなら、村垣―遠山のラインにあって打払令体制構築に力を注いだ間宮林蔵と、別の異国船対処の方法を構想していた高橋景保の二人の考え方の違いがもっと注目されてよく、そうした齟齬が間宮の高橋に対する反発を増幅させたと考えることができる。

しかし、この伺から現実に出された評定所の判決文に目を移すと、「要害防衛強化」云々以下の文章はきれいに削除され「このような容易ならざる品をオランダ人へ渡し、重き国禁を犯したのは不届きのいたり……存命なら死罪を申しつけるところである」とのみ宣告されている（上原久―一九七七）。高橋景保を処分するのに、（政策的）理由づけなど不要といわんばかりの評定所の強い口調に、対外状況の現況を極小化しようとする水野忠成政権の特徴を見ることができる。幕府政治史からみると、シーボルト事件は、無二念打払令を絶対視する勢力の定着強化をもたらした。

5―弛緩する幕政

打払令の実態

一八三〇年代の太平洋の状況に、無二念打払令は対応できたのであろうか。

天保《てんぽう》二年（一八三一）のオーストラリア船来航として知られるレディ・ロウィーナ号を紹介しよう。船主兼船長はバーン・ラッセル。彼は、一八二六年にアイルランドの女囚一〇〇人をシドニーに輸送したのを最初として、何度かオーストラリアとの往復を繰り返した。一八三〇年には、家族ともにロンドンを出航し、オーストラリアに生活の根拠を設け、輸送業者としてではなく捕鯨業者として生きる選択をした。ロンドン捕鯨業者エンダービー社にせよ、アメリカのナンタケットの捕鯨業者にせよ、技術力も資本力も備えたものであったが、それとは違う捕鯨船の誕生である。彼は一八三〇年九月にシドニーに到着し、そこに滞留する捕鯨水夫を雇い上げ、オーストラリアから日本へ向かう冒険的捕鯨に挑戦するべく、太平洋を縦断して北へ松前へ向かった。

レディ・ロウィーナ号は天保二年二月一六日（一八三一年三月三一日）、東蝦夷地の浜中湾（ロウィーナ湾）沖に到着し、小艇で揚陸して霧多布《きりたっぷ》にあるアイヌ集落を武装して物色した。本船で悪天候をやり過ごし再び村に戻ると、集落にはアイヌも日本人ももぬけのからで、あちこちで集落の放棄と焼き払いが実行され、火の手が上がった。

同月二二日（四月四日）、浜中湾岸を測量しながら北上すると、厚岸《あっけし》詰の松前藩士一〇〇人が、遠方の断崖で彼らを待ち構えていた。両者は銃撃戦を開始した。戦闘は数日続いた。松前藩小者が連行され、その後霧多布で解放されるが、将軍宛ての次の書翰一通を託されることになる。

将軍陛下、……私共はただ薪水と、悪天候から逃れ船を修繕する場所が欲しかっただけです。しかし、日本人は冷淡で何もしてくれず、何日も待たせた挙げ句、戦闘をしかけてきました。そこで私共は彼らの凶行と戦うことを通して懲らしめ、日本人一人と旗を拿捕しました。残りの連中は逃げ去ったのです。私は攻撃する村はすべて焼き払いましたが、これはどこでも、たとえ江戸でも、入港を認め食糧を供給しないのなら、同じことになりましょう。……ヨーロッパ人は怪物ではなく、技術・科学そして文明が自分たちのそれより進んだことを知るでしょう。……私は長崎にゆるされたオランダ人が陛下をヨーロッパの情勢に対して無知に留めようとしている、と確信しています。だまされてはいけません。……本書翰の求めに応じないのでしたら、イギリス人を冷酷に扱ったり、彼らを捕まえようとして浜辺におびき出すようなことは、注意されたい。……さもなければ、陛下の町や村、そして船舶は、そのためにひどい目にあうことになりましょう。〔Jones, 2008〕

ラッセルの日記には「この手紙は間違えようのない言葉で書かれ、ところどころに関係する中国語を挿入した。……これでオランダ通詞のちょっかいはあるまい」と記されている。この書翰は秘密扱いだったらしいが、実際には、「アンゲリア人も猛獣悪鬼ではなく、江戸表の許可を得て航海中に薪水が欠乏したら日本の港に入り、代価をはらって薪水を買い入れるという通交をお許し願いたい。そうすれば日本の技術の励みになり、莫大な利益となりましょう」という日本文が流布した（『天保雑記』）。松浦《まつら》静山《せいざん》は、「この書面は薪水を求める書なるに、松前藩士が侵犯の船と考えて、鉄砲を撃ち放ったので、日本側を虜にする怒りを買ったのであろう」という噂を留めている（『甲子夜話』）。ラッセルの頭の中が、ゆるがぬ西洋文明優越感に満ちていることは明らかだが、彼の警告を通して無二念打払令の危険性が認識されはじめたことは注目しておきたい。

レディ・ロウィーナ号は親潮にのり、ジャパン・グラウンドへ出た。そこでは相変わらず多くの鯨を目にすることができた。そしてまた、常陸漁師忠五郎のときと変わらず、日本の漁船がレディ・ロウィーナ号に接近を試み、彼らの獲物である魚と捕鯨船側のナイフやハンカチーフとの物々交換を求めてきた。ラッセルは木箱入りの方位磁針を入手し、そこに書かれた日本語の意味を漁民に確かめたりしている。出身地を尋ねたら「センダイ」と答えたという。日本の漁船は実にいろいろなものを小艇に持ってきて、交換が行われた。ラッセルは逆に日本の漁法に関心を抱いたが、日本の書籍類を入手し損なったことを悔いている。西洋捕鯨船への接近を禁じ、目撃情報の報告を義務づけた無二念打払令の別令が実質的に機能していないことは明らかだろう。

幕府は、このオーストラリア捕鯨船との軍事衝突をうけて現地調査を行った。その調査によれば、文政四年（一八二一）年の復領から少なくとも七回の異国船が蝦夷地で目撃されたという。さきのジャパン・グラウンドでの状況とあわせ考えるなら、従来は一八二〇年代以降に異国船来航数が減少し、対外危機感が緩むと考えられてきたが、むしろ来航数の減少は、それを報告することが敬遠された結

広く展開し、日本の沖合
American Neptune（59-

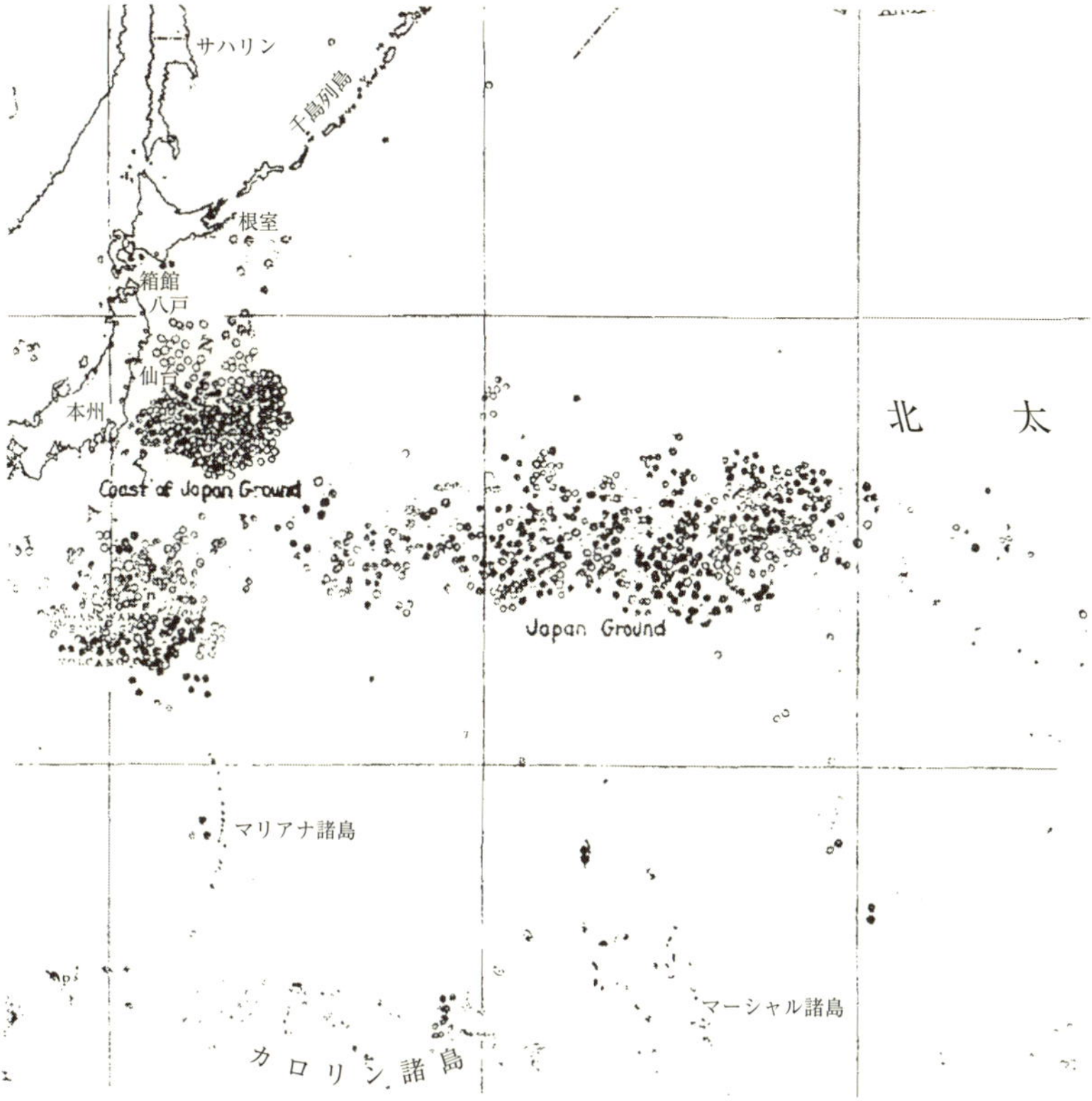

図 27　ジャパン・グラウンド捕鯨分布図
米国捕鯨船の航海日誌を基に作成（C. H. Tounsend, 1935）されたもの。ハワイ諸島からで集中していることがわかる。R. Richard, Honolulu and Whaling on the Japan Grounds, 3）より。

果であるとすら考えることができる。報告すれば打ち払わねばならず、本当に打ち払うにはそれ相応の配備をせねばならないからである。

こうした調査報告を受けた勘定奉行村垣定行《むらがきさだゆき》らは、箱館および近接地と、クナシリ・エトロフに至る東蝦夷地を上知し、南部と津軽、それに佐竹と加賀松平を加勢とする警備体制を構築する改革案を提出した。これは、打払い令の前提となる水野政権の対外政策に正面からぶつかることとなる。老中水野忠成《みずのただあきら》は、こうした勘定奉行らの動きを先制し、この東蝦夷地上知上申は日の目をみないままとなった〔浅倉有子―一九九九〕。しかし、現実の対外状況をめぐって、蝦夷地上知＝非上知の対抗軸が再浮上したことも捉えておきたい。

一方で、イギリス本国での日本についての議論は「低調なもの」〔Beasley, 1995〕であった。そもそも、北太平洋岸における勢力圏についても現状維持的で、アメリカ合衆国との領有（オレゴン）問題（後述、二九八頁）でも、ハワイ諸島からの小笠原諸島入植にもどちらかと言えば消極的であり、むしろ現地の関係者の方が積極的であった。小笠原諸島は、文政六年（一八二三）にアメリカ捕鯨船が寄航して以降、太平洋交易とジャパン・グラウンドにおける捕鯨が本格化するにつれ、しばしば英米船の寄航地となり、文政十年（一八二七）、イギリス測量艦ブロッサム号による測量が行なわれ、これにより小笠原が主に三つの島（婿島、父島、母島）からなる群島であることがわかってきた。

しかも、すでに父島には、難破捕鯨船員が定住生活を送っていた。天保元年（一八三〇）には、ハワイ駐在のイギリス領事チャールトンの音頭で、いくつかの国の人びとが太平洋交易や捕鯨に参入する船舶に薪水食糧を供給しようと、小笠原へ移住・入植を敢行した。長崎＝小笠原間の距離は未知だったので、同領事は長崎行きの唐船が途中小笠原でイギリス製品を積み込むことが可能であると考えた。これは広州から十分離れているので、イギリスの利益を中国とのトラブルにまきこむ危険に曝すことなく、北太平洋交易を発展させることができ、魅力的なものと映った。こうして太平洋を往復する英米船が、毎年のように小笠原諸島へ寄港し、定住者の数も毎年若干ずつだが増えていった。モリソン号事件（天保八年〈一八三七〉）にも登場するイギリス測量艦ローリー号が小笠原諸島に到着したとき、四二人の欧米人が父島で生活していたという。

太平洋各地の現地当事者の動きが徐々に活性化する一方で、東インド本社も外務省も、出先の提案に反応しなかった。英日関係史家ビースレー氏は、時の外相パーマストンの消極主義が、こうした小笠原に対する放置政策へも現れているという〔Beasley, 1995〕。英国本国の消極性と現地の積極性の間にあって、モリソン号来航が準備されるが、この船の来航は無二念打払令の問題性を明らかにする。

天保期の幕府政治

一八三〇年代の幕府政治のありようをまず見ておきたい。文政期（一八一〇年代）の政局を動かすに力のあった人物、一橋治済は文政一〇年（一八二七）に、島津重豪は天保四年（一八三三）に、水野忠成は老中在職のまま天保五年（一八三四）に死去する。老中首座は大久保忠真《おおくぼただざね》となるが、実権は家斉やその側近らが握った。水戸藩主徳川斉昭《なりあき》は、忠成亜流政治の改革を大久保に働きかけるが、大久保は「いずれにせよ、天から（変化が）起こらねば、成功は覚束《おぼつか》ない」（『水戸藩史料　別記』）と応えるしかなかった。

家斉が天保八年（一八三七）将軍を退いて西丸に移ってからもこうした力関係は変わらず、大久保忠真の死去後に老中首座となった水野《みずの》忠邦《ただくに》は、家斉が実権をもつ「大御所時代」終焉まで、政策の基本を変えることはできなかった、と理解されている。

田沼意次の側近政治から、松平定信や一橋治済《ひとつばしはるさだ》などが御三家らの実権を取り戻すところから将軍家斉の治世は始まった。天保期（一八三〇年代）の家斉の治世は、代々治済や家斉の側近として政治の中核にいる林忠英《はやしただふさ》（側用取次から若年寄）、側用取次の水野忠篤《ただあつ》ら側近たちが政治力を行使しつづけた。一橋治済が、側用取次を通して自らの意志を我が子将軍家斉に伝えたように、家斉もまた、水野忠篤らを通じて家慶の政治に働きかけたと考えられる。

しかし、家斉の側近は、誰に水野忠成の権勢を引き継がせ、自分たちの立場を安定的に維持するか、切り札的人材を持っていたわけではなかった。むしろ短命だった大久保忠真政権につぐ人材として、老中松平康任《まつだいらやすとう》、長く寺社奉行を勤め（いったん解任されるものの返り咲き）天保八年（三七年）念願の老中まで登りつめた（願譜代の家系である）脇坂安董《わきさかやすただ》、そして天保五年（一八三四）に老中に就任して水野忠邦に対抗心を燃やす太田資始《すけもと》（忠邦が改革を開始すると老中を辞すが、のち井伊直弼が大老につくと老中に再任）、そして水野忠邦がおり、彼らが作り出す天保期（一八三〇年代）の政治権力の内部は、よりいっそう競争的であった。

それは、彼らが昇進競争のために、金品を使ったというばかりではない。老中らを含め、多くの幕府高官が（賄賂の資金として）無尽などの不正金脈に手を染めている現実を、忠成以来の家斉側近は幕府の機構を使って察知しており、逆にこれを目こぼしすることにより、彼ら高官たちを操作し、競争させるすべを心得ていた可能性が指摘されている〔藤田覚―一九九四〕。

天保六年（一八三五）に、寺社奉行脇坂安董の指揮下、仙石《せんごく》騒動（出石《いずし》藩内対立）の処分が行なわれ、老中松平周防守康任（水野忠邦の先任）の責任を問うネガティブ・キャンペーンが行なわれて、康任は老中を依願免職となった。結果として脇坂安董が老中に昇進し、水野忠邦が首座となった。

天保飢饉と大塩の乱

「大御所時代」の幕政が側近政治を続けるなかで、社会はどうなっていったのであろうか。文政期（一八二〇年代）は、概して米不作は少なく、また財政政策が貨幣改鋳に依存する財政であったため、年貢である米の生産と備蓄について幕府や諸大名の関心は低く、むしろ問題は低米価にあったという。しかし、天保期に入り、米作が不作気味になると、米価は上昇した。これは天保三年（一八三二）から見られる傾向だったが、翌四年（一八三三）になると東北・関東は大凶作であることがはっきりして、米は品薄で暴騰し、九月には、老中水野忠成は「お膝元に餓死がでるのは恥辱である」といって、江戸で施米を行なった。

その備蓄米制度は、寛政改革により江戸町会所で整備されたもので、「拝領しても喰えない米だ」と雑言する人もいるほどの古米であった。とはいえ一五〇万俵以上も放出したので、江戸での相場も下落したという。忠成は「（古米を食べることは）いやでも、死ぬよりましか」と語ったという（『公徳弁』）。松平定信と松平信明時代の備蓄に支えられた施米や「其日稼の者」とよばれた下層民が大商人に要求した施米によって、江戸での騒動発生は免れたが、天明飢饉以来五〇年ぶりの大凶作だった東北各地（出羽村山、盛岡、八戸、弘前など）を中心に、天草、伊勢、下野烏山《しもつけからすやま》、摂津、高松など全国各地で一揆が頻発した。

天保五年（一八三四）の天候は回復したものの、米の不作は続き、天保六・七年（一八三五・三六）の東北・関東の異常気象は、凶作を決定的なものとした。そこで多くの藩では、藩外への米の移出を留め（穀留《こくどめ》）、これらの米を買い入れて生活していた江戸・大坂などの大都市民をはじめ、各地の買喰層を直撃した。再び甲州郡内地方や三州加茂地方など、全国で大規模な一揆が起こった。しかし、幕閣は江戸での米騒動を恐れ、全国米市場の中心である大坂から江戸への廻米《かいまい》を優先した。その中心となったのが水野忠邦の実弟で大坂東町奉行の跡部良弼《あとべよしすけ》である。老中首座を目前にしている兄忠邦に、江戸で打ちこわしを見舞わせるわけにはいかなかった。

大坂町奉行による大坂市場と大坂都市民の軽視に抗議したのが、元町奉行所与力《よりき》で陽明《ようめい》学者の大塩《おおしお》平八郎《へいはちろう》であった。彼は再三跡部に対して政策変更を嘆願するが、これが容れられないと悟ると、天保八年（一八三七）二月に門弟らとともに挙兵した。この乱は一日で鎮圧されたが、大坂市中二万軒近い家々が焼け、大塩親子は消息不明となった。しかも、大塩は蜂起直前に老中首座大久保忠真以下に、大久保の京都所司代時代の不正無尽をはじめとする数多くの幕府関係者の違法資金調達の証拠書類を届ける行為にでたのであった。そのなかには林家も含まれていた。彼らの資金調達の構造を理解していた大塩は、こうした水野忠成政権の政治に批判的だった徳川斉昭にもこれを届けようとしたのである（『大塩平八郎建白書』）。

大塩事件は幕府に大きな影響を与え、全国的にも多くの人びとに衝撃をもって受けとめられた。江戸では全国的飢饉と大塩の乱の影響を受け、「今度の飢饉にては（大塩の乱以上の）どれ程の大変がおこるかも計りがたい。大坂より舟が来ないというような時は、江戸の餓死は眼前に明らかである。」（『広瀬淡窓旭荘書翰集』）と人心は戦々恐々としていた。飢饉による物資不足、さらには大塩の乱による大坂の機能停止と江戸への物流の停止に対する恐怖心が、江戸に広まった。この社会的危機に、幕府が十全に対応できるのか、こうした疑問が人々の心に生まれてきたとしても、不思議ではないであろう。

唐人屋敷の反乱再び

天保四年（一八三三）島津《しまづ》重豪《しげひで》が没した。重豪の重臣調所《ずしょ》広郷《ひろさと》は、薩摩藩のいわば財政的拠点であった長崎がどうなるか、気が気ではなかった。調所はブレーン兼パトロンだった浜村孫兵衛に次のように手紙を書いている。

長崎表のことは、何分に気分が滅入る……何故かといえば、これまで薩摩藩邸で何かと頼り切っていた水野侯（水野忠成）も退役されそうな様子であり、それに三位様（島津重豪）が逝去されては、何か事態が（悪いほうへ）変わるであろうとの掛念から、長崎への心配が起こっている。（天保四年四月一八日付、浜村宛調所書状）〔芳即正一九八七〕

島津重豪も水野忠成も失うと、長崎での薩摩の動きは大丈夫なのだろうかという調所広郷のこの心配は、現実のものとなる。水野忠成が死去し、老中首座となった大久保忠真は天保六年閏七月、長崎貿易改革（唐物抜荷取締り強化）を打ち出し、奉行久世《くぜ》広正《ひろまさ》を長崎に派遣し、改革開始を宣言させた。彼らの抜荷《ぬけに》取締り策の根底には「俵物類は元来唐人たちの交易の代わり物（銅の代替品）で輸出していた品物なので、右の俵物の抜荷密売買の悪弊を取り締まれば、自然と唐物の抜荷密交易も止めになる」（天保六年七月、勘定奉行土方勝正・長崎奉行久世広正上申書、『通航一覧続輯』唐国総括部三）という認識があった。俵物の密輸出と唐物の密輸入とは一体で、薩摩藩と松前藩がこれに深く関わっているということは、文政期の流通政策の必然的結果であり、大久保の長崎改革の出発点であった。

しかし、長崎奉行に出来ることは、長崎住民と唐人屋敷《とうじんやしき》の人びとに強制して、抜荷行為を鎮圧することであった。天保六年一〇月二八日、久世は地役人らを呼び出して「抜荷制禁の申渡」を行なったが、彼らは全国的流通を規制対象としないかぎり、有効ではないことをよく判っていた。これに対して、勘定奉行が伝える判断は、唐紅毛の商品取引一般の取締りを徹底すると、「以後の取引をあやぶみ、さしあたり諸品が売れなくなるような取締りのしかたはこれまた不都合なので、程よい程度の命令としたい」（『同』唐国総括部六）というものであった。

かくて、文政期と同じく、対策は長崎での中国人取締りに収斂《しゅうれん》していった。天保六年一一月に入港した船は、改めて「近来渡来の工社共風儀がよくなく、専ら不正の筋を取り扱っている。不届きの至りである」として、「船主惣代も吟味を受け、国禁（渡来禁止）などの処罰を受ける」と命じられた。これは、唐物抜荷の責任を、工社たちに帰すものであった。

今度は唐船船主の葬儀をきっかけに、唐人屋敷の占拠立てこもりというかたちで不満が露わになった。サンパン船での荷役が制限され、工社たちの行動範囲が限定的であったため、混乱は長崎の町全体に広がらなかったが、奉行から見れば何百人の中国人による籠城と対峙することを意味していた。福岡藩兵を直接屋敷内に投入し、二〇〇人を超える逮捕者を出した。この大量検挙によって、騒動は急速に終息していった〔深瀬公一郎—二〇〇八〕。

ふり返ってみるに、銅貿易を抑えるため、天明五年（一七八五）から長崎会所による俵物の直接集荷が開始し、また、同時期に、南千島から東蝦夷地にかけて集荷されたラッコ毛皮が長崎から輸出されるようになった。ロシア人との競合の中で東蝦夷地から南千島における経済的自立に目覚めつつあったアイヌは、この際和人の不正に対してクナシリ・メナシの戦いで挑んだ。

一方で、長崎貿易を維持しようとする政策的立場は、上知により蝦夷地を幕藩制的流通機構に組み込もうとした。しかし、その政策は政治的に貫徹せず、むしろ松前藩と薩摩藩が結託することにより、俵物の多くは（おそらくはラッコ毛皮も）長崎に集荷されず、長崎の中国貿易は行き詰まりを見せ、それは長崎で工社とよばれる水夫たちの「唐人不法」や「唐物抜荷」となって現象した。長崎奉行所はこれを強圧するが、激しい抵抗を長崎の町で引き起こした。

つまり、この寛政改革から天保改革までの四〇年ほどの時期は、政治的対立を背景としつつ、時の政策が生み出す生産や流通の矛盾は、交易相手となった異民族に押しつけられ、彼らの蜂起や抵抗となって現象した。それは対外関係の変容の重要な要素をなしていた。北と南の異民族蜂起と抵抗は、開国にいたる対外関係の変容を段階づける指標的事件であった。

とはいえ、長崎奉行側の狙いは（そして長崎の町自体の考えも）、貿易を廃絶させることではなく、秩序だった回復であった。天保期（一八三〇年代）の唐船来航は、来航数からみても減少し、長崎貿易の弱体化が進行していた。一方で、中国沿岸ではアヘン取引が変化し、単に広州という特定地域の現象ではなくなり、実質的なアヘン取引海域となった伶仃洋沖（珠江口）に、北方まで広がった沿海各省からやってきた中国商人たちが集結し、アヘンを取引して中国国内流通ルートに乗せていったという〔新村容子―二〇〇〇〕。

長崎貿易の変質

こうした状況のなかで、長崎輸出品により利益を上げようという中国商人側の動機づけがどのようなものか、今後研究しなければならない課題であろう。全体からみれば、長崎貿易に対する中国側の需要は、「大御所時代」を通じて衰退しつつあったと考えられる。特に、再び別子銅山で発生した文政期の大涌水で銅供給は不安定となり、その代物替である俵物も松前から薩摩への流通によって、長崎の中国人の間ではあてにならない交易品となっていった。

すでに見たように、薩摩が輸出入する琉球国産品（実質唐物）、そして昆布は、長崎での取り扱い商品（唐物と俵物）とは明確には区別しようがなく、唐船が清国へ帰着する前に、すでに琉球経由で俵物などが清国内で大量に出まわっている、と唐船主たちは訴えていた。天保七年（一八三六）四月、長崎奉行久世広正は彼らの主張を容れ、薩摩藩の琉球国産品長崎売捌を、天保一〇年（一八三九）から停止することを上申した。長崎での琉球産物売捌を中止させれば、唐物抜荷も取締が行き届き、俵物を中核とする長崎中国貿易は復活し、「唐船不進」も変わるというのである（『通航一覧続輯』唐国総括部十三）。しかし、この二年間に薩摩藩は、停止開始をさらに二年先送りすることを勝ち取った。山脇氏によれば島津側の論理は、「琉球の人々の人気《じんき》が一変しては、国防上一大事」で、「ひとえに恩義をかけて異心をおこさぬように手なずけておきたい」（山脇悌二郎—一九九五）というもので、文化一三年（一八一六）以来の琉球をめぐる国際情勢を第一に掲げる薩摩藩に、長崎奉行＝勘定奉行は抵抗する有効な論理を持たなかった。

とはいえ、唐船の来航を促すために、長崎奉行はさまざまな対応策を唐船に対して取り始めた。そのなかで注目したいのは、国産薬用人参の輸出である。薬用人参は本来は朝鮮人参として、日本に輸入されていたが、朝鮮人参の減少により、国内で人参の栽培が行なわれるようになった。当初、それは幕府内部で行なわれたが、やがて会津藩や松江藩で藩特産物として生産されるようになった。会津藩人参は、同藩の強力な働きかけによって、天保三年（一八三二）から長崎会所での一括受け入れ体制が整備され（本馬貞夫—二〇〇九年）、天保四年（一八三三）から松江藩がいわゆる雲州《うんしゅう》人参を上納銀を条件に、長崎貿易に出荷することを幕府に認めさせた。これによって松江藩は、天保四～一二年（一八三三～四一）までに四万三〇〇〇斤、天保一四～嘉永《かえい》五年（一八四三～五二）までに九万斤の人参を輸出したという（『島根県史』）。もちろん藩専売の薬用人参を長崎会所に収めるわけであり、これは薩摩藩の樟脳《しょうのう》輸出と実質同質の「諸色」輸出と考えられる（中村質—一九八八）。

また、蝦夷地以外での海産物集荷については、一九世紀には全国的に見ると各藩が旧来の俵物商人を排除するかたちで独自の専売制を敷くことが一般的となり、そこから長崎を経て輸出されるようになる。俵物の大産地であった長州藩では、旧来実権を持っていた下関の三問屋を抑え、天保四年（一八三三）から藩の機構（役場）による防長一円長崎直納制をとることになった。これにより、長州藩は俵物増産に力を入れる体制を整えた〔小川国治―一九七三〕。長崎会所の輸出商品が、会津・松江藩などの国産人参、諸藩による俵物、あるいは専売品に代替され、天保期中頃（一八三〇年代後半）から中国貿易を中核とする長崎貿易を維持していたと考えられる〔小山幸伸―二〇〇六〕。幕府の全国流通体制を独占することで長崎貿易を成り立たせてきた会所の仕組みは、個別藩の利害の上に成り立つものに変質しつつあったと考えられる。

更に、対馬藩が易地聘礼実施により、いろいろな便宜を幕府から得てきたことは既にのべたが、同藩では二〇年代から銀輸入や水牛角代替などの理由により、一世紀ぶりに一〇万斤を超える輸出銅を獲得してくる。長崎中国貿易が衰退するなか、中国向け輸出銅は朝鮮向けへ振り向けられてくるという〔田代和生―一九七三〕。個別藩利害の重視は、長崎貿易だけの現象ではなかったのである。

「大御所時代」の対外関係をめぐる政治動向を整理すると、その処理を松前、対馬、薩摩の各大名にゆだねるという建前をとることが共通して見られる。長崎・松前・対馬・薩摩（琉球）といういわゆる「四つの口」が、むしろ一九世紀になって定着してくるという〔鶴田啓―一九九二年〕。しかも、この定着によって現実となるのは、旧来の幕藩制的全国流通の弱体化である。幕府財政やその管理下にある全国商品流通の富が、これらの大名やその関係者により吸着され、自己利益に繰り入れられていったのである。

財源問題だけではない。勘定奉行はこのとき、薩摩藩の抜荷や俵物交易は、「第一外国へ対する御制度のあり方にも拘わるもので、容易ならざる儀である」（『通航一覧続輯』唐国総括部十三）と考え始めていた。対外制度全体にも関わる問題だという。先述のオーストラリア船来航をきっかけとする東蝦夷地上知の議論もここから生じてくるが、水野忠成により握りつぶされる。

こうした「大御所時代」の対外政策を、私は弛緩した政策体系と捉えている。この体系は将軍家斉の意志に根源を持ち、蝦夷地非上知、家役による対外関係の処理、そして幕府による対外貿易抑制論、異国船打払令といったサブ体系を抱えている。こうした構造化した政策体系を古い体系、伝統依拠の政策体系とすることは妥当ではない。むしろ対外貿易に政治的意味を見いだし、蝦夷地上知のような対外関係処理に幕府の主体性を発揮しようとする立場が一八世紀の末に成立して、それとの対抗上、はじめて政治的に意識化され、現実化した政策体系（「幕藩制的保守主義」ともいえようか）である。打払令のような強硬策の陰で、内実は自己の利害を貫徹させようという政治のあり方こそ、この時期の幕府政治の結論であった。この政策体系が直面するのが天保八年（一八三七）のモリソン号事件であり、天保一〇年（一八三九）の蛮社の獄である。

6―モリソン号事件と蛮社の獄

音吉とモリソン号

一八二〇年代中葉に、東西太平洋岸を勢力分割する国際体制が整えられ、北太平洋岸では、一八二五年（文政八）の英ロ協約によって、北米大陸のイギリス特許会社ハドソン湾会社は大西洋側から太平洋側に到り、バンクーバ地域での毛皮貿易根拠地作りに力を注いでいた。

一八三三年（天保四）、尾張《おわり》国廻船宝順丸が一年以上も北太平洋をさまよい、バンクーバ島に漂着してきた。生き残ったのは、音吉・岩吉・久吉の三人であった。この地域のハドソン湾会社責任者は、

彼らはイギリス国家の管轄内に入った最初の日本人であり、イギリス政府がこの機会を利用して日本政府と通商を開きたがるだろう……故国の日本人にその知識を伝えさせる好機になるだろう。

（一八三四年一一月一八日付、木村和男訳）〔木村和男―二〇〇四〕

として、彼らをイギリス経由で日本へ送還し、日英通商開始の端緒とすべきという提案を本社に行なった。イギリス太平洋交易は当時、アメリカを中核とする毛皮・捕鯨・太平洋産品の交易に押され気味であったので、イギリスの太平洋交易のなかに日本を取り込むことは、現地としては魅力的な課題であった。一八三五年（天保六）六月に三人はロンドンに到着した。しかし、ロンドンのハドソン湾会社本社は、現地責任者の目論見を却下し、本社負担でマカオ送還を決めるにとどまった（一八三五

年八月）〔春名徹―一九七九、木村和男―二〇〇四〕。

音吉たちは無事マカオについたが、イギリス関係者は、彼らをマカオからどのように日本に送還するかについて頭を悩ませることとなった。彼らの管理にあたったのは、マカオのイギリス貿易監督次官エリオット、中国語通訳ギュツラフだった。エリオットは後にアヘン戦争を主導する貿易監督官となり、ギュツラフもまた、アヘン戦争時に中国との間の通訳として活躍することとなる。二人は、ハドソン湾会社のバンクーバー責任者、ハワイの領事らと同じく、日本との通商関係を開くことに関心をもっており、そのために音吉らを使おうとした。一八三六年一月に、インド総督に彼らの帰国の意志を実現するよう働きかけたが、同年九月ロンドン外務省の訓令は、「日本向け中国ジャンク船にのせ、本国へ帰還させせよ」という消極的なものであった。これに対してエリオットは、日本向け唐船の出港地乍甫では漂流民返還に冷淡という口実まで作って、音吉帰国のときを待っていた。

一方一八三〇年代になると、アメリカもまた、アジア諸国との関係をレディ・ワシントン号やイライザ号のような個別商船任せではなく、国家の外交関係として考慮しはじめた。これには、一八二六年英シャム（バーネイ）条約に拮抗する体制をアジアで構築する狙いと、アメリカ商人のオランダ領東インドへの積極的な展開が前提となっている。米国バタヴィア領事の提案をうけ、一八三二年、アメリカはロバーツ使節をマスカット、タイなどとの条約締結のため派遣し、同使節に将軍宛信任状を携えさせて日本にも赴くことにも備えていた。彼の出発後国務長官は追加訓令を発し、対日交渉は最後の課題とし、国務省が入手した三一年日本北東部で起こった村落焼き払い事件（レディ・ロウィーナ号事件）が、イギリスによってアメリカの仕業とされている情報に対し、これを確認してこの流布を阻止するよう命じた。

バタヴィア滞在中にロバーツ使節は三三年の長崎行きオランダ船の積荷目録を入手したりして日本情報の収集に努め、シャムとの条約締結を終えて帰国した後も日蘭貿易を徹底的に研究した。ここで注目されたのは、バタヴィアから相当数の火器が輸出されていることである。一方国務省でも帰化した元オランダ人（レザノフ来航ころ長崎出島に滞在）に尋問し、①レザノフの失敗はオランダに依拠した点にある。②寄港先は長崎は避け、オワリが望ましい。③派遣は個人船ではなく国有船とする。③長崎には通詞は多数いるので、どこででもアメリカと取引することができる。④マニラで砂糖を得て、銅の対価にする。⑤将軍や関係者への贈り物それ自体は大した額のものではないが、四年に一度の参府行為は重要、という覚書を得た。ジャクソン米国大統領は、三五年三月にロバーツにシャム条約の批准書とともに信任状を与えて、再び、ベトナムおよび日本へ向かうことを命じた。日本への贈り物は、火器、米国の海洋地図、海軍の戦誌、綿織物、羅紗、イギリスサフラン、カットグラス、時計、オルゴール、など事実上商品見本だった。しかも国務長官は、ロバーツの抵抗にもかかわらず、日本がオランダから欲しがっていた羊も同行させた。彼は三六年シャムで批准書を交換後バタヴィアで赤痢に罹り、日本へ行くためマカオへ直行する。同地で彼は、息子に「あと十四日で日本に着く」と、来航目的を明らかにする手紙を書くが、そこで息絶えた〔Cole, 1941〕。ロバーツは来日を実現できなかったが、国務省では、「日本への接近は、米国船で実行し、長崎以外の港を選ぶこと、できれば首都に近いところが望ましい、最初は通商一般が許されなくてもよく、そのきっかけとなればよい」という考え方が生まれた。ギュツラフはロバーツの乗ったピーコック号で音吉を日本につれて行く算段を考えていたらしいが、実現しなかった。

一八三七年三月に、マニラから九州の漂流民四名が、同じくマカオに移送されてきた。この四人は、アメリカ商社オリファント商会が経費を負担していた。この商会のパートナでもあったアメリカ商人キングは、ギュツラフの働きかけもあり、これら七人の日本送還をエリオット側に提案した。結局、オリファント商会のモリソン号に七人を乗せ、英国測量艦ローリー号に乗ったギュツラフが途中琉球でモリソン号に合流して、日本へ向かうことで合意した。

ところで、キングは、モリソン号日本訪問の目的を説明する、中国語による幕府宛書面を用意させた。彼はそこで、日本訪問に関する論点を整理した。船体から大砲を外し、日本に中国語布教書をもたらさず、目的地を江戸とする、とした。当時の日本に関心を抱くアメリカ人の間では、レザノフの例から長崎の対外交渉システムが問題であり、それを回避すべきという考え方が一般的となっていた。「とうの人の御船におどろくな（外国船に驚くな）」、この音吉らの思いを乗せて、モリソン号はキング夫妻以下、七人の日本人漂流民とともに一八三七年七月四日マカオを出航した。モリソン号はギュツラフの待つ那覇沖に一二日に到着し、そこで彼を転乗させて一五日に太平洋に出て、江戸湾へ向かった。そして一八三七年七月三〇日（天保八年六月二八日）早朝、浦賀沖に到着した。

江戸湾防備の前線にあった浦賀奉行は、天候回復とともに、ただちに砲撃開始を命じた。モリソン号はいったん野比沖まで退くものの、翌日も再び砲撃が開始され、江戸湾を退却することとなった。しかし、非常動員された川越藩兵は、準備不足を理由として参戦することを断った。しかも、野比沖の漁船たちは、退却したモリソン号が帆を巻き上げるとあちこちから近づいてきて、モリソン号の側から招き入れがあり、安全だと判ると、その甲板はたちまち日本人でいっぱいになった。彼らはキングらが用意した商品見本や更紗残品、ビスケットなどを喜んで受け取っていた。無二念打ち払い令は浦賀奉行のレベルでは順守されていたが、非常防備の藩兵は十全に機能せず、漁船や商船の異国船との接触禁令は、ほとんど実効性がなかった。

一行はその後、鹿児島を目指すが、ここでも事態は大体似たようなものであった。一行の日本人漂流民二人が佐多《さた》浦に上陸し、住民や役人と接触した（八月一〇日〈和暦七月一〇日〉）。薩摩の人びとは天保飢饉や大塩平八郎の乱を語り、食糧の提供は困難とし、水の提供は約束された。結局、藩庁の決定は砲撃開始であり、ここでもモリソン号は所期の成果をあげることができず、マカオに帰還した（八月二九日）。浦賀も鹿児島もそれぞれ二、三日程度の滞在であったが、日本側はモリソン号に対し機械的に打ち払い令を適用した。このことが知られるにつれ、今度は国内政治に大きな反響が生まれた〔相原良一―一九五四〕。

蛮社の獄

オランダ商館長ニーマンは天保九年六月六日（一八三八年七月二六日）、到着したオランダ商船からの情報により「モリソンと申すエゲレス船日本へ向け仕出し候始末」（「追届」）を、長崎奉行久世広正に提出した。前年打ち払われたモリソン号（イギリス船と誤認されていた）に、漂流民音吉らが搭乗していたことが述べられていた。

　これを受けて久世は、「日本人が異国で漂流したとき、オランダ船で送還するようにと、申渡してよいか」という伺を出した（『蠹余《とよ》一得《いっとく》』）。この伺は、レザノフ来航時にロシアから漂流民を受け取るにあたり、今後の漂流民はオランダを経由して帰帆させるように、とロシアに命じたことを踏まえたもので、あえていえばその再確認の伺である。したがって、勘定奉行をはじめ、林述斎《はやしじゅっさい》や、大目付目付の一部は、当然である、と回答した。これに対して、他の三奉行らを含めた評定所一座は、そうしたオランダ船への申渡は、日本が漂流民の保護を求めていると受け取りかねないので、それでは、「外国に対する御趣意に抵触する」ので、「漂流民送還を申し渡すに及ばず」と主張した。つまり、漂流民をオランダ経由で日本へ送還することを、オランダに命令するかどうか、をめぐり幕府のなかに意見の分岐が見られたのである。

　この伺の審議自体は、漂流民を口実に来航するイギリス船にどう対応するかを議論したものではない。しかし、林述斎が無二念打払令の慎重な運用を検討すべきとしたのに対して、評定所一座が「無二念打払を心掛けるのが専要」と反論して議論が拡大していった。そこで勘定奉行はこの打払令の問題を「別に伺うべき事柄と考えられる」とまとめ、これを受けて老中水野忠邦は、漂流民の来航船での帰還を商館長に命令するよう決定した（天保九年一二月）。

　しかし、モリソン号に先立ち次のような事件が起こっていたことは留意されておいてよい。天保七年（一八三六）七月、ロシア船がエトロフ島へ廻航し、天保五年（一八三四）にハワイ諸島に漂着して北米ロシア領ノヴォ・アルハンゲリスク（現在のシトカ）に滞留していた越中漂流民三人を帰還させた。松前藩の報告によれば、エトロフ島勤番所からは砲撃を行なったが、ロシア船は砲撃の射程を外れ、揚陸用小艇で漂流民を付帯品や関係書類とともに上陸させた。ロシア人も自ら上陸して、アイヌと敷物や天鵞絨（ビロード）の頭巾などを物々交換し、乱妨などなく帰帆したというのである。

この書類は、同年九月に江戸で足立左内《あだちさない》らによって翻訳されたが、通商要求はなく、漂流の経緯をノヴォ・アルハンゲリスク長官およびオホーツクの露米会社が証明したものであった。その他には、医学書、中国記事、漢暦、地理書など五冊が同封されていた。明らかにゴロヴニン抑留中に日本側が求めた知識に応えようという中身のものであった（『天保雑記』）（木崎良平一九九一）。

天保七年一二月の古河《こが》藩家老鷹見泉石《たかみせんせき》（在大坂）宛の田原藩家老渡辺崋山書状がある。泉石もオランダ・ロシアをはじめ西洋に強い関心を持っており、この書状はオランダ風説書の入手を泉石に知らせ、その「愚釈」を送りつつ、ロシア経由の漂流民帰還の情報を分析したものである。崋山は、彼がハワイ諸島に漂着したことに強い関心を示し、クック船長死亡の地で「文武職業」が発展し、太平洋中第一の地になっていることを指摘し、しかも高橋景保の『万国全図』で位置を確認するように、と図入りで指示している。また、崋山以外でも福岡藩主黒田斉清とともに研究仲間を作り、本草に興味を持つ薩摩藩医の曽愿《そうげん》も、この漂流民の帰路を、やはり『万国全図』で論じている（『天保雑記』）。ハワイ諸島からの越中漂流民帰還の情報は、崋山をはじめ泉石や多くの知識層に、太平洋への関心を急速に広げることになった。

これは対外情勢に関心をもつ人びとの間では周知の事件であった。したがって、天保九年（一八三八）の長崎奉行伺に関する評議に加わった面々は、打払令下にあっても長崎・オランダ以外での漂流民の送還・受領は現実に起こっており、また起こりうることを十分に理解していたと考える。

つまり、漂流民帰還や異国人の上陸に対しても十全に機能していない無二念打払令の実態を誰もが承知していながら、オランダ船への申渡の可否を議論していると、私たちは意識すべきであろう。であれば、話の焦点は、述斎のように打払令の有効性に及ぶのはある意味自然であった。

水野忠邦は勘定奉行に、問題を再び長崎奉行久世広正が伺ったオランダ船への申渡の可否に戻させ、打払令の徹底を理由として申渡不要とする評定所一座の評議をとらなかった。これより前、同じ久世広正が薩摩唐物抜荷体制の摘発に力を注いだことを考えると、文政期（一八二〇年代）に組み立てられた打払と海防の論理と体制、その下で営まれる対外交易は全体として機能していないことを忠邦は感じていたと考えられる。

この評定所一座の評議を入手した蘭学者たちは（天保九年一〇月）、強い危惧の念を抱き、やがて蛮社《ばんしゃ》の獄《ごく》に巻き

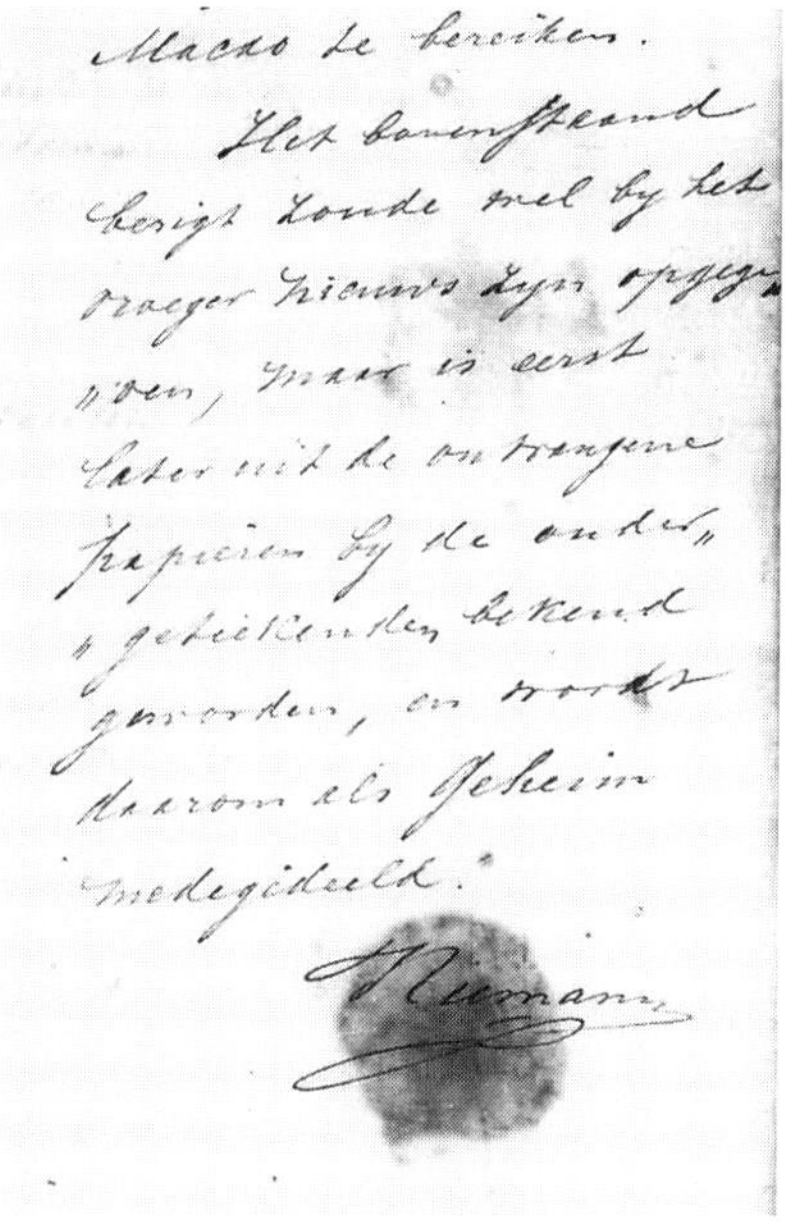
Macao te berigten.
Het bovenstaande berigt zoude wel bij het vroeger nieuws zijn opgegeven, maar is eerst later uit de ontvangene papieren bij de ondergeteekenden bekend geworden, en wordt daarom als geheim medegedeeld.
Niemann

図28　Niemann「追届」と署名
オランダ語で商館長が書いた文書をもって長崎奉行に届けたと考えられる。

込まれることとなる。

シーボルトから西洋医学を学んだ蘭学者高野長英《たかのちようえい》はただちに『夢物語』を著し、無二念打払令はイギリス（来航船所有者は中国学者として知られたモリソンということになっていた）の反感を招き、「打払のような非法な取り扱いは、後日どんな患害を生むであろうか」と論じた。

また、渡辺崋山《わたなべかざん》は『慎機論《しんきろん》』を著し（実際には公表されなかった）、打払令が「日本の海岸は厳しすぎて航海に害がある」という非難を生み、「とどのつまりイギリスが日本に対して貪欲になる名目を与えるもの」と断じた。このように、崋山が幕府の打払政策に本格的に危機感をもったのは、評定所一座の議論を知ってからと言われている。しかし、崋山は通詞など出島関係者からであろう、風説書をはじめとするオランダ情報を独自に入手する回路を持っていた。今回も評定所一座の議論が広まる前に、オランダ商館長ニーマンの風説書には、モリソンについての情報（「追届」）が存在することを知っていたと考えられる。

彼の知る商館長の追届は、「イギリス国において日本漂流人を太平洋上で救助したので、長崎表へ本国使節を使わして送り返すということで、このほど評議があったという話である。右の船は商船で、人数どの程度ものであろうか。御用心下さい」という内容で、崋山はイギリスが、日本と交易を乞うという情報があるとして、「日本が交易を断るのも必定であることは、イギリス側でも兼々承知である。然るに費用をかけてやって来るというので、一通りでは済まない。同じ人間なのに難船を救わず危害を加えるのなら兵器を使用するが、どうか、返答を聞きたいと問われたらどうするのか」（天保九年在藩家老宛崋山書状、『崋山書簡集』）と危惧を述べる。つまり、イギリスが漂流民送還を口実に商船を派遣してくるという情報があり、イギリスが交易を要求した場合、通り一遍の処理では済まないだろう、と崋山は考えた。この論旨は、『慎機論』に述べられたものとほぼ同じであり、渡辺崋山はニーマンの情報を得た時点から、イギリスの交易要求にいかに対応するかという、起こりうる事態を憂慮していたのである。

そしてこの書状のなかで、さらに幕府の現状について、

（こうした対外的危機を）一向にものの数ともせず、西の方では銀の橋などが出来たとか、紅葉山の鎮火の狐を殺した人がいて牢舎になったとか、一七人もの人びとが死んだ狐の葬送に出かけたとか、西の丸の上棟の餅を焼いて食べた奥女中が即日お暇をだされたとか、という話ばかりで、海外のことは一向に耳に入っていない（『同』）。

と指摘している。西の丸とは、大御所家斉《おおごしょいえなり》のことであり、西の丸では些事が話題の中心となっていることを指弾したものである。天保の飢饉と一揆を乗り越えてのち、イギリスの貿易要求に備えねばならないと直感した渡辺崋山は、その政治の貧困を大御所政治に帰したのである。

このような天保期（一八三〇年代）の対外危機意識は、単に蘭学者にとどまるものではなかった。渡辺崋山や高野長英らの周りには、同じく危機意識を抱いた幕臣や儒者・文人、勘定吟味役川路聖謨《かわじとしあきら》、代官江川英竜《えがわひでたつ》、西丸小姓組下曽根信敦《しもそねのぶあつ》、八王子千人同心松本斗機蔵《まつもとときぞう》などや、幕府昌平黌《しょうへいこう》教授の古賀《こが》侗庵《どうあん》、水戸藩士立原杏所《たちはらきょうしょ》、田原藩士鈴木春山《すずきしゅんさん》・村上定平《むらかみさだへい》などが一種の政治文化サークル（蛮社グルー

プ）を形成していた。一九世紀になると、一般に詩文や絵画・骨董、さらには物産などを題材にした文化交流会が各地が形成されるようになった。大きくみれば蛮社グループもそうした流れのなかで捉えることも可能である。しかも、渡辺崋山の場合は前藩主弟三宅友信《みやけとものぶ》が蘭学に興味を持っていたので、崋山はこれらの交流を主宰して国際情勢に深く通じるようになり、「蘭学にして大施主」と目されるようになっていた。

その一員と目された古賀侗庵は、先述のように文化期にロシア・イギリスの侵攻が行われたことを踏まえ、オランダ以外にも朝貢国を増やすべしと玄沢に主張していた。今回も彼は、『海防憶測』（天保九～一一年）において、西洋の要求が交易にあるとし、その要求に備える硬軟二通りの方法、則ち「断然許さず、巨砲を以てその船艦を打ち砕く」という打払令の考え方と、「しばらくその交易要求を許し、礼を以て待遇し、恩をもって撫し、戦闘の口実を与えない」という貿易許可の考え方とに整理し、後者は異国船を打ち壊すだけの実力をつける点では打払いをより厳密にするものである、と主張する。彼の主張を支えた国際認識はこうした蘭学者との交流を前提としているといえよう。

天保七年の越中漂流民帰還、翌八年（一八三七）のモリソン号来航に直面して、水野忠邦も何もしなかったわけではない。天保九年（一八三八）三月から、伊豆代官羽倉外記《はぐらげき》に七島の再巡回を命じた。文政八年（一八二五）無二念打払令に際しても、伊豆代官柑本兵五郎が間宮林蔵《まみやりんぞう》を連れて伊豆七島を巡回したが、羽倉は打払令が実際七島で機能するよう、揚陸小艇で近づいてくる異国船員に対して「三人来たら三発で、五人来たら五発で殲滅するように、平日から熟練するべく精々島民に申し渡す」という上申を行ない（正月）、これが認められたものである。

もっとも、羽倉は酒席を設けてこの上申書を松浦静山《まつらせいざん》に見せた、というから、羽倉はあちこちで七島行きの話を吹聴していたと考えられる（『甲子夜話』）。そもそも島民を一発必殺の達人に仕立てるという話も、真摯に見えながら、どこか茶化した話のようにも聞こえる。渡辺崋山は、水戸藩士鈴木（鱸）半兵衛（蘭学者）を通じて羽倉の話を仄聞《そくぶん》し、天保八年（一八三七）一二月、羽倉に同行したいという願書を筆頭家老らに提出し、藩主への取次を願った。この崋山の真意については、太平洋へのあこがれ説などが出されているが、太平洋への関心それ自体が日本をとりまく国際環境の変容への感度を示すものといえよう。

水野忠邦は、伊豆七島に引き続き、江戸湾の海防の本格化にも着手し、モリソン号来航を受けて江戸湾防備も見直されることになった。これは、再び川越・忍藩による重警備体制にもどすいわば準備段階にあたる。

水野忠邦は天保九年（一八三八）一二月、鳥居耀蔵《とりいようぞう》と代官江川英竜に相州備場見分を命じた。このため、鳥居には小笠原貢蔵、江川には内田弥太郎《うちだやたろう》が測量技術者として随行した。内田弥太郎は当時すでに一流の和算家であるが、彼の参加には鳥居側がいろいろ理由をつけて難色を示した（川尻信夫―一九八二年）。この難色は、江川英竜に内田を推薦したのが渡辺崋山であったことを、鳥居が嫌ったためであるという。

鳥居耀蔵が崋山に反感を抱くに到った前提として、田原藩主との関係（藩主復統問題）が目を引く

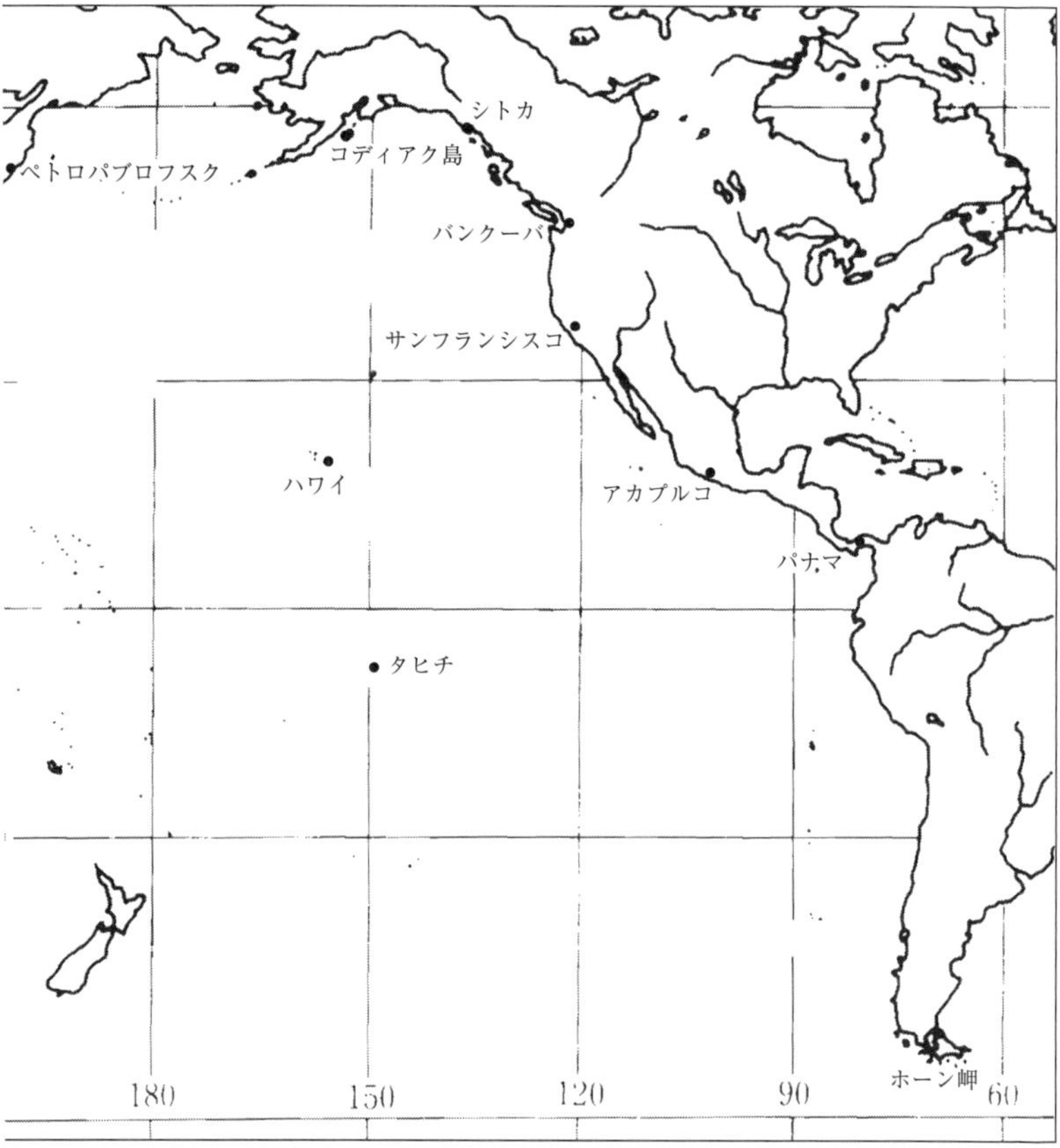
シトカ
ペトロパブロフスク
コディアク島
バンクーバ
サンフランシスコ
ハワイ
アカプルコ
パナマ
タヒチ
ホーン岬
180
150
120
90
60

関係図

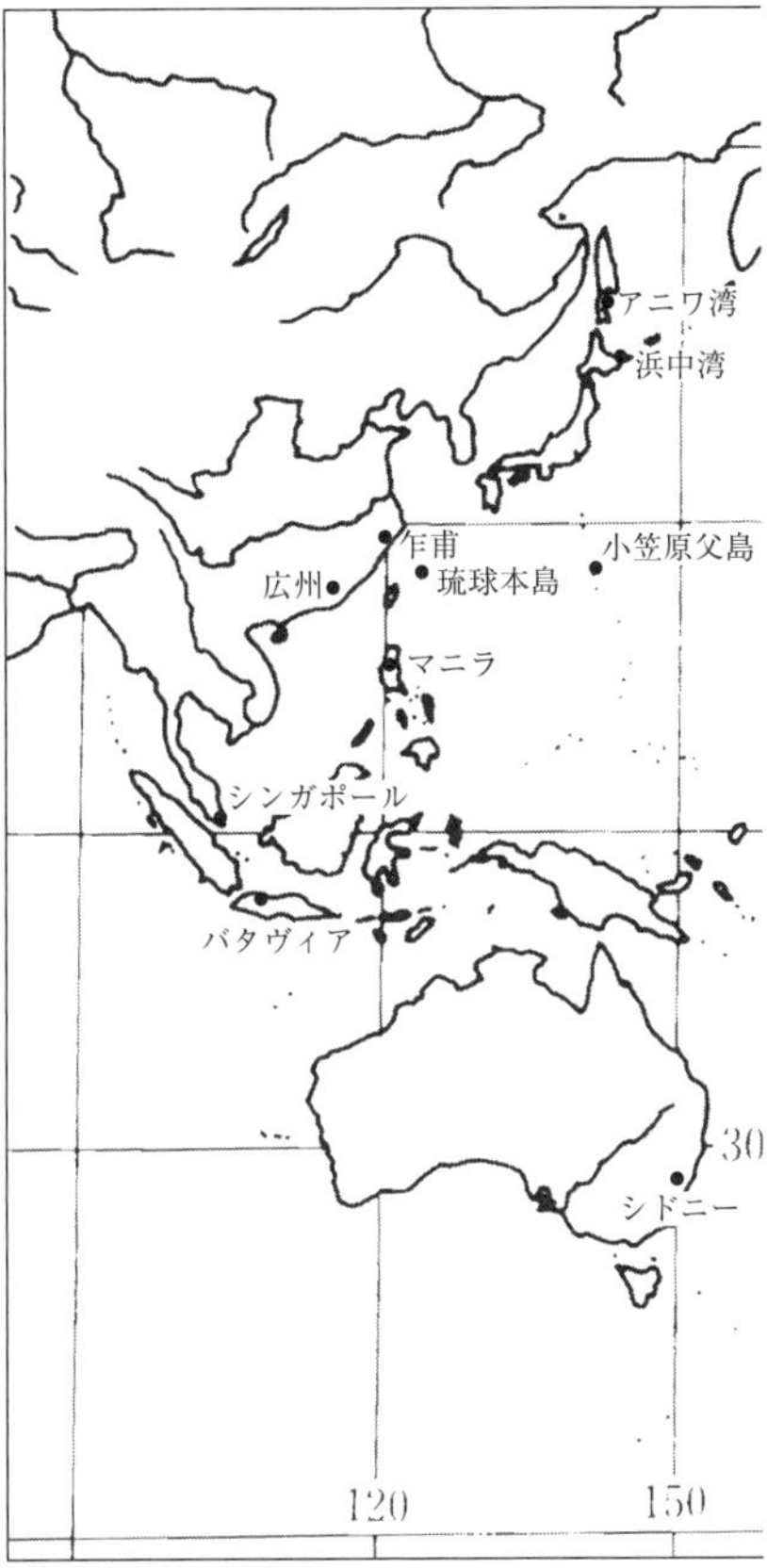

図29　太平洋

（天保六年〈一八三五〉正月五日付崋山書状『崋山書簡集』）。当時、崋山は、天保飢饉下に藩政立て直しと藩主復統に懸命になっていた。そこへ林述斎が氷川台（小石川）の田原藩下屋敷の隣地に下屋敷を下賜されることとなり、この地が「渓ばかりで御茶屋を建てる余地がない」と主張して、林家は茶屋の分の替え地の申入れを再三田原藩に対して行なった。林述斎は美濃岩村藩出身で、崋山のみるところ、岩村藩は代々姫路藩と親しく、田原藩主康直《やすなお》（姫路藩出身）は幼年のときから述斎にいろいろ世話になっていた。下屋敷は前藩主弟三《み》宅《やけ》友信《とものぶ》の根拠地だったので、崋山らは当初断り続けた。しかし遂に抗しきれず、崋山は「成否御思召次第」として藩庁に対して返答した。崋山は「小事」というが、見方によっては、藩主と述斎との関係にあえて抗している、つまり、前藩主弟と組んで蘭学に夢中の家老が、現藩主が楽しみにしている林家下屋敷（錫秋園《しゃくしゅうえん》として有名）での述斎との交流の実現を邪魔している、ととられたこともあろう。藩主と述斎との関係は、氷川台下屋敷を媒介として深まったであろうが、述斎に親しい藩主康直に対して厳しい家老崋山、という印象を関係者にどこかで与えたとしても不思議はない。そして鳥居は、林述斎の三男であった。

鳥居は相州備場見分後、小笠原貢蔵に対して、『夢物語』の著者について調査するよう命じた。小笠原は、高野長英の翻訳に基づき渡辺崋山が執筆したと報告した。これに関連して、小笠原は、無人島渡航計画が江戸市中で企まれていることを報告した。そこで、鳥居は無人島渡航計画の再調査を命じ、その関係者として崋山の名前が出るや、主唱者として崋山を告発したのである。

この告発は、水野忠邦によって再調査され、渡辺崋山・高野長英・小関三英《こせきさんえい》ら蘭学者と、無人島渡航計画を企てた一味五人などが逮捕された（蛮社の獄）。崋山・長英と渡航計画一味とは無関係であることが尋問の結果明らかになったが、この間に崋山家宅捜査が入り、崋山の反古のなかから『慎機論』と『西洋事情書』が発見され、これが幕政批判・外国崇拝だとして、また、長英は『夢物語』によって有罪の判決を受けた（天保一〇年〈一八三九〉一二月）。やがて、崋山は田原で蟄居《ちっきょ》中自殺し（天保一二年）、長英は伝馬《てんま》町の牢を脱獄して（弘化元年〈一八四四〉）、全国各地で逃亡生活を送ることになる（佐藤昌介―一九六四・一九八六）。

天保期（一八三〇年代）の政治は、一見すると水野忠成政権の延長のようにみえなくもない。しかし、徳川斉昭や水野忠邦など幕府統治の中核部分、あるいは川路聖謨や江川英竜、大塩平八郎のような幕府役人、または渡辺崋山や高野長英のように蘭学を通して国際情勢に関心を持つ者たち、あるいは幕府儒者古賀侗庵など、いずれにおいても、そうした政治の現状に批判的な人びとが、独自の動きを見せ始めた。

そうした独自の動きを生み出す最大の動機の一つは、対外関係における危機の拡大という現状認識であった。しかし旧来の体制は、そうした変化に対応しようとする動きの弱点を鋭く突き、あるいは巧みに競わせながら、旧来どおりの権力の保持を図っていた。それを日蘭関係から見れば、蛮社の獄は、オランダによってもたらされた国際情報が国内政治事件となる、そのような政治的な関係へと日蘭関係が変質してきていることをも物語っている。

天保九年（一八三八）九月、水戸藩主徳川斉昭《なりあき》は、長文の意見書『戊戌封事《ぼじゅつふうじ》』を書き上げた。

徳川斉昭の戊戌封事

先代の斉脩《なりのぶ》夫人実弟（家斉三五子）を養子に迎える動きと争う形（すなわち、治済―家斉関係の外）で、文政一二年（一八二九）藩主になった斉昭は、その直後から、「大御所時代」の幕政のあり方を批判して止まなかった。彼が最初に接近したのは老中大久保忠真であったが、すでに述べたように大久保にも改革の力はなく、斉昭はその意を幕政に反映することはできなかった。そして大久保を通して水野忠邦を見ていた斉昭は、忠邦の政治態度についても不信を抱いていた。

天保八年（一八三七）、大塩平八郎の建議書が自身にも宛てられていることを知った斉昭は、腹心の藤田東湖《ふじたとうこ》を使い、江川英竜からこれを入手しようとする。建議書の中身が、水野忠成や大久保忠真から水野忠邦までの政権中枢にかかわることが明らかになるにつれ、江川の藤田への対応が硬化し、水戸藩は建議書を入手できないまま時日が過ぎていく（『大塩平八郎建議書』）。

一方で、このとき幕府は、水戸藩蘭学者幡崎鼎《はたざきかなえ》の問題で水戸藩を問い詰めていた。幡崎は、もともと出島の「部屋働の者」（dienaar、オランダ語を身につけ商館員の身の回りの用事をする日用《ひよう》）で、シーボルト事件に連座しかかったが、長崎を逃れて水戸藩に蘭学者として出仕するようになった。水戸藩のオランダ軍艦書購入のために長崎に戻ると、前歴が発覚して捕らえられ、東湖はこの一件の処理に忙殺されるようになる（『東湖全集』丁酉日録）。結局、藤田東湖は、江川から建議書を入手することはできず、幡崎は伊勢菰野《こもの》藩に生涯取籠《とりこめ》（天保九年一二月）となる（『天保雑記』）。

こうした状況で書かれたのが徳川斉昭の『戊戌封事』である。これは、百姓一揆や大塩の乱のような国内的な混乱（内憂）と、外国船によって日本の土地や人びとが奪われるという事態（外患）とが同時に発生する危険性を訴える意見書として知られている。それは、松平定信の「ただ恐るべきは蛮夷と百姓の一揆なり」という考えに連なるもので、確かに斉昭の『戊戌封事』における「内憂外患」という考えの一面を捉えたものではある。しかし、さらに武士問題（賄賂《わいろ》横行と悪貨・財政問題）が含まれていることにも注目すべきであろう。そして、そうした武士の奢侈《しゃし》を象徴するのが、オランダ交易（有害無益品の輸入と金銀銅輸出）だとの論点が導き出されている。しかもこうした内憂をキリスト教の伝教と結び付ける可能性を高めているのが（シーボルトのように悪質化する）オランダ船の来航であり、蘭学者の西洋崇拝であり、これこそ外患である、というのである。つまり、外患対策＝海防強化論がオランダ貿易禁止論、蘭学弾圧論としても展開されているのである。おそらく藤田東湖が示唆した青《あお》木《き》興勝《おきかつ》「答問十策」を踏まえたものであろう。

私は、徳川斉昭『戊戌封事』のオランダ外患論ともいうべき議論は、水戸藩が、幡崎鼎や渡辺崋山に親しくした鈴木（鱸）半兵衛など、藩内蘭学者をめぐって不利な状況に追い込まれたという蘭学者に対する不信と、大塩建議書を出し渋る幕府への政治的思惑とが合成されたものと考えている。それ

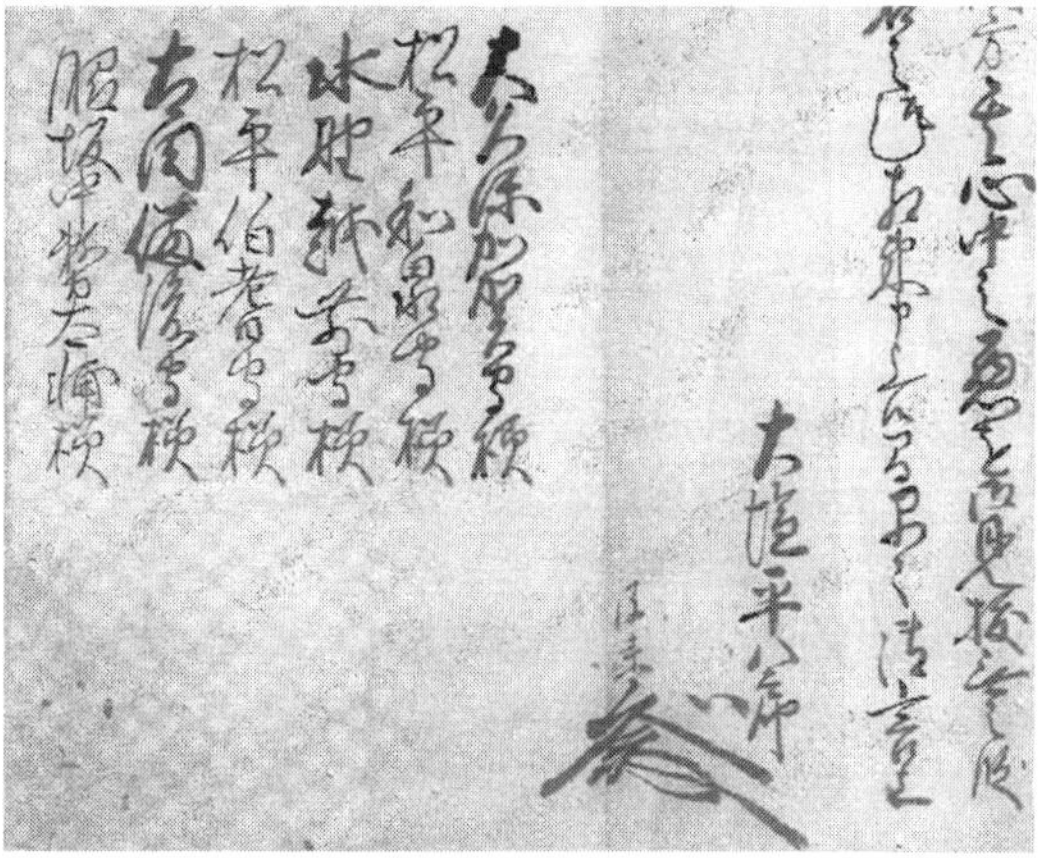

図 30　大塩建議書

はともかく、『戊戌封事』が天保一〇年（一八三九）六月に将軍家慶《いえよし》へ提出されたことで、幕閣はオランダ・蘭学問題について何らかの対応を取る必要を生じた。それが、天文方渋川《しぶかわ》六蔵《ろくぞう》（鳥居の腹心）が七月二〇日に水野忠邦に提出した「蘭学蘭書類御取締方の儀申上候書付」である。

従来これは、鳥居たち反崋山派が、崋山らの蘭学者やその共鳴者を抑圧するための政策提案であると考えられてきたが、『戊戌封事』の唱える蘭学禁止という主張を踏まえ、天文方渋川六蔵がこれに応えた一面がある。渋川の提案は、『戊戌封事』の要求する蘭学そのものの禁止に抗し、天文方訳員の蘭学奨励を要望しながら、その反面、翻訳書の流布を禁じ、あるいは風説書による海外知識の外部（崋山らはこれにあた

る）漏洩の防止を建議し」たもの、要するに「蘭学的知識の幕府独占をめざすもの」である（佐藤昌介一九六四）。渋川の論は、ラクスマン来航前後から蘭学の必要性を自覚しはじめたと語る松平定信の蘭学観（『宇下人言』）と通ずるものがあり、正統的な蘭学統制論であった。

この渋川六蔵の提案に対し、天保一一年（一八四〇）五月二七日、幕府は、長崎奉行と天文方に対して、いわゆるオランダ風説書《ふうせつがき》の「翻訳の元になったオランダ文を添えて」提出すること、オランダ船来書は、日本からの注文書以外は商館員所持の書籍も検閲すること、通詞は通訳だけではなく書籍の取扱（選書や翻訳ということ）も出来るようにすること、翻訳書が猥りに世上に流通しないようにすること、蘭学研究にいそしむこと、を命じている（『幕末御触書集成』四七〇六）。実際、天文台詰通詞はこのころまでかなり自由に翻訳を頼まれたりしたという（片桐一男一九八五）。これらは全体として、外国情報の取扱の厳格化を謳っているものの、それは担当者の能力を向上させ、幕府の情報掌握力を正確にする督励と一体のものであった。そうしたなかで、洋式軍備を急ぐ天保改革が開始されることになる。

六　開国前夜——薪水給与令のゆくえ

1——アヘン戦争起こる

アヘン貿易とアヘン戦争

天保期後半（一八三〇年代末）の日本では、対外政策を無二念打払令《むにねんうちはらいれい》で臨むのか、対外関係の変化に対応する幕府の主体性を強化する方向を目指すのか、これらの議論が複雑に絡み合うなか、日本の対外政策は大きな転機を迎えることとなった。中国でアヘン戦争が起ったのである。

中国は、古くから海外交易を通して銀を入手してきた。一八世紀後半、茶貿易はイギリスから中国への銀の流入をもたらした。これを嫌ったイギリスは、インドで生産させたアヘンを中国へ積極的に輸出した。

一八二〇年代には銀は中国から流出し、国内銀価は上昇して実質的な増税となり、納税停滞により財政収入も不安定になった。しかも一八三三年、イギリス東インド会社の中国貿易の特許廃止により、会社以外のさまざまな商人（イギリス私貿易商人、アメリカ人、インド人など）がインドアヘン貿易に携わるようになった。外国貿易を不可欠と考える広州の当局者の間では、密輸アヘンを正規取引として銀

図31　アンソン湾海戦
東インド会社が河川地帯で戦闘を行うための砲艦（ガンボート）として計画した最初の鉄製蒸気砲艦メネシス号。いわゆる砲艦外交のモデルとなった。

の流出を抑え、低毒性と思われていた国内アヘンを生産して外国アヘンを排除することにより事態に対応しようとした（アヘン弛禁論）。

しかし一八三八年になると、清朝中枢に勢力を得た厳禁論に支えられ、吸飲者死刑を唱える林則徐《りんそくじょ》が広州《こうしゅう》に派遣されることとなった。一八三九年、広州に着いた林は、アヘン交易に関係する中国人を処罰し、外国人には商館封鎖を命じた。マカオのイギリス貿易監督エリオットはアヘンを引き渡したが、中国側に抵抗する姿勢を示し、小さな衝突が続いた。

こうした状態を受けて、イギリス議会は一八四〇年四月、中国との戦争開始を決定し、六月までにインドから陸海軍が中国に到着した。彼らは広州を封鎖し中国側と交渉を開始すると、中国側に和平論が台頭してきて、林則徐は退けられた。しかし、一八四一年になると広州で戦闘が再開・拡大し、イギリスはまもなく上海を占領し、続く大運河封鎖は、北京へつながる物流を遮断した。ここで中国側は講和交渉に入り、一八四二年八月、南京《なんきん》条約が締結された。この結果、広州のほか上海など、五港が開港され、公行の貿易独占廃止、領事駐在、治外法権などとともに、香港がイギリスへ割譲された。しかし、結ばれた南京条約は、戦闘による破綻を当面回避する、ある種の便宜でもあった。近代国際関係を前提として主権国家間の約束と捉えた西洋側と、旧来のカントンシステムの維持・継続を図ろうとする中国側とで、常に問題が繰り返され、双方とも貿易を維持して互いに利益を図るという点で折り合うという関係＝「折衷的社会《ハイブリッド》」（フェアバンク）が生まれた〔坂野正高―一九七三、茂木敏夫―一九九七〕。

アヘン戦争前後の太平洋

この戦争の周辺動向を概観しよう。まず、イギリス商人たちの中国市場拡大への期待は、オランダ領東インド（ジャワ島など）の市場性への期待とつながり、一八三〇年代を通じてその市場開放が強く叫ばれていた。現地東インドでは、カリマンタン（ボルネオ）島などにイギリス人が実力で植民なども展開しはじめていた。オランダにとって、海峡地域の安定化を企図した「ロンドン条約」体制自体が揺るぎ、英蘭両国の西太平洋岸における勢力不均衡がアヘン戦争に連動し始めた。

イギリス海軍水路局の測量船サマラング号（ベルチャー艦長）は、南京条約により開港した五港の水路上の知識の不足を補うため、一八四三年二月にイギリスを出航し、六月にシンガポールへ到着する（日本への渡来情報はこの時のもの、後述、三一九頁）。サマラング号は、シンガポールを根拠地にボルネオなどオランダとの係争地を廻って、イギリスの実効支配のため測量を精力的に行ない、九月、香港に到着する。こうしたイギリスのボルネオでの動きが、オランダの東インド支配に危機意識を与えた。いずれにしても西太平洋岸では、自己の権益を拡大しようというイギリスと、ロンドン条約を固定化させることで東インドにおける権益を守ろうというオランダの動きとが、互いにせめぎ合うこととなった。

また、イギリスは一八四〇年ニュージーランド領有も実現した（ワイタンギ条約）。アヘン戦争は、太平洋におけるイギリス勢力圏拡大の一大モメントでもあった。

北東太平洋岸では、一八二〇年代の対ロ協約によって北太平洋での露米会社の囲い込みに成功した英米は、共同統治下にあったアラスカ南限とカリフォルニア北限地域太平洋岸の領域分割をめぐって対立するようになった（オレゴン問題）。イギリスの特許会社であるハドソン湾会社は、漂流民音吉への対応に見られるように、新しい領域開拓に対して積極的ではなく、自由貿易論の台頭の前に力を次第に失っていった。

一方、アメリカ合衆国では西部膨張主義が強まり、このオレゴン地域からイギリスを排除して独占しようと、一八四〇年代英米は一触即発の状況となった。一八四六年に妥協が成立し、締結されたオレゴン条約は、北緯四九度を国境とすることとなり、「英米露の三国による北太平洋岸の分割を完成させた」〔木村和男―二〇〇四〕のである。しかし、この分割は地域安定へ向かわず、対立と競争を強化した。

アメリカ合衆国は、カリフォルニア領有をめぐるメキシコとの対立を深めていた。一八四六年、メキシコとの戦争が起こる。このときのアメリカ海軍メキシコ派遣艦隊の司令長官が他ならぬペリーである。オレゴン条約とメキシコ戦争によって、北米太平洋岸勢力圏分割が再調整され、結果として対立が固定化する時代が一八四〇年代であった。

さらに注目すべきは、ロシア領アメリカからオホーツクにいたる捕鯨（セミ鯨・ヒゲ鯨）の新展開で

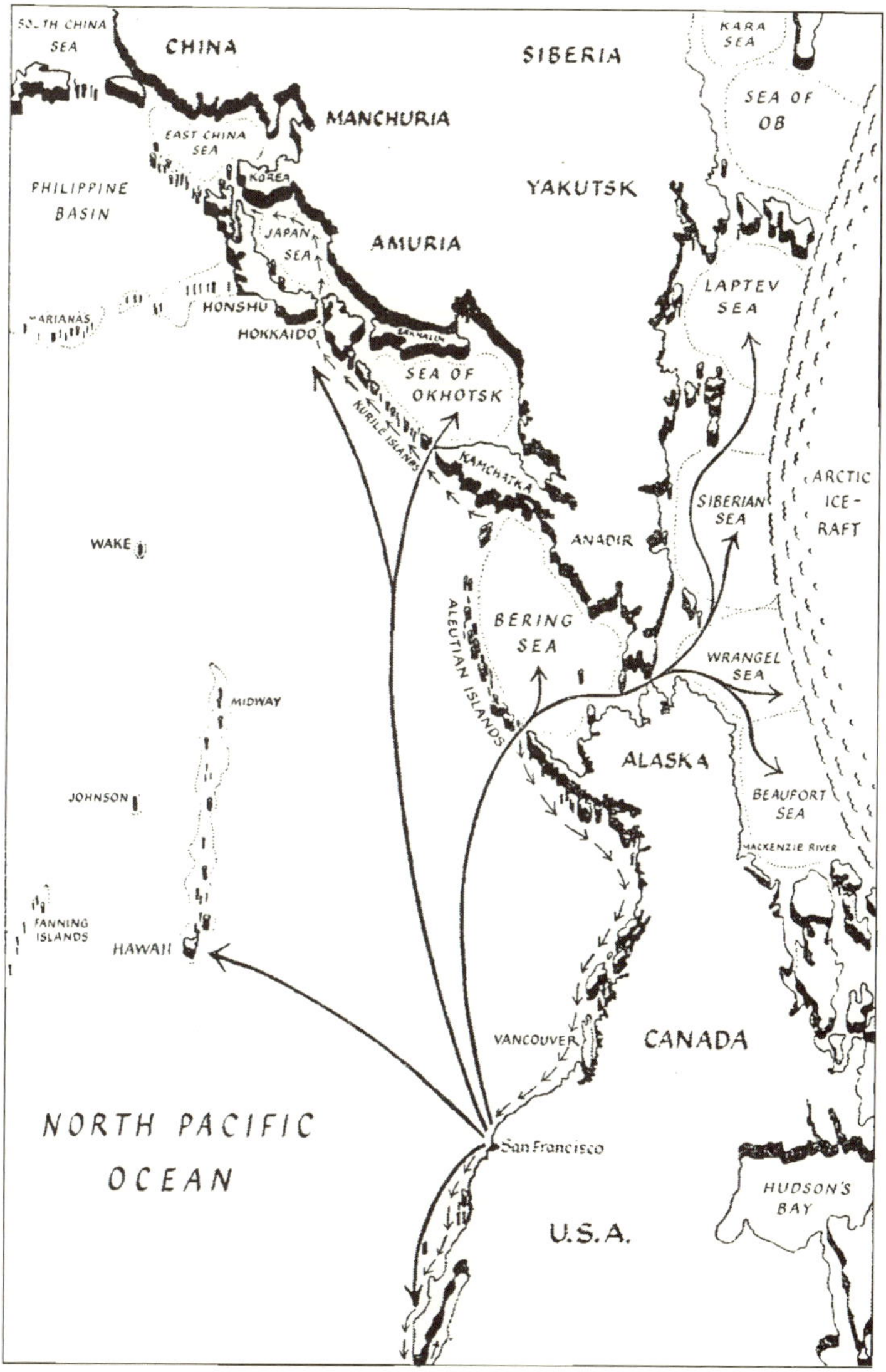

図32　コディアク・グラウンドへの米捕鯨船の展開

実線の矢印は主要な捕鯨船航路、破線の矢印は髭鯨捕鯨船航路。

ある。北太平洋では、ジャパン・グラウンドに続き、アラスカ沖のコディアク・グラウンドが、一八三〇年代末に見出された〔Starbuck, 1878〕。一八四〇年代に入ると、アラスカ沖に集まった捕鯨船は、たちまちベーリング海にいたり、一方は北極海へ、もう一方は、カムチャッカ半島から千島列島をへてオホーツク海をも捕鯨場とした。米英仏の捕鯨船は、ロシア太平洋沿岸各地に出没し、ときに上陸して、鯨を煮るための材木の伐採を常態とした。これは、ラッコなど海獣に恐怖心を与え、毛皮猟も困難となった。露米会社は、アメリカ政府にこれを禁じるよう本国外務省に再三申し入れたが、一八二四年の対米協約では米国捕鯨船を沿岸に近づけることを禁じることはできない、というのがロシア外務省の考えであった。

露米会社は、無二念打払令を出した幕府と似た危機感を味わうこととなり、防衛の力点をカムチャツカ・オホーツク海域に置かざるをえなくなった。こうした捕鯨船の動きは、露米会社の関心を再びサハリンやアムール河口に向けることとなった(『露米会社史』)。実際、千島・オホーツク海から日本海へ向かう捕鯨船がおしよせてきた。弘化《こうか》三年(一八四六)、嘉永《かえい》元年(一八四八)、嘉永二年(一八四九)と続く蝦夷地近辺での米国捕鯨船の漂着は、天保後期から弘化・嘉永前期(一八四〇年代)の日本近海での異国船来航問題が、軍艦に限られないことを物語っている。

アヘン戦争とともに発せられた薪水給与令《しんすいきゅうよれい》は、一八四〇年代のこうした太平洋岸分割の再調整の流れのなかで考えることが必要である。それを、水野《みずの》忠邦《ただくに》の天保改革とそれに続く阿部正弘政権の動きのなかから見ていこう。

水野忠邦の憂慮

天保一一年（一八四〇）イギリスによる中国攻撃開始（アヘン戦争）を伝えたのは、七月のオランダ風説書《ふうせつがき》および別段《べつだん》風説書であった。しかし、イギリス軍と中国軍との戦況を直接伝えるには至らなかった。イギリス軍が広州を封鎖して北上して戦線を拡大しているという情勢を伝えたのは、同年一二月に長崎へやってきた唐船による風説書であり、乍甫《サホ》に近い寧波《ニンポー》などでの戦況をリアルに伝え、唐船の長崎への出航が陥っている困難を知らせた（『天保雑記』）。

水野忠邦はこの唐風説書を入手し、さっそく翌天保一二年正月七日に佐渡にいる川路聖謨《かわじとしあきら》に「異国のことではあるが、自国の戒めにもなろうと思う。浦賀《うらが》の防禦《ぼうぎょ》（相州警備）の建議はまだ定まらず、ふつつかのことである」と認め、この唐風説書を同封した（『川路聖謨文書』）。

浦賀（相州警備）について憂慮する水野忠邦の書をうけて、川路もモリソン号との関連でイギリスの挑発を警戒すべきと感想を残している（『遊芸園随筆』）。崋山《かざん》らのイギリス警戒と打払令反対論は、忠邦や川路の記憶には深く留められていた。

天保九年（一八三八）一二月、水野忠邦は、鳥居耀蔵《とりいようぞう》と代官江川英竜《えがわひでたつ》に相州備場見分を命じたが、その具体化は停滞していた。彼らによる案が翌一〇年三月に上申されてきた。鳥居の案は、相州や房総の幕府代官陣屋を中核とし、非常援軍の諸藩を指揮せしめる体制であり、打払令を骨格とすることで諸藩の海防負担のあり方を大きく変更せず、各地奉行や代官を増員・機能強化するというものである。一方、江川のそれは、幕府陣屋では異国船の揚陸用小艇の阻止は不可能と判断して、相房総三ヵ国に一〇万石以上の三大名を移封して、江戸湾防備の地域分担をさせるというものであった。

江川英竜の考え方は渡辺崋山らの海外知識を踏まえたものであった。崋山の海外知識は、プリンセン『地理学教本』（一八一七年刊、小関三英《こせきさんえい》が『新撰地誌』として訳出）やルーランスゾーン『世界地理辞典』（一八二一〜二六年刊）などによるところが多いという〔佐藤昌介—一九八六〕。大槻玄沢の依拠した百年前のヒュプネルを超えて、ナポレオン戦後の世界地理を求めた結果といえる。江川が、財政難を百も承知で江戸湾警備の転回を構想したのも、崋山の海外知識のリアリティに接したからであろう。

しかし、勘定方（川路聖謨や岡本成なども名を連ねている）は、「差支のないところはできるだけ省略して……耀蔵へ差図あるように」と簡略版鳥居案を支持した（『御備場集義』）〔上白石実—二〇一一〕。つまり幕府には、鳥居案すら採用できない財政難があり、その財政難を打開できない政治的行き詰まりが、相州警備の停滞をもたらしていたのである。

財政難を超えた対応を求めるほど、世界情勢は江戸湾防備を喫緊な問題にしていると、忠邦は聖謨に伝えたのであった。

2——天保の改革と薪水給与令

天保改革の宣言

天保一二年（一八四一）閏正月、大御所家斉《いえなり》が死去した。水野忠邦は、家斉の忌が明けて一ヵ月足らずの四月一六日、若年寄林忠英《ただふさ》、側用取次《そばようとりつぎ》水野忠篤《ただあつ》、小納戸《こなんど》頭取美濃部茂有《もちなる》を罷免した。水野忠邦は、自ら将軍家慶《いえよし》に働きかけ、側用取次の忠篤を老中御用部屋に呼び寄せて「御役御免」を申し渡したという〔藤田覚―一九九四〕。そして、これを皮切りに、林、美濃部をはじめ、大御所政治に連なる一派や自己の政敵である老中太田資始《すけもと》らを次々に排除した。

五月一五日、将軍家慶は、老中以下を江戸城に集め「政治のことは、代々の将軍の思召はもちろんであるがとりわけ享保・寛政の趣意に違うことのないよう」改革することを宣言した。この上意を受けて、水野忠邦は「筋が通らないものは改革して、何事も正しく行うように」と申し渡した。ここから「天保の改革」が開始する。

この「天保の改革」は、この「筋のとおらないものは改革する」という旗印のもと、水野忠邦が糾合した人びとが推進した政治改革である。たとえば、天保一三～一四年（一八四二～四三）まで勘定奉行になる岡本近江守成は、水野忠成の貨幣政策を批判して小普請へ回されたが〔川田貞夫―一九九〇〕、川路聖謨から推挙を受けて勘定吟味役《かんじょうぎんみやく》（天保一〇年〈一八三九〉）となり、改革を前にして、「七十五才の老鈍であり、死前にはとても国家の大盛事は観ることはないであろうと、日夜嗟歎《さたん》するのみにておったところ、（改革ということで）此の頽弛《たいし》した紀綱が再び振うという機会に遭遇することとなった」との決意を開陳している（天保一二年四月二〇日、『川路聖謨文書』）。このように、水野政権が天保改革を宣言するにあたり、国の内外の状況に危機を感じていた幕臣が一定数存在し、水野は彼らに軸足を置くことによって、改革の力を引き出そうとした。

がしかし、そこに登場する人びとの間では、何を改革すべきかという点で、必ずしも一致点が存在しなかった。都市の奢侈な生活に対して倹約を求める考え方と都市経済の活力を重視する考え方、アヘン戦争の進展を目の当たりにして西洋軍事技術を取り入れる軍事改革を急ぐのか、慎重にすべきなのか、合意は形成されていなかった。

そして、もう一つ注意しておくべきは、「改革」そのものに慎重な勢力も、小さくはなかったことである。奥儒者成島邦之丞《なるしまくにのじょう》（司直《もとなお》）は六月、

（改革政治が）あまり細かに介入すると、差支が多く万事渋滞し、政務の害となる。……三年の間父の道を改めないということは、衆人の難儀にも天下の害にもならないことはなるべくまずそのままに差し置き、天下の害になることを即日にも改めるということであり、それが孝道である。
（『天保雑記』）

と意見した。つまり、拙速な改革案では政治の安定は得られず、独走は混乱を招き、大御所政治の否定は孝道に反する、というのである。成島自身は奥儒者として将軍自身にも近く、また、その後表の問題までしきりに干渉する発言を繰り返すようになっていった。

高嶋秋帆の徳丸原演習

将軍家慶が「改革」を宣言する直前の天保一二年（一八四一）五月九日、武州徳丸原《ぶしゅうとくまるがはら》で砲術演習が行なわれた。演習を指揮したのは長崎町年寄高嶋秋帆《たかしましゅうはん》であり、オランダから輸入した大筒《おおづつ》四門と小筒《こづつ》五〇挺《ちょう》によるものであった。文化五年（一八〇八）のフェートン号事件で、長崎地役人に鉄砲方が設けられたのを引き継ぎ、銃砲の入手整備や練習を繰り返してきた秋帆は、天保一一年六月（一八四〇年）のオランダ船からアヘン戦争勃発の情報を得て、九月、長崎奉行に西洋大筒（モルチール）などの採用と江戸への配備などを上書した。これを受けて、徳丸原

演習が実行されることとなった。大筒四門は注文品（誂物）輸入されたもので、小筒は、やはり天保三年（一八三二）以来、歴代の奉行の許可を得て年々一〇挺程度ずつ買い集めてきたものであった。先述のように、この動きはアメリカ使節ロバーツがバタヴィアで収集する貿易品情報の網にかかり、彼が日本へ持参する贈答品の筆頭に火器が掲げられるのである。

ただ、秋帆は、文政期（一八二〇年代）に、唐人屋敷前の台場警備（五〇〇目筒と二〇〇目筒を配備）を亡父から引き継ぎ、天保期（一八三〇年代）の長崎の社会不安は唐人屋敷に関係していたので、欧米異国船来航対策だけが高嶋砲術の守備範囲だったとは考えにくい。それはともかく、秋帆の砲術は、全国各地の人びとに関心を持たれていた。秋帆の輸入した砲門類は、あるいは模造品として、あるいはまた図面・拓本として、各地に伝えられていった〔石田千尋―二〇〇九〕。彼の許に入門し、西洋砲術の訓練をうける近国諸藩士もいた（『陸軍歴史』）。

老中水野忠邦が、高島秋帆による西洋砲術を実演させたことによって、西洋砲の火力は明らかとなり、文字どおり「天保改革」開始の砲声として、幕府の軍事改革＝強化をすすめる方向が打ち出され、七月に江川英竜による西洋砲術（高嶋流）受容が決定する。

しかし、詳細は不明であるが、高嶋を江戸へ率いた勘定奉行が長崎奉行時代の不正のため突如失脚し、高嶋一行は新鋭兵器を抱えながら二ヵ月近く宙に浮いた状態となった。多数の藩士を遣わし、演習を見守った徳川斉昭《なりあき》は、「蛮衣や蛮語」を厳禁とするのは当然としつつも、「高嶋砲術はたとえ未熟であっても幕府のためを思って、前代未聞の技を講究したことは奇特であり、……その技は優れた点がある」と評価し、同時に「異なることを嫌う人情から井上・田付などの幕府鉄砲方が誹謗《ひぼう》しているのは目に見えている……高嶋を引き立てれば彼らへの刺激にもなろう」（『水戸藩史料』）と高嶋流砲術に軍事的・政治的意味を認め、幕府鉄砲方の井上左太夫らが妨害すると予想している。実際井上左太夫はモルチール砲とホーイッスル砲の上納＝独占を図り、高嶋流砲術の伝授は江川英竜のみに許されたにすぎない。江川がこれらの引き渡しを求めると、井上は一年近くあれこれ口実を設けて引き渡さず、江川がモルチール砲や野戦砲を受領したのは天保一三年（一八四二）年六月であった。

このように、アヘン戦争勃発の情報が入り、それに呼応して高嶋流砲術の演習が行なわれても、現実の政治と軍事を変えるという状況へと、ただちに進んだわけではなかった。こうした膠着した状況を一変する事態が生じた。無二念打払令の撤回と、薪水給与令の発令である。

薪水給与令

天保十三年六月二一日（一八四二年七月二八日）、二年ぶりにオランダ船が長崎に到着した。新任の商館長ビックは、通例の風説書とオランダ総督府からもたらされた別段風説書のほかに、わざわざ通詞を出島に招いてイギリス人武官からの話として、「ことによると、日本の港にも来航して、若し不都合な待遇を受けたなら、一戦を交えることになるかもしれない」と伝えた。この話は、長崎奉行からただちに江戸に届けられ、幕府は、次のような薪水給与令を七月二三日（八月二六日）発令した。

無二念打払は文政八年（一八二五）に発令された。しかし現在は万事改革ということで、（将軍は）何事によらず御仁政を施されたいという思召である。外国の者でも難風に遭い漂流して食物・薪水を乞うだけのものを事情の判らないままに打払うのは、万国への御処置とはお考えではない。よって文化三年（一八〇六）発令の異国船の取計方（撫恤令）に復するようにと命ぜられた。異国船と見受けても様子を見極め、食料・薪水等が乏しくて帰帆できないのであれば、望の品を与えて帰帆させるべし。（『幕末御触書集成』六〇三三）

図 33　広州西洋商館図
19 世紀前半の広州・香港の人や風景を描いた画家チナリーによる商館図。

オランダ情報が長崎から江戸に伝わるのに二週間程度必要とすると、幕府内部での検討の時間は実質半月ということなり、たとえば無二念打払令に関する議論に数ヵ月もかけていることと比しても、給与令発令は異例の早さである。おそらくは、老中の合議の結果というより、同令自身が述べるように、打払は自らの「仁政」観にそぐわないとする将軍自身の意向が強く働いた、と考えるのが自然であろう。

　薪水給与令を実際に江戸城で発令した老中土井《どい》利位《としつら》は、真田《さなだ》幸貫《ゆきつら》とともに海防掛《かいぼうがかり》を担当することとなったが、その発令日に家老鷹見《たかみ》泉石《せんせき》にこの令について意見を求めている。泉石土井自身にも確信があったわけではないのであろう。泉石も海岸防備が備わっていないから「（薪水給与令は）よくないと思う」といい、海防への方針がはっきりしないまま薪水給与に方針を変えることは、不安を覚えるのであった。泉石は翌々二五日に利位の諮問に応えて、「采覧異言《さいらんいげん》」（山村才助《やまむらさいすけ》増訂のものであろう）によりイギリスやロシアについて答え、「広東商館図」を披露した。西洋各国が広州に商館を設け交易している、いわゆるカントンシステムを、泉石はその図を広げながら利位に説明したのである。利位には、広州商館のあり方が、イギリスの求める貿易像としてイメージされたであろう（『鷹見泉石日記』）。

軍事改革としての天保改革

天保一三年（一八四二）七月二六日、かつて蛮社グループの一員とされ、高嶋流砲術を学ぶ下曽根信敦《しもそねのぶあつ》（筒井政憲の次男）が鷹見泉石に、「薪水給与令で、渡辺登（崋山）は、本意の通りになったと思っているだろう」という感想を述べている。これは、川路聖謨が水野忠邦からアヘン戦争の第一報を聞いたときの印象と連続する。さらに下曽根は、自分がまもなく高嶋流西洋砲術皆伝となること、ゆくゆくは幕府鉄砲方が西洋砲術を採用するのが望ましいこと、忠邦の命令で西洋大小砲調達のため長崎へ赴任することを伝えた（『鷹見泉石日記』）。

薪水給与令に対応する諸政策は矢継ぎ早に打ち出されてくるが、その第一弾が下曽根信敦による西洋火器調達であった。幕府はすでに六月に高島秋帆に対して、「直参はもちろん、諸家執心の者に勝手次第に伝授して良い」（『陸軍歴史』）として、幕臣諸藩士を問わず砲術伝授を受けることを許し、江《え》川英竜《がわひでたつ》に対しても砲術の指南を許可した。

こうして、多くの幕臣、藩士が江川英竜の許で砲術を学ぶこととなった。八月以降、海岸（江戸湾岸）警備の厳重化、軍事技術の強化が図られていく。水野忠邦は、海防強化をふまえ英米ら西洋諸国の要求に備える方針を固めたといわれている（佐藤昌介―一九六四）。改革は、アヘン戦争を踏まえた国内体制整備という性格を帯びることとなった。

江戸湾警備強化は、急速に具体化されてくる。八月三日、幕府は安房《あわ》・上総《かずさ》の備場を忍《おし》藩に、相模《さがみ》備場を川越藩に命じた。これは、水野忠成政権期の代官中心の警備体制を松平信明《のぶあきら》政権期の大名（会津・白河）分担警備に準ずるものに変更するとともに、「武器や警備人数は、会津や白河が備場を勤めたときよりも一段と手厚くするように心得よ」とし、より一層の警備強化を命じたもので、また羽田奉行は、江戸湾深く異国船が侵入した場合に、幕府自らがそれに対応するための羽田沖の台場を管理し、下田奉行も、州《す》佐《さ》里《り》崎、狼煙《のろし》崎の台場を築造するのがその任務であった。

幕府は、各藩には防備への強化に対する数値目標（人数と銃器数）や異国船来航実数の正確な報告などをもとめた。九月には「蛮夷の戦闘方法は和漢と異なるので、対応する軍器を別に用意する」こと、領内でも「異国戦闘の体制を考えて、防禦兵器である大砲などをそれぞれが財力に応じて整えておく」ことを命じた（『幕末御触書集成』五一九二）。そこには、伝統的な兵法とは異なる対外戦軍事技術の強化が謳われている。

実際、江川英竜が同じ九月に大砲鋳造を申請し、翌一〇月に許可されており、また、水野忠邦・土井利位をはじめ、堀田正篤、真田幸貫の四老中は、一一月に江川にモルチールやホーイッスル、カノン砲などの鋳造を依頼している。また、四老中らは長崎へ向け、剣付銃（総計二五〇挺）の発注をしており、幕閣自らがこれらを発注することによって、西洋軍事技術への傾斜姿勢を明らかにした（佐藤昌介―一九六四、片桐一男―一九八五)。また、水野忠邦は天文方にオランダ法の翻訳を命じ(天保一二年〈一八四一〉)、当初、憲法や刑法などの翻訳が試みられたが、まもなく海軍書の翻訳も開始されるようになる。

無二念打払令は打払令(『天保御触書集成』六五四一)とともに、二つの重要な法令を伴っていた。海上での異国船との接触禁止(『同』六五四二)と、異国船来航報告(『同』六五四三)を命じたものである。これに代って、薪水給与令に対応した異国船との接近時の措置は、「なるたけ出会わないこととするが、余儀なく遭遇した場合や、……物品供与などを行った場合はなおのこと、いつわりなく報告すること、ただし処罰はない」(『幕末御触書集成』六〇三四号)という法令が発せられた。薪水給与令下では、異国船と廻船・漁船との遭遇や物々交換は、少なからず発生していた。打払令のもとでも海上で起こりうる事実として認め、そうした事態の正確な把握を試みたのである。

幕府の軍事改革を踏まえ、諸藩も軍事改革に取り組み始めた。水戸藩は従来の砲術との折衷的な神発流を導入したのをはじめ、長州藩は徳丸原の演習の時から高嶋流に関心を抱き、その後は砲術家の長崎派遣や秋帆の高弟の招聘など洋式軍事研究が試みられ、異国船対応の大操練が実施された(天保一四年〈一八四三〉)。ただし技術的には旧態依然であり、士気振興に重点があったという(小川亜弥子―一九九八、三宅紹宣―二〇〇三)。

佐賀藩では、武雄領をはじめとして、天保期(一八三〇年代)半ばから西洋砲術の導入が図られ、天保八年(一八三七)には西洋砲の試射が行なわれ、天保一一年(一八四〇)にはアヘン戦争を受けて大規模な演習が行なわれた。天保一三〜一四（一八四二〜四三）にかけて、幕府の海防技術整備方針を踏まえ、長崎警備に洋式火器を導入した（木原溥幸―一九九七）。薩摩藩の改革では、すでに指摘したように、抜荷や琉球貿易などの組織的運用を前提として改革が進行していた。

薪水給与令を画期に、軍事改革に取り組み始めるこれらの諸藩は、一八三〇年代初頭の飢饉《ききん》（天保の大飢饉）と一揆の危機を踏まえ、独自の財政藩政改革（天保改革）を進めたことが指摘されている（田中彰―一九六五）。幕府が天保改革において、それぞれの大名に「財力に応じた」軍事改革＝兵力強化を命じたとき、実はこうした財政改革を試みた藩がそれに応じることができたとすれば、そのことは注目しておかねばならない。ただ、これら各地で作られた大筒は台場に配備されるが、多くの鋳造砲は鋳型に流し込んで作られる青銅製和砲であったという（保谷徹―二〇〇六）。

しかも、多くの藩が一斉に積極的に対応したわけでない（針谷武志―一九九〇）。たとえば、阿部《あべ》正弘《まさひろ》の福山藩は、寛政四年（一七九二）の海防動員数、たとえば船舶数は一八艘に対して三艘の増備を届けたのみである（『天保雑記』）。異国船来航についても、過去の分までさかのぼって報告することになっていたが（『幕末御触書集成』五一九一）、『天保雑記』に収められている届では、そうした過去の来航を届けた例は少ない。水野忠邦らが振る旗にあわせ踊ることが（財政的に）困難な大名もまた多数であった。

3——対外危機とオランダ国書

国内改革の推進力としての対外危機

天保改革には、国内政策として起案されながら、その性格を変化させたものもある。たとえば新潟奉行の創設については、それまで新潟港が果たしてきた北廻り航路上の役割を考えると新潟港の上知が、薩摩藩対策と密接に関係することは明らかである（徳永和喜―二〇〇五）。

実際、薩摩藩では、天保一二年（一八四一）の天保改革発令と同時に、頼りにしていた林忠英《ただふさ》らが罷免されたことに衝撃をうけ、唐荷の流通への追求が強まることに警戒感を高めた。調所広郷《ずしよひろさと》は、唐荷には大金が投資されているので、流通が停止する損失を心配していた（『島津斉彬文書』）。しかし、俵物流通管理を目的とした北国廻船取締の動きは、天保一三年（一八四二）薪水給与令以降、各国捕鯨船の日本海展開と絡んで、急速に日本海沿岸・佐渡への海防の意味合いを強めてくる（三本帆柱禁止令、『幕末御触書集成』五一二三、後述、三三六頁）。

天保一四年（一八四三）六月、初代新潟奉行に就任した川村修就《かわむらながたか》は、それ以前には日本海での抜荷の探索を担当していたのであるが、その赴任にあたって新潟港台場構築に邁進するように水野忠邦から命ぜられた。もっとも、羽田・下田両奉行が忠邦失脚にあわせて廃止されるのに対して、新潟奉行は軍事機能を縮小しつつ、新潟港の直轄機構として存続し、日本海海運における抜荷《ぬけに》対策＝物流監視という機能は生き続ける〔小松重男―一九八九〕。

また、江戸城や大坂城の最寄り地の上知が、六月から順次発令された。まず江戸周辺で、続いて大坂周辺で発令される。この上知は、幕府の収納増を狙ったものと考えられてきた。両城の近辺が幕府領や大名領などに錯綜しているのを再編成して、広域的な地域支配を可能にすることを通じて、両城をとりまく対外的防備を構築しようとする点が、近年では重視されてきている。

このように国内政策として立案されたものが、対外危機の深化にともない政策の性格を変質していくものとして、印旛沼《いんばぬま》工事が知られている。周辺村落の水損を防止する印旛沼の開鑿《かいさく》・干拓工事は田沼時代に本格的に着手されたが、彼の失脚などにより中断したままとなっていた。文政期（一八二〇年代）に利根川の河床上昇により氾濫《はんらん》が多発したことから、天保期（一八三〇年代）には利根川の水利対策として印旛沼が問題となった。天保一一年（一八四〇）からは、幕府勘定所を中心として工事が日程に上るようになった。一三年（一八四二）七月になると、代官と勘定奉行主導による試掘が開始され、一一月には工事案が決定した。翌一四年（一八四三）から開始するこの工事には、多くの大名と人員が動員されるが、印旛沼の開鑿と干拓にあわせ、川幅を確保し、通船量を確保することが企てられていた。これは北廻りで江戸に流入する物資が、外国船江戸湾進入によって停止しても、銚子から内陸河川を利用して、江戸への物流を確保するためであり、印旛沼工事は江戸防備策の一環と評価されている。

天保一四年（一八四三）四月、幕府の威光をかけた日光社参が実施される。これは、日光山中の腐敗摘発や日光神領の村々の復興などが直接のきっかけとされるが、日光社参によって将軍家の権威発揚と、武士の士気振興を狙ったのである。財政難から供回りの人数を減らして処罰された大名があるように、社参は単なる儀礼ではなく、将軍による諸大名らへの動員演習でもあった。

また、幕府領のうち大名に管理を委託していた預所についても、天保一四年（一八四三）年から順次代官支配への転換が目指され、さらには預所を含めて全国の幕府領に対して年貢増徴をめざす、「御料所御取箇筋御改正」が取り組まれることとなった〔北島正元―一九六九、浅見隆―一九八一、藤田覚―一九八七〕。

薪水給与令以降、幕府による海防体制の強化と軍事技術の革新は急速に本格化する。そしてそれは、幕府や大名に新たな財政支出と民衆動員を課すものとなった。無二念打払令がいわば軽防備と一体であるとすれば、薪水給与令は重防備・重負担と一体である。薪水給与というしくみは本来、必要な物資を漂着船に供与し紛争を回避するもので、アルゴノート号をシャム船と見誤った江戸城内では「水ぐらいくれてやればよい」という評判がたったことからもわかるように、歴史からみれば安上がりな安全保障として機能すると考えられてきた。

しかし、天保一三年「薪水給与令」は、名称こそ薪水給与令であるが、実体は軍備強化令とでも呼ぶべきものである。ただ、その軍備強化による重負担に堪える財力が、すでに幕府にないことは明らかであった。水野忠邦は、倹約、年貢増徴、上知など、さまざまな収入増を図ったが、結局、反発を買うばかりであった。彼の手法をもってしては、財政難を克服することはできなかった。

天保一四年（一八四三）閏九月一三日、将軍家慶《いえよし》は「御勝手取扱のことにつき不行届であるので、御役御免」（『柳営補任』）として水野忠邦を処分した。そして、忠邦派幕吏が次々に罷免され、後を継いだ土井利位《としつら》は、一連の軍事改革と海防政策、上知策を中断、縮小していった。これは「薪水給与令」体制の最大の難点が、重警備と不可分の財政負担問題にあったことを物語っている。

オランダ国書

幕府の軍備強化を促したものは、オランダのアヘン戦争情報であった。バタヴィア総督府がその送付を決定したものであり、多くはシンガポール発行の英字新聞からの抜粋である。これは、それまでオランダ船の来航ごとに幕府へもたらされた風説書とは異なり、別段風説書と呼ばれる。蘭学者の取締強化を図る幕府は、長崎奉行に、これらの風説書の原文・翻訳を提出することを命じ、原文により、江戸の天文方でもこの翻訳を行なうこととした〔松方冬子―二〇一二年〕。

しかし、オランダ依存の情勢判断について異論も強かった。長崎奉行伊沢美作守政義《いざわみまさかのかみまさよし》もその一人である。天保一三年（一八四二）七月、伊沢は江戸を発ち、長崎に着くと、さっそく高嶋秋帆《たかしましゅうはん》の身辺調査を行ない、一〇月二日彼を逮捕した。逮捕の理由は長崎貿易における不正であるが、伊沢政義は、アヘン戦争についての情報を「高島秋帆がオランダかぶれのあまり次から次へと言いふらしているものので、今にも日本へイギリスが攻めてくるなどと、嘘を言っているのに違いない」と報告していた〔佐藤昌介―一九六四年〕。

無二念打払令は、幕府としては、オランダを通じてイギリスへも伝えられていたはずであった〔実際は伝えられなかったと考えられる）ので、その変更である薪水給与令も、諸外国にも通達することになった。「事情に拘わらず一途に弓鉄砲を放つのは外国への信義を失うことであるから、今後は食物や薪水を求める類は打ち払わず、求めるものは与えて帰帆させるように取り計らう」という薪水給与令を、八月一三日（九月一七日）に新旧商館長に「江戸幕府よりの書面による翻訳命令」として伝え、その末尾で「友好により薪水給与が外国人にまで拡大しているということを、周到に知らしめよ」と繰り返した。新旧商館長は、東インド総督府に伝えることを約し（『日本商館文書』一八四二年発信文書、一八四二年九月二〇日付）、バタヴィアへは、対日貿易の改善のために薪水給与令の国際的な周知への仲介が役に立つとの意見を付して、その旨報告した。

しかし、薪水給与令の公表をめぐっては、総督府内では賛否の意見が一致せず、最終的にはメルクス総督は、日本とイギリスが衝突した場合の決断がつかず、薪水給与令の周知について慎重な意見を添えて、本国の植民大臣バウトの判断を仰いだ（一八四三年六月）。

オランダ国王ウィレム二世（四〇年即位）は、有能な植民大臣バウトを中核に、イギリスのオランダ領東インド市場開放の圧力に対応させていた。イギリス側は、東インド産コーヒーや砂糖の関税引き下げを条件に、東インドへの綿製品の関税引き下げを提案していた。東インドもまた更に開放されるべき市場だった。

ウィレム二世と植民大臣の取った対応策は、東インドに持っている領有権を重視し、ウィレム一世以来の貿易体制（関税障壁）を完全に維持する、つまりはイギリス側の提案には乗らないということであった。一八四三年九・一〇月に相次いで外相を交代し、新しい外相を迎えて対英交渉に入る（一一月二日）。東インド市場をめぐる対英交渉の重要な局面で、植民大臣バウトの薪水給与令への判断はなされた。対英交渉を抱え、当分、薪水給与令の告知は控えるべきであるというものだった。つまり、告知することで、鎖国の撤廃が近いという印象を諸国（イギリスなど）へ与えて対日通商使節派遣へはずみをつけることは、オランダ政府が防ごうとしている両国の衝突を惹起する可能性を生む。こうした危険性があることについて、正式に幕府がオランダから知らせを受け、その反応を見るまでオランダ政府としては薪水給与令を外国に告知しない、という。国王は、植民大臣からのこの上申をただちに裁可した。

この方針は、彼らが直面していた対英交渉を不利にしないことと不可分だった。すなわち、現実にイギリスと日本の衝突が起これば、アヘン戦争の場合と同じく、イギリスによる東インド市場開放圧力を高める、という配慮が働いている。実際、対英交渉開始の翌日一一月三日、植民大臣はシーボルトに使節のあり方の検討を命じ、海軍大臣には派遣軍艦の準備を依頼し、日本に対して国書をもたらす政策が具体化する。このとき選ばれた遣日使節が、東インド防衛総司令

図34　ウィレム２世
国書とともに贈られた国王肖像。

として派遣されることがその直後に決まったのは偶然ではない。もっとも彼自身はその上司である陸軍大臣とそりが合わず、使節も司令も辞任することとなり、遣日使節派遣は中止され、国書は使節抜きの軍艦で届けられることとなる〔Chijs, 1867、松方冬子―二〇〇七〕。

シーボルトが原案を作成した国王書翰《しょかん》（一八四四年〈弘化元〉二月一五日付）は、フランス革命とナポレオン戦争の終結後、産業革命を経たイギリスがその製品の市場を求めて海外へ強力に進出してきたこと、そして進出先としばしば紛争を起こしてきたことを述べた上で、

一八四二年九月一七日（天保一三年八月一三日）、長崎奉行によって商館長に読み上げられた薪水給与令によって、将軍政府の賢明なることは明らかです。それは友好的な異国船の処遇について命じたものです。しかし、この命令書で十分でしょうか？……もし古い法が、厳重に守られることにより平和を乱すことになるなら、それを柔軟にするというのが智慧というものだ、といいます。将軍陛下、これが我が心からの勧めるところであります。戦争によって平和な日本を毀さないよう、外国人に対する法を緩和すべきです。……私は、賢明なる日本政府が、平和は友好的な関係によってのみ保持され、これは交易によってのみ生まれることを御分りいただけると期待しております。〔Chijs, 1867〕

というものであった。これは老子の一節を引くなど、日本側への説得力を増すためのシーボルトの博識が窺えるものであるし、彼は長崎入港時の軍艦の行動についても、商船との区別を厳格にして軍事的威厳を誇示するなど、国書の政治的効果に細心の注意を払った。しかし、国書はオランダからバタ

ヴィアまでは蒸気軍艦ブロモ号、バタヴィアからはフリゲート帆船軍艦パレンバン号で、弘化元年七月二日（一八四四年八月一五日）長崎にもたらされた。しかも、使節はいなかった。

時の長崎奉行伊沢政義は、国書を携えた軍艦来航という異例の事態に、どのように対応すべきかを幕府に伺を立てた。それより以前、オランダ国書が長崎にもたらされる旨を、商館長が長崎奉行に通知したのが六月一六日（七月三〇日）で、この五日後に、水野忠邦は再び老中に返り咲いた。前年閏九月に罷免された彼の老中復帰は、その知らせ以前に動いていた人事と考えられている（藤田覚—一九九四）。当時、幕閣内には天保改革を推進した人は老中格堀親寚《ちかしげ》くらいしかおらず、そうしたなかで忠邦が復帰する経緯については、現在はっきりとした説はない。

天保一四年六月二九日（一八四三年七月二六日）に来航したオランダ船によって、漂流民返還を口実として、イギリス測量艦サマラング号（ベルチャー艦長）が、日本近海を測量のため渡来するという情報がもたらされていた。サマラング号は前年に東インドを測量し、今度は日本という。

実際、ベルチャーは香港で英国全権から、中国の反英感情をいたずらに刺激しないため「広州以北のいかなる中国領土にも近づいてはならない」という厳命を受けたので、中国本土から離れたシナ海東部の諸島を集中的に測量するという方針転換を行なっていた。同艦来航情報に対し、幕府（水野忠邦政権）は同年八月（九月）長崎奉行に通達し、①漂流民の受け渡しはオランダ・中国経由に限定すること、②測量は国禁であること（四三年測量船渡来禁令）（横山伊徳—一九九六）、をイギリスへ通告するよう商館長に命じた。その後一〇月（一一月）には、八重山《やえやま》諸島にサマラング号が測量目的で来航し、弘化元年三月（四月）にはフランス軍艦が琉球と交易を求めるとともに、場合によっては「大総兵船」がその返答を求めて来航する予定であること告げ、宣教師フォルカードを那覇に滞在させた。

　これらの情報は、弘化元年四月に那覇から鹿児島へ伝えられ、五月には老中阿部正弘に伝えられた（『琉球外国関係文書』、『鹿児島県史料』）。これにより、再び対外問題に精通した水野忠邦を必要とする、という判断がなされたと考えるのも可能であろう。そして六月オランダ国書到来の予告が届く。いずれにせよ、琉球への外国来航船が相継ぐなか、国書到来予告が江戸に報ぜられ、対外関係の緊迫度は一挙に高まった。

　とはいえ、水野忠邦は一度御役御免となった立場にあり、第二次松平信明政権と同じく初回の影響力はなかった。弘化元年（一八四四）八月七日に、薪水給与令以降の海岸防禦関係の書類の再提出を求め、現状の把握に取りかかるという異国船対策を演出するのが精一杯であった（『幕末御触書集成』五一九四号）。

　一説には、忠邦はオランダ国書に従って開国に踏み切るべしという論陣を張ったといわれるが、事実のところは判らない。商館長が返書の督促をしても、翌年に来航する商船に持たせると長崎奉行は回答するのみであった。先に忠邦とともに罷免された元勘定吟味役羽倉外記《はぐらげき》は、江戸で目をかけていた広瀬旭荘《ひろせきょくそう》に、

　パレンバン号も（幕府からの）答がないまま帰還ということになった。幕府はいよいよ一戦の積りということだ。貴兄（旭荘）は西帰するのが上策であろう、若し戦が起これば江戸は飢民だらけ

となるだろう。このことは本当に気になっている（弘化元年十月十七日付淡窓宛旭荘書状『淡窓旭荘書翰集』）

と語った。失脚させられた羽倉は、おそらくレザノフへの対応とその後の日露紛争を念頭に、薪水給与令が避けようとした戦争の可能性ありと判断し、江戸市民が最も困窮するという観測をしていたのである。そうした観測は一般的であり、幕府は、オランダ国書に関する雑説による動揺を防ごうとした（『幕末御触書集成』六〇三六）。

弘化二年（一八四五）二月、水野が再び職を辞する（実際は前年秋から欠勤勝ちで正月からは出勤しなかったという）までには、幕府の国書への対応は固まっていたというが、結局、国王への返書は、新たな首座阿部正弘以下四名により、六月朔日（七月五日）、つぎのようなオランダ政府大臣宛ての老中返翰として起草されることになった。

通信の国、通商の国ということが議定され、通信は朝鮮・琉球に限定し、通商は貴国と中国に限定し、それ以外は一切新しい通交を許さない。貴国は我が国において、従来通商しているが通信していない。信と商とは別物である。……故に私共はこの意を大臣に伝え、これを国王陛下に伝達申し上げるものである。このようなやり方は不敬にも似ているが、祖法はかくも厳しい。やむを得ないと了解せられたい。……貴国の通商はこれを遵守し、旧約を変更することはない、これもまたつつしんで祖法を守るだけである。（『通航一覧続輯』阿蘭陀国部十七、原漢文）

つまり、日本の祖法はオランダを通商の国として位置づけており、オランダ国王からの国書への返事は出来ない。そこで政府大臣に返事をする、祖法を守るのでオランダとの通商について変更するところはない、という回答を行なった。

従来、この老中の回答は、幕府による対外関係の説明原理として、通信の国として朝鮮・琉球を、通商の国としてオランダと中国に限定する証左として使われることが多かった。しかし、この回答を現実の日蘭交渉の結果として見るならば、国書が伝えようとしたイギリスの脅威については、遠回しに「一切新しい通交を許さない」という以外、積極的に答えていない（これは徳川斉昭も同様の感想を表明している）。オランダ国書の主題でもあり、当時の幕閣にとって最大の政治課題でもあった中国での戦争について触れず、将軍の書翰によって返事を出せないという手続き論に終始している。

徳川斉昭は弘化三年（一八四六）、国書と老中返翰を阿部正弘から入手した。彼は老中返翰のなかに「通信は朝鮮と琉球に限り、通商は貴国と中国に限る」とした部分に、「対句にしたことは文章としてはよいかもしれないが、実態としては、朝鮮は中国の属国、琉球は本朝の属国で、薩摩と関係をもっているところである。だから、朝鮮と一対にできるものではないのに、右記のように認《したた》めては、この先オランダが万一琉球へ上陸しても、幕府の側から干渉しようがないではないか」（『新伊勢物語』）という意見をつけた。これは、ある意味では、老中返翰の唱える対外原則の文飾性を鋭く指摘したものである。

松平定信はラクスマンに対して「異国船が来たときは拿捕したり海上で打払うのが古くからの国法である」といい、戸田氏教はレザノフに対して「昔から朝鮮・琉球・中国・オランダとだけ貿易し、新たに他の国と貿易する必要はない」と教諭した。定信の対外政策は、御三家や一橋治済の意向を踏まえたものであり、また、戸田氏教の対外政策にはそれ以前の松平信明政権への対抗という要素があった。そして、阿部正弘らによるオランダへの返翰も、水野忠邦との権力闘争の一つの結論であった。こうした通信・通商の国という対外通交の原則は、対外危機による国内混乱に怯えながらの、阿部政権のぎりぎりの作文である。老中返翰に、定信・氏教・正弘と歴代老中によって一見すると精緻化されてきた幕府の対外政策の完成形を見いだすのではなく、彼らの危機感の深化を見るべきであろう。

一方、オランダは、これを文字通り「二世紀に及ぶ対日通商の独占」の再確認とし、東インドにおける自国権益の延長上に位置づけた。その意味では、一八二〇年代にイギリスと分け合った東インドにおける利権に大きく手をつけることなく、日本との関係を維持することができるという判断だった。したがって、この国書と老中返翰の往復を踏まえ、各国に薪水給与令を告知することはなかったのである。世界はまだ薪水給与令を知らなかった。

4―阿部正弘政権と異国軍艦来航

阿部正弘政権の発足

阿部《あべ》正弘《まさひろ》は天保一四年（一八四三）閏九月、水野忠邦の罷免と相前後して老中となり、その後、弘化二年（一八四五）二月水野の再罷免に続き首座となり、以後安政四年（一八五七）まで、ペリー来航を挟んで、十年以上の長期の政権を担当した。忠邦との対比でいえば、有力大名との協調を図りつつ、海防政策と洋式軍制改革を進めて、日本の開国をリードした老中として、受けとめられている。

私は、ペリー来航を前後して国際的環境と国内的な政治体制が大きく変化する（安政幕政改革）ことを重視しているので、阿部政権の性格を段階的に捉えるべきと考える。本巻では、ペリー以前、すなわち弘化《こうか》・嘉永《かえい》期（一八五〇年代初期）までの動きを念頭に、阿部政権前期を考えていきたいと思う。

すでに述べたように、弘化二年二月に再び水野忠邦が辞すと、水野派と目された堀親寚《ほりちかしげ》（老中格）も罷免、さらに両人とも九月には勤役中に不正があったとして隠居を命じられ、知行も削減された。新政権が旧政権関係者の処分を行なうことは珍しいことではなく、九月の処分も、忠邦が再任中に解任した鳥居耀蔵《とりいようぞう》の高嶋秋帆《たかしましゅうはん》一件に対する再審を口実に、水野への追罰を実行したものである。水野前政権との断絶を印象づけるとともに、江戸市民の怨嗟の的でもあった鳥居らをも処罰することにより、忠邦とも鳥居とも異なる政権であることを演出したのである〔佐藤昌介—一九八〇〕。

しかし、水野忠邦の改革政治に対して「一方には其の施政火の如く不満を感じるものもいたが、他方をみれば汚吏や奸民が惴々《ずいずい》として（びくびくして）悪いことを控えるようになったのは、事実として改革の功」（川路聖謨、『想古録』）という功罪相半ばという受けとめも少なくなかった。だからこそ、阿部は追罰まで行なって忠邦の影響力を一掃しようとした。

また阿部は、林家出身の鳥居耀蔵に対する処分権をにぎることにより、林家に対する政治的影響力を強めたと受けとめられた。「異国一条ニ付、閣老（すなわち阿部）は深い考慮もなく何も林大学頭（林壮軒）に言わせている。大学頭も迷惑な人見御供に上ったものだ」（弘化四年〈一八四七〉一一月一八日付旭荘書状『広瀬淡窓旭荘書翰集』）という評判を広瀬旭荘が国許に書き送っているように、鳥居事件以降、林家は政治的に幕閣への従属度を深めていった。阿部正弘はこうした権力掌握にあわせ、天保改革による規制を嫌った大奥、特に上臈姉小路イヨ（和宮の大伯母）に近づき、その支持を得て将軍家慶の信頼を強めたとされる。

阿部政権は、オランダ国書処理が済むと、海防掛を設けた。弘化二年七月に阿部と牧野《まきの》備前守忠雅《ただまさ》が隔月で「海岸防禦筋の御用向」取扱となり（『幕末御触書集成』五一九五・五一九六号）、彼らの許で大目付・目付・勘定奉行・勘定吟味役が同じく、海防掛として働くことになった。牧野は長岡藩主であり、長岡藩は新潟上知まで、新潟港における薩摩藩の俵物取引に寛容であったという。この海防掛任命にあわせるかのように、長崎にサマラング号が琉球経由で来航し、以後、ペリーまで阿部政権は英・仏・米などの異国軍艦来航を軸に政局が展開していく。

英測量艦の動き　弘化二年（一八四五）七月、オランダ東インドにも日本にも恐れられていたサマラング号（ベルチャー艦長）が長崎にやってきた（四日から八日まで〈八月六日から一〇日まで〉）。弘化元年（一八四四）に八重山諸島に到着後、宮古島を経て、翌年琉球那覇を訪れ、済州島を経て、さらに長崎へと到った。長崎では、ベルチャー艦長は中国人通訳を通じてイギリス測量軍艦であることを告げ、長崎湾の測量と薪水給与を求める文書を提出した。「日本では地理測量などは決して許されない」と艦長側へ伝達したが、ベルチャーは天体観測とそれに基づく上陸（伊王島）測量

図35　長崎湾の関船《せきぶね》（軍船）

このスケッチを航海記に残すサマラング号には上陸測量を行う余裕があった。

を敢行した（北緯三二度四三分三二秒、東経一二九度四三分五三秒）〔田保橋潔　一九四三〕。

本国海軍水路局ＵＫＨＯは、野心家といわれたベルチャーに対して国家間交渉（外交問題）への関与を自制するよう指示していた。測量が政治的意味をもつことは明らかだが、彼は後述のセシーユやビッドルとは異なり、通交を求めたわけではない。

来航直前の六月、薩摩藩長崎聞役《ききやく》（長崎の責任者）は、「イギリス船が那覇に到来し、日本への渡海を言明して出帆した」と長崎奉行へ報告している（『風説袋』、青方文書）。つまり、サマラング号来航は、長崎上層部には想定内の出来事であった。七月六日に長崎奉行はオランダ商館長ビックに、天保一四年（一八四三）の測量船渡航禁令にかかわらず来航した理由を確かめるように要請した。これに対してビックは、同令はすでにバタヴィアに転送済みであり、サマラング号が英国を出航以前には到達しなかったのかもしれないし、また、仮にイギリスがそれを知っていたとしても同令を受け入れるかどうかは、まったく不明であると回答した。

これらの問答を受けて、商館長は一八四五年九月三〇日（弘化二年八月二九日）付の長文の報告書をバタヴィアに認め、①測量船渡航禁令などの幕令への対応、②異国船来航に際してとるべき指針、などを問合わせた〔横山伊徳―一九九六〕。

東インド総督は、このサマラング号情報を暗号で本国に送り（一八四五年一二月一日）、これを受けた植民大臣バウトは、「ジョン（イギリス人のこと）は日本をのぞき見しにきたのか?」と漏らし、イギリスの対日行動の情報を本国へ送る際に、今後これを暗号化するよう総督に指示している〔Baud, 1983〕。サマラング号の長崎来航は、オランダにとって、カリマンタン（ボルネオ）と同じく自領域への侵入であり、イギリスの動きに警戒心を高めるものであった。これは、オランダ国書が、日本に、オランダの勢力圏外に自らを位置づけることを勧告したものだったのかどうかを考える上でも、興味深い事実であろう。

また、サマラング号来航をめぐって薩摩藩長崎聞役が商館を訪問し、琉球での事態について情報交換を行なった（一八四五年八月二三日〈弘化二年七月二一日〉）。オランダ商館長はその後、薩摩から琉球やサマラング号の情報を入手しており、薩摩藩は琉球への外国船来航を契機として、オランダ商館に積極的に情報を提供し、逆に商館から情報を入手しはじめた。商館も、薩摩から得た琉球での英仏の動きをバタヴィアに報告するようになった。

アメリカ海軍とフランス海軍の来航

イギリスに続いて、一八四四年、アメリカ合衆国は七月にマカオ郊外の望厦《ぼうか》村で、フランスは一〇月に広州の外港である黄埔《こうほ》で、南京条約で認めた内容とほぼ同様のことを定めた不平等条約を中国と締結した。それぞれ望厦条約、黄埔条約という。その後、弘化三年（一八四六）になると、イギリスに張り合って、中国開港地やその近海を重要視したアメリカ軍艦やフランス軍艦が、相次いで琉球や日本に来航するようになった。

弘化期（一八四〇年代中期）の日本を取り巻く東アジア情勢は、微妙な関係に成り立っていた。英米仏の各国が競って中国の次を狙って東シナ海に軍艦を遊弋《ゆうよく》させていた。イギリスは、南京条約締結後も安全な五港開港へと進展できない戦後状況への次善策として、周辺海域の測量に力を入れた。また、競争者であるフランスは、イギリスへの強烈な対抗意識は持ちながらも、艦隊単独で状況を切り開く力はなかった。望厦条約の批准書交換を使命とする米国提督ビッドルも同様であった。他方で、主として米国捕鯨船がオホーツク海から千島、蝦夷地、そして日本海と、鯨と新漁場をもとめて展開し、露米会社や幕府に危機感を与えていた。

アメリカ合衆国は、一八四五年望厦条約批准書を届けるため派遣された使節に対日交渉を訓令していたが、同使節は病気で途中帰国したので、日本との関係樹立は使節を乗せた軍艦（戦列艦コロンバス）司令官ビッドルに託された。あらかじめ彼に与えられた海軍長官訓令（一八四五年五月二二日）は次のごとくである。

特に日本の港については、それが接近しうるものかどうかを確かめるため、最大限配慮しなければならない。もし、使節が同所へ接近したいという場合は、艦隊をそのために供しなければならない。もしそうではない場合でも、貴下がしかるべしと考えるなら、上記の計画を自ら実行する覚悟をもたねばならない。ただし、合衆国政府に対して敵愾心や不信を醸し出してはならない。

〔Paullin, 1912〕

広州で批准書交換を行なった翌四六年四月、右記の海軍長官訓令に従ってビッドルは日本へ向かうこととなった。そして弘化三年閏五月二七日（一八四六年七月二〇日）、浦賀沖に姿を現し、「中国の如く外国交易を許可されるのか、……承知したいと思いまかり越した」（『通航一覧続輯』北亜米利加部七）との書面を提出した。先の訓令とビッドルのこの書面からは、米国は通商要求というより、その可能性を打診することが主眼であった。これに対して浦賀奉行は、「諭書」をもって「我が国は外国の通信通商を許さない国禁である。故に早々帰帆すべし」と命じた（『同』八）。

重要なのは、ビッドルも中国を発つにあたり、ロバーツに同じく目的地を長崎ではなく浦賀としたことである。幕府の側でもこれを意識的であると考え、「諭書」に「外国のことは長崎にてあつかう国法にて、この地は外国のことに関与する場所ではない。願い事があって此地に来ても事情が通じないので、再来しないようにせよ」（『大日本維新史料』）と長崎行きを指示した。

フランスは、セシーユ提督（クレオパトラ号）を、黄埔条約締結交渉の支援のため派遣した。彼はいちはやく琉球に着目し、弘化元年三月（一八四四年四月）、軍艦アルクメーヌ号（デュプラン艦長）で琉球那覇へ若い宣教師フォルカードを送り、フランスと「好を結び互に通商することを望む」アジア諸国を知るため巡航している、と伝えた。セシーユは、「今度は有能で非常に野心の強いベルチャー艦長が同海域の水路測量を命じられているので、フランスも対日接近をイギリスに遅れることなく実現するよう」本国へ主張した。セシーユは、アメリカ提督ビッドルの日本訪問を一八四六年七月と見積もり、彼と同時に日本に到着することを目標とし、日本で海難フランス捕鯨船のための処遇を調査するため、琉球・長崎・朝鮮へとクレオパトラ号以下三艦が出発した。

セシーユは、琉球那覇・運天港に弘化三年五月（一八四六年六月）から一ヵ月あまり滞在して、長崎では六月六日から九日（西暦七月二八日から三一日）まで、長崎の錨地《びょうち》にあってなすことなく退去した。セシーユは、最終的に海難捕鯨船の救助と帰還を求める書面を提出したものの、ベルチャーと比して厳しく限定された滞在を余儀なくされた。セシーユ来航時には、日本側は事前に対策を考えていたのである。

弘化三年（一八四六）、外国船が来航するという噂を中国船がもたらすと、オランダ商館長に対して年番小通詞が警告書を英仏語に翻訳してくれるように要求してきた。長崎入港後、日本側は大勢で高圧的に乗船し、セシーユ艦隊は船に取り囲まれ、戦闘によって屈辱感を晴らしたいという欲求が艦内に急速に高まった。セシーユは、軍事行動を禁じる訓令を受け取っており、将来日本が開港したときに被る不利を考えると、衝突は最悪の先例と判断した。こうしてセシーユは日本側の食糧供与や返答をまたず、錨地を退去した。

弘化二・三年（一八四五・四六）の軍艦来航は通商実現というよりは、アヘン戦争後の条約締結国の、周辺諸地域への現状確認という性格を強くもっている。したがって来航や来航時の交渉より、その結果として琉球や日本が受けた影響と生じた議論のあり方をみておくことに意味がある。

琉球のゆくえ

琉球の福州館《ふくしゅう》（福建に設置された出先機関）には、赴任してきたイギリス領事レイが南京条約をもたらし（一八四四年）、琉球との「和好、量地」（通商・測量）を求めた。これは、弘化二年（一八四五）四月に進貢船（琉球から中国への通交船）帰帆とともに那覇にもたらされ、さら六月鹿児島へ届けられた（真栄平房昭―一九九〇）。さらに翌弘化三年（一八四六）、イギリスは宣教師ベッテルハイムを那覇へ送った。一方、セシーユは同年閏五月、琉球に対清条約（黄埔条約）を呈示した（『琉球外国関係文書』）。彼の狙いとするところは、「琉球を日本貿易の保税倉庫にする」、つまり、「那覇の商人たちを長崎における我々の代理人」とし、長崎＝琉球＝フランスという中継貿易を行なうことであった。

弘化元年（一八四四）のフォルカード滞在に始まるフランスの貿易要求は、弘化三年のセシーユ来航によって現実味を帯び、薩摩藩は同年六～七月、阿部正弘と、英仏人の滞留やフランスの要求に対応するための協議を重ねることとなった。先に水野忠邦は薩摩藩の長崎での唐物売捌を停止した。薩摩藩は調所広郷《ずしょひろさと》を中心にこれに抵抗するが、売捌停止そのものは覆らなかった。そこで調所広郷は、フランスの要求のうち貿易を受容して、その軍事的圧力をかわすとともに、その一方で停止させられていた唐物（琉球産品）売捌再開の許可を阿部正弘から引き出そうとした。まず薩摩藩は、弘化三年閏五月二十五日（七月一八日）、調所を通じて、

琉球は南海の孤島、誠に小国で金銀銅鉄の類は産出せず、……往古から和漢通商により成り立ってきた国柄であり、抑も嘉吉年間より薩摩の領分に下され、領地として扱っている。……唐・オランダの外、外国通商が固く制禁であることは深く承知しているが、フランスから難題を申し掛けており、是までのように説得するだけでは到底引き下がらないであろう。よって交易の道をす

こしばかり決めておいて、琉球は外藩（清の封を受けた国）でもあり、琉球限りの取り組みとしたい。（『大日本維新史料』）

という、琉仏貿易の考えを阿部正弘に伝えた。

薩摩藩は阿部から、琉球は「国地同様には取扱がたい」「琉球は外地の事であり、日本の一地方とは違うので、様子に依っては成丈け手細く（フランスと）交易関係を取結ぶ」（『同』）なら良いという内意を取り付けた。この時の幕府の勘定奉行・寺社奉行・町奉行の三奉行には、仏国との貿易が薩摩藩を利するだけであり、長崎貿易に悪影響を与えるとして反対した者もあった。しかし、林家 䩮《ひかる》（檉軒）や筒井《つつい》政憲《まさのり》の支持を得た阿部が、琉球と仏国とが戦争になった場合の日本への影響を考えて、最終的に三奉行の意見を退けた。すなわち、薩摩は貿易開始の思惑から「交易は国禁」という国内政策と矛盾を来さないために琉球を国外に位置づけることを主張し、一方、幕府も仏国と琉球の軍事紛争が起こった際の影響を考えて、日本から切り離す議論に与した。阿部正弘と薩摩藩が合意の上で琉球を「外地（藩）」と位置づけ、フランスとの危機回避を目指したことは、阿部による打払令復古の議論（後述、三三五頁以下）と同時並行で行なわれたものである。

もっとも、このような琉球の扱いは水戸の徳川斉昭の反発を生み、幕藩領主全般に合意のあるものではなかった。また、琉仏貿易案はフランス側の都合（二月革命）により実行されなかった。

以上のような論議の進展からすれば、幕府が薩摩藩の唐物売捌復活を認めることは、自然な流れであった。弘化三年（一八四六）には白糸・紗綾《さや》の販売が認められたのを皮切りに、唐物一六種の売捌が追加で認められた。薩摩はこのうち大黄などをフランス貿易に絡ませようとしたが、琉球側が拒否したためこれは挫折する。とはいえ弘化四年（一八四七）から、薩摩藩は琉球外交問題をきっかけとして、唐物売捌を再開することとなった〔芳即正—一九八七〕。

従来、これらのフランス通商容認の事実から、阿部政権が開国に前向きであるとの議論もなされてきたが、私はむしろ薩摩藩（島津重豪）が長崎貿易に食い込んでいくことを容認した水野忠成政権の対応の延長上に、この時期の阿部政権を位置づけることができると考えている。

しかし、薩摩藩の動き自体は、大御所時代とは明らかに違った様相も帯びるようになる。弘化三年閏五月二〇日ころ（一八四六年七月中旬）から、通詞楢林鉄之助を通じて、琉球への異国船の渡来、外国人の滞琉の情報が頻繁に商館長へ伝達されている。商館長は、英仏の動きは貧しい琉球人に過大な負担を負わせるものと日本人が考えており、このような来航は彼らの異国への反感を増長するだけである、と判断した。商館長が抱く異国船来航に苦しむ琉球というイメージは、この情報源が薩摩にあることを物語っている。

翌弘化四年（一八四七年六月）、商館長は、薩摩の質問に回答するとして、琉球来航船についての意見書を長崎側へ提出した。商館長は、ヨーロッパの平和のもとでの資本主義的商工業の発展の結果、中国と通商条約を結ぶような時代が生まれたと説く。そして、

ヨーロッパ各国は来訪した島の住人からただで薪水給与を受けようとはしない。だから、琉球王府が無償で薪水を給与することはまったくの善意ではあるが、彼等がヨーロッパ人に行なった奉

仕や薪水給与に対して支払いを要求したとしても、何ら悪いこととは思われない。（『日本商館文書』、一八四七年秘密文書）

と述べた。

薩摩藩は、対西洋貿易が薪水給与への反対給付として可能であることの確認をオランダから引き出した。サマラング号の時に引き続き、琉球をめぐる対外情報の交流を契機として、オランダ＝薩摩という政治的回路が活かされた。この前提には、聞役という長崎独自の情報回路が存在し、彼が長崎通詞を囲い込んでいたのである。

5—打払復古評議と薪水給与令のゆくえ

進まぬ打払令復古評議と海防強化

弘化二・三年（一八四五・四六）の英・米・仏の軍艦などの来航は短期間のものであり、直接的に条約締結を迫ったものではないが、阿部正弘政権に大きな衝撃を与えることとなった。天保改革期の薪水給与令が軍事改革を伴った重警備体制であったの対し、その軍事改革を中断・縮小して重警備を転換しつつ、増大する異国船来航に備えた対策を構築しなければならなかったからである。江戸湾警備は、薪水給与令を前提とする川越・忍《おし》藩による警備のままだった。

このため海岸防備をどうするかは、何度も議論されるところとなった（弘化三年、嘉永元、二年）。弘化三年（一八四六）六月、ビッドル艦隊来航により阿部正弘は、三奉行や海防掛、そして筒井政憲らに、打払令の復古（薪水給与令廃止）と、異国船来航時の取扱方についての諮問を行なった（第一回）。姉小路が洩らしたところでは、将軍家慶は打払に傾いていたという。その後にセシーユ来航もあり、幕府は七月二二日、浦賀奉行と長崎奉行宛に、「異国船に対し憐恤の取り扱いにするだけではなく、海難でない場合など容赦なく厳重に国威をしめせ」と薪水給与令にこだわるなと通達した（『大日本維新史料』）。

この評議のなかで、三浦半島津久井《つくい》から鎌倉側までは他藩担当としたいという川越藩の意見が出され、江戸湾の警備を強化して彦根・会津を加えた四藩体制とした（弘化四年〈一八四七〉二月）。文化期の江戸湾警備と対比しても二藩体制は偏重であったので、四藩体制とすることは当然の措置だった。

彦根藩を一例として、この四藩体制の政治的推移を見てみよう。彦根藩は、弘化四年二月一五日に、相州警備を幕府から命じられる。井伊直弼《いいなおすけ》（当時世子、藩主直亮の弟）は、その日、彦根の重臣に「今日は誠に悪日にて、殿様が江戸城で異国船の御堅めを仰せ付かってきた。誠に誠にいかぬ事」と不満を述べる。直弼は「まずは人目を驚すぐらい手厚く相勤」る対応策をとるが、最終的に相州警備を断る決意であった。一方、阿部は彦根藩に、異国船に対して「まずはなるべくたけ穏便に取り計らうよう」にして「早々帰帆するのが肝要」と命令していた（『井伊家史料』）。

江戸湾四藩警備体制では、必ずしも幕府や四藩の思惑は合致していたわけでなかった。そこで九月、浦賀奉行はこれら四藩と警備体制の合議を諮ったが、彦根藩はさまざまな理由をつけて、この協議に参加しない対応をとった（『大日本維新史料』稿本、嘉永元年二月朔日、『維新史料綱要』データベースより）。譜代筆頭の家柄であり、歴代の大老を輩出した井伊家の積極的協力を取りつけることすら、困難なのが現実であった。

嘉永元年（一八四八）になると、ますます近海に姿を現す異国船（捕鯨船）は多くなり、（オランダ商館長レィフィスソンは、四〇隻を超える異国船が現れたと記している）。五月、阿部は打払令の復古の諮問を再び行なった（第二回）。先に触れたように、コディアク・グラウンドからオホーツク方面へ捕鯨船が、いわゆる「三本帆禁止令」（天保一三年一〇月、『幕末御触書集成』五一二三）が「見間違い」と述べる程に日本海北廻り航路上に、一八四〇年代を通じて増加し、まさに鯨を取り尽くさんばかりに集中していた。この諮問は阿部正弘らに英米仏の軍艦来航に匹敵する危機感を与えたことを意味している。オホーツク沿岸を目指す捕鯨船が、太平洋岸・日本海岸を問わず広く全国的に出没することによって、諸藩は疲弊しているという点が、諮問のきっかけである。

この諮問に並行して阿部は、なかなか江戸湾防備に協力的に動こうとしない彦根藩に対して、直接・間接（浦賀奉行などを通じて）に働きかけた。これを受けて藩主直亮《なおあき》は相州警備に力を入れ始めたが、直弼は、警備にあたる藩士に対して「鎌倉・江ノ島の社参や近海の漁くらいのことは許してもよいのではないか」と家臣に洩らし、直亮の指揮に不満であった（『井伊家史料』）。四藩が全体として異国船警備にあたる、という合意は、形成しにくい現状とみるべきであろう。

嘉永二年（一八四九）三月、アメリカ捕鯨船ラゴダ号漂流民（西蝦夷地に漂着、日本海の捕鯨船出没の実際が了解できよう）を救出するために、長崎に米国軍艦プレブル号が、さらに閏四月には、英国測量艦マリナー号が浦賀そして下田へ来航する。そして、これらを受けて阿部正弘は、三回目の諮問を行なった（閏四月、五月）。この諮問は、昨年から続く異国船（捕鯨船）来航によって対応する諸藩の疲弊がひどく「上下不和合」をもたらしていること、そして、マリナー号の測量は「国の体面にも拘わり」放置できないことを理由として、文政の打払令を再度発令したいというものである。特に「今度は銘々が各自で書面にし、考えるところを全面的に申出よ」（『通航一覧続輯』海防部四）として、三奉行をはじめ関係部署、あるいは学問所や町儒者もふくめて、広汎な部分からの議論を呼びかけたことが特徴である。

さらに、現実の対策でも、嘉永二年七月、津軽海峡・対馬朝鮮海峡通過の異国船（捕鯨船）急増に対応して、松前藩・五島福江藩には新たに築城を命じ（『函館市史』『御備場御用留』）、また九月には、全国沿海村落に、沖合にむけ三〇間（約五四メートル）、一町（約一〇九メートル）、五町、一〇町、二〇町、三〇町での測深データを記載し、村名や支配関係を記した海岸絵図作成を通達する（嘉永二年測深令）など、具体策を試みた。ただ、現存するこれら測深図は、必ずしも作成の技術水準が（伊能図と違い）一定でなく、作成された測深図が全国的に集約されたかも明らかではない〔横山伊徳―二〇〇二〕。

また同二年には、浦賀奉行浅野長祚らの再三の要請に基づき、阿部はスループ型帆船の導入を許可し、同船は一二月に蒼隼丸として建造される。しかし、これはいわゆるバッティラとされるもので、かつて長崎で試作されたことのあるスループ帆船の類と考えられ、来航軍艦はおろか捕鯨母船にも対抗できるものではなかった。浅野はこのときオランダからのフリゲート艦導入を考えていたという〔上松俊弘―二〇〇二〕が、重負担であっても海防を構築しようとした水野忠邦政権を否定した阿部政権は、これを容れられなかった。

天保改革の時から軍備強化策の一翼を担った下曽根信敦《しもそねのぶあつ》は、このために水野失脚後、かえって危険人物視されていた。しかし嘉永二年、水戸の徳川斉昭や宇和島《うわじま》の伊達宗紀《だてむねただ》・宗城《むねなり》父子は、阿部正弘や牧野忠雅といった幕閣中枢の家臣を下曽根などの西洋砲術門下に入門させるよう働きかける動きを見せた。水野忠邦政権では、各幕閣が長崎へ西洋砲の発注をかけ、軍事強化に力を注いでいたが、下曽根は水野時代の経緯を踏まえ、斉昭、伊達父子を通じて、自ら西洋式軍備を採用するよう運動していたのである。そして、マリナー号（嘉永二年三月）来航直後になると、下曽根はその能力を公式に認められ、浦賀で砲術教授を勧めることになった（同年六月）。阿部は、斉昭をはじめ各方面からの働きかけもあり、また、現実に来航する異国船の頻度からしても、何らかの対応が不可避と考え、家臣の西洋砲術家への入門や下曽根採用による実地での砲術演習を試みてみたが、幕閣がすすんで西洋砲術に取り組むという事態へは進展しなかった。

嘉永二年の海防強化令

結果として、海岸防備体制が不備では打ち払いは危険であるという声が強く、打払令復活には至らなかった。打払令復古を目指す阿部正弘がとった手段が、嘉永二年（一八四九）一二月の次の海防強化令である。

近年は漂流ではない異国船渡来が多く、……今年は浦賀へイギリス船がやってきて伊豆大島に上陸したり下田で滞船のうえ上陸するなど、だんだん横行な振る舞いが増え……どこでどんな事態が出来するか予測しがたいので、あらかじめ防禦の手段を構ぜよ。

ということの布達には、長文の「口達の覚」が付属しており、そこには、

万一外国人が国威を蔑ろにした不敬不法の所業をするなら、……諸侯は藩屏（守護）の任務を忘れず、旗本御家人は将軍膝元での奉公を心懸け、百姓は百姓なりに町人は町人なりに、銘々がその持ち前当然の尽力をし、それぞれの筋の奉公をすることが、二百年の恩沢に応え国恩に報ずることである。（『幕末御触書集成』五二〇七）

と謳い、各身分に対応して異国船に対処し、国威発揚に努めるとされる。これは、異国船来航による対外的危機の深化に対応して、人心をここに収斂して動員しようとするものと言われている。

この人心動員策としての海防強化令の実態は、どうだったのであろうか。この海防強化令は「時宜により再度命令もある」としているが、人心動揺を防ぐ雑説禁令（嘉永三年〈一八五〇〉五月）は発令されるものの、その後、ペリー来航まで強化令を踏まえた具体的な海防政策の急速な展開が見られたわけではない。

海防強化令発令に前後して、嘉永二年一二月二三日、阿部正弘は井伊家重役を呼び出し、相模国内の領地を旧領近江へ戻し、相模の領地は上知して井伊家の預所とする、という決定を伝えた。井伊家は、相州警備以前の近江旧領を回復するとともに、現在の相州領を預所として支配しつづける、つまり、文化期の会津藩の預所の取扱いと比しても、有利なものとなった。これは、打払令復古の議論の

過程で、警備の諸藩から強い指摘のあった海防経費増大に対する阿部なりの対応であった。

とすれば、阿部正弘の海防強化令は、諸藩や民衆の海防負担感を、場合によって国威の強調で、あるいは個別の懐柔策によって沈静しようとするもので、天保改革期の海防策の確立とは、幕府の主体性という点では異なる方向を向いている。薩摩藩の唐物売捌を中止させて幕府の長崎貿易を回復しようとした水野忠邦に対して、阿部正弘は唐物売捌復活を認め、薩摩藩が長崎貿易に再び食い込んでいくことを許したこととも相似する論理である。弘化・嘉永期の阿部政権に、諸藩との協調という性格を見出すとすれば、それは幕府自体の対外関係における主体性発揮との二律背反として理解すべきであろう。

嘉永三年（一八五〇）一二月、家督を相続した井伊直弼は直書を家臣に下し、相州警備は家康の趣意である家格にそぐわないとしたけれども、これは「決して通用しない見識」であるとし、「内実は人数を減らし、なにかと手軽にすませ、入用を減少させるためであって、当家の第一たる武道の穿鑿《せんさく》に疎《うと》くなり、甚《はなは》だ口惜しい」と述べる（『井伊家史料』）。相州警備に対する直弼の総括として考えれば、阿部正弘の海防強化令が「口達」で「藩屏の任務を忘れるな」と強調したことの具体的意味を物語るものである。

打払令復古の国内政治

阿部政権による打払令復活を梃子とする政局展開は、日本国内の多くの階層の人びとに、異国船しかも軍艦が来航している現状を自覚させることとなった。特に、弘化三年（一八四六）二月に即位したばかりの孝明《こうめい》天皇は、八月になると、武家伝奏《ぶけてんそう》を通じて所司代《しょしだい》に「武門の面々は、洋蛮のことを、小寇として侮らず、大賊として恐れず……神州の瑕瑾《かきん》のないよう精々指揮するように」という勅書を伝えた。孝明天皇からすれば、異国船を退けて国内を静謐《せいひつ》・泰平にするために武門＝幕府の指揮権発動を督励する必要を感じたのである。阿部はこの勅書を受けて、琉球（イギリス）、浦賀（アメリカ、デンマーク）、長崎（フランス）への来航の様子を所司代を通じて、報告している。こうしたかたちでの天皇の主体的意志の表示は、それを自らの政治に利用するための「京都工作」の出発点を生み出していく。

異国船来航への不安感から軍事的安定を求める天皇の考えは、阿部正弘の海防強化令や多くの大名や幕府高官と共鳴しあうものでもあった。しかし、その具体策（軍事的負担を誰がいかに負うか）という点で、阿部政権は政治的展望を切り開くことはできず、海防負担を背負う諸藩に個別に対応策を示すというかたちで動かざるをえなかったのである。

一方で、すでにオランダ貿易は、海防強化令の出た嘉永二年（一八四九）ころから、諸藩の軍備強化の動きに応えようという傾向を示すようになる。永積洋子氏は、このころから輸入蘭書のなかで、軍事関係書籍の増加傾向を指摘している〔永積洋子―一九八七〕。この書籍が、薩摩藩や佐賀（武雄）の関心を惹き、多くの注文を集めるようになったことは、ペリー後の軍備強化路線の端緒として注目すべきであろう。

そのなかで、異国船の来航という現実的脅威への対応を、軍事的にのみ対応するか、外交的によって回避するか、という議論の建て方が見られたことも視野に入れるべきであろう。異国船来航の主目的が交易ということが明白となれば、それは交易を認めるかどうかという論点を組み込んだ議論となる。

こうした打払令復古前後の議論を前提に、浦賀警備の陣頭指揮にあたり、ほかの海防掛などとは異なり、軍艦整備を唱えた浅野長祚《ながよし》は、「海防策再稿」を著した。彼はそのなかで議論の対立点を「外夷御取あつかいの仕方は、ただ二通りであって、打払と貿易お許しとである」と整理し、自らは貿易容認の根拠として、「唐山、和蘭の貿易にても御国益に相成候事」という貿易観を掲げる。これは、一八世紀末以来の貿易容認論の流れを汲む。また、浅野は意見を同じくする向山誠斎《むこうやませいさい》らと意見を交換し、これは後に貿易により財源を確保して軍備強化を図るという論理となっていくという〔藤田覚一九八七、三谷博一九九七〕。貿易容認論が軍備強化と結びついて論じられるようになってくることに注目しなければならない。これは、浅野のような現場を預かる人物が行詰まった打払復古の議論を打解しようとする主張であり、歴史的に見るとかつて松前奉行がロシアとの紛争回避に動いたことと合わせ、興味深い。ペリー来航後、海軍整備を実現する前提的な議論と見なければならない。

世界が知る薪水給与令

幕府で打払令復古が議論されるたび、薪水給与令がオランダを通じて各国へ伝達されていることを前提として議論が繰り返された。しかしオランダは国書とその返翰のやりとりを通じて、日本との間で「対日通商の独占」を再確認し、薪水給与令を各国へ伝達しなかった。しかし、英仏艦の長崎来航が現実となると、オランダは「二世紀に及ぶ対日通商の独占」が再確認されたことを、第三国にアピールする必要を感じた。そこで、天保一三年（一八四二）の薪水給与令ではなく、翌一四年の漂流民送還令と測量船渡航禁令を各国に伝達することとした。この伝達には、オランダ国内にも反対論があったが、一八四七年（弘化四）、植民大臣バウトはこれを抑え、幕府の求めたイギリスとフランス・アメリカに対して、天保一四年（一八四三）測量船渡航禁止令を外交ルートを通じて伝達した。薪水給与令を知らぬまま、天保一四年の二令を受け取れば、無二念打払令の運用をより具体的に述べたものと理解されるし、また、そう理解されると予想してこうした伝達を行なったといえる。

しかし、それは同時に、オランダが対日外交政策を国際外交の舞台にのせたことを意味し、日蘭二〇〇年の交流のなかでは、大きな意味をもつ出来事であった。オランダにとって日本の開国問題は、東アジアの一地域の問題ではなく、広く欧米との国際関係という文脈のなかで処理されるべき問題となったのである。以上が、天保一三年薪水給与令の対外発令の第一段階の国際政治における結論である。もっとも、これは日本側の意図を伝えたものとはいえず、また、イギリスは、第三国経由の政治的伝達に公的性格はないとした。

その後の事態の展開にあわせて薪水給与令を再検討した新しい結論として、嘉永二年（一八四九）海防強化令が出され、外国へも通達されることとなった。この検討過程でも、打払令復古を宣言する通達案と、薪水給与令は旧来の体制を変更したものではないという通達案との二つの通達案が用意された。実際のところ嘉永三年（一八五〇）九月に、長崎奉行は商館長に次のように申し渡した。

古くから日本では異国船が自由に航海することを禁じている。……もしかすると薪水給与令について、諸外国に思い違いがあるかもしれない。数年来、異国船が日本沿岸をしばしば航海している。彼等は海難民ではない。食料も燃料も水も不足していない。彼等は我が国の法を度々侵して来航し、あまつさえ、上陸して測量すら行なう。……恐らく、これらのことは上記の思い違いに由来するように思われる。我国は我が法と規則を堅持し、これについて決して変更を加えるつもりはない。もし、我が国法にかかわらず、外国が今後も度々日本へ航海すると、我が国法は瓦解するだろうとするならば、我国民はそれに抵抗するだろう。……しかしながら、以前と同じく、海難によって当地へ漂着したものに対しては、人道的に対応するものである。このことは疑う必要はない。この伝達は、新たに公布するべき命令でもなく、変更をなすものでもない。一八四二年の薪水給与令の解釈である。……もし、既に薪水給与令を知らせてある国があれば、これらの国々に上記の内容をよく理解させ、その国民が思い違いないようせよ。(『日本商館文書』秘密文書、一八五〇年)

この通達は、薪水給与令の再解釈・厳密化を謳ったもので、薪水給与令は鎖国体制の変更ではない、くり返し来航すれば国法は変更されるのではないかというのは甘い観測である、というものである。国内向きの海防強化令が「国内一体之力を以防禦」を強調し、打払令復活に含みをもたせているのとは対照的である。阿部は、国内的には「国恩」の論理で諸階層を動員し強硬論をにおわせながら、対外的には従来の薪水給与路線を再確認し海難による来航への人道的対応が法令の趣旨である、としたのであった。

これらを受け取った植民大臣バウトは今度は、前回拒絶的反応を示した英国を除き、関係各国に幕府の通達を（鎖国の維持を表明したものであるとして）伝えるべきであると外相に要請した（一八五一年三月）。そして同月、外相はフランス・アメリカ・ロシア・スペイン・ポルトガルにある外交代表部に対して、幕府の通達を薪水給与令を添えて伝達するように訓令した。

これに対し、ロシア政府は「確かに、日本政府が一八四二年に外国貿易に対して行なうと決心した譲歩は、相当限定的なものであるとはいえ、今日普遍的にとられている原則に全く合致しない鎖国体制の厳格さを緩和する譲歩を彼等の側から示したものであることを、我々は満足して了解した」（一八五一年四月）とし、天保一三年（一八四二）の薪水給与令が旧体制（すなわち打払令）の緩和であり、日本が世界貿易に一歩譲歩したものであると評価したのである〔横山伊徳―一九九六年〕。すでに説明したように、一八四〇年代末からロシアの関心は勢いオホーツクからアムール地域へ絞り込まれていった。こうした状況下に、ロシアへ薪水給与令が届いたことは、ロシアが日本への関心を一段と強めるきっかけをあたえるものであった。

皇帝ニコライ一世は、七人の日本人漂流者が一八五〇年（嘉永三）にカムチャッカへ送られてきたので、彼らの帰還と必要な準備を露米会社に命じた。そして一八五二年露暦七月（嘉永五年六月）、彼らは露米会社船で蝦夷地ではなく下田へ送り届けられた。江川英竜《ひでたつ》はこれを受け取らなかったが、船長は近隣の小港に彼らを上陸させ、退去した（『露米会社史』）。同年露暦二月、ムラヴィヨフ東シベリア総督は、右記の極東情勢を踏まえ、日本との関係樹立を皇帝に提案し、皇帝はプチャーチンの長崎派遣を決定した（保田孝一――一九九七）。これを命じた外務相大臣訓令・追加訓令に先立ち彼に与えられた海軍秘密訓令では、対日交渉のゆくえによっては、外国捕鯨船によってロシア領太平洋岸に生じている危機の実態調査を命じている。

薪水給与令は、発令後一〇年近くたった一八五一年春に、世界に知られるようになった。しかし、これを広めようとした日本とオランダの狙いとは逆に、これによって、「日本の開国近し」という印象を世界は抱き、遣日使節具体化へ動きだした。

〈開国〉へ向かって――エピローグ

少なくとも嘉永二年（一八四九）までは、日本の開国を、各国はつよく求めていたわけではない。それは、米国ビッドル提督の対日訓令や、英国の測量艦来航も、長崎でのトラブルを避けた仏国軍艦も、ロシアも含めて各国の動向からうかがえる。

一八四九年末、捕鯨船ラゴダ号漂流民を迎えたアメリカの世論は、日本の漂流民虐待への批判を強めた。ニューヨーク出身の対外企業家アーロン・パーマーは、同年四月、国務長官クレイトンに、当面の急務策として、日本に難破船員の救護を求めるべし、との書翰を送った。国務長官は八月、オランダ駐米公使との会談で、アヘン戦争に倣い、米・英・仏にオランダ・ロシアを加えた対日制裁のための連合艦隊派遣によって日本の鎖国を終わりにすることを提案した。オランダ公使はこれに真っ向から反論したが、議論は平行線をたどった。公使は本国へ宛て、米国に好戦的な企図が存在することを念頭におくよう伝達した。

アメリカの、日本開国へ向けた積極性が、一八四九年から急速に拡大するのは、何に由来するのであろうか？　ラゴダ号事件を素直に考えれば、捕鯨の安全操業ということになる。この年米国がハワイ王国と締結した通商条約（同年一二月締結）第七条には、確かに米国捕鯨船保護がうたわれている。

しかしそれと並んで第六条には、太平洋蒸気郵船へのハワイ諸島諸港における待遇が規程されていた。実際は、まだパナマ＝サンフランシスコ間しか運行されていなかったにもかかわらず、である。パーマーの本音は、中米および北米の横断鉄道や、太平洋汽船航路開設などが実現することにより、太平洋海運・通商を、アメリカがイギリスに代わって支配することにあった〔石井寛治―一九九三、廣瀬靖子―一九九四〜二〇〇三〕。彼の太平洋の近未来像を支えていたのは、一八四八年、カリフォルニアにおける金鉱の発見である。金鉱発見がアルゴノート（砂金採り）と呼ばれた人びとを西海岸に引き寄せていった。

かくしてカリフォルニアの人口は、一八四七年の二〇〇〇〇人から一八四九年の一〇万人に膨れあが

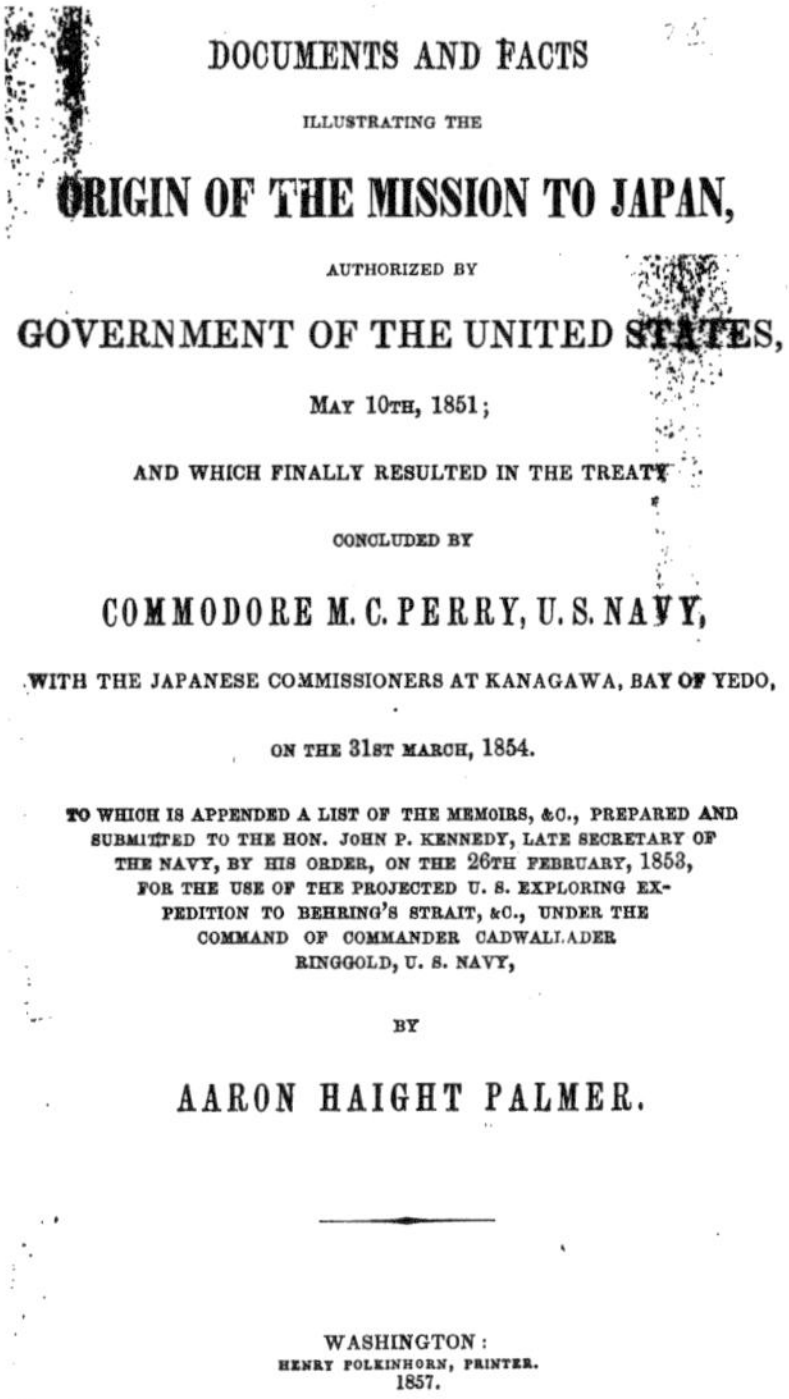
DOCUMENTS AND FACTS

ILLUSTRATING THE

ORIGIN OF THE MISSION TO JAPAN,

AUTHORIZED BY

GOVERNMENT OF THE UNITED STATES,

MAY 10TH, 1851;

AND WHICH FINALLY RESULTED IN THE TREATY

CONCLUDED BY

COMMODORE M. C. PERRY, U. S. NAVY,

WITH THE JAPANESE COMMISSIONERS AT KANAGAWA, BAY OF YEDO,

ON THE 31ST MARCH, 1854.

TO WHICH IS APPENDED A LIST OF THE MEMOIRS, &C., PREPARED AND SUBMITTED TO THE HON. JOHN P. KENNEDY, LATE SECRETARY OF THE NAVY, BY HIS ORDER, ON THE 26TH FEBRUARY, 1853, FOR THE USE OF THE PROJECTED U. S. EXPLORING EXPEDITION TO BEHRING'S STRAIT, &C., UNDER THE COMMAND OF COMMANDER CADWALLADER RINGGOLD, U. S. NAVY,

BY

AARON HAIGHT PALMER.

WASHINGTON:
HENRY POLKINHORN, PRINTER.
1857.

図36　パーマーの議会工作用パンフレット
1851年5月10日になされた対日遠征決定に対する自分の貢献を訴えている。

ったという。服部之総は、「汽船が太平洋を横断するまで」（一九三一年）でこの様子を活写した。ゴールドラッシュは捕鯨船水夫を鉱夫に変え、捕鯨船は彼らの臨時ホテルとなった。上白石実氏によると、対馬通過を目撃される異国船（実態は捕鯨船）数は、嘉永元年（一八四八）二六、嘉永二年（一八四九）一四八、嘉永三年（一八五〇）九、嘉永四年（一八五一）三と変化するという（上白石実―二〇一一年）。

一八四一年アメリカ捕鯨船に助けられ捕鯨で身を立て、五〇年カリフォルニアで金塊を掘り、その資金で中国行き商船に乗り込んでその金塊を手に琉球で下船した中浜万次郎は、アルゴノートのひとりであり、北太平洋捕鯨に一時代が画されたこの時代が生んだ人物に他ならない。人と物の流れが捕鯨船主体のホーン岬経由から、砂金採りをはじめ太平洋岸開発のためのパナマ地峡経由のそれとなり、中南米の人びとはもちろんのこと、苦力貿易の展開により中国人やアジア人、さらに一攫千金をもくろむヨーロッパ人などなどがカリフォルニアへ流れ込み、太平洋の各地をつなぐ物流のあり方が、あっという間に変わってしまった。アメリカの西部膨張主義が期待したものは、米東海岸と同等の人口と商業力をもつ新天地＝西海岸の実現であった。

アメリカによる対日制裁情報は、嘉永三年（一八五〇）に長崎に到着するが、商館長はこれを「北アメリカ人は……近日の風聞によれば、日本にも至りて交易をなすという所存あり」と対日通商要求と形をかえて、同年の別段風説書に記した。商館長たちの言い分によれば、「我々にはほとんど現実的でないように思えたし、これを日本に知らせることは、すでに存在する不安を増大させるだけだ」と判断したからである（『日本商館文書』、秘密文書、一八五〇年）。商館長に新しい太平洋が見えていたかどうか怪しい。

五一年一月六日パーマーは再び対日遣使派遣を訴えた。そのとき同時にペリーもまた対日遣使を計画していた。ペリー案は軍拡（軍艦増強）を前提として対日派遣を唱えたため、軍艦よりも蒸気郵船航路援助に予算を廻せという東海岸の声に、捕鯨難民を保護することを訴えざるを得なかった〔Wiley〈興梠一郎〉一九九八〕。

日本からの薪水給与令の再解釈についての伝達がオランダを経由してワシントンに届いたのは、一八五一年の三月である。そして五月三日に国務長官が、薪水給与令の伝達に対する謝辞をオランダ公使に述べた。大統領からペリーの前任であるオーリックに託された将軍宛親書の日付はその一週間後の五月一〇日である。この間に考えぬかれた親書は、「アメリカ合衆国はいまや海から海へと拡大している。オレゴンやカリフォルニアは合衆国の一部であり、これらの州から金銀鉱物が産出し、アメリカの蒸気船は二十日もかからず貴国沿岸に到着することができる」と書かれている。アメリカ膨張主義が多大な費用を使ってまで実現しようとした太平洋覇権という夢の宣言である。それは服部之総の描くように、太平洋横断汽船航路実現である。

一七九一年（寛政三）に太平洋航海を敢行して、入手したラッコの毛皮を売り込みに来航したアルゴノート号に始まった本巻は、アメリカ西部に生まれた砂金掘りアルゴノートたちを底辺にもつ膨張主義の夢＝太平洋汽船で閉じることにしたい。この六〇年間の国内政治は、こうした国際動向に対応することを最大の論点として展開してきた。私は、この国内政治過程を一つの体制へと収斂《しゅうれん》していくとみるのではなく、複数の政治的な考え方が時の内外情勢に応じて、分岐と対立を繰り返す過程として描写してみた。その分岐を乗り越え、対外関係を律しうる政治主体たりえるのかどうか、ペリーを迎えたとき幕府にそれが問われることなる。

参 考 文 献

外国語文献（引用したものを中心に）

A. van Aelst, *De Nederlandse handel in Japan in de 19e eeuw* (Erasmus Universiteit, 1985)

J. C. Baud, *De semi-officiële en particuliere briefwisseling tussen J. C. Baud en J. J. Rochussen 1845–1851 : en enige daarop betrekking hebbende andere stukken* (Van Gorcum, 1983)

W. G. Beasley, *Great Britain and the opening of Japan, 1834–1858* (Japan Library, 1995)

L. Blussé, *Visible cities : Canton, Nagasaki, and Batavia and the coming of the Americans* (Harvard University Press, 2008)

W. R. Broughton, *A voyage of discovery to the North Pacific Ocean ...* (Printed for T. Cadell and W. Davies, 1804)

J. A. van der Chijs, *Neêrlands streven tot openstelling van Japan voor den wereldhandel* (F. Muller, 1867)

A. B. Cole, Plans of Edmund Roberts for Negotiations in Nippon, *Monumenta Nipponica* (vol. 4, no. 2, 1941)

T. Dennett, *Americans in Eastern Asia : a critical study of the policy of the United States with reference to China, Japan, and Korea in the 19th century* (Macmillan, 1922)

R. I. Hellyer, *Defining engagement : Japan and global context, 1640–1868* (Harvard University Press, 2009)

E. S. van Eyck van Heslinga, *Van compagnie naar koopvaardij* (Bataafsche Leeuw, 1988)

D. G. van Hogendorp, *Mémoires du général Dirk van Hogendorp : comte de l'empire, etc* (M. Nijhoff, 1887)

F. W. Howay, *The Journal of Captain James Colnett abroad the ARGONAUT from April 26, 1789 to Nov. 3, 1791* (The Champlain Society, 1940)

N. Jones, *North to Matsumae : Australian whalers to Japan* (University of Western Australia Press, 2008)

G. A. Lensen, *The Russian push toward Japan : Russo-Japanese relations, 1697–1875* (Princeton University Press, 1959)

F. Lequin, *The private correspondence of Isaac Titsingh* (J. C. Gieben, v. 4–5, 1990)

W. M. F. Mansvelt, *Geschiedenis van de Nederlandsche Handel-Maatschappij*（オランダ貿易会社史）(Haarlem Joh. Enschedé en Zonen. 1925)

J. Meares, *Voyages made in the Years 1788 and 1789, from China to the North West Coast of America* (1790)

Oregon Historical Society, *Russian American Colonies, 1798–1867 : To Siberia and Russian America Three Centuries of Russian Eastward Expansion : A Documentary Record,* Vol. 3 (Oregon Historical Society Pr, 1989)

C. O. Paullin, *Diplomatic negotiations of American naval officers, 1778–1883* (Johns Hopkins Press, 1912)

T. S. Raffles (ed. M. Paske-Smith), *Report on Japan to the secret committee of the English East India Company* (J. L. Thompson, 1929)

A. Starbuck, *History of the American whale fishery from its earliest inception to the year 1876* (Govt. Print Off, 1878)

P. A. Tikhmenev (tras. R. Pierce, etc.), *A history of the Russian-American Company*（露米会社史）(University of Washington Press, 1978)

W. A. Veenhoven, *Strijd om Deshima : een onderzoek naar de aanslagen van amerikaanse, engelse en russische zijde op het nederlandse handelsmonopolie in Japan gedurende de periode 1800–1817* (Hemelsoet, 1950)

C. Viallé ; L. Blussé, *The Deshima dagregisters : their original tables of contents 1790–1800*, X (Leiden Leiden Centre for the History of European Expansion, 1997)

日本語文献

W. G. Beasley「衝突から協調へ―日本領海における英国海軍の測量活動（一八四五―一八八二年）」『日英交流史一六〇〇―二〇〇〇　政治外交1』二〇〇〇年
L. Blussé（深見純生、藤田加世子、小池誠訳）『竜とみつばち―中国海域のオランダ人四〇〇年史』晃洋書房、二〇〇八年
R. Constantino（池端雪浦、永野善子、鶴見良行訳）『往事再訪』井村文化事業社、一九七八年
H. Deoff（永積洋子訳）『ドゥーフ日本回想録』雄松堂出版、二〇〇三年
B. Hall（春名徹訳）『朝鮮・琉球航海記』岩波書店、一九八六年
R. H. Hesselink（矢橋篤訳）「芝蘭堂のオランダ正月―一七九五年一月一日」『早稲田大学図書館紀要』二〇〇〇年
I. F. Kruzenshtern（羽仁五郎訳）『クルウゼンシュテルン日本紀行』駿南社、一九三一年
J. M'Leod（大浜信泉訳）『アルセスト号朝鮮・琉球航海記』榕樹書林、一九九九年
A. S. Polonskiĭ（榎本武揚訳）『千島誌』第七巻、叢文社、一九七九年
N. P. Rezanov（大島幹雄訳）『日本滞在日記―一八〇四―一八〇五』岩波書店、二〇〇〇年
P. F. von Siebold（栗原福也訳）『シーボルトの日本報告』平凡社、二〇〇九年
R. P. Toby『「鎖国」という外交』小学館、二〇〇八年
P. B. Wiley（興梠一郎訳）『黒船が見た幕末日本―徳川慶喜とペリーの時代』TBSブリタニカ、一九九八年
K. A. Voenskiĭ（堀竹雄訳）「一九世紀初年日本におけるロシア使節」『史学雑誌』一九、一九〇八年
Znamenskiĭ, S.（秋月俊幸訳）『ロシア人の日本発見―北太平洋における航海と地図の歴史』北海道大学図書刊行会、一九七九年

浅見　隆「天保改革論」青木美智男・山田忠雄編『天保期の政治と社会』有斐閣、一九八一年
浅倉有子『北方史と近世社会』清文堂出版、一九九九年
相原良一『天保八年米船モリソン号渡来の研究』野人社、一九五四年
秋月俊幸『日本北辺の探検と地図の歴史』北海道大学図書刊行会、一九九九年
荒居英次「長崎俵物請方商人時代の中国向け海産物輸出」『日本大学人文科学研究所研究紀要』一九七三年
荒居英次『近世海産物貿易史の研究―中国向け輸出貿易と海産物』吉川弘文館、一九七五年
荒居英次「松前蝦夷地の俵物生産」『日本歴史』一九七七年
荒居英次「中国向け輸出俵物の密売買と抜荷取締り」『日本歴史』一九八〇年
荒野泰典『近世日本と東アジア』東京大学出版会、一九八八年
有泉和子「フヴォストフ・ダヴィドフ事件と日本の見方―ロシアの貿易利害との関連で」『ロシア語ロシア文学研究』三六、二〇〇四年
有馬成甫「文化四年エトロフに於ける日露衝突事件とその国防に及ぼせる影響」『軍事史研究』二、一九三七年
有馬成甫『高島秋帆』吉川弘文館、一九五八年
生田美智子『外交儀礼から見た幕末日露文化交流史―描かれた相互イメージ・表象』ミネルヴァ書房、二〇〇八年
生田美智子『高田屋嘉兵衛―只天下のためを存おり候』ミネルヴァ書房、二〇一二年
池上二良「カラフトのナヨロ文書の満州文」『北方文化研究』一九六八年
石井寛治『開国と維新』小学館、一九九三年
石田千尋『日蘭貿易の史的研究』吉川弘文館、二〇〇四年
石田千尋『日蘭貿易の構造と展開』吉川弘文館、二〇〇九年
池内　敏『大君外交と「武威」―近世日本の国際秩序と朝鮮観』名古屋大学出版会、二〇〇六

井上裕正『清代アヘン政策史の研究』京都大学学術出版会、二〇〇四年
井野邊茂雄『維新前史の研究』中文館書店、一九三五年
今田秀作『パクス・ブリタニカと植民地インド―イギリス・インド経済史の《相関把握》』京都大学学術出版会、二〇〇〇年
岩井憲幸「一七九四年六月二日『オランダ商館日記』にみえるロシア製地図の小記事について」『明治大学人文科学究所紀要』四七、二〇〇〇年
岩崎奈緒子『日本近世のアイヌ社会』校倉書房、一九九八年
岩崎奈緒子「松平定信と「鎖国」」『史林』九五巻三号、二〇一二年
上田純子「寛政期の萩藩毛利家における海防問題」『山口県史研究』一六、二〇〇八年
上原兼善「藩貿易の展開と構造―天保・弘化期における薩摩藩唐物商法の動向」『日本史研究』一九八〇年
上原久『高橋景保の研究』講談社、一九七七年
上松俊弘「ビッドル来航と海防問題」『史林』八五巻一号、二〇〇二年
梅澤秀夫『早すぎた幕府御儒者の外交論―古賀精里・侗庵』出門堂、二〇〇八年
大橋与一「ロシア人超海的進出と帝政国領アメリカ植民地」『宇都宮大学学芸学部研究論集』第一部、一九六一年
大口勇次郎「寛政―文化期の幕府財政―松平信明政権の性格」尾藤正英先生還暦記念会『日本近世史論叢』吉川弘文館、一九八四年
岡宏三「林子平処罰事件と風聞」『日蘭学会会誌』二四巻一号、一九九九年
小川亜弥子『幕末期長州藩洋学史の研究』思文閣出版、一九九八年
小川国治『江戸幕府輸出海産物の研究―俵物の生産と集荷機構』吉川弘文館、一九七三年
長正統「倭学訳官書簡よりみた易地行聘交渉」『史淵』一九七八年

梶　輝行「文化文政期の長崎警衛と西洋砲術―長崎鉄砲方高木道之助を中心に」『日蘭学会会誌』三六巻、一九九四年
加藤九祚『シベリアに憑かれた人々』岩波書店、一九七四年
片桐一男『阿蘭陀通詞の研究』吉川弘文館、一九八五年
片桐一男「蘭船の出帆手続きと村井喜右衛門の沈船引揚げ事件」『海事史研究』一九八六年
金井　圓『日蘭交渉史の研究』思文閣出版、一九八六年
上白石実『幕末の海防戦略―異国船を隔離せよ』吉川弘文館、二〇一一年
川上　淳『近世後期の奥蝦夷地史と日露関係』北海道出版企画センター、二〇一一年
川尻信夫『幕末におけるヨーロッパ学術受容の一断面―内田五観と高野長英・佐久間象山』東海大学出版会、一九八二年
川田貞夫「群鶏の鶴―岡本花亭余話」『日本歴史』一九九〇年
芳　即正『調所広郷』吉川弘文館、一九八七年
菊池勇夫『幕藩体制と蝦夷地』雄山閣出版、一九八四年
菊池勇夫『エトロフ島―つくられた国境』吉川弘文館、一九九九年
菊池勇夫『十八世紀末のアイヌ蜂起―クナシリ・メナシの戦い』サッポロ堂書店、二〇一〇年
北島正元『江戸商業と伊勢店―木綿問屋長谷川家の経営を中心として』吉川弘文館、一九六二年
北島正元『水野忠邦』吉川弘文館、一九六九年
木原溥幸『幕末期佐賀藩の藩政史研究』九州大学出版会、一九九七年
木崎良平「ズヴェズドチョトフの一行　日露交渉史余録3」『立正史学』一九七八年
木崎良平「江戸時代ロシア帰還漂流・抑留民に対する措置」『立正大学文学部研究紀要』七、一九九一年

木崎良平『光太夫とラクスマン』刀水書房、一九九二年
木崎良平『仙台漂民とレザノフ』刀水書房、一九九七年
木村直樹『幕藩制国家と東アジア世界』吉川弘文館、二〇〇九年
木村和男『毛皮交易が創る世界―ハドソン湾からユーラシアへ』岩波書店、二〇〇四年
木村和男『北太平洋の「発見」―毛皮交易とアメリカ太平洋岸の分割』山川出版社、二〇〇七年
河野常吉「安永以前松前藩と露人との関係」『史学雑誌』二七巻六号、一九一七年
黒田安雄「薩摩藩文化朋党事件とその歴史的背景」『九州文化史研究所紀要』一九、一九七四年
黒田安雄「文化朋党事件後の薩摩藩」『史淵』一一二、一九七五年
黒田安雄「文化・文政期長崎商法拡張をめぐる薩摩藩の画策」『史淵』一一四、一九七七年
幸田成友「寛政九巳年の和蘭風説書」『史学』一六巻三号、一九三七年
小暮実徳「幕末オランダ対日外交政策に関する諸前提―植民地規定に関するイギリス・オランダのロンドン条約を中心にして」『洋学』六、一九九七年
小松重男『幕末遠国奉行の日記―御庭番川村修就の生涯』中央公論社、一九八九年
小山幸伸『幕末維新期長崎の市場構造』御茶の水書房、二〇〇六年
斎藤阿具『ヅーフと日本』廣文館、一九二二年
佐々木史郎『北方から来た交易民―絹と毛皮とサンタン人』日本放送出版協会、一九九六年
佐藤昌介『洋学史研究序説―洋学と封建権力』岩波書店、一九六四年
佐藤昌介『洋学史の研究』中央公論社、一九八〇年
佐藤昌介『渡辺崋山』吉川弘文館、一九八六年
佐藤昌介「大槻玄沢小伝」洋学史研究会『大槻玄沢の研究』思文閣出版、一九九一年

佐山和夫『わが名はケンドリック』講談社、一九九一年
信夫清三郎『ラッフルズ伝—イギリス近代的植民政策の形成と東洋社会』平凡社、一九六八
島谷良吉『最上徳内』吉川弘文館、一九七七年
熟美保子「近世後期における境界領域の特徴—長崎唐人屋敷の葛藤・紛争」『経済史研究』一一、二〇〇七年
鈴木康子『近世日蘭貿易史の研究』思文閣出版、二〇〇四年
高橋章・加茂雄三編『近代化の分かれ道』歴史学研究会編、青木書店、一九九三年
高澤憲治「老中松平信明の辞職と復職」『南紀徳川史研究』五、一九九四年
高澤憲治『松平定信政権と寛政改革』清文堂出版、二〇〇八年
高澤憲治『松平定信』吉川弘文館、二〇一二年
高橋　周「近世日本のラッコ皮輸出をめぐる国際競争」川勝平太・島田竜登編『アジア太平洋経済圏史　一五〇〇—二〇〇〇』藤原書店、二〇〇三年
竹内　誠『寛政改革の研究』吉川弘文館、二〇〇九年
田代和生「対馬藩の朝鮮輸出銅調達について—幕府の銅統制と日鮮銅貿易の衰退」『朝鮮学報』一九七三年
田中　彰『幕末の藩政改革』塙書房、一九六五年
田淵保雄「デュルク・ファン・ホッヘンドルプの思想と行動—オランダ植民史断章」『史林』四九巻一号、一九六六年
田保橋潔『近代日鮮關係の研究』［京城］朝鮮総督府、一九四〇年
田保橋潔『近代日本外国関係史』原書房、一九四三年
辻　達也『江戸幕府政治史研究』続群書類従完成会、一九九六年
津田秀夫『天保改革』小学館、一九七五年

鶴田　啓「寛政改革期の幕府・対馬藩関係」田中健夫編『日本前近代の国家と対外関係』吉川弘文館、一九八七年
鶴田　啓「近藤重蔵における「異国」と「異国境取締」」『東京大学史料編纂所報』二四、一九八九年
鶴田　啓「近世日本の四つ『口』」荒野泰典・村井章介・石井正敏編『アジアのなかの日本史2　外交と戦争』東京大学出版会、一九九二年
鶴見良行『ナマコの眼』筑摩書房、一九九三年
徳永和喜『薩摩藩対外交渉史の研究』九州大学出版会、二〇〇五年
鳥井裕美子「桂川甫賢考―在蘭史料にみるW．ボタニクス」『日蘭学会会誌』二九、一九九〇年
鳥井裕美子「一八〇〇年前後の日蘭交渉―『本木蘭文』を中心に」神戸市立博物館編『日蘭交流のかけ橋』一九九八年
中井信彦『転換期幕藩制の研究―宝暦・天明期の経済政策と商品流通』塙書房、一九七一年
中江健三「嘉慶年間の英国の澳門占領について」『歴史学研究』七一～三、一九三九～一九四〇年
中村　質『近世長崎貿易史の研究』吉川弘文館、一九八八年
永積洋子「オランダ商館の脇荷貿易について―商館長メイランの設立した個人貿易協会（一八二六～一八三〇）」『日本歴史』三七九、一九七九年
永積洋子『唐船輸出入品数量一覧　一六三七～一八三三年―復元唐船貨物改帳・帰帆荷物買渡帳』創文社、一九八七年
永積洋子「ナポレオン戦争の日本貿易に及ぼした影響」『洋学』洋学史学会、一九九五年
永積洋子「一八世紀の蘭書注文とその流布」一九九八年
新村容子『アヘン貿易論争―イギリスと中国』汲古書院、二〇〇〇年
沼田次郎『洋学』吉川弘文館、一九八九年
則松彰文「清代嘉慶期の対英関係と広東貿易に対する認識」『福岡大學人文論叢』三三（一）、二〇〇一年

任　鴻章『近世日本と日中貿易』六興出版、一九八八年
服部之総『黒船前後・志士と経済 他十六篇』岩波書店、一九八一年
原　剛『幕末海防史の研究―全国的にみた日本の海防態勢』名著出版、一九八八年
針谷武志「近世後期の諸藩海防報告書と海防掛老中」『学習院史学』二八、一九九〇年
針谷武志「佐倉藩と房総の海防」吉田伸之・渡辺尚志『近世房総地域史研究』東京大学出版会、一九九三年
春名　徹『にっぽん音吉漂流記』晶文社、一九七九年
坂野正高『近代中国政治外交史―ヴァスコ・ダ・ガマから五四運動まで』東京大学出版会、一九七三年
尾藤正英「解題」会沢正志斎『新論・迪彝篇』岩波書店、一九三一／一九七〇年
平川　新『開国への道』小学館、二〇〇八年
弘末雅士『東南アジアの港市世界―地域社会の形成と世界秩序』岩波書店、二〇〇四年
廣瀬靖子「アメリカ議会と日本開国　或る民間人の情報宣伝工作とその行方」『いわき明星大学人文学部研究紀要』七～九、一三、一六、一九九四～二〇〇三年
深井雅海「天明末年における将軍実父一橋治済の政治的役割―御側御用取次小笠原信喜宛書簡の分析を中心に」『徳川林政史研究所研究紀要』一九八二年
深瀬公一郎「一九世紀における東アジア海域と唐人騒動」『研究紀要』三、二〇〇八年
服藤弘司「抜荷罪雑考」『法制史研究』六、一九五五年
藤田　覚『幕藩制国家の政治史的研究―天保期の秩序・軍事・外交』校倉書房、一九八七年
藤田　覚『松平定信―政治改革に挑んだ老中』中央公論社、一九九三年
藤田　覚『水野忠邦―政治改革にかけた金権老中』東洋経済新報社、一九九四年
藤田　覚『近世政治史と天皇』吉川弘文館、一九九九年

藤田　覚『近世後期政治史と対外関係』東京大学出版会、二〇〇五年
洞　富雄『間宮林蔵』吉川弘文館、一九六〇年
保谷徹他『日本軍事史』吉川弘文館、二〇〇六年
本馬貞夫『貿易都市長崎の研究』九州大学出版会、二〇〇九年
本間修平「寛政八年派遣「松前見分御用」―大炊介風聞探索・長崎俵物取締りの二点について」高柳真三・大竹秀男・服藤弘司編『幕藩国家の法と支配』有斐閣、一九八四年
真栄平房昭「近世日本における海外情報と琉球の位置」『思想』一九九〇年
真栄平房昭「清代中國における海賊問題と琉球―海域史研究の一視點」『東洋史研究』六三巻三号、二〇〇四年
眞壁　仁『徳川後期の学問と政治―昌平坂学問所儒者と幕末外交変容』名古屋大学出版会、二〇〇七年
松井洋子「長崎出島と異国女性―「外国婦人の入国禁止」再考」『史学雑誌』一一八巻二号、二〇〇九年
松浦　章『中国の海賊』東方書店、一九九五年
松方冬子「ティツィングと日本の書物」横山伊徳編『オランダ商館長の見た日本―ティツィング往復書翰集』吉川弘文館、二〇〇五年
松方冬子『オランダ風説書と近世日本』東京大学出版会、二〇〇七年
松方冬子『別段風説書が語る一九世紀―翻訳と研究』東京大学出版会、二〇一二年
松田　清『洋学の書誌的研究』臨川書店、一九九八年
松本英治「レザノフ来航予告情報と長崎」片桐一男編『日蘭交流史―その人・物・情報』思文閣出版、二〇〇二年
三谷　博『明治維新とナショナリズム―幕末の外交と政治変動』山川出版社、一九九七年
三谷　博『ペリー来航』吉川弘文館、二〇〇三年
三宅紹宣「近世後期長州藩の対外防備」岸田裕之編『中国地域と対外関係』、山川出版社、二〇〇三年

宮地正人『幕末維新期の社会的政治史研究』岩波書店、一九九九年
茂木敏夫『変容する近代東アジアの国際秩序』山川出版社、一九九七年
森　銑三「最上徳内」『學藝史上の人々』二見書房、一九四三年
森田勝昭『鯨と捕鯨の文化史』名古屋大学出版会、一九九四年
森永貴子『ロシアの拡大と毛皮交易—一六～一九世紀シベリア・北太平洋の商人世界』彩流社、二〇〇八年
保田孝一「ロシアの日本開国交渉とシーボルト」箭内健次・宮崎道生『シーボルトと日本の開国・近代化』続群書類従完成会、一九九七年
山本英貴「寛政期の幕府海防政策と北部九州水域」『海事史研究』六四、二〇〇七年
山脇悌二郎『長崎の唐人貿易』吉川弘文館、一九九五年
吉田金一『近代露清関係史』近藤出版社、一九七四年
横山伊徳「日本の開国と琉球」曽根勇二・木村直也『国家と対外関係　新しい近世史2』新人物往来社、一九九六年
横山伊徳「一九世紀日本近海測量について」黒田日出男・Mary Elizabeth Berry・杉本史子『地図と絵図の政治文化史』東京大学出版会、二〇〇一年
横山伊徳「江戸期における北方空間認識と外国資料」『日本の時代史30　歴史と素材』吉川弘文館、二〇〇四年
横山伊徳編『オランダ商館長の見た日本—ティツィング往復書翰集』吉川弘文館、二〇〇五
横山伊徳「一八—一九世紀転換期の日本と世界」歴史学研究会・日本史研究会『日本史講座7　近世の解体』東京大学出版会、二〇〇五年
横山伊徳「異国船打ち払いの時代　「海防」のアウトサイド・ヒストリー」『九州史学』一五二、二〇〇九年
和仁健太郎『伝統的中立制度の法的性格—戦争に巻き込まれない権利とその条件』東京大学出版会、二〇一〇年

略年表

西暦	和暦	事項（原則として、和暦の月日は漢数字、西暦・露暦はアラビア数字で記した）
一七二七	享保一二	【世界】中国とロシア、キャフタ条約締結。
一七七〇〜七一	明和七〜八	【世界】ウルップ島ラッコ猟をめぐり千島アイヌとロシア人との衝突。
一七七八〜七九	安永七〜八	ロシア士族アンティピン、カムチャッカから南千島に至る、越年して松前藩と交渉を繰り返す（安永の来航）。【世界】第三回クック太平洋航海、ハワイでクック殺害さる。
一七八〇	九	【世界】第四次蘭英戦争（〜八四年）、オランダ東インド会社の零落を招く。
一七八三	天明三	前年、大黒屋光太夫らを乗せた千石積和船神昌丸、江戸に向かう途中で難破し、七月アリューシャン列島アムチトカ島に漂着。【世界】アメリカ独立戦争終結。シェリホフ（レザノフ岳父）、アリューシャン列島を経てアラスカに至る遠征に出発。
一七八四	四	【世界】英国、帰正法（減税法）施行。
一七八五	五	二月　勘定奉行松本秀持、普請役（最上徳内を含む）を東西蝦夷地に派遣。二月　長崎会所による俵物直轄集荷開始。別子銅山で湧水、以降数年間銅の大幅減産（天明の大湧水）。【世界】清朝政府、ロシアとのキャフタ貿易を停止。
一七八六	六	八月　第十代将軍徳川家重死去。徳川家斉家督相続（一四才）。閏一〇月　小笠原信喜、側用取次となる。ロシア人イジュヨゾフら、エトロフにて最上徳内と邂逅、帰国を打診。
一七八七	七	五月　江戸赤坂米屋数十軒など襲撃される。六月　松平定信老中首座就任。寛政改革始まる。六月　一橋治済五男斉匡、田安家当主を嗣ぐ。全国各地で打ち壊しが頻発。【世界】シェリホフ、イルクーツクへ帰還。米国船コロンビア号、レディ・ワシントン号、毛皮交易のため西廻り航路で広州へ向かう。ラペルーズ、太平洋・日本海を航海する。

西暦	和暦	事項
一七八八	八	四月　銅流通における横流しや隠匿の禁止。五月　幕府対馬藩に、通信使来聘を延期するよう朝鮮側との調整を指示。
一七八九	寛政　元	五月　クナシリ・メナシの戦い。六月　年番大通詞堀門十郎、翌年続いて会所調役久松半右衛門処分。七月　青島俊蔵、松前内偵を命じられ松前に至る。一一月復命する。【世界】露暦2月　大黒屋光太夫らイルクーツク到着。フランス革命起る。
一七九〇	二	正月　青島俊蔵・最上徳内ら復命違反により処分。六月　堀田正敦若年寄就任。九月　オランダ貿易半減商売令。一二月　徳内許されて、蝦夷地御用につく。通詞目付吉雄幸作ら有力通詞逮捕。【世界】　イギリス・スペイン間でヌートカの毛皮船アルゴノート号をめぐり紛争。この頃（〜文化初年）、中国南海で海賊が横行。
一七九一	三	三月　レディ・ワシントン号、マカオから紀州串本大島に来航。四月　対馬藩、朝鮮と易地聘礼の交渉を命ぜらる。五月　最上徳内、ウルップ島上陸、ロシア人との再会果たさず、ロシア来航の情報を得る。七月　英国船アルゴノート号、マカオから博多・小倉に来航。九月一日　異国船取扱令発令。林子平逮捕。【世界】露暦2月　大黒屋光太夫とエリク・ラクスマン、サンクト・ペテルスブルクに至り、帰国願書を提出。露暦5月　ロシア皇帝エカテリーナ二世、光太夫らを謁見。露暦9月　帰国のための勅令を出す。
一七九二	四	閏二月　長崎奉行水野忠通閉門処分。四月　イジュヨゾフ関係書類解読をオランダ商館長に要請。春、最上徳内、西蝦夷＝サハリン探検。サハリン島で漂着ロシア人と遭遇。九月三日　ラクスマンら根室到着。一一月　目付石川将監、村上大学の松前派遣決定。一二月一四日　定信北国郡代など蝦夷地取締建議。一二月二七日　同じく江戸湾防備策を提案。この頃から、松平定信は蘭書の収集・分析を開始。【世界】露暦9月25日　アダム・ラクスマン、大黒屋光太夫らをエカテリーナ号に乗せ、オホーツクを出航。キャフタ市約（中ロ貿易再開）。イギリ

		ス、マッカートニー卿中国使節派遣。
一七九三	五	**正月** 蝦夷地防備のついての将軍裁可。**正月二二日** 宣諭使石川将監、村上大学江戸を出立、三月松前着。**二月** オランダ商館に帆船航海術教授や銅山排水ポンプ製作の協力要請。**六月二〇日** ラクスマン、大黒屋光太夫と共に松前到着。**同二一日〜二七日** 三回にわたり日ロ会談。**七月二三日** 松平定信老中解任。後任は松平信明。**【世界】** フランス、オランダ・イギリスに宣戦布告。オランダ・パトリオット派、オランダ連邦共和国を掌握。コルネット艦長、捕鯨等のため南米太平洋岸を測量。
一七九四	六	**四月** オランダ商館長ヘンミィ参府（四年一回参府の初回）。**七月** オランダ船、フランスとの戦争開始を伝える。**閏一一月一一日**（一七九五年1月1日） 大槻玄沢ら大黒屋光太夫を招きオランダ正月を祝う。**【世界】** **露暦5月** アリューシャン列島アンドレヤノフスキー諸島に石巻の若宮丸船員一五名が漂着。**露暦11月** シェリホフら日本・中国・東インド・フィリピンなどとの交易を請願、却下。シェリホフ、入植者をウルップ島に送る（翌年上陸）。元長崎商館長ティツィング中国使節として派遣。
一七九五	七	**五月** 朝鮮通信使当分延期を朝鮮側へ通達。**九月一八日** 長崎奉行平賀貞愛、商館長ヘンミィと直接面談。**【世界】** **1月** オランダ総督ウィレム五世、イギリスに亡命。バタヴィア共和国となる。オランダ、世界各地の交易拠点を失う。**露暦7月** シェリホフ没。イギリス海軍水路局発足（初代ダルリンプル局長）。
一七九六	八	**八月** イギリス測量士官ブロートン指揮の測量艦プロヴィデンス号、室蘭に来航。松前藩士加藤肩吾らと面会。**一〇月** 幕府、松前見聞御用を派遣。**【世界】** 若宮丸漂流民、イルクーツクに送致。オランダ対英戦悪化で日本向けの船を出港できず。中国南海の海戦活動ピーク。
一七九七	九	**六月二七日** 長崎にアメリカ船籍イライザ号（スチュアート船長）来航（中立国傭船の時代はじまる）。**七月** ブロートンが小型船で太平洋岸を那覇から北上、室蘭に再来航。**閏七月** 異国船取扱令（閏七月令）発令。**九月** オランダに対し輸出銅の増額と来航船増派が認められる

西暦	和暦	事項
		（半減商売令緩和）。一〇月 近藤重蔵、林述斎を通じ海防強化を建言。一二月 異国船取扱令（一二月令）発令。この年、各地に唐船が漂着。
一七九八	一〇	三月 商館長ヘンミィ参府中、出島商館焼失。幕府、目付渡辺久蔵ら一八〇余名、松前に派遣（五月到着、一一月帰府）。四月一三日 一橋治済次男治国の長男斉朝、尾張藩世子となる。四月二四日 商館長ヘンミィ、掛川宿で死去。六月一〇日 イライザ号再来航。帰国時に長崎で沈没。七月 近藤重蔵、最上徳内ら一行千島にて〈大日本恵登呂府〉の標柱を建てる。一一月 戊午易地行聘約条。一二月（～翌年正月） 松平忠明・石川忠房・羽太正養ら蝦夷地御用掛任命。天草牛深に見張番所と遠見番所を設置。【世界】シェリホフ夫人ナタリアら合同アメリカ会社設立。
一七九九	一一	正月 東蝦夷地仮上知となる。二月 蝦夷地御用掛、六九条の蝦夷地統治策を若年寄立花種周に提出。五月二五日 修復されたイライザ号、東シナ海に帰路をとる。一一月 蝦夷地に開国という言葉を使わずとの将軍下知。【世界】露米会社発足。オランダ東インド会社廃止。ホーヘンドルプ「バタヴィア領土の現状報告」。嘉慶帝アヘン禁令出す。
一八〇〇	一二	三月 近藤重蔵、高田屋嘉兵衛らとともにエトロフ開発に着手。四月 長崎奉行、豊前大里に詰所を設置。閏四月 長崎にスチュアート三度目来航。五月 新商館長ワルデナール、筆者役ドゥーフとともに米国傭船マサチューセッツ号で来崎。一〇月 蝦夷地御用掛、松前蝦夷地とも永久一円上知を上申。一一月 若年寄立花種周、上知に伴う山丹交易処理を問題とする。この年、薩摩藩主島津斉宣、琉球救助のため薬種等売捌を願い出る（享和二年一二月却下）。【世界】オランダアジア参事会発足。
一八〇一	享和 元	二月 三奉行に諮問の蝦夷地一円上知に反対論・消極論出る。五月 普請役中村小市郎ら、サハリンの地理調査に派遣される。一一月 老中松平信明、対馬藩の参府延期を認めずも、一二

一八〇二	二	月、招聘交渉中藩主在国を許さる。蝦夷地俵物に出増値増制による増産図られる。二月　蝦夷地奉行に戸川安論、羽太正養就任。五月、箱館奉行と改称。七月　東蝦夷地永久上知となる。対馬藩、朝鮮側の講定訳官の任命、赴任を朝鮮側に求める。オランダ来航船二艘になる。【世界】イギリス、フランス間で停戦成立（アミアンの和約）。琉球国王尚温死去。ロシア皇帝アレクサンドル一世、露米会社に出資。
一八〇三	三	二月　箱館奉行に将軍黒印状・老中下知状発布。七月五日　アメリカ傭船レベッカ号長崎に到着、長崎商館長にドゥーフ就任。同七日　スチュアート、ナガサキ号で四度目の来航。同二三日　イギリス船フレデリック号来航。八月　沼津藩主水野忠成、寺社奉行見習就任（翌年本役）。再度五年間の銅オランダ輸出増額となる。九月　長崎奉行成瀬正定、傭船での来航を厳しく禁じる。一二月　老中松平信明辞職。戸田氏教首座となる。【世界】露暦2月　ロシア商務大臣ルミャンツェフ、日本および中国との交易に関する上申書を皇帝に提出。5月　アミアンの和約破れ国際情勢流動化。ホーヘンドルフ、ロシア公使に着任。露暦6月30日　アレクサンドル一世、通商樹立を求める将軍宛国書を出す。露暦7月27日　レザノフ、クルーゼンシュテルンと共にクロンシュタットを出航。琉球国王尚成死去。
一八〇四	文化元	六月一日　幕府、朝鮮通信使の易地聘礼を近々に実行することを発表。六月　薩摩藩、琉球国産品の品替えを願い出るが却下。七月　オランダ船来航、ロシア来航を予告。九月六日　レザノフ、ナジェジダ号で長崎到着。同一四日　長崎奉行、幕府に対ロ通商拒否の方向での伺をたてる。一〇月　林述斎ら通交拒否の答申。一一月　近藤重蔵、老中戸田氏教にサハリン上知の上申書提出。【世界】琉球王国尚灝王となる。
一八〇五	二	正月六日　下知状を持参し、目付遠山景晋長崎へ発する（二月晦日長崎到着）。三月六日～九日　レザノフと三回交渉。同一九日　ナジェジダ号長崎を出航。一一月　薩摩藩、琉球国産品の品替えを再願し、幕府、品によって検討することを決める。一二月二八日　若年寄立花種周、大目付久田長考罷免。【世界】五月　朝鮮王府、講定訳官、東萊府関係者罷免。露暦7月　ロ

西暦	和暦	事項
		シア使節月　ロシア使節ゴロフキン、中国へ派遣されるも途中で帰国（翌年）。露暦11月　クルーゼンシュテルン広州にて交易を試みるも赤字。この年、ロシア、ウルップ島入植撤退へ動く。
一八〇六	三	正月　ロシア船撫恤令（即時薪水給与）発令。四月　老中首座戸田氏教死去。五月　第二次松平信明政権発足。八月　ロシア船撫恤令、寛政三年異国船取扱令とあわせ、箱館奉行に通達。九月七日　フヴォストフ、サハリン島アニワ湾で日本側を襲撃、カムチャツカへ向かう。一〇月　水野忠成、若年寄に就く。【世界】8月1日　オランダ、アジア参事会、通商植民省になる。露暦8月8日　レザノフ、フヴォストフに対日武力行使を保留するよう指示。露暦10月商務大臣ルミャンツェフ、欧州戦況により、対日武力行使の自重をレザノフらに要請。イギリスベンガル総督ミントー就任。
一八〇七	四	二月　箱館奉行、将軍黒印状とロシア船撫恤令との関係につき幕府の指示を仰ぐ。三月　幕府から対馬藩に八万両下賜。同二二日　西蝦夷地とサハリン上知。同二九日　幕府、文化六年の通信使対馬招聘上使・副使を発表。四月二〇日過ぎ、前年サハリン攻撃の報、箱館より幕府に届く。以後サハリン警備につき幕府内で議論混迷、五月宗谷の重点警備となる。四月二三日フヴォトフ・ダヴィドフら、エトロフ島上陸、戦闘。四月二七日　オケイン率いる露米会社契約船エクリプス号、長崎に寄港。同二八日　松平信明、撫恤令見直しを箱館奉行に令す。五月一四日　フヴォストフの交易の意向拿捕された日本人より伝わる。六月　エトロフ島襲撃の報幕府に伝わる。幕府、東北諸藩を動員し、蝦夷地への出兵を命じ、若年寄堀田正敦、大目付中川忠英、目付遠山景晋ら箱館に派遣。所司代、朝廷に対し北方紛争を報告。陸奥・出羽・越後に異国船取締強化が命じられる。六月～八月　数次にわたり松平定信意見書を起草。一〇月松前奉行となる。一二月　ロシア船打払令。この年、薬種問屋内紛が起き、杉本茂十郎仲裁に

		入る。【世界】露暦7月　ゴロヴニン海軍少佐、クロンシュタットを出発。11月　ポルトガル王室ブラジル脱出、同国ナポレオン影響下に入る。
一八〇八	五	二月一六日　対馬藩、通信使関係書類を幕府に提出。同晦日　近藤重蔵、書物奉行就任。六月　倭館に対馬藩家老、江戸からの使者、厳原からの使者が同居し混乱する。八月一五日　フェートン号長崎来航、オランダ商館員拿捕される。長崎奉行松平康英自刃。一二月　薬種規制の強化。この年、佐賀藩による長崎港口閉鎖用の鉄鎖敷設演習。小通詞本木庄左衛門、大槻玄沢と『海岸砲術備用』和解。【世界】ダーンデルス、東インド総督としてジャワ着。7月　イギリス軍によるマカオ攻撃態勢すすむ（フェートン号参加）。
一八〇九	六	一月　小通詞本木庄左衛門、長崎へ帰着、商館長ドゥーフへの尋問を行う。二月　菱垣廻船問屋十組仲間、三橋会所を設立。目付遠山景晋、勘定岡本忠次郎ら、品川を出発。七月、遠山、朝鮮側渡海訳官に易地聘礼を伝える。三月　長崎代官弟高木道之助、砲術の試し打ちを行う。火傷死者出る。九月　東蝦夷地も場所請負の入札行われる。この年、古賀侗庵、幕府儒者見習に就任。【世界】六月　植民地海軍艦船フーデ・トウラ号長崎着。護衛されたアメリカ傭船レベッカ号はイギリスに拿捕され広州に連行される。露暦9月　ゴロヴニン海軍少佐、オーストラリアを経由して、カムチャッカ到着。
一八一〇	七	二月　幕府、会津藩に相模側、白河藩に安房・上総側の警備を命じる。三月　大槻玄沢、ドゥーフ一行と参府で面会。四月　幕府、文化八年春に通信使来聘実行を発表。この年、薩摩藩が琉球八品目の三年限りの試売許可を得る。【世界】この頃中国南海海賊ほぼ沈静化する。
一八一一	八	二～三月　上使小笠原忠固、副上使脇坂安董、林述斎、古賀精里、対馬へ出発。五月二二日　同地で朝鮮国書受理。同二七日（露暦7月5日）　千島水理測量のディアナ号艦長ゴロヴニンら、クナシリ泊で上陸。拿捕される。八月　ゴロヴニン、松前に移され、松前奉行荒尾成章が尋問にあたる。この年、高橋景保の建議により大槻玄沢を天文方につけ、阿蘭陀書籍和解の御用を命じる（蛮書和解御用）。【世界】二月　通信正使金履喬、副使李勉求、京城を出発、三月

西暦	和暦	事項
		二九日対馬到着。**露暦8月12日**　露米会社、ロシア領アメリカにゴロヴニン拿捕を伝える。ジャワ島がラッフルズ率いるイギリス軍に占領される。
一八一二	九	**二月**　老中土井利厚、ロシア船打払令通りの処理を命じる。**二月一七日**　遠山景晋、長崎奉行に昇進。赴任に当たり、若年寄堀田正敦と工社対策を協議。**三月**　ゴロヴニンら松前を脱走する。**七月**　対馬藩に毎年二五〇〇両拝領が認められる（二〇年間）。**八月四日**（露暦8月28日）リコルド、再びクナシリに来航。観世丸の高田屋嘉兵衛らを拿捕。**一一月**　若年寄堀田正敦、松前奉行にゴロヴニン釈放の手順の具体案提示を命ず。【世界】ナポレオンのモスクワ遠征。　イギリス・アメリカ間に一八一二年戦争。
一八一三	一〇	**三月**　襲撃事件への確証を求めるロシアへの書簡をエトロフ・クナシリなどに送付。**五月二六日**（露暦6月12日）リコルド、クナシリに到着。高田屋嘉兵衛らを上陸させ、書簡を入手。**六月二一日**　リコルド、幕府側の、ロシア側高官による明弁書などの要求を了解し、オホーツクに向かう。**七月二五日**　ジャワ副総督ラッフルズ、長崎掌握のため前オランダ商館長ワルデナールを派遣し、この日到着。ドゥーフ譲らず。ブロムホフをジャワへ帰還させる。**九月二六日**　ゴロヴニンら、箱館に再来したリコルドに引き渡され、事件決着。【世界】イギリス東インド会社特許更新（インド貿易の独占解消）。
一八一四	一一	この年、ラッフルズ、シャルロット号を長崎へ派遣。【世界】ラッフルズ、東インド会社に二度目の日本派遣を提案するも、東インド総督は、これに反対する。ウィーン会議（一五年まで）。オランダ王国誕生。
一八一五	一二	この年、オランダ船長崎入船なし（翌年もなし）。【世界】ナポレオン戦争終結。
一八一六	一三	**六月**　家斉七男斉順、紀州藩世子となる。長崎奉行、俵物出荷の出増・値増制緩和を松前奉行に打診。翌年より実施。【世界】イギリス外相、アマースト使節に訓令を与え、ジャワ撤兵を

		命じる。ライラ・アルセスト号にて中国へ派遣。9月　両号琉球測量
一八一七	一四	二月　対馬藩へ二万石が九州と下野国に与えられる。七月四日　新商館長ブロムホフ、アハタ号に妻子同伴で搭乗し長崎に到着。外国人女性の来航禁止が命令される。八月　松平信明死去。島津重豪琉球品の品替えを、老中青山忠裕に願い、また、一一月勝手掛若年寄堀田正敦への内談を脇坂安董に依頼。【世界】6月　東インド総督、ブロムホフに全二六条の貿易（仮）訓令を与え、対日貿易再開する。
一八一八	文政　元	二月　老中格水野忠成、勝手掛就任。五月　イギリス船ブラザーズ号、浦賀に来航し交易を求める。八月　忠成老中となり、水野忠成政権成立。堀田正敦勝手掛若年寄を辞する。この年、薩摩藩、四種類三年間唐物販売許可を得る。薩摩藩、唐物方を新設。島津重豪、養女立姫を上総鶴牧藩主水野忠実（忠成分家筋）に嫁がせる。
一八一九	二	二月　脇坂安董娘寿姫、島津重豪養女となる。六月二五日　三橋会所廃止。【世界】2月　イギリス、シンガポール獲得。この年、イギリス南洋捕鯨推奨法改訂（最後の改訂）。この頃、英米捕鯨船によりジャパン・グラウンド（捕鯨場）見出される。
一八二〇	三	三月一一日　薬種統制緩和さる。六月一九日　老中水野忠成、大村藩に対し、長崎唐人屋敷門外に勤番所の設置・警備を命じる。一二月　会津藩相州警備免除。
一八二一	四	三月七日　長崎中国人がサンパン船に乗り遊山に出たところを大村藩兵によって制され、両者間に武力衝突が起こる。一二月　蝦夷地が松前藩に復領。この年、高木道之助、参府し砲術の上覧を得る。【世界】メキシコ独立、ガレオン貿易終焉。露米会社特許更新、国営会社の性格を強める。伶仃洋（珠江河口）でのアヘン取引本格化。
一八二二	五	四月二九日　イギリス捕鯨船サラセン号、浦賀に渡来。
一八二三	六	三月　白河藩、房総警備免除。桑名へ転封。六月　捕鯨船、水戸領大洗沖合に現れる。七月　フォン・シーボルト、出島へ到着。【世界】アメリカ、モンロー主義を宣言。
一八二四	七	五月二一日　イギリス捕鯨船員、大津浜に上陸し捕らえらる。七月　イギリス捕鯨船による薩

西暦	和暦	事項
		摩国宝島上陸事件。天文方高橋景保、打払いに対する提案を行う。一〇月　大目付や勘定奉行による打払い令の評議。【世界】2月、英蘭間にロンドン条約締結。4月　米ロ間にサンクトペテルスブルク協定。8月　ウィレム一世、オランダ貿易会社設立。
一八二五	八	二月　無二念打払令（付令二令）発令。三月　会沢安「新論」。一〇月九日　オランダ商館長に打払令の各国通達が求められる。この年、薩摩藩、追加で唐品一六品目の長崎売捌を認可される。別子銅山再び大湧水により銅輸出減少。以降数年間大幅減産（文政の大湧水）。再びオランダ向輸出銅六〇万斤の水準となる。【世界】2月　英ロ間にサンクトペテルスブルク協定。この年、南洋捕鯨推奨法失効。ジャワ戦争起こる。
一八二六	九	三月二五日　シーボルトと共に江戸参府した商館長ステュルレル、貿易に関する嘆願書を江戸城内にて長崎奉行高橋重賢に直接提出。五月　長崎奉行高橋重賢、罷免。【世界】この年から、中国で銀海外流出始まる。英＝シャム条約（バーネイ条約）締結。
一八二七	一〇	四月〜七月　伊豆代官柑本兵五郎、間宮林蔵を連れ伊豆七島を巡回。この年、一橋治済死去。大槻玄沢死去。【世界】6月　イギリス測量艦ブロッサム号、小笠原諸島を測量（途中那覇寄港）。この年、オランダ東インド総督府、オランダ貿易会社と日本貿易の請負契約を締結（継続されず）。
一八二八	一一	正月一一日　シーボルト、間宮林蔵に帰国の挨拶状を出す。一〇月　高橋景保逮捕される。一二月　シーボルト出島に幽閉。
一八二九	一二	この年、徳川斉昭、水戸藩主就任。【世界】この年、イギリス軍艦パースに上陸、西部オーストラリアの領有を宣言（初代総督は後の日英協約を締結したスターリング）。
一八三〇	天保　元	一二月　松前藩主松前章広、幕府に一万両上納を願い出る。【世界】イギリスハワイ駐在領事の主導により数か国の人々が小笠原に移住・入植。オランダ、ジャワに強制栽培制度導入。

一八三一	二	二月一六日　レディ・ウィーナ号蝦夷地の浜中湾到着、松前藩士と銃撃戦。将軍宛の書翰一通を託す。勘定奉行、事件発生を受けて東蝦夷地上知を検討する。一〇月　松前藩、一万石格となる。
一八三二	三	一月　若年寄堀田正敦致仕。米作の不作気味により米価上昇。一二月　江戸町会所、施米。【世界】アメリカ使節ロバーツ、シャムなどで通商条約締結。対日交渉のための信任状与えられる。同人帰国後対日交渉の検討進む。長崎寄港せずとの方針。
一八三三	四	一月　将軍家斉岳父、島津重豪死去。九月　老中水野忠成、江戸にて施米を実施。この年、東北・関東で大凶作。幕府、松江藩の雲州人参長崎貿易出荷を認める。長州藩、俵物長崎直納制を採る。【世界】バンクーバに尾張国廻船宝順丸船員、音吉・岩吉・久吉漂着。イギリス東インド会社の中国貿易独占廃止。
一八三四	五	この年、老中水野忠成死去。老中首座に大久保忠真就任。太田資始老中就任。
一八三五	六	閏七月　大久保忠真の長崎貿易改革。長崎奉行久世広正、長崎に派遣され改革開始を宣言。一一月　唐物抜荷取締を徹底する命令を出す。唐人屋敷への籠城を福岡藩の藩兵により排除。一二月　寺社奉行脇坂安董の指揮で仙石騒動の処分実施。松平康任老中を免職。東北・関東で凶作。各地で一揆・騒動起こる。武雄（佐賀）領主の為に、高島秋帆がモルチール（臼砲）を鋳造する。【世界】6月　音吉ら三名、ロンドンを経由してマカオ送還。この年、アメリカ使節ロバーツ、批准書交換のためシャムに派遣され、その後日本へ向かうもマカオで病死。音吉送還ならず。
一八三六	七	四月　長崎奉行久世広正、薩摩藩「琉球国産物」の長崎売捌停止を上申する。七月　ロシア船、エトロフ島に上陸、越後漂着民三名を帰還させる。この年も、凶作続く。【世界】イギリス貿易監督次官エリオット、中国語通訳ギャツラフ、インド総督に音吉ら三名の帰国実現するよう働きかける。
一八三七	八	二月　大塩の乱。三月　大塩の老中宛書類三島付近で見つかる。水戸藩主徳川斉昭側近の藤田

西暦	和暦	事項
		東湖、韮山代官江川英龍に入手を働きかける。四月　将軍家斉、将軍職を退き西丸に移る。六月二八日　モリソン号音吉らを乗せ、浦賀沖に到着。浦賀奉行の砲撃により、江戸湾を退却。七月一〇日　モリソン号薩摩に上陸、薩摩藩庁砲撃を加える。一二月　江川英龍、藤田東湖へ大塩書類につき協力を断る。水戸藩蘭学者幡崎鼎釈放に付き、藤田東湖奔走する。【世界】7月4日　モリソン号、アメリカ商社オリファント商会のキング夫妻以下音吉ら三名と九州の漂着民四名を乗せ、マカオ出航。日本へ向かう。8月29日　モリソン号、マカオに帰還。
一八三八	九	三月　伊豆代官羽倉外記に伊豆七島の巡回を命じる。六月六日　オランダ商館長ニーマン、前年のモリソン号に日本人漂流民が搭乗していたことを長崎側に報告。久世は漂流民のオランダ船での送還について伺を出す。九月　水戸藩主徳川斉昭『戊戌封事』執筆。翌年将軍家慶に提出。一〇月　長崎奉行伺に関する評議に蘭学者たちが強い危惧を抱く。一二月　老中水野忠邦、漂流民の来航船での帰還を商館長に命令する決定を下す。鳥居耀蔵と江川英竜に相州備場見聞を命じる。【世界】アヘン厳禁論者林則徐を広州に派遣を決定。この頃以降コディアク・グラウンドに英米仏の捕鯨船集う。北極海、オホーツク海へ各国捕鯨船展開はじまる。
一八三九	一〇	三月　鳥居耀蔵と江川英竜、江戸湾警備に対する案を上申。七月二二日　天文方渋川六蔵、「蘭学蘭書類御取締方の儀申上候書付」を提出。一二月　渡辺崋山、高野長英有罪となる。【世界】広州でのアヘン没収をめぐり、中英が対立し、小競り合いが続く。
一八四〇	一一	五月二七日　幕府、長崎奉行と天文方に対して、オランダ風説書を翻訳元添付での提出を命じる。六月　水野忠邦、天保一〇年からの「琉球国産物」長崎売捌を停止する。七月　オランダ風説書・別段風説書よりアヘン戦争開戦が伝わる。九月　高嶋秋帆、西洋大筒などの採用と江戸への配備などを長崎奉行へ上申。一二月　唐風説書により、アヘン戦争の戦況が伝わる。この年、利根川の水利対策として幕府勘定奉行を中心に印旛沼工事が日程に上がる。古賀侗庵

		『海防憶測』。【世界】4月 イギリス議会、中国との戦争開始決定（アヘン戦争）。6月以降、イギリス広州を封鎖。中国に和平論台頭し、林則徐退けられる。カリマンタン島へのイギリス進出本格化。
一八四一	一二	正月七日 水野忠邦、佐渡奉行川路聖謨に対英開戦の唐風説書を送付。閏正月 将軍家斉死去。四月一六日 若年寄林忠英、側用取次水野忠篤、小納戸頭取美濃部茂有を罷免。五月九日 長崎町年寄高嶋秋帆、武州徳丸原西洋砲術演習。同一五日 将軍家慶、天保の改革開始。七月 江川英竜による高嶋流砲術伝習指名される。一〇月 渡辺崋山自害。【世界】中国側とイギリスの戦闘拡大。
一八四二	一三	六月 幕府、高島秋帆に対し、幕臣諸藩士問わず砲術伝授を許可。六月二一日 オランダ船、二年ぶりに長崎来航。七月二三日 薪水給与令発令。老中土井利位、家老鷹見泉石に薪水給与令に対する意見を求める。八月三日 幕府、安房・上総警備を忍藩、相模警備を川越藩に命じる。同一三日（9月17日） 薪水給与令を新旧商館長に伝達。国際的通知を求める。九月 幕府、各藩に対外戦軍備の強化を命じる。江川英竜、大砲鋳造を申請（翌月許可）。一〇月二日 高嶋秋帆、逮捕される。一〇月 各国捕鯨船日本海に多数来航をおそれ、三本帆禁止令。一一月 水野忠邦ら四老中、江川に洋式砲などの鋳造を依頼。一二月 下田・羽田奉行設置。【世界】7月 イギリス軍北京へつながる大運河封鎖。8月29日 南京条約締結。
一八四三	一四	四月 幕府による日光社参。六月 初代新潟奉行に川村修就が就任。江戸城や大阪城最寄地上知を順次発令。オランダ船サマラング号来航計画を伝える。七月 印旛沼工事の試掘開始。八月 漂流民送還令。測量船渡航禁止令。閏九月一一日 阿部正弘老中就任。同一三日 水野忠邦老中罷免、土井利位首座となる。長州藩で異国船対応の大操練実施。「御料所御取箇筋御改正」実施。【世界】2月 測量艦サマラング号イギリス出航。シンガポールから東インド各地を測量、9月、香港到着。6月 東インド総督府、薪水給与令について、オランダ植民地大臣バウトの判断を仰ぐ。11月 オランダ植民相、シーボルトに国書原案作成を命ず。12月 サ

西暦	和暦	事項
		マラング号、八重島諸島に到着。
一八四四	弘化　元	四月　サマラング号とフランス軍艦来航が那覇から鹿児島へ伝達され、五月、鹿児島から老中阿部正弘に報告される。六月一六日（7月30日）　商館長、オランダ国書到来を予告。六月　水野忠邦、老中首座再任。土井利位辞任。七月二日（8月15日）　オランダフリゲート帆船軍艦パレンバン号、国書を携え長崎着。八月　薪水給与令以降の海岸防禦関係書類の提出を各藩に求める。この年、高野長英、伝馬町の牢を脱獄。【世界】3月　フランス人宣教師フォルカード那覇滞在。7月　アメリカ合衆国と中国で望厦条約締結。10月　フランスと中国で黄埔条約締結。この年、琉球の福州館にイギリス領事南京条約を伝える。翌年進貢船の帰帆により那覇にもたらされる。
一八四五	二	二月　水野忠邦、再辞職。三月　米国捕鯨船マンハッタン号、日本人漂流民を浦賀に届ける。六月一日　オランダ国書への返書として、老中首座阿部政弘以下四名のオランダ政府大臣宛の老中返翰出る。七月　阿部政弘と牧野忠雅ら海防掛となる。七月四日（8月6日）　サマラング号、長崎に到着、測量する。九月　水野忠邦らに追罰。【世界】5月22日　米国海軍長官司令長官ビットルに、望厦条約批准書交換使節の必要に応じ、日本を訪問すべき訓令を与える。6月　一行マカオへ向け出航。12月1日　オランダ東インド総督、老中返翰を本国に送る。
一八四六	三	二月　孝明天皇即位。徳川斉昭、オランダ国書と老中返翰入手。閏五月二五日　薩摩藩、阿部正弘に琉仏貿易の考えを伝える。同二七日（7月20日）　米国海軍司令長官ビッドル、浦賀に来航。閏五月　薩摩藩唐物十六品売捌再認可となる（翌年より実施）。六月六日（7月28日）　フランスのセシーユ提督、長崎に到着。六月　阿部正弘、海防掛らに打払令復古と大艦建造について第一回諮問。七月二二日　幕府、浦賀奉行と長崎奉行宛に、薪水給与令にこだわるなど通達。八月　孝明天皇、海防強化の勅書を幕府に出す。一〇月　所司代、これに応え、来航状

		況を朝廷に伝える。【世界】4月 ビッドル、中国を発つ。イギリス宣教師ベッテルハイムを那覇へ送る。5月 セシーユ提督、那覇・運天に滞在。琉球に黄埔条約呈示。6月 米英でオレゴン条約締結。
一八四七	四	二月 江戸湾の警備を川越・忍・彦根・会津の四藩体制とする。浦賀奉行、四藩と合議を諮るも彦根藩は不参加。【世界】オランダ植民大臣バウト、イギリス・フランス・アメリカに天保一四年測量船禁止令の伝達を決す。中国で苦力貿易開始。
一八四八	嘉永元	五月 阿部正弘、打払令の復古についての第二回諮問。米国捕鯨船ラゴダ号が松前藩領に漂着。対馬通過の異国船、二六隻。【世界】この年、カリフォルニアで金鉱が発見。
一八四九	二	正月 徳川斉昭や伊達宗紀・宗城父子、幕閣中枢家臣に下曽根信敦の西洋砲術入門を働きかける。三月 米国軍艦プレブル号、長崎へ来航、ラゴダ号漂流民受け取り。閏四月 英国測量艦マリナー号、浦賀、下田へ来航、測量実施。閏四月～五月 阿部正弘、打払令の復古についての第三回諮問。六月 下曽根信敦浦賀で砲術教授。七月 松前藩・五島藩に新たに築城を命じる。九月 測深令。一二月 海防強化令発令。この年、対馬通過の異国船、一四八隻。【世界】4月 対外企業家アーロン・パーマー、米国国務長官クレイトンに日本近海難破船救護を求める。8月 クレイトン、オランダ駐米公使と会談し、対日制裁連合艦隊派遣を提案。12月 ハワイ、アメリカ合衆国と通商条約締結。
一八五〇	三	六月 アメリカの対日通商情報、オランダより長崎に到着。九月 長崎奉行、商館長へ薪水給与令の再解釈を申し渡す。一二月 彦根新藩主井伊直弼、家臣へ直書を下し相州警備取組強化を述べる。この年、対馬通過の異国船、九隻。【世界】この年、中浜万次郎米国捕鯨船水夫から砂金掘りとなる。ロシア皇帝ニコライ一世、露米会社に七人の日本人漂流民の帰還を命ず。パナマ地峡鉄道建設開始。
一八五一	四	一月 中浜万次郎琉球に上陸。この年、対馬通過の異国船、三隻。【世界】1月 パーマーおよびペリーによる対日使節の工作繰り広げられる。3月 オランダ外相、フランス・アメリ

西暦	和暦	事項
		カ・ロシア・スペイン・ポルトガルに幕府の薪水給与令を通達する。4月　ロシア政府、オランダ外相の訓令から日本の薪水給与令を評価。5月3日　アメリカ国務長官、薪水給与令の伝達に対する謝辞をオランダ公使に述べる。5月10日　アメリカ大統領の将軍宛親書（太平洋横断航路を強調する）がオーリックに託される。11月　ペリー改めて遣日使節として出航。この年、中国で太平天国展開する。
一八五二	五	六月　オランダ商館長ドンケル・クルチウス、米国使節の来航を予告。日本人漂着民七人、露米会社船で下田に送り届けられる。【世界】露暦2月　ムラヴィヨフ東シベリア総督、日本との関係樹立を皇帝ニコライ一世に提案し、プチャーチン派遣が決定する。
一八五三	六	六月　ペリー提督、琉球・浦賀に来航。七月　プチャーチン使節、長崎に来航。

あとがき

歴史学を学びはじめた頃、「研究者は自分が専門とする時代や分野が、一番重要だと思っている」（あるいは「一番面白い」だったかもしれない）旨の言葉に接した。自分の専門を「一九世紀日蘭関係史」（勤務先のＨＰより）と称してはいるが、本当に一番重要とか一番面白いとか思っているのか、時に自問にかられる。何度も読んだ石井孝『日本開国史』には、オランダの江戸時代の貿易の一形態である脇荷商法の拡大で、英米両国などの自由貿易の要求を阻止するのは至難のわざと記述されている。オランダの黄金時代といえば一七世紀だし、有名な東インド会社ＶＯＣも一八世紀で終わりとなる。一九世紀日蘭関係史は、最後は英米との自由貿易史に巻き込まれていくしかないのか。

とはいえ、オランダ語史料というレンズが撮った近世後期の政治社会のスライドが何枚か溜まってきていた。それらを並べ、強引だったかも知れないが、一九世紀日蘭関係史を意味づけるスライドショーを構成しようとしたのが、「幕末対外関係史の前提について」（『人民の歴史学』一六九、二〇〇六年）である。近世対外関係史はこの二〇年間に大きく進展し、対外関係の論じられ方も変化した。一九世紀前半の日蘭関係に限っても多くの成果を生んできた。これらを学ぶ中で私は戦後日本近世史学が唱えた「鎖国制」は、「幕藩制」と同じような研究上の概念装置であり、直接に近世当時の用語と対応するものではなく、近世における国内経済と対外収支のマクロな連関とそれを担保する政治経済体制を指すと意識するようになった。そうした理解に基づいて成立したのが、四〇代最後の作品であるこの論文であり、本書の力点も弱点もこれに多く由来する。藤井譲治・藤田覚編集委員が本シリーズ執筆者の一員に加えて下さり、この論文を本格的に展開させる機会を得たことは僥倖であり、感謝申し上げたい。

しかし結果として、寛政改革からペリー直前までの六〇年を「強引」にまとめるのは、力不足を感じざるを得なかった。政治史の基礎となる政局展開を追うには研究の粗密があり、たとえば、若年寄堀田正敦はもっと着目されて良いと考え、局面局面ではそれなりに言及したつもりであるが、彼の政治力の根源を追究するには至らなかった。また、田保橋潔『増訂近代日本外国関係史』は、この六〇年間における日本をとりまく国際状況を展望する導きの糸であったが、石井前掲書も「はしがき」に記すように「(田保橋氏の) 大著を前にして……新機軸を出すのはむずかしい」。この課題に、太平洋史を背景に据えることで答えようとしたが、そのよしあしの判断は読者にゆだねるしかない。太平洋史については多くの友人知人に教えられたところが多い。そして勤務先や各地のデータベースには大変お世話になった。

実は企画が始まってから、私は公私共に不安定な五年余を過ごすこととなった。このため、読者の方々をはじめ、編集委員、他巻の執筆諸氏、吉川弘文館編集部に多大なご迷惑をおかけしたことをお詫びしたい。

二〇一二年十二月

横山伊徳

著者略歴

一九五六年　群馬県に生まれる
一九八一年　東京大学大学院人文科学研究科修士課程修了
現　　在　東京大学史料編纂所教授

主要編著書・論文

「一九世紀日本近海測量について」(『地図と絵図の政治文化史』東京大学出版会、二〇〇一年)
『オランダ商館長の見た日本　ティツィング往復書翰集』(編著、吉川弘文館、二〇〇五年)
「一八―一九世紀転換期の日本と世界」(『日本史講座』東京大学出版会、二〇〇五年)
「幕末対外関係史の前提について」(『人民の歴史学』一六九、二〇〇六年)
「異国船打ち払いの時代　「海防」のアウトサイド・ヒストリー」(『九州史学』一五二、二〇〇九年)

日本近世の歴史

日本近世の歴史5
開国前夜の世界

二〇一三年(平成二十五)三月十日　第一刷発行
二〇二二年(令和　四　)三月二十日　第三刷発行

著　者　横《よこ》山《やま》伊《よし》徳《のり》
発行者　吉川道郎
発行所　株式会社　吉川弘文館
郵便番号一一三―〇〇三三
東京都文京区本郷七丁目二番八号
電話〇三―三八一三―九一五一〈代表〉
振替口座〇〇一〇〇―五―二四四
http://www.yoshikawa-k.co.jp/
印刷＝株式会社　三秀舎
製本＝誠製本株式会社
装幀＝河村　誠

ISBN978-4-642-06433-0

日本近世の歴史

刊行のことば

本シリーズは、織豊政権から始まり明治維新で終わる近世の歴史を、政治の流れを中心に最新の成果に基づいて叙述した通史である。

近世史研究は、政治史、社会史、経済史、対外関係史、思想史などの各分野ごとに深化、発展し大きな成果をあげてきた。ところが、政治史は政治史、社会史は社会史、経済史は経済史などと、あたかも独立した研究分野であるかのように没交渉であり、かつ他の分野の研究成果に無関心のまま研究を進めている。また政治史分野の研究は、いままでの通説的な理解を覆す多くの新たな成果を生みだしてきたが、近世前期と後期とが別個に行われ、近世全史を見通して研究がなされているとは思えない。その状況は、他の分野でも同様であるようにみえる。日本近世を対象とした現在の研究は、いくつもの部門史の管の寄せ集めでしかなく、しかも前期と後期では管が途中で詰まっているのが現状である。

これでは、部門史は発展してもいくつもの要素が有機的に結びついて成り立っている近世の全体像を描くことなどとてもできない。近世史研究の発展を図るためには、各部門史の研究の到達点を踏まえた総合的で通史的な書物が求められる。本シリーズは、対外関係史は当然のこととして、なるたけ社会史や経済史などの成果にも目配りしながらも、近世政治史研究の最新の到達点を平易に伝えることを目指して企画された。研究者のみならず一般読者が日本近世の全体像を豊かにするうえで、大きな寄与ができれば幸いである。

企画編集委員　藤田　覚
藤井讓治

日本近世の歴史

1 天下人の時代　藤井譲治著　2800円

2 将軍権力の確立　杣田善雄著　2800円

3 綱吉と吉宗　深井雅海著　2800円

4 田沼時代　藤田　覚著　2800円

5 開国前夜の世界　横山伊徳著　2800円

6 明治維新　青山忠正著　2800円

吉川弘文館（価格は税別）